近观香港

朱正红 著

SPM
南方出版传媒
广东人民出版社
·广州·

图书在版编目（CIP）数据

近观香港 / 朱正红著. —广州：广东人民出版社，2019.7（2019.10 重印）
ISBN 978-7-218-13624-0

Ⅰ. ①近… Ⅱ. ①朱… Ⅲ. ①时事评论 – 中国 – 文集 Ⅳ. ①D609.9-53

中国版本图书馆 CIP 数据核字（2019）第 121973 号

JINGUAN XIANGGANG
近 观 香 港

朱正红 著

版权所有　翻印必究

出 版 人：肖风华

责任编辑：周惊涛
装帧设计：周世格
责任技编：周　杰　吴彦斌

出版发行：广东人民出版社
地　　址：广州市海珠区新港西路 204 号 2 号楼（邮政编码：510300）
电　　话：（020）85716809（总编室）
传　　真：（020）85716872
网　　址：http://www.gdpph.com
印　　刷：广州市浩诚印刷有限公司
开　　本：787mm×1092mm　1/16
印　　张：31　字　数：550 千
版　　次：2019 年 7 月第 1 版
印　　次：2019 年 10 月第 2 次印刷
定　　价：78.00 元

如发现印装质量问题，影响阅读，请与出版社（020-85716849）联系调换。
售书热线：（020）85716826

谨以此书

献给新中国七十华诞

序　言

周　南

　　香港回归祖国，百年耻辱得以湔雪，这一举世瞩目的盛事已经载入中华民族史册。每每念及此，就不禁心潮澎湃。昔日同僚朱正红同志新著《近观香港》即将出版，要我作序，我翻阅一篇篇文稿，眼前又浮现出一幕幕往事，心情久久不能平静。

　　从中英关于香港问题谈判开始，直到五星红旗在香港高高飘扬，我有幸参与并见证了香港回归的整个过程。我是1990年奉调到新华社香港分社工作的，那时香港已进入后过渡期，有关回归的工作日渐繁重，斗争也日益尖锐化。这是一项领域广阔的系统工程，需要组建一支能打硬仗的队伍。在我们的建议下，中央从北上广等地抽调了一批年富力强、德才兼备的干部充实新华分社的力量。这批干部没有辜负党和人民的嘱托，来港后兢兢业业地忘我工作，参与并和前辈们共同完成了保证香港顺利回归的历史使命。

　　正红同志正是这支队伍中的一员，他原是大学的副教授，愉快服从组织需要，"弃教从政"。1991年到香港后，一直在新华分社宣传部工作，做舆论宣传和研究方面的工作，一干就是十四个春秋。从新华分社到中联办，从处级到厅级岗位，无论职位如何变动，他手中的笔始终没有赋闲。

　　在那个特殊的年代，我方在香港的舆论力量还显得比较弱小。而离回归愈近，愈显得加强舆论宣传力度的重要，引导舆论的任务既繁重又光荣。正红和他的同伴们正是在这样的背景下牢记使命，辛勤耕耘，用手中的笔配合我办报刊，书写出一篇篇犀利有针对性的文章，为香港顺利回归祖国做出了应有的贡献。

　　记得前些年，我曾为正红所著《岁月留言》（上下部）题写过书名。收录在那部书里的文章，篇幅相对长一些，当时是以报刊"专论"的形式出现的，这次《近观香港》收录的是正红在香港某报一个专栏发表的文章，这些文章题材广泛，紧扣社会热点，一事一议，及时点评，或辟谣求真，以正视听；或澄清事实，披露真相；或针砭谬误，剖析事理；或褒扬正义，歌颂善良，一时为香港社会所关注，颇有较高的知名度。正红写的这些文章，我在任时大多读过，觉得虽属政论短评，还是具有较强的可读性，对引导社会舆论发挥了一定的作用。

近观香港，意即近距离观察香港。近观的结果化为文字，使这些文章深深打上了回归前后香港特定社会风貌的鲜明印记。从这个意义上说，这本文集的出版既有历史价值也有现实意义。前者，可为后来的香港问题研究者提供参考；而后者，香港回归前后发生过的一些事情，有些或许还会在明天的香港社会变相重演，这些文章就有其温故而知新的作用。

正红是浙江杭州市郊富阳人，他的家乡就在风光秀丽的富春江畔。正红文笔清新，富有激情，也可谓得江山之助吧！

祝贺正红同志《近观香港》面世。我们近观今日之香港，在"一国两制"之下，东方之珠放射着更加璀璨夺目的光彩。在强大祖国的支持下，700万香港儿女正抓住机遇，迎接挑战，在参与振兴中华的光辉事业中，在建设粤港澳大湾区的热潮中，意气风发地砥砺前行——向着新的更为高远的目标！

2019年春于北京

周南：外交部原副部长、中英关于香港问题谈判中国政府代表团团长、前新华社香港分社社长。

目　录

一、风雨回归路

何来拒"民"千里？/ 002
"另类诠释"/ 003
港督"花絮"何其多 / 004
港督缘何小题大做？/ 005
何谓"领导能力"/ 007
香港新闻自由度在下降？/ 008
英方在终审法院问题上做文章 / 009
港督缘何"怀念黄莉莉"？/ 010
"渗透"说何其荒诞 / 012
艺员为何戴口罩？/ 014
港英当局应当约束官台 / 015
船民问题不能拖到九七后 / 017
可悲的"棋子"/ 018
选举投诉何其多 / 020
无理的冷嘲热讽 / 022
"独排众议"不足奇 / 024
彭定康设计邀周南 / 025
市民的失望与希望 / 026
哪有这回事？! / 027
港督，你说什么？/ 029
某党自不量力 / 030
无聊的挑拨 / 031
某女议员的"梦呓"/ 032
未来特区之福 / 034

要怎样的"铮铮风骨"？/ 035
信心缘于充分准备 / 036
港府"自行"得了吗？/ 038
明智和不明智 / 040
另类"互惠互利"/ 041
香港已踏入"未来"？/ 043
胡搅蛮缠之举 / 045
该受谴责的是谁？/ 046
弄巧成拙 / 047
彭督陪外相饮茶的背后 / 048
荒唐的辩解 / 050
恐吓威胁无用 / 052
何来"冻结民意"/ 054
庆委会肩负重任 / 056
又演越权闹剧 / 058
合演"双赢"闹剧？/ 059
说说答问会 / 060
捷报频传 / 062
临立会为港人认同 / 063
虚张声势 / 064
如此褒贬 / 065
临立会开始运作 / 066
一项重要的咨询 / 067
别再自欺欺人了 / 068

期待说"不"的背后 / 069
别胡乱指责 / 070
何须再讨论 / 071
悉听尊便 / 072

二、祖国，我们回来了！

一百零八将，好嘢！/ 074
"真诚为香港"，好！/ 075
巾帼不让须眉 / 076
身残志坚的好后生 / 077
国庆抒怀 / 079
关心学童　人人有责 / 081
香港无以替代 / 082
港人利益靠谁保障 / 083
驻港部队军纪严 / 084
香港有祖国 / 085
心灵的回归 / 087
信任与支持 / 089
庄严的二〇七号令 / 091
也说特首的级别 / 092
因为有爱…… / 094
浓浓香港情 / 096
好坏参半？/ 097
名不虚传 / 098
"北京的诚意" / 099
民主治港又一例 / 100
"祝贺香港回归" / 101
特首重视教育 / 102
款款贺礼寄深情 / 103
依法入境松不得 / 104
劳苦功高 / 105
特首外访此其时矣 / 106
祖国母亲，你好！/ 107
军营无号声 / 108
董先生，多珍重！/ 109
健康为本 / 110
不寻常的第一 / 111
客流如潮 / 112
特首出访适时 / 113
新世纪在叩门 / 114
提倡文明竞选 / 115
参观党校有何不可？/ 116
歧视新市民要不得 / 117
驻港解放军的别样情怀 / 118
旁观者清 / 119
"大家都支持你！" / 120
患难之中见真情 / 121
他乡中国情 / 122
小桑兰给我们启示 / 123
其诚可嘉 / 124
环保与"不朽之城" / 125
并非"乌托邦" / 126
花五个亿，值！/ 127
一个好建议 / 128
慎用"中方" / 129
中国人不容辱骂 / 130

三、永远的回归

有感于香港姑娘嫁内地小伙 / 132
项老伯的护照 / 133
关心新移民 / 134
"立字为据" 市民开心 / 135
"第一站"引起共鸣 / 136
基本法是信心保证 / 138
欧盟对香港有信心 / 140
一代伟人 / 141
读信有感 / 143
人民的忠诚儿子 / 144
一席良言 / 145
美好心灵 / 146
文明之师的深情 / 147
今年国庆不寻常 / 148
最具说服力的证明 / 149
"香港自己要成功" / 150
有益的考察 / 151
充满魅力的城市 / 152
最好的献礼 / 153
百日随感 / 154
香港在进步 / 155
莘莘学子乐学普通话 / 156
不可忽视 / 157
关怀老人 / 158
釜底抽薪 / 159
看《铁达尼号》有感 / 160
赞赞架桥者 / 161
在祖国怀抱度岁 / 162
深情的怀念 / 163

升降之中见人心 / 164
"闻鸡起舞" / 165
协商为上 / 166
领事罗看香港 / 167
温馨的"家书" / 168
永恒的怀念 / 169
"五星义工"赞 / 170
热情关注 / 171
必要的"强制" / 172
功成身退 / 173
本港政治信心上升 / 174
在祖国温暖的怀抱中 / 175
港人认同抗洪精神 / 176
隐忧多多 / 177
并非虚构的故事 / 178
新春的祝福 / 180
特首就是特首 / 181
还是称"内地"合适 / 182
释法并不损自治 / 183
祖国,祝福你! / 184
从"临时"到正式 / 185
文明竞选很重要 / 186
无声的宣告 / 187
世纪礼物 / 188
殖民统治打上句号 / 189
港澳携手并进 / 190
奋斗进取迎千禧 / 191
祝福新世纪 / 192
喜见"末日论"破产 / 193

无限商机在西部 / 194
"香港游"更旺 / 195
"包大人"有心得 / 196
值得申办 / 197
否决有理 / 198
"入世"在望 / 199
普通话大赛 / 200
公道自在民心 / 201
叶太说得好 / 202
勿忘国耻教育 / 203

有识之言 / 204
高瞻远瞩的一着 / 205
语重心长 / 206
香港无须讲团结？/ 207
根基稳固　名副其实 / 208
民建联在进步 / 209
符合民意的议案 / 210
鼓舞人心的讲话 / 211
亲中乃应有之义 / 212

四、把腰挺起来

"民主派"之称早该"退役" / 214
有人鼓噪"分裂有理"论 / 215
提防煽动 / 216
这是"艺术活动"吗？/ 217
如此"张冠李戴" / 218
自我嘲讽 / 219
"鲜为人知"的背后 / 220
这是什么逻辑？/ 221
无聊的比喻 / 223
从"退会"事件说起 / 225
为港人谋利益？/ 226
一则笑话 / 227
从奥报认错说开去 / 228
危言耸听 / 230
"可能"的背后 / 231
捏造"遗嘱"，卑劣！/ 233
"积谷防饥"的背后 / 234
廉价之泪 / 235

把腰挺起来 / 236
"假咨询"辨析 / 237
别玷污了"五四"精神 / 238
反思什么？/ 239
荒唐的控告 / 240
谨防"神经过敏" / 241
何来"封杀"？/ 242
北京传话人？/ 243
"试金石"之辩 / 244
欢呼声中的噪音 / 245
报道新闻与制造谣言 / 246
要以理服人 / 247
何"罪"之有？/ 248
"复仇"质疑 / 249
揣测岂可作新闻 / 250
是"戆居"，还是蒙混？/ 251
标题上的手脚 / 252
选举论坛观感 / 253

不要教坏了下一代 / 368
新闻道德的堕落 / 369
不要误了孩子 / 370
请尊重事实 / 371
"启示"的启示 / 372
谨防转移视线 / 373
"工具"说谬矣 / 374
是"征服与屈服"吗？/ 375
理屈词穷 / 376
应尊重商业决定 / 377
如此"倒董"策略 / 378
没有特殊公民 / 379
抹黑"新招" / 380
诚信何在？/ 381
谨防蓄意误导 / 382

合法与非法要分清 / 383
议员该带什么头？/ 384
谁在混淆视听？/ 385
荒诞的逻辑 / 386
纷纷谴责 / 387
荒谬的指责 / 388
弃权是假 弃民意是真 / 389
某候选人并不"独立" / 390
《苹果日报》弄巧成拙 / 391
何"逼"之有？/ 392
蓄意编造"恐惧症" / 393
岂能为"法轮功"张目 / 394
本港"法轮功"愈走愈远 / 395
谴责与警告 / 396

七、港台关系

"重返联合国"？/ 398
谈什么"民族感情"？/ 400
台湾势力正插手本港选举 / 402
并不光彩 / 404
可耻的"感谢" / 405
荒谬的提名 / 406
究竟谁无诚意？/ 407
正义的杯葛 / 409
喜剧乎？悲剧乎？/ 410
第一百六十个 / 411
"唱衰"香港？/ 412
不光彩的表演 / 413
"一国两制"与"一国良制" / 414

"黑金政治"何时了？/ 415
难在缺乏诚意 / 416
媚日续篇 / 417
耐人寻味的对比 / 418
某主任胡诌些什么？/ 419
肢解者的梦呓 / 420
误解了李某人？/ 421
"实质化"的背后 / 422
台湾从来不是国家 / 423
只争朝夕 / 424
岂能混为一谈 / 425
心虚之下的"博懵" / 426
"最大创伤" / 427

"无耻"二字怎写？/ 428
正告和忠告 / 429
一个中国是现实 / 430
"夜间主席" / 431
谁在转移视线 / 432
"怨妇"扬何名？/ 433
台湾无权独立！/ 434
"朦胧美"？/ 436
"海洋立国"——荒诞！/ 437

也说"一家人" / 438
"未来"的背后 / 439
荒谬的吹捧 / 440
并非误解 / 441
"一中"不容挑衅 / 442
谁说台所属未定？/ 443
十大好处 / 444
要怎样的"创意"？/ 445
拙劣的骗术 / 446

八、外部势力的觊觎与干预

在"居美权"背后 / 448
借口何其多 / 449
荷里活的闹剧 / 450
美国要填补真空 / 451
偏见加狂妄 / 452
如此"新闻自由" / 453
"人权奖"的题外话 / 454
重温旧梦？/ 455
自己坐歪了 / 456
英总领馆之举引人注意 / 457
外国组织无权监察选举 / 458
彭著劣评如潮有感 / 459
何来"人权倒退"？/ 460
美议员管得太宽 / 461
何须"包大人"指点 / 462
趁火打劫 / 463

香港又将"死亡"？/ 464
《中国的阴影》质疑 / 465
毫无理据的指责 / 466
此言差矣！/ 467
总统先生"担忧"什么？/ 468
三问神父 / 469
"震惊""关注"的背后 / 470
闹剧重演？/ 471
英报耸人听闻 / 472
无理的指责 / 473
再问甘神父 / 474
蓄意误导 / 475
"人权监察"耸人听闻 / 476
自相矛盾的指责 / 477
殖民主义幽灵尚在 / 478

后记 / 479

一、风雨回归路

从中英两国就香港问题展开谈判开始,香港就踏上了回归之路。一路风雨不断,那是由于当年的"大英帝国"并不甘心退出殖民统治舞台;尽管中英联合声明已经签订,且在联合国备了案,香港回归已成铁板钉钉的事,他们还是要搞风搞雨,为香港回归设置一道道障碍。就是香港,极少数在人家面前跪惯了的人,对站起来也似乎颇不情愿。风雨回归路上,中国政府和香港广大爱国同胞排除各种干扰,义无反顾地前行……

何来拒"民"千里？

据报载，日前，新华社香港分社正式复函立法局议员谭耀宗，对民建联、民协及民主党就讨论老年退休金及公积金问题要求会面事作出回应，表示目前暂未便安排见面。有传媒认为新华社此举是针对民主党的，更有人指称"新华社拒'民'千里"，很有一点耸人听闻的意味。

这种看法颇为牵强，并无多少依据。据接近中方人士透露，新华分社之所以暂不便安排见面，实乃另有缘由。

中方认为，中英联合声明规定得清清楚楚，一九九七年七月一日之前，香港仍由港英管治，现在要提老年退休金及公积金有关计划，当然要由港英政府负责。但是，现在提出计划，即使通过施行，也临近九七，而且一定会跨越九七，故而应当交中英联合联络小组讨论。基本法第三十六条还专门对社会福利、劳工的福利待遇和退休保障的依法保护作了规定。对于这类涉及全社会整体利益的事，港英政府应当在通盘考虑并在广泛咨询本港社会各界意见的基础上提出一个方案，然后将此方案提交中英联合联络小组讨论和磋商。港英政府过去没有这样做，提出的方案都在社会中遭到许多非议。直到现在还拿不出一个社会各界比较满意的方案，也没有主动提交中英联合联络小组去讨论，新华分社当然无以置评。说新华分社"拒"民，看来是言重了。

当笔者向老朋友问及，新华分社对民建联、民协及民主党三党就老年退休金及公积金问题联手事有何看法时，老朋友认为各政党团体就某些问题联手协商纯属各政党团体自己的事，从新华分社过去的处事方式看，他们对此根本不会过问。

（原载香港《文汇报》1995年3月23日）

"另类诠释"

立法局辩论一九九五至一九九六年度财政预算案时，发言的议员都同意一九九七至一九九八年度财政预算案要与中方有特别的安排，并赞成设立专家小组共商。民主党主席李柱铭虽然也作如是说，却又另加诠释，谓特别安排是指向中方讲解预算案制订的程序，是一种咨询，并不包括参与决策及有否决权云云。

妙哉！李柱铭的"另类诠释"已将民主党对制订一九九七至一九九八年度财政预算案的立场和盘托出。原来，李氏的"特别安排"与其他议员不同，有"特别涵义"——仅仅是向中方解释一番、咨询一番而已，中方既不能正式参与，更不能有决策权，换言之，是得个"听"字。

其实，李柱铭的"咨询"说并不是他自己的发明，财政司麦高乐在新一年度财政预算中就是这么说的："由九六年四月起，我们会就九七至九八年度财政预算案的内容咨询中国政府。"李柱铭紧步港英后尘，由此也可见一斑。当然，他也不是简单重拾港英牙慧，而是对麦高乐的"咨询"说作了进一步阐发，即这种"咨询"不过是"知会"的代名词，既不是参与，也没有决策权。李柱铭的"另类诠释"说出了港英想讲而没有讲的话。

一九九七至一九九八年度的财政预算案中方只能被咨询而不能参与吗？显然不是。众所周知，一九九七至一九九八年度的财政预算案中有九个月时间要由特区政府执行，中方对此的发言权理应比港英政府还大。中方只有参与整个预算案的制订，才能保持此预算案的延续性和理财政策的连贯性，才能有利于本港的平稳过渡，使预算案造福香港，造福港人。是参与，理所当然就有发言权和决策权。

无论是港英，还是李柱铭者流，将中方的参与过程界定为英方主持的一轮财政预算培训班，这同中方参与制订预算案的实质意义大相径庭，也与联合声明附件二的规定不符。而且中方的参与，实质上就是港人的参与。因为特区政府现在还未成立，只能由中央的有关部门来代表，参与的过程中也有港人参加，这个道理是大家都理解的。口口声声说是代表港人的人却在具体问题上反对港人参与，岂不怪哉！

不过话要说回来，我们倒真要好好感谢李柱铭先生，倘若没有他此番"另类诠释"，人们也许会误以为民主党开始"转軚"了呢！

（原载香港《文汇报》1995年3月26日）

港督"花絮"何其多

"花絮"者，有趣的新闻片断也。

港督彭定康先生来港不足三年，有关他的花絮，则如同秋后的葡萄，一嘟噜一嘟噜的。在此，笔者不妨信手拈出几例。

一九九二年深秋，一次港督伉俪爱犬"梳打"走失，督府出动数十警员彻夜查找，港督夫人一开口即以一千大洋悬赏，弄得有关部门人仰马翻。

去年五月，港督另一爱犬"威士忌"无端咬伤装修工人，"威士忌"则乘坐督宪的皇冠牌专车，春风满面地前往域多利狗房"检查"，又惊动渔农处等多个部门，整个港督府沸沸扬扬。根据现行《猫狗条例》规定，狗只咬伤人经警方查实后，可对狗主提出检控，且该条例并未列明任何人士有权免于被检控。然而，由于被"威士忌"咬伤的工人表示"饭碗要紧"，于是此事不了了之。

港督频频出访及返英"述职"，平均不足两月便有一次，花费公帑数以百万计，被港人称为"离岸港督"。

一九九三年立法局部分议员对港督年薪超过二百万港元却不用纳税表示质疑，因为英女王都须纳税。于是成立专责小组调查，结果却是不纳税"合法"。当时传媒曾有预言，谓港督是要首先证明自己不纳税是正当的，然后不排除会自行要求做一名纳税人。其结果当然令传媒失算。

港督拿取薪金不纳税是超脱公务员规限的，然而在享受某些待遇上又等同公务员。他一九九三年住院做心脏手术，费用不菲，然而最后只象征性地缴纳了五百港元。

港督每月的宴客费为五万元，一年的应酬费高达六十万元，前不久又有立法局议员质疑其"公私合一"。

还要说明，港督来港后，英国传媒多次报道其选战中为给马卓安助拳，曾因攻击中伤他人而惹官非等等花絮，均未开列在内。

如此等等，不一而足。彭定康先生不是在许多公开场合声称，要警惕和严防腐败的"北风"吹袭香港吗？那么，他吹的是什么风，是否需要照照镜子呢？人们倒是期盼他这方面"花絮"的出现。

（原载香港《文汇报》1995年3月30日）

港督缘何小题大做？

内地公安快艇追缉走私船只的"三·一八"事件，随着香港警务处副处长黄灿光赴珠海与内地公安高层开会归来对记者的一番话，其真相已大白于天下。

然而，港督彭定康先生围绕此事件的表演，着实耐人寻味。事件发生之后，港英曾与新华社香港分社联络，新华分社立即转告广东有关部门调查处理，广东公安部门也马上进行调查，但港督不待回复，真相也未弄清，便高调表态，谓此是"极端严重事件"，随即又是禀报祖家，由外交部次官约晤中国大使马毓真交涉，又是透过驻华使馆向中方表示对事件的"严重关注"。这还不算，据某英文报章披露，彭督在周二的港英政府高层会议上，面呈"愤怒"之状，竟然下令警务处及英驻港海军重新检讨"交战守则"，要"更强硬"对付未经许可进入香港水域的内地公安船只。

彭定康犹嫌不足，据传还指令布政司出来讲话。于是这位华人高官马上收起平日之灿烂笑容，声色俱厉地主动向记者谈及此事，声称中方公安"侵犯"本港海域云云。好一个"侵犯"！显然，彭定康是借华人高官之口传递出自己欲讲而不便讲的心里话。

谁不知道，在海上进行反走私有别于在陆地上，一时因情急船快或风浪、水流等复杂原因，偶尔越过对方水域实在难免。这种事情，过往双方都发生过。更重要的是，内地公安船只在执行任务时误进本港海域的事件，已大为减少，今年只此一宗。稍有头脑的人就能明白，中方何须"侵犯"本港海域呢？何况，据港英政府人士透露，新华社香港分社外事部门曾两次向港府官员通报，此事内地公安部门正在调查处理，并已基本查清，即将公布。

那么，彭定康明知如此，缘何还要迫不及待地高调处理此事，刻意将之上升至外交层面呢？

来自英国政界人士的分析是，近来，内外交困的保守党内阁，从首相到外相，都在谈其香港政策的"风险"，表示要致力于同中方改善关系。此次撒切尔夫人访华，大赞中英联合声明，就有担任"信使"的意思。五月，英国工贸大臣赫塞尔廷又要访问中国。秉承英国改变对华政策来港，又以敢于和中国对抗作为政治资本的彭定康，对此心怀鬼胎，因此不惜又一次挑起公开的争论，甚至把过去只需港英政府政治顾问处与新华社香港分社联系，通过内部工作便可解决的事，提高到外交层面，甚至公然对海军下令，要他们以后遇到此类事，协助警方采取"军事行动"，并有意将此下令的情况向西报透露，以图制造紧张局势，借此阻扼英国政府改变对华政策。上述英国政界传闻，是耶非耶，读者自可辨析。

（原载香港《文汇报》1995年4月2日）

何谓"领导能力"

某些牵涉过渡九七的香港问题，中英之间迟迟达不成协议，其症结到底何在？对此，一位港英政府高官自有"精辟见解"——据某英文报章披露，这位华人高官日前在选择性约见本港数间传媒时，指称中英之所以对一些问题迟迟不能解决，主要与中方缺乏领导能力有关。

此言差矣！

事实上，一些过渡九七的问题之所以不能得到及时解决，在于英方不按照中英之间业已达成的一系列协议和谅解办事，翻手为云，覆手为雨，变化无常，而中方认为事关原则立场问题，不能随意推翻。

举例来说，有关兴建新机场的财务安排，中英之所以在相当长的一段时间内迟迟达不成协议，是因为自从一九九一年两国政府首脑签署了新机场谅解备忘录之后，英方一直不按照谅解备忘录行事，所提出的几个财务方案均不符合成本效益原则。在本港设立终审法院一事也是如此，之所以至今尚未成立，就是因为在中英双方早于一九九一年达成有关协议之后，英方非但不认真履行协议，反而有意让作为港英咨询架构的立法局凌驾于两个主权国所达成的协议之上，以此为借口迟迟不设立之故。如此等等，不一而足。

明明是英方不认真履行有关协议，致使相关问题得不到及时解决，这位港英政府高官却将责任归咎于中方缺乏"领导能力"，这既是为了转移港人视线，替英方开脱，同时也有挑拨、离间港人同中方关系之嫌。

至于说到"能力"，中方洞悉英方推行所谓"政改方案"的玄机而坚决加以反对，这是不是能力？中方为使未来特区政府不至于背财政包袱，坚持原则，英方才不得不将机场财务方案修改得比较符合备忘录精神，这是不是能力？中方为未来特区及广大港人的利益着想，在有关港英突击修改现行法例、九号货柜码头、排污工程等一系列问题上均坚持原则立场，这又是不是能力？

人们倒要问，是否英方说一，中方不说二，英方提什么方案，中方只能照单全收，这才叫有"能力"呢？这位港府高官是不是想叫中方官员做当年的李鸿章呢?！

（原载香港《文汇报》1995年4月13日）

香港新闻自由度在下降？

国际舆论普遍指责美国在国际事务中爱管闲事，处处扮演"救世主"。日前美国一个名曰"自由之家"组织的作为再一次印证了这一点。该组织在一份报告中指责本港传媒在面对主权移交之时，已经进行自我审查和自我约束，由此，香港的新闻自由度已由"全面自由"下降至"部分自由"云云。

"自由之家"所说的那种"自我审查"和"自我约束"的现象，并不符合本港传媒的实际。但是，如果"自由之家"将本港传媒向社会和大众负责，讲究职业道德的行为说成是"自我审查"、"自我约束"，那就另当别论了。

实际上，在新闻自由的机制下，只要是对社会和公众负责的传媒，自我约束或自我审查是一直存在的，本港如是，全世界也一样，根本不用大惊小怪。

举例说，在日本这个号称世界新闻的"自由乐园"中，传媒自我约束的倾向也是明显不过的。例如传媒在报道绑架案时，即使警方让报界完全知悉这些犯罪活动的发展，报界也通常不会报道任何可能危及被绑架者生命的情节，直至案件完全解决。

作为现时本港的管治者英国，其国内媒体的自我约束同样存在着。举例说，媒体在报道涉及有关皇室秘闻时，均表现得小心翼翼，不得不作自我审查和自我约束，惟恐因触犯有关法律而受到处罚。

就是在"自由之家"的美国，据报载，最近就有不少传媒抱怨，由于垄断和发行成本激升的困扰，"编辑独立"常常变得要"自我妥协"。"自我妥协"难道不正是"自我审查"和"自我约束"的代名词？

不必讳言，只要是严肃的新闻媒介，自由和责任从来就是统一的。自我约束也好，自我审查也罢，对于新闻媒体将自由与责任结合起来，是不可或缺的手段。

本港的新闻自由没有遇到什么大问题。如果说，新闻界现在确有更加注意向公众负责的情况，那也是令读者高兴的一种进步，并无不妥。九七之后的新闻自由更受到基本法的保护，前景光明。"自由之家"将香港的新闻自由度降级，除了向世人展现自己的偏见之外，再无任何作用。

（原载香港《文汇报》1995 年 5 月 13 日）

英方在终审法院问题上做文章

本港终审法院至今尚未成立，其症结到底何在？不少有识之士指出，症结就在于港英当局缺乏诚意。此说极是。

本来，有关一九九七年前设立终审法院的问题，中英之间早在一九九一年就已经达成了原则协议，如果港英按照中英已达成的原则协议认真地提出方案，提交中英联合联络小组讨论，并努力贯彻实施，终审法院问题早就圆满解决了。正是由于英方缺乏诚意，借口履行立法程序，让立法局凌驾于中英之上，开创了作为港英咨询机构的立法局推翻中英两国协议的恶劣先例。自那以后，港英对此事不闻不问，一拖三年。直到近期，港英好像突然醒悟了似的，声言要按《九一协议》尽快设立终审法院。但并不是想回到中英合作的轨道，也不是真正为市民利益着想，在吵嚷了一番之后，还是走老路——立法局五月三日通过的修订议案，等于再次否定中英《九一协议》。实际上这是港英自己打自己的嘴巴。

据消息灵通人士透露，港督彭定康事后召集高层会议，讨论对策。而从近日种种迹象来看，即使中英联合联络小组无法就终审法院问题取得一致意见，港英也决意将自行制定的《香港终审法院条例（草案）》单方面交立法局讨论，并力求获得通过。据悉，港英如此做是出于下述几方面考虑。一是旨在世人面前乔装英方是恪守联合声明的，愿在九七前完成其应承担的责任；二是打所谓"民意牌"，散布九七后中方欲"操纵"终审法院，使其变成中央政府的"傀儡"或"御用工具"的流言；三是一旦不能成立，便将责任归诸中方。

据消息人士称，港府日前有意放出所谓中方蓄意限制终审法院权力，使之变成"'中'审庭"的消息，旨在让立法局相信，中方的此一"设计"与法官人数的"四比一"方案相比，后者已不算什么大问题，如不妥协后果更糟，并力图让社会各界与港府达成共识，尽快将生米煮成熟饭，迫使中方接受，使终审法院直接过渡九七。

呜呼！原来港英在终审法院问题上突然一百八十度大转弯，由消极变得异常积极，并非真正为港人着想，而是千方百计将终审法院问题变成手中一张牌，变着法子来对付中方。在如此没有诚意的情况下，难怪终审法院问题一拖数年，至今未能解决。

（原载香港《文汇报》1995年5月16日）

港督缘何"怀念黄莉莉"？

平日不读《南华早报》的人，看了本文题目，还以为笔者是将笔伸向港督个人的感情世界呢！其实，"黄莉莉"是《南华早报》一个漫画专栏的名称，全名叫"黄莉莉的世界"。日前，该报宣布此专栏停刊后，港督发言人罕有地发表评论，表示港督彭定康每天都阅读该漫画专栏，故而会"怀念黄莉莉"。

人们不禁会问：自称"日理万机"的港督怎么对一个漫画专栏如此情有独钟，以至于停刊后还对其深表怀念之情呢？原来，这个已经刊登了八年的漫画专栏，是以嬉笑怒骂的形式讽刺中国政治为基本特征的。大概正是在这一点上，港督与该专栏心有灵犀一点通，产生了奇妙的共鸣。

然而，事情还绝不止此。堂堂一港之督，缘何对一家报纸的某个专栏停刊高调处理，责令其发言人特别点出他天天有读而给有关报章施加压力呢？原来，这与港督着意对本港媒体运作机制重新部署有关。

港人皆知，近年来，港督围绕新闻自由问题发表了一系列言论。比如，他在去年的一次有大量外国传媒在港举办的研讨会上作讲演，耸人听闻地提出"要翻山越岭去争取新闻自由"，暗示本港新闻自由面临灾难性危机；在另一次外国记者俱乐部的午餐会上，又说什么目前本港传媒存在自我审查的风气，因而令人担忧；当本港《华侨日报》于今年年初宣告停刊时，彭定康又迅速作出反应，表示对此"非常难过"，并将此事与几个月前本港另一家中文报纸停刊联系在一起，谓目前本港传媒存在自我审查、自我约束的情况，希望港人共同捍卫新闻自由云云。其实，港督先生所说的那种"自我审查"的现象和新闻自由的"危机"，并不符合本港传播媒介的实际，而即使存在出于社会责任和职业道德的"自我约束"，也无可厚非。

总之，本港新闻机构出现的明明是一件很正常的经营或编务活动，港督都要出来上纲上线，说三道四一番。这次《南华早报》一个专栏停刊并宣布裁员时，他又借发言人之口表达他的"关注"。然而，如果连报纸因经济效益而停刊，或因成本上扬须裁员，因应读者需要新开或停办某个专栏，这些最能体现新闻自由的举措都要受到港督的压力，还有什么新闻自由可言呢？！

一直以来，港英政府主要通过某些法例或附属条规，实行对新闻媒体的严密控制。彭定康上任后，港英一反常态，打着"捍卫新闻自由"的旗号，以取消、削减政府部门对传媒的监管权力和法律约束力为出发点，大量修改有关新闻的法例和条规。港英这样做的目的，就是要削弱政府对新闻媒体的管理职能，造成既成事实，迫使未来特区接受，为特区政府管理媒体制造麻烦，从而为维持英国九七后在本港的政治影响和经济利益埋下伏笔。

为达此目的，港督还有另一手，即将传媒一些正常运作举措同新闻自由挂钩，制造一种传媒因受到政治压力而"自我审查"，新闻自由日渐萎缩，九七回归是本港新闻自由大限的假象，搞所谓"哀兵战术"，以挑起港人对中方的不满情绪。

彭定康的上述意图，极少数人可谓心领神会。难怪立法局议员刘慧卿认为日前《南华早报》裁员的直接理由与该报停办一个漫画专栏有关，象征着本港传媒自我审查的趋势；李柱铭并给该报去信，谓政治漫画应同任何一种言论形式一样，受到保护云云。

由此看来，刘慧卿、李柱铭只是拾港督余唾而已。港督及其追随者以关心新闻自由自居，结果倒是证明他们漠视自由的新闻运作机制，真正损害香港新闻自由的是他们。

（原载香港《文汇报》1995年5月26日）

"渗透"说何其荒诞

香港记者协会最近发表一份有关新闻自由的年报《破碎的诺言》，煞有介事地指责中方正透过不同手段控制、笼络或打击香港传媒，包括派"卧底"渗透传媒，因而使得本港的新闻自由比之三年前已大为减少云云。

奇怪的是，年报在对中方作出上述指责时，却提不出任何可以令人信服的事实根据，所谓的"证据"充其量只是被称为"变节"人士的某种推测而已，是不经一驳的。

新闻社团年报不以事实说话，这本身就自贬其格；以所谓推测作为指责别人的依据，这本身就不严肃，不负责任。更令人遗憾的是，作为港英喉舌的香港电台却不顾事实，与该年报配合呼应，大事进行渲染。

本月一日，香港电台《传媒春秋》节目以上述年报为话题，对中方进行毫无道理的指责。为渲染确有其事，节目主持人特意邀来所谓"名嘴"和记协某副主席帮腔。其中"名嘴"竟称"虽然年报没有办法给我们看到具体的事实，但以我的经验和认识就认为一定有"，并谓"渗透"的意思包括和传媒交朋友，请客吃饭，对你加以影响，新华分社就常做此工作等等。

荒唐！一方面承认没有具体事实，另一方面却又凭"经验和认识"一口咬定有，这不是自己打自己的嘴巴吗？！至于说请客吃饭是"渗透"就更是滑天下之大稽了。港英政府经常请人吃饭，这是否是"渗透"？台湾一些机构也常请人吃饭，这算不算"渗透"？据了解，新华分社与本港新闻界互有往来，互相邀请，那么"名嘴"是否要把本港新闻界朋友也加上向新华分社官员"渗透"的罪名呢？这样的"名嘴"不如说是"歪嘴"更为贴切。

年报及香港电台所竭力渲染的那种所谓中方干预本港新闻自由，向新闻媒体"渗透"的情况纯属无稽之谈，并不符合实际。但是，如果将本港传媒向社会和大众负责，讲究职业道德的行为说成是新闻自由在减少，那就另当别论了。不必讳言，自我约束或审查，对于向公众负责的新闻媒体将自由与责任结合起来，是不可或缺的手段，那是同编造的所谓中方"干预"、"渗透"风马牛不相及的。

依笔者所见，本港新闻界现在如有更加注意向公众负责的情况，那是令读者高兴的一种进步，并无不妥。九七之后的新闻自由更受到基本法的保护，前景光明。《破碎的诺言》指称香港的新闻自由在减少及对中方的指责是不负责任的；

作为官方喉舌的香港电台借此恣意加以渲染，除了向港人展现自己的偏见之外，只能是自取其辱。

(原载香港《文汇报》1995年7月9日)

艺员为何戴口罩？

本港多家报纸日前刊出大幅照片，但见一众港人熟识的艺员个个戴上了大口罩，乍看还以为是在宣传预防传染病，细读之下方知香港演艺人协会日前议决，通过发动一次全港艺人无声行动，三日内暂停接受各传媒访问，以示艺员对尊严受损及个人自由被侵犯而作出静默抗议。

其实，众艺员此举针对的并非本港所有传媒。据演艺人协会发言人称，艺员主要是对某周刊为代表的少数以"狗仔队"形式采访艺人新闻的手法表示不满。据称，某周刊等对艺员及其家人展开连串跟踪，偷拍及揭私隐，甚至意图冲入私家场地拍照，对艺员及其家人的日常生活造成严重滋扰，又作出夸大和歪曲报道，致使一些艺员惶恐终日，带来巨大的心理压力。

各种门类的艺员作为公众人物，备受传媒青睐是可以理解的。笔者孤陋寡闻，但也了解到本港是世界上报道艺员生活最勤力的地方之一，这本也无可厚非。艺员与传媒关系密切，在服务社会的目标下，互有需要，相得益彰，故而艺员对大多数传媒并无意见。然而毋庸讳言，极少数传媒为了追求"轰动效应"，在报道艺员时出了格，有碍艺员人身自由。人同此心，纵使再出名的艺员，他们也是普通的人，也需要有自由活动的空间。平心而论，艺员戴口罩实乃无奈之举。

当今乃至今后任何社会都不存在绝对化的新闻自由，新闻自由总是同责任和义务结合在一起的。一方的自由不能建构在另一方不自由的基础之上，也即一方享有的自由是不能以牺牲另一方的自由为前提或代价的。如果传媒将报道艺员的"新闻自由"建立在艺员的人身不自由抑或痛苦之上，难道这样的"新闻自由"还有价值吗？

传媒报道艺员生活时注意自我约束，并不会影响新闻自由。反之，把新闻自由与自我约束对立起来，只顾采访者的新闻自由，而漠视被采访者的人身自由和权利，最终传媒人员也将得不到支持而失去新闻自由本身。

从这次艺员戴口罩的事件还可以看到，并非所有传媒都是不尊重艺员的，许多传媒长期来和艺员的合作都是很好的，也是互相尊重和互相体谅的，把事情搞坏的，只是少数人，可以说是城门失火，殃及池鱼。

但愿肇事者能够自省，愿艺员戴口罩的事日后不再重演！

（原载香港《文汇报》1995年7月13日）

港英当局应当约束官台

前一段时间，本港有舆论对作为港英政府喉舌的香港电台，在"六四"前后的一系列出位节目提出质疑，批评香港电台以所谓纪念"民运"为名，煽动对中国政府进行对抗和不信任情绪的种种出格做法。

本来，面对舆论的批评和指责，香港电台理应认真反省，作出检讨。令人遗憾的是，香港电台非但没有汲取教训，在有关报道方面作出改进，反而执意孤行，在鼓噪对抗、误导公众方面愈走愈远。

"启发"国内民众起来搞事

本月十日，香港电台邀来某"名嘴"在《五棱镜》电视节目中大谈吴弘达事件的所谓"启发"。"名嘴"称，吴弘达事件可以给争取民主自由的中国人以相当大的启发，中国的民主自由及人权的改善，一定要靠中国人自己去争取，并在自己的国土上进行，云云。众所周知，美籍华人吴弘达在美定居后频频潜回中国，以及他在美国的所作所为，根本不是为了什么中国人民的民主自由和人权，而是千方百计窃取中国国家机密以便向其异国主子讨好邀功。作为在中国境内的刑事犯罪分子，有关司法当局对其实行逮捕，实在是理所当然，任何主权国家也都会如此做。要说该事件有所"启发"，那就是无论是哪一国的公民，在中国境内就必须遵守中国的法律。"名嘴"的所谓"启发"说穿了，无非是住在国外或境外的人士到中国去搞民主自由活动没有用，而国内人民应当自己起来争取民主自由。这难道不是在"启发"和鼓动国内民众起来同政府搞对抗吗？争取民主自由，说得动听，在"名嘴"的辞典中，不过是同中国法律和主权对着干的同义语而已！

煽动"民运"人士不屈"抗争"

如果说某"名嘴"的上述"启发"在鼓动国内民众搞事方面还有点羞羞答答、欲言还止的话，他在本月十一日香港电台一台的《时事沙龙》节目中的一番话，则是赤裸裸地道出了这一本意。

"名嘴"称，要争取民主自由和改善中国的人权，最好在自己的土地上进行海外的"民运"人士可以利用国外的传播工具，去鼓动中国人争取自由，或者利用先进的通讯工具，多挖掘中国的消息，让国际关注。但真正争取还要靠国内的"民运"人士如魏京生、王丹、陈子明等，他们在不安全的环境中抗争，有很大的道德勇气，中国人民是敬佩他们的，虽然现在环境不好，但总有一天（大意）……

"名嘴"一方面鼓动身居海外的"民运"人士，着力于通过国外先进的传播工具，多"挖掘"中国消息以使国际社会关注，也即让国际社会对中国施加压力；另一方面煽动国内民众向魏京生等人学习，以所谓的道德勇气奋起抗争。如此里应外合，内外夹攻，现政府岂能不倒？那"一天"岂能不来？某"名嘴"反共反华的立场是众所周知的。在这里，他又一次将他鼓动国内外"民运"人士闹事的主张与方法和盘托出。

港英不应忘记履行祖家承诺

人们对"名嘴"的鼓噪煽情并不感到奇怪，奇怪的是香港电台竟然容许他大放厥词——香港电台是政府经营的官方电台，其言论常常传递出港英当局的声音，具有政策导向性，这是无可辩驳的事实。在香港平稳过渡、顺利回归的关键时刻，香港电台却接二连三地炮制富煽动性、有害于香港与内地关系的节目，到底居心何在？是不是有意要沦落为对中国内地搞颠覆的舆论工具呢？！看来香港电台是到了省悟的时候了！

还必须提醒港英当局，早在五十年代中期，英国政府就已向中国政府作出了"女王陛下政府无意让香港被利用为对任何人进行敌对活动的基地"的承诺。现在港英官方电台所办的节目公然鼓动海内外"民运"人士闹事搞对抗，是不是忘记了祖家过往的庄重承诺呢？如果没有忘记，港英当局就应认真履行承诺，对自己的喉舌有所约束！

（原载香港《文汇报》1995年7月16日）

船民问题不能拖到九七后

港督彭定康先生日前在一个公开场合谈到船民问题时，一方面重申港府将努力在九七前遣返所有越南船民，但又谓"万一"政权移交后仍有船民滞港，他相信特区政府会继续公平处理云云。港督此番话确有"新意"，新就新在他开始为九七前不能彻底解决船民问题打"伏笔"，并以此试探中方的反应。

其实，港督无须试探中方，在有关船民问题上，中方的立场和态度一向是十分明确的，即港英必须在政权移交之前彻底解决长期困扰本港的船民问题。在这一点上，是没有"万一"可言的。

港人都知道，自一九七五年五月收容了第一批越南船民始，这一问题至今已困扰了本港整整二十年。滞港越南船民最多时达六万多人，本港每年花于船民的各项开支以数十亿计，给本港社会造成了沉重的负担。广大纳税人早就强烈要求港英政府尽快卸掉这个包袱。自从一九九一年十月英、越两国政府达成协议，越南方面原则上同意接收滞港全部船民之后，本港遣返越南船民工作遂开始有缓慢进展。今年三月，联合国难民会议又议决，越南每月接收一千八百名滞留本港的船民，在社会舆论推动下，港英政府开始实施上述遣返计划，但至今仍为此在白白花着港人巨额的辛苦钱。

港英政府近几年来在各方面的压力下，为遣返越南船民也做了一些工作，但也必须指出，港督在遣返船民问题上态度多变，尤其遇到美国某些议员以所谓人权干预遣返工作时，就借机推托，彭定康先生日前一番"万一"，如同他自己所说，就是由于"美国国会某些议员的言论，增加了港府遣返计划的困难"。但是，受害的是港人，港英政府应对港人负责，岂能唯与此并无干系的外国马首是瞻？既然英、越之间有协议，既然联合国有决议，就应当坚决执行。

港督在遣返船民问题上想"卸膊"，还可能把前不久船民在搬迁时激烈反抗及日前发生船民剪断铁网、集体外逃事件作借口。但是，这不仅不能作为推卸责任的理由，恰恰说明遣返计划非但不能拖延，反而当加快。

中国政府多次申明，英国和港英政府应在九七前遣返所有滞港船民，不能将船民问题留给香港特区政府。由此，在解决船民问题上是不能"万一"的，港督先生必须对此有清醒的认识。

（原载香港《文汇报》1995 年 7 月 26 日）

可悲的"棋子"

市民也许至今仍记忆犹新,两年前的八月,当韩东方事件发生后,港督彭定康迅速高调表态,称韩东方事件已经引起香港人对九七后出入境自由的极大忧虑云云。远在大洋彼岸的美国及其亲密盟友英国也急急介入,表示出异乎寻常的"关注"。当时就有舆论一针见血地道破,韩东方已变成了一颗"棋子"。

两年来的事实表明,每当重要时刻,这颗非同寻常的"棋子"就会按照执棋者的意图而跳动。日前,当韩东方到新华社门前搞事反称该社员工打他一事经传媒披露后,中方官员严肃地向社会道明事件的实质,谁知却触动了港督的神经,谓港英政府在韩氏问题上毫无责任,只要中方将护照发还韩氏便"万事大吉"云云。港督此番表白非但为推卸责任,还在于欺骗舆论,误导港人。

韩东方事件是有特殊背景的个案。韩东方之所以两年前不被获准入境,以及被吊销护照,完全是因为韩氏本人背弃了出国治病时有关不会在国外从事反对自己的国家和政府的活动,否则就不能回国了的承诺,而在境外积极从事违反中国宪法、有损国家利益和尊严的活动,在某些反华势力操纵下,奔波于各种国际会议中,发表大量鼓动反对中国政府的言论,败坏中国的国际声誉,并积极与国内的非法组织相勾联,制造谣言,煽动罢工、闹事……比如,以所谓"中国民间代表"的身份参加在维也纳召开的国际人权会议,在大会发言中攻击中国;以所谓"中国自由工会代表"的身份参加日内瓦国际劳工组织会议;在和美国总统克林顿会见时要求将容许在中国组织自由工会作为延续中国最惠国待遇的附加条件……对此,中国公安部发言人曾明确指出,韩某一年来在国外的所作所为触犯了《中华人民共和国国家安全法》第四条和《中华人民共和国公民出境入境管理法》第四条、第十三条,故依法吊销其护照。

记得当年内地有关部门在广州为韩氏买好了直飞某国的机票,当韩东方到达九龙车站时,"支联会"派出人员热情相迎,鲜花彩旗,口号声声,一派英雄凯旋的场面。其实,韩东方潜入内地就是由刘千石派其工作人员蔡某护送到广州的。韩东方为港英包庇留在香港,也是由港英当局一再为其签发所谓工作签证,并允许刘千石非法雇用他。由此可见,"棋子"一说,确实有迹可寻。

"棋子"是可悲的,因为只能循主子的意图而行走。两年前,美国图谋借助韩氏这一"棋子",打击中国的国际威信,以所谓"中国人权状况太差"为由,阻挠中国申办二〇〇〇年奥运会；英国则迫不及待地想打"人权"牌，为日后的香港事务及正在举行的中英会谈捞取筹码；港英则以反映港人"忧虑"为名，渲染九七后港人的出入境自由能否得到保障的问题，挑拨港人与中国政府的关系。

两年后的今天，末届立法局选举投票日在即。港督来港后倾全力推销的所谓政制方案能否达到预期图谋，端视此次选举结果，他不能不借助"棋子"制造事端，抹黑中方，借此打击爱国爱港的参选者。于是，"棋子"不早不晚，再次按照主子的意图而跳动。

明乎此，读者朋友就不难明白，为什么每当韩氏出来制造事端，港督就会随即出来为其讲话了。

（原载香港《文汇报》1995 年 9 月 13 日）

选举投诉何其多

港英治下末届立法局选举的投票已于昨晚结束，选举结果将于今日正式揭晓。中方已经一再申明，新选出的末届立法局不能过渡九七，它的任期将于一九九七年六月三十日终止，而这一终止，不会因选举的结果怎样而变更。

港督彭定康先生自抛出"三违反"政改方案之日起，就喋喋不休地鼓吹末届三级架构的选举方案是根据"公开、公平和为港人所接受"的原则制定的。且不说三年以来社会各界对所谓的"三原则"的虚伪性提出了不计其数的批评和揭露，也不说去年九月的区议会选举和今年三月的两个市政局选举的实践证明选举方案既不公平公开，也不为广大港人所接受，就以本次立法局选举而言，足可佐证所谓"三原则"站不住脚。

据报道，截至投票日止，立法局选举事务委员会已收到一千五百多宗投诉，而投诉的相当一部分是爱国爱港的参选人投诉对方无端的攻击和诬陷。也有不少投诉某些候选人违规拉票，在传媒刊登违例竞选广告，甚至贿选，打人，等等。而有关部门对某些投诉并未及时作出处理，这样的选举结果怎能公平呢？

投票日更是投诉不断。笔者仅从昨日下午一家电视台的报道，就见多宗：新界元朗八乡的一百多选民去票站投票，却发现自己竟未被列入选民名册而不能投票，据说实际上该乡未被列入名册的选民高达几百人；新界西北选区五十多选民也因未被列入名册而无法投票；某选区一位女性因名册被漏列而向选委会投诉，得到的答复竟是可以帮查，查到也只能等下次选举才能投票；至于选民地址及投票地点阴差阳错者则更多。面对传媒采访，被愚弄的选民表达了强烈的不满。还有的投诉票站工作人员，故意误导市民，企图令某些选票成为废票。试问，诸多错误令致选民资格无端被取消，投票权被剥夺，票站工作人员居然可以从中作弊，这样的选举还有何公平公正可言？！

还有，"三违反"方案甫公布，人们就对"新九组"表示质疑，认为此种变相直选令同是选民，有的可投两票，有的却只能投一票，极为不公平。昨日更印证上述批评有理，有的选民去到票站尚不知属何组别，有的回答令人啼笑皆非。新九组选民登记率低，投票率更低，其中有的组别截至下午六时只有百分之十的选民投票。而港督彭定康却公开推卸责任，荒谬地把原因归结是"候选人的问题"。

凡此种种，足显立法局选举并不公平，也不可能为港人所接受。然而，彭定康先生直到昨日还对选民的诸多投诉于不顾，宣称此次选举是"最有公信力、最有广泛代表性的选举，是在公平公正的情况下进行的"云云，充分暴露了一个政客巧言令色、文过饰非的本色。

（原载香港《文汇报》1995年9月18日）

无理的冷嘲热讽

中华人民共和国成立四十六周年国庆刚刚过去。许多人都注意到，今年本港庆祝国庆的活动比往年都多，这是十分可喜的现象。可是，有人心里很不舒服，但又难于公开反对，于是乎只好冷嘲热讽一番。

有人认为，中国的国庆向是逢"五"中庆，逢"十"大庆，今年的庆祝规模却超过去年（四十五周年），实属"反常"。

其实，这一点也不"反常"。须知，国庆活动大、中、小之分是中国官方对全国范围国庆活动的规范。香港同胞的各类庆祝国庆活动完全是自觉自愿的，并非中国官方安排和控制，那么，民间表达爱国之情的自发活动，有什么大、中、小之分？"反常"说的又一谬误在于将一般规律绝对化——第一，时代在飞奔，国家在进步，随着一年年国力的提高，科技文化的日益发达，人民生活的不断改善，现在的每年"小庆"就很可能比几十年前的"中庆"甚或"大庆"规模来得还要宏大，气氛来得更加浓烈；第二，香港与内地不同，随着九七香港回归祖国怀抱之日日益临近，港人的民族归属感及国家认同感必然会日益增强，因此举办国庆活动的社团愈来愈多，参加各式庆祝活动的港人愈来愈多，这种正常现象当然就不能简单地用小庆、中庆、大庆的一般规律来衡量。

还有人认为，一些过往没有举办国庆活动的界别、团体如今举办了，一些过往不参加国庆活动的人士现在也参加了，这是"趋炎附势"。

依笔者的一孔之见，将上述现象贬为"趋炎附势"显然是错误的。众所周知，在英国管治香港一个多世纪的相当长时间里，对港人的爱国活动向来是百般挑剔甚至是诸多阻止和查禁的。新中国诞生后，爱国人士在很长时间内也不能名正言顺地庆祝国庆。直到中国的国际地位不断提高，尤其是七十年代对外开放后，这种情景才逐步得以改变。

笔者以为，对那些长期以来，尤其是特殊时期不顾港英的阻止，冒着风险一直参加国庆活动的港人理当崇敬，而对在香港回归前夕开始举办国庆活动的团体和参加国庆活动的港人也同样热诚欢迎，原则是自觉自愿，爱国不分先后。把参与国庆活动说成是什么"趋炎附势"可以说是失去理智。值得非议的，倒是那些对参与国庆活动的港人进行冷嘲热讽者。你们自己是否有兴趣参加这些活动，完全是你们自己的自由，但是想用这种方式来阻止爱国人士参与国庆活动，看来只能是徒劳的。

（原载香港《文汇报》1995年10月5日）

"独排众议"不足奇

对于中英双方日前就香港问题达成四项共识一事，本港舆论及社会各界咸表欢迎，认为此举有利于稳定公务员队伍，有利中英合作促使香港平稳过渡和政权的顺利交接。唯民主党主席李柱铭"独排众议"，谓英国政府不负责任，只与中方谈论次要的问题，而没有谈论新一届立法局任期等重要问题，是出卖港人利益云云。

街知巷闻的事实是，在香港过渡期的前半段，中英合作基本是好的。但由于后来英方改变了对华对港政策，尤其是彭定康先生来港后，大力推行"三违反"的所谓政制方案，不断挑起矛盾和争论，使得在香港问题上的中英合作出现了严重障碍，给香港的平稳过渡和政权的交接，带来麻烦，严重损害了港人的利益。

如今，低迷了三年多的中英关系有所松动，中英在香港问题上的合作出现了某种程度的转机。中国钱其琛副总理兼外长此次访英，同英政府就香港政权过渡达成四项共识，这是继新机场和终审法院取得协议和共识后，中英合作解决香港过渡问题的新起点。如果英方真正迷途知返，按照达成的共识行事，说到做到，那就显然符合港人利益，是值得欢迎的。

李柱铭将英方同中方达成四项共识一事视为出卖港人利益，显然是颠倒是非。他将符合港人利益的举措说成出卖港人利益，而对真正损害和出卖港人利益的倒行逆施，取态却完全相反。且不说他本人前些年如何仇视关乎港人长远福祉的基本法，叫嚷九七前修改基本法并公然焚烧象征基本法的大卡纸；且不说他如何跑到国外呼吁洋人制裁中国，而置此举将波及港人的利益于不顾；也不说他周游列国，图谋将香港问题国际化，单以他几年来对真正损害港人利益的三违反所谓政改方案的推崇备至，倾全力为之保驾护航一举，谁真正损害和出卖港人利益不是一目了然了吗？李柱铭向以"民主斗士"自诩，口口声声为港人争取利益，然而每每关键时刻，他都站在港人利益的对立面，岂不悲哉！

李柱铭"独排众议"的内在玄机，自己所谓"没有同中方谈新一届立法局任期"一语已经作了最好的注脚。但是，由于末届立法局是英方单方面按照三违反的选举方案产生，它也就只能运作至一九九七年六月三十日，其任期只有两年不到，中国政府届时将按照基本法及全国人大的有关规定组建，这早已是铁板钉钉的事了。难怪李柱铭会恼羞成怒呢！

（原载香港《文汇报》1995年10月6日）

彭定康设计邀周南

本港有报道称，新华社香港分社社长周南日前婉拒前往港督府，听彭定康介绍有关施政报告的内容。

笔者感到奇怪，对于港督邀请周南及周南未能赴会这样的事，传媒怎么会知道呢？因为熟悉港英政府运作的人都知道，在本港，港英同中方常有外交接触，港英政府与新华社香港分社之间是循港英政府政治顾问同新华社香港分社有关部门的沟通管道进行的，而双方一向对内容保密。那么，是次消息是谁透露出来的？回头再细看某报报道，原来是"港府一位发言人"所为。显然，港英是有意将此事透露给传媒的，这一不寻常的举动自有不寻常的政治目的。

有关每年例行的施政报告，过往多届港督的惯常做法，都是提前一两天由其政治顾问向新华社香港分社进行通报并提交副本。但自彭定康来港后，港英突然改变惯例，不再这样做了。去年，中国政府曾明确告诉英方：应当循惯例在通过英使馆向中国外交部通报施政报告的同时，将报告副本送交新华社香港分社。

想不到，今年彭定康又故伎重演，但为了掩人耳目，假惺惺地邀请周南前往督府，以便"聆听"其"介绍"。据接近港英政府的朋友透露，当周南社长表示不便前往时，港英立即变脸，不但拒向新华分社提交报告副本，而且连向该社有关部门负责人作简单通报也取消了。如属实，此举正好昭示，彭定康本无意向新华社香港分社通报，邀请周南只是一场政治把戏而已。十分明显，他是想要周南同他共做政治骚，欲借此摆脱困局，制造彭本人仍风光依旧的假象，如若不成，则倒打一耙，将"不合情理"的责任归诸中方。

中国国务院副总理兼外长钱其琛最近访英并同英方达成四项共识，不少媒体都认为英国政府为营造有利气氛，对彭定康"避之则吉"，港督已被冷落，其作用开始淡出，等等。政客出身的彭定康当然心有不甘，千方百计做骚做戏，以求摆脱受冷落的尴尬境地。邀请周南便是其中一计，联系彭定康近期一系列挑衅性的表演，诸如突然提出要给本港的三百五十万中国公民"居英权"，置起码的外交礼仪于不顾，在中方的国庆酒会上大放厥词，等等，证实上述推断言之有理。

（原载香港《文汇报》1995年10月11日）

近观香港

市民的失望与希望

　　昨天下午，港督彭定康在立法局宣读了他上任以来的第四份施政报告。这份施政报告究竟如何，见仁见智，本港舆论及社会各界自有评说。笔者以为，问题的关键不在报告写得如何漂亮动听，而在于拿出实际行动，实践有关各项承诺。

　　传媒报道，根据一项长期跟踪调查显示，港督过去的三份施政报告，所获市民支持程度，均为高开低收，即报告初发表时，市民的反应有毁有誉，但一年过去后市民回首有关承诺的实践情况，满意程度便急遽下滑。特别是去年的施政报告，最后只有约一成半受访者认同，充分显示市民对港督施政成绩的失望。几经折腾，以致人们对施政报告已经兴趣索然，日前的调查更显示有七成被访者对第四份施政报告不感兴趣，不愿置评。

　　造成上述现象的主要原因，是港督言行不一，重说不重做。一个明显的例证，是去年的施政报告中，在有关改善同中方的合作关系方面有诸多承诺，如支持公务员同中方的沟通等，但事后港英又颁布了若干"指引"，实际上等于不支持上述沟通，且年内港督还做了不少同中方对抗的大小动作，报告承诺的改善同中方关系的承诺根本没有兑现。

　　几年来的事实表明，彭定康在施政报告中讲同中方改善关系只是做戏而已。但在连番倒行逆施之后，港人逐渐认清了他罔顾港人福祉，以本港平稳过渡作自己赌注的政客面目，便风光不再——他做骚做戏屡受冷落的电视镜头此去彼来；民意调查一再显示受欢迎程度直线下降，前不久更出现不及格的新低。

　　前一两天，彭定康还玩弄把戏，欲邀请周南陪他做戏。但是，据可靠消息说，由于他在近期发表了一系列有损中英合作关系的言论，周南奉上级指示婉拒赴港英政府。正所谓话不投机半句多，市民对此容易理解。

　　不过，市民还是殷切希望，港督少讲空话，多做有利平稳过渡和港人安居乐业的实事。

（原载香港《文汇报》1995年10月12日）

哪有这回事?!

前天，本港某报以头版头条的显著位置刊发消息，谓北京中央有关部门从沿海省市抽调四十多名干部，正在中央党校接受为期一年的培训，准备届时派来接管香港云云。明眼人一看即知这是故意制造的谣言。因为中央政府早已多次作出过承诺，九七后决不派一个官员任职特区政府，怎么可能会"培训接管干部"呢？

市民知道，用"一国两制"解决历史遗留下来的香港问题，是老一代领导人邓小平先生代表中国政府提出的伟大构想。这一构想绝非权宜之计，而是十分庄严的国策。"一国两制"、"港人治港"、高度自治的原则早已载入中英联合声明，而联合声明也早已在联合国备了案，成为庄重的国际条约。基本法并将这些原则具体化，用未来特区根本大法的形式固定下来。中国政府曾一再申明，在对香港恢复行使主权后，将严格履行联合声明和基本法所确定的一系列方针政策，实施"一国两制"、"港人治港"、高度自治，做到五十年不变。就在不久前，中国最高领导人江泽民还郑重代表党和政府再一次重申了上述对港方针政策；在今年的一次预委会全体会议上，钱其琛副总理还专门宣布，中央不会向特区政府派一官一吏。这都充分显示出中国政府贯彻落实基本法的决心是坚定不移的。既然如此，哪会有现在正培训四十多人以便届时派到特区政府工作的事呢?!

某报在特区筹委会即将成立、筹建特区各项准备工作将全面展开之际编造这样的谣言，并非一时兴之所至，信手拈来，而显然是别有用心。该报就是欲通过编织谣言，进行挑拨离间，煽动人们对中方政策的怀疑，制造中方正背弃有关"一国两制"、"港人治港"、高度自治承诺的假象，以误导市民，搞乱人们的思想，达致干扰平稳过渡和政权顺利交接的图谋。

值得注意的是，该报在捏造此一消息时，还煞有介事地"引述"一位学员对该报"坦言"，说是他们学习有关接管政权课程之目的，是要在九七香港回归时，随时准备直接进驻香港特区政府，以免出现瘫痪的所谓情况，真可谓有鼻有眼，似乎言之凿凿。然而既然根本不存在"培训接管干部"这件事，"学员坦言"云云，岂不是滑天下之大稽？而且笔者为了尽量求真，还特地向北京有关方面查询，结果也证实根本没有这样一个培训班。某报如此造谣，真是无聊至极！

还须指出，某报在刊登此一"消息"时，还精心配发了《一国一制之"上海模式"复燃?》的所谓"背景资料",大谈当年解放军解放上海的"史料",更可见该报炮制上述假消息是一出经过精心设计安排的骗局。

无独有偶。昨天还有一家报纸,在 A12 版以头条新闻说什么"中国对港决策铁三角李鹏无份,江泽民为首'一统荣耀'",这是又一条造谣的新闻。为什么两三天内便有人在这些重大事情上故意制造谣言?看来与一九九六年即将到来有关。一九九六年是香港过渡、建立特区政府的关键一年。造谣公司已经开始运作,欲干扰平稳过渡已可预见。对此,人们确实应有足够的警惕!

(原载香港《文汇报》1995 年 12 月 22 日)

港督，你说什么？

即将诞生的香港特区筹委会最近成为社会各界关注的热点，实乃正常之事。港督彭定康也不甘寂寞，而且"一鸣惊人"，竟然公开称："特区筹委会是咨询香港事务的架构。"

港督先生，你在说什么？谁说特区筹委会是咨询架构！有关筹委会的性质及其职权，在全国人大的有关决定中早已规定得一清二楚："在一九九六年内，全国人民代表大会设立香港特别行政区筹委会，负责筹备成立香港特别行政区的有关事宜，根据本决定规定第一届政府和立法会的具体产生办法。……"这也就是说，筹委会除了要制定第一届特区政府和立法会的具体产生办法之外，凡涉及筹备成立特区的有关事宜，都在筹委会的职权范围之内。这就再清楚不过地显示，特区筹委会是一个权力机构，她将就筹备成立特区的有关事宜作出实实在在的决定，其职权范围是相当广泛的。

特区筹委会绝非咨询架构，而是权力机构，这是稍具常识的人都能懂得的。对此，彭定康并非不懂，而是有意贬低筹委会。港督此举，同日前港英有关官员放出口风，谓日后成立的特区筹委会工作范围"很狭窄"如出一辙，同港府日前提交给立法局的文件中将筹委会的职权规限得很小，甚至连人大决定中早已清楚列明的某些重要职权条款也有意大砍大删一脉相承，其目的都是为日后非难筹委会制造舆论准备。

彭定康及其追随者，从预委会诞生之日起就竭尽对其攻击、诋毁之能事，如今又挖空心思地贬低筹委会。说到底，都是为了干扰香港的平稳过渡和政权的顺利交接。只不过，时势不会以他们的意旨为转移，港督之言行，就如同堂吉诃德式闹剧般可笑。

还值得一提的是，彭定康竟然在公开场合就筹委会的组成指手划脚，对哪些人不被接纳说三道四。其实，筹委会的设立及其有关人员组成，纯属中国主权范围的事，因为筹委会是为成立特区政府做准备，并不涉及九七前的日常管治事务，作为殖民统治的港督有责任给予必要的合作，而对其组成则根本无权置喙。况且筹委会的人选具有相当广泛的代表性，港督为某些人不被接纳而感"惊奇"，只能说明自己的偏见。

（原载香港《文汇报》1995年12月23日）

某党自不量力

报载，民主党的立法局议员张文光日前在立法局港督答问大会上表示，由于中英两国达成协议的终审法院条例中有"终审法院对国防及外交事务等国家行为无司法管辖权"的条文，"颠覆"罪可能被定义为"国家行为"而使香港的法院无法受理，结果一九九七年后香港可能出现类似魏京生案的政治审判，因而该党将加速考虑重提修订终审法院条例云云。

读了这段报道，笔者觉得实在好笑。市民皆知，香港终审法院条例是中英两国政府循正式外交途径，经过长时间努力达成的协议。该协议严格按照中英联合声明和基本法的有关规定办事，既体现出中国对香港恢复行使主权的精神，又落实了"一国两制"、"港人治港"、高度自治的原则，因而受到广大市民的欢迎。如今该条例协议的达成已过去好几个月的时间，早已成铁板钉钉、不可动摇之事实，民主党竟然还想修订它，甚至推翻它，这难道不是异想天开、自不量力？

其实，民主党欲修订终审法院条例并不是自今日始。早在今年六月，中英两国终审法院协议甫一达成，民主党就气急败坏地声称该协议是"中英两国共同出卖香港人"的产物，不能接受。结果是民主党党魁李柱铭在立法局提出的有关删除"国防及外交事务等"字眼的修订动议连同其他修订动议一齐遭到否决，终审法院条例协议获得通过。退一步言，即使立法局不通过该协议，亦属枉然，因为作为港英立法咨询架构的立法局根本无权否决中英两国达成的协议。

值得指出，民主党要求重新修订终审法院条例，同该党日前向港督提出有关全面取消一切涉及颠覆及叛国罪的现行法律条例一举如出一辙，都是民主党围绕魏京生案采取的连串行动之一。过往，民主党及其前身一直对舆论指其颠覆中国政府的批评诸多狡辩。如今，魏京生案一出，他们便自觉对号入座，与魏氏同病相怜，可见原来就心中有鬼。张文光赤裸裸表示对所谓"颠覆"罪可能被定义为"国家行为"的担心，并重新提出修订终审法院条例，这除了想为自己友过往的颠覆言行开脱之外，说到底，就是要为他们这伙人在九七之后留有颠覆中央政府活动空间制造舆论，排除法律方面的障碍。而这，岂不是不自量力吗？！

（原载香港《文汇报》1995 年 12 月 28 日）

无聊的挑拨

香港特区筹委会组成名单经全国人大常委会审议通过发表后，本港舆论从总体上给予积极评价。即使有这样那样的看法也属正常。奇怪的是，却有个别人在中方几个涉港机构的筹委会名单上大做文章，谓哪个机构明显得势，哪个单位又"人气急升"，而某某机构的影响力正被削弱，云云。

这种毫无根据的揣测实在无聊之至！这样的"政治评论员"别看他"宏论"滔滔，指指点点，仿佛对中方了如指掌，其实就连最基本的政治常识及中方阵营的运作模式ABC都不懂。

只要对中国事务稍有了解的人，便不难知道中国政府实行的是统一领导、分工负责制。众所周知，中国外交部、新华社香港分社和国务院港澳办，这是中方主持或涉及香港事务的三个主要机构。从级别上看，都是正部级。对于香港事务，三者只有分工的不同，即各有所侧重，但并无主次之分，都是在中央政府的统一领导之下开展自己担负的工作，都对中央政府负责。对于香港事务的一系列方针大政都是中央政府统一制定的，都是一以贯之的。上述三个机构都执行共同的政策，绝对不可能各行其是，也根本不存在谁左谁右的问题。一直以来，本港总有极个别人喜欢找寻三个机构之间所谓在执行香港政策上的"矛盾"，划分所谓"鹰派"、"鸽派"，实在是既可笑又无聊。

再回到此次筹委名单上。筹委会是在全国人大领导下为筹建香港特区做准备的一个权力机构。就内地委员而言，哪些人担任此职较为合适，中方在酝酿及作出决定时，完全是从工作的角度出发作全局考虑的，三个涉港机构都重要，但也没有必要搞平衡，一切以香港回归这一宏伟大业的工作需要为依归，多几个少几个实在正常不过。须知，上述三个机构进入筹委会的人，与香港委员一样，并不是代表其所在的某一机构。

有人从三个机构进筹委会者多少这一表面现象入手，得出谁得势谁失势的结论，假如不是以小人之心度君子之腹，那么显然就是一种无聊的挑拨。而这，显然是徒劳无功的！

（原载香港《文汇报》1996年1月12日）

某女议员的"梦呓"

特区筹委会已于日前成立。筹委会成立的首要任务之一便是筹组推选委员会，由推选委员会来推举第一任行政长官。一段时间以来，本港舆论对特区第一任行政长官的人选颇为关注，诸多猜测，包括推选委员会是以协商的方式产生行政长官好，还是协商后提名选举合适，都有种种议论，这是可以理解的。但是，立法局某女议员将于近日在立法局提出动议，要求第一任特区行政长官由一人一票的方式直选产生，这就十分荒谬了。

众所周知，关于未来香港特区第一任行政长官的产生办法，基本法及全国人大的有关决定早有一整套规定。先是基本法第四十五条对行政长官的产生办法作了原则性规定："香港特别行政区行政长官在当地通过选举或协商产生，由中央人民政府任命。"而基本法附件一则专门对特区行政长官的产生办法作了具体明确的说明，概而言之，未来特区行政长官是由一个具有广泛代表性的选举委员会根据基本法的规定而选出，而这个选举委员会则由四种界别共八百名各界人士组成。由于第一任行政长官是在港英管治期间产生，情况比较特殊，故根据基本法附件一的有关规定，全国人大对第一任行政长官的产生办法作了专门决定，即首任行政长官由一个涵括各界人士四百人所组成的推选委员会以协商或协商后提名选举的方式来产生，并报请中央人民政府任命。

由此看来，基本法及全国人大的有关决定已经将特区行政长官的产生办法规定得一清二楚。一句话，首任特区行政长官是绝对不可能通过一人一票的直选方式产生的。虽然选举方式并不等同民主程度，但也毋庸讳言，在所有的选举方式中，一人一票的直选方式民主程度相对较高。正因为如此，基本法第四十五条在阐述行政长官的产生办法时，指出"最终达至由一个有广泛代表性的提名委员会按民主程序提名后普选产生的目标"。不独行政长官，基本法也规定特区立法会议员最终也将达至全部由直选产生。问题的关键在于要根据香港的实际情况，经历一个循序渐进的过程。

对基本法有关行政长官产生办法的一系列规定，某议员是不会不知道的。真所谓日有所思，夜有所梦。这位昔日一向以反中抗中为政治取向，多次主张通过港人一人一票决定"香港前途"的女议员之所以明知不可为而为之，对行政长官的产生发一通"梦呓"，就是欲通过此举误导市民，给市民造成行政长官不经直选产生就不合法的假象,从而为日后非难首任行政长官埋下"伏笔"。对此,市民不能不有所警觉。

(原载香港《文汇报》1996年1月31日)

未来特区之福

随着各种传媒的广泛报道，九七后进驻香港特区的解放军部队已在广大市民面前公开亮相，这支威武文明之师的神秘面纱已经揭开。不少市民目睹驻港部队风采，颇感欣慰。但也有人认为，香港不会出现警队维持不了社会治安及救助不了自然灾害的情况，因而没有驻军的必要。此种说法显然是片面的。

姑且不论主权象征，也抛开维持社会治安因素，单是救助灾害这一点，解放军驻港的意义也不可低估。诚然，市民都期望香港太平，但俗话说"天有不测风云"，有谁可以担保，日后香港就永远不会有重大的自然灾害出现呢？在突发大型自然灾害的紧急关头，有警队全力以赴，再加上驻港部队的辅助，就可将损失减少到最低限度。如果没有驻军，而临时向内地求助，就可能会延误抢救的宝贵时机。

世界各国在遇到大型灾害时，无一例外会由军队辅助。不说远的，去年日本神户大地震，韩国大楼倒坍，美国加州飓风等大型灾害，都是由所在国的军队担当救灾主力的。中国内地的情况港人更为熟悉。当年唐山大地震，前些年华东大水灾等等巨大自然灾害，都是因为解放军及时抢救，才使人民生命财产的损失减少到最低程度。

令人欣慰的是，未来驻港部队是一支完全能胜任抗灾抢险突发任务的部队。有关资料显示，该部队从组建到现在，两年时间里先后出动兵力五万多人次，动用各种机械车辆两千多台次，参加了深圳治理布吉河、福田河，及绿化梧桐山等重点难点工程，还先后十多次参加抢险救灾。部队官兵灭山火、战洪水，为保卫国家财产和民众生命安全作出过很大贡献。他们不怕吃苦、英勇善战的事迹早已在当地民众中传为美谈，直到最近驻港部队公开了，市民才知道在昔日抢险救灾的部队中，还活跃着未来的驻港部队的官兵。

香港的成功是举世瞩目的。但也毋庸讳言，香港作为一个地区，其自身抵御大型自然或人为灾害的能力毕竟是有限的。有一支纪律严明、秋毫无犯，且吃的是"皇粮"的解放军部队驻扎其间，以应急需，正好能弥补上述不足。如此，岂非未来特区之福？

（原载香港《文汇报》1996年2月3日）

要怎样的"铮铮风骨"?

一段时间来,特区第一届行政长官的产生成为本港热门话题,这是合乎情理的。人们对行政长官必须具备的品格说长道短也可以理解。然而有人认为行政长官的第一要素是"须有铮铮风骨,绝非唯'北'是命",并说行政长官服务对象是香港人,如同现在的公务员一样,云云,笔者觉得大有商榷之必要。

说行政长官要像现在本港的公务员那样为港人服务,这本身并不错。但是,现在公务员服务的政府是港英政府,英国派有代表英国在香港实行殖民统治,并集大权于一身的港督管治他们,约束他们的宪制文件是《英皇制诰》和《皇室训令》,因此他们的自主服务是有限的。而九七之后,香港回到祖国的怀抱,港人开始当家做主,行政长官及绝大多数公务员也将同广大市民一样,成为香港的真正主人。从此,他们是以主人翁的身份,在新生的香港特区政府工作,直接为广大特区市民服务。显然,这两者的性质是有本质区别的。

未来的香港特区在"一国两制"下享有高度自治权,届时特区政府由当地人组成,按基本法自行运作,中央政府不会干预特区的日常事务。但是,这绝不意味着特区政府可以独立于中央政府,同中央政府毫无关系。实际上,基本法已经对特区政府同中央政府的关系作了明确规定。基本法也规定特区行政长官在当地通过选举或协商产生,由中央人民政府任命,并依照基本法对中央人民政府和香港特别行政区负责;特区政府主要官员由特区行政长官提名并报请中央人民政府任命。至于特区行政长官要不要执行中央政府的有关指令问题,基本法同样说得清清楚楚:行政长官的职权包括"执行中央人民政府就本法规定的有关事务发出的指令","代表香港特区政府处理中央授权的对外事务和其他事务",等等。

有人以倡导所谓"铮铮风骨"为名,提出行政长官不必"唯'北'是命",显然是在有意散布对"一国两制"的不信任情绪,臆造一种九七后中央政府将会事事过问和干预特区政府、不让港人享有高度自治权的假象,更有将"高度自治"和"独立自决"二者混为一谈,挑拨、离间行政长官同中央政府关系之嫌。

行政长官要不要"铮铮风骨"?当然要!这种"铮铮风骨"就体现在排除一切干扰,坚定不移地贯彻落实"一国两制"、"港人治港"、高度自治等方针政策上,体现在坚定不移地执行基本法上。

(原载香港《文汇报》1996年2月14日)

信心缘于充分准备

俗话说，高楼万丈平地起。无论多大的建筑工程，都需要打地基。同样，未来香港特区的正常运转，她的繁荣稳定也不能没有基础。而预委会所做的大量工作，就为香港的平稳过渡及保持长期繁荣稳定奠定了基础；而日前正式成立的筹委会及其即将展开的一系列实质性工作，则将为未来特区保持长期繁荣稳定奠定更为牢固坚实的基础。

预委会在其两年半的历程中，不负重托，辛勤耕耘，在广泛征询港人意见的基础上，就香港特区的政治、经济、法律、文化、社会保安等各个领域，以及基本法的实施等一系列重要议题提出了符合香港实际的可行方案和积极建议，其中组建终审法院、设立中英基建协调机构和新机场财务安排方案的意见和建议已被采纳，使中英双方达成了有关协议和共识，为世人所称道，而有关保持公务员队伍稳定等许多建议，亦受到公务员和市民的普遍理解和认同。

预委会成立于一九九三年七月，她是中国政府根据当时形势发展的变化，为保障香港社会平稳过渡和政权顺利交接而采取的重要举措。九十年代初，由于英方突然改变对华对港政策，在香港过渡的许多问题上，不仅采取不合作的态度，更采取对抗政策，为香港平稳过渡设置种种障阻。在此情况下，中方不得不当机立断，全国人大常委会决定严格按照法律程序，设立预委会这一工作机构，采取"以我为主"的方针，着手为筹委会的成立进行各项前期准备工作，这就打中了英方的要害。

预委会严格按照中英联合声明和基本法办事，对英方一个时期来"三违反"的一系列部署，提出了有力而合情合理的处理意见，使得英方及极少数反华乱港者干扰平稳过渡和政权顺利交接的种种阴谋破产。预委会的工作愈是有利于"一国两制"、高度自治和"港人治港"方针的落实，就愈是打中殖民统治势力及其追随者的痛处。预委会在香港市民的理解和支持下，顶住了压力，排除了种种干扰，圆满完成了自己的历史使命，为成立特区筹委会和政权交接赢得了时间，取得了主动。

日前诞生的特区筹委会是全国人大授权成立的一个具体筹建特区的工作机构。她将对预委会提出的意见建议加以研究，并作出具体实施决定，为第一届香港特区政府的成立做好各方面的筹备工作。筹委会成员具有广泛的代表性，相信他们会主动联系社会各界和广大市民,加强咨询和沟通,集思广益,把各项筹组工作做得更细致、更完善。而这,也正是中国政府对香港回归之后保持长期繁荣稳定充满信心的理据之一。

(原载香港《文汇报》1996年2月18日)

港府"自行"得了吗？

据闻，港督彭定康先生二月初曾就越南船民事务复信立法局内务委员会，声称一九七九年四月十二日前保安司在立法局会议上已表明，当时向"汇丰"号难民船船长说明该船驶入本港不会受阻是港英政府根据其意见自行作出的决定，并非受英国方面的任何观点所左右。

这番话着实让人惊讶！港督也太过小看香港人的智慧了。因为稍懂事理者便会发问，港英政府高官并非三岁孩童，像接受船民这样的大问题，不会不知道先例一开将会后患无穷，港英政府"自行"得了吗？

彭定康先生在复信中还说，一九八九年十月当时的保安司也告知立法局，"第一收容港政策是香港政府在七五年'嘉娜马士基号'丹麦货轮抵港时自行决定实施的"。又是一个"自行"！这就再清楚不过地说明，港督无非是要刻意替祖家推卸船民问题的责任罢了！

然而，一番"自行"便能推卸得了英政府的责任吗？当然不能。谁不知道，自从上一世纪中叶"大英帝国""割让"、"租借"、"展拓"了香港之后直至现在，本港就一直处在英国的殖民统治之下，港督就是其代表。港英政府受《英皇制诰》和《皇室训令》所规限，事事听命于英廷，从不敢越雷池半步，这是任何人都否认不了的事实。就连彭定康先生在此信中也不经意透露，行政局在制定各项船民政策时都征询过英国政府的意见。

事实是，在一九七九年的日内瓦国际难民会议上，英国在完全未征询香港人意见的情况下，代香港签署了关于难民问题的国际协议，使香港成为越南船民的第一收容港。自此，越南船民一批批蜂拥而至。二十年来，本港先后收容过约二十万越南船民，最高峰时达到近十万人。本港每年花于船民的各项开支以数十亿计，至今仍有近两万船民在白白花着港人的辛苦钱。

笔者联想到，彭定康先生的"自行"说与英国外相聂伟敬前不久访港时散布的"自治"论如出一辙（聂说船民问题是"香港自治范围内的事"）。为了卸责，公然误导舆论，欺骗公众，实在很不应该。

有道是"解铃还须系铃人"，既然英国代表港府签署有关国际协议，它就有责任在其有效管治期内完成应尽的国际义务，彻底处理完船民问题。"自治"也好,"自行"也罢,并不能推卸英国政府的责任于丝毫,充其量聊作自欺欺人罢了!

(原载香港《文汇报》1996年3月1日)

明智和不明智

明智者，懂得事理，有见地也。作出明智与否的言行，往往存在于一念之间。一个人如此，一个国家亦然。

英国首相马卓安在访港期间宣布，英国政府将给予香港特别行政区护照豁免签证的待遇。这一宣布受到本港社会各界的欢迎，此乃英国明智之举。其实，众所周知，如果马卓安此次连这点顺水人情都不送，人们一定要问：马卓安来港干什么？有什么意思？与此同时，马卓安在午餐会和记者会上，又大谈什么港英立法局应有四年的任期，并谓九七后若有任何违反中英联合声明的迹象，英国定会动员国际社会的力量，循一切法律途径及其他途径去处理云云，又不能不说极不明智。

其实，一如舆论所指，英国给未来特区护照持有人以免签进入英国的待遇，并非什么恩赐，而是一种互惠互利。因为英国无论朝野，都不会不明白，一直以来，来港的英国人远远多于港人赴英者，若然不给特区护照免签证，英国人日后来港的麻烦便可想而知。尽管如此，马卓安此时代表政府对此作出承诺，仍不失为明智之举，因为英国毕竟正面回应了中方的多次呼吁和本港市民的强烈要求，算是带了个好头，不仅有利于香港人增强信心，而且也有利于中英关系的继续改善。

但是，令笔者感到可笑的是，马卓安竟完全不顾事实，声称有关的政制安排无论当时还是今天，都完全符合中英联合声明和基本法，因而末届立法局应当直通九七之后，享有四年的任期。

然而，由港督彭定康先生来港后提出的所谓"政改方案"，其"三违反"的事实是任何人都辩解和抵赖不了的。你不按协议办事，自行拆毁了直通车路轨，还将责任归诸别人，天底下哪有这般道理？末届立法局只能运作至一九九七年六月三十日午夜，中国最高权力机构早已作出宣告，已成铁定事实。马卓安对英方自己一再违反中英联合声明，不仅毫无自责，还喋喋不休地说什么如何维护联合声明，真是莫名其妙！

（原载香港《文汇报》1996年3月6日）

另类"互惠互利"

英国首相马卓安先生日前在匆匆访港期间，对港督彭定康称赞有加，甚至毫不避嫌地将本港近些年来取得的经济成就也一古脑记在这位盟友的"功劳簿"上。本港有舆论迅即指出这是马卓安为彭督打气，鼓励其继续完成祖家撤退的部署，可谓一语中的。

但是，马卓安在香港对港督的肉麻吹捧音犹在耳，伦敦又传来马卓安对彭定康一九九七年卸任港督之后去向的"预测"。刚结束香港行的马卓安行装未卸，便马不停蹄地接受传媒访问，继续大力称赞彭定康，说彭过去几年治港非常出色，既有技巧，又不失英国国体，九七回国后"很有可能"成为他的继任人云云。马卓安甚至向传媒透露了上述安排的细节，诸如届时组织"安全"的补选等等。

如果有人觉得这单是马卓安对港督厚爱有加，那就片面了，因为这不过是他俩间的另类"互惠互利"罢了。

其实，马、彭之间此种"互惠互利"关系，在伦敦，不论朝野，几乎无人不晓，就是在本港，也是公开的秘密。想当年，作为保守党党魁的彭定康在大选中背叛撒切尔夫人，为马卓安的胜出立下汗马功劳，所以日后彭定康一旦在家乡竞选中落败时，马卓安便封给他香港总督的美差，单是年薪就高过自己，近三百万港元，而且还享有不必纳税的特权。当然，也有传马卓安是忌惮政客彭定康"叛性不改"，危及其首相之位。

彭定康来港后，经常拿他和首相的关系作挡箭牌，散布"见彭如见马"，压制批评之声，在治港中罔顾港人根本利益，我行我素，肆无忌惮。明明彭定康对发展本港经济及诸多民生事务意兴阑珊，关注甚少，马卓安却硬说总督治港有方、成绩辉煌。其"移花接木"的技巧实令人叹为观止。

当前，马卓安内阁处于风雨飘摇之中，他的首相之职能否到任期届满，尚属存疑，连任肯定已属幻想，给个顺水人情，为彭定康造造势，或可能为自己留条后路。他日彭若有问鼎之机，落台的马也望从中分一杯羹。但殊不知彭在英也声名不振，从香港并未捞回多少"本钱"，当首相恐怕是镜花水月、即使有此一日，彭这个寡情绝义的政客，也不一定会投桃报李，给马卓安多少好处。而且马卓安捧彭定康话音刚落，伦敦就传出了一片反对之声，这看来也是马、彭始料不及的吧！

(原载香港《文汇报》1996年3月17日)

香港已踏入"未来"?

彭定康先生日前接受传媒访问时表示,候任特区行政长官及其班子产生后,中方官员若再以代表特区政府利益身份自居,将会受到质疑。并说当"未来"已经与大家同在,当候任行政长官及其班子已经出现,香港便踏入"未来"……

港督此番话表面看似乎是盼望特区行政长官及其班子早日产生,似乎向往未来特区早日诞生,但实质却是对公众及舆论的一种用心险恶的误导。

根据基本法的规定,一九九六年内全国人大设立香港特区筹委会,筹委会负责筹组香港特区第一届政府推选委员会,在推选委员会以协商方式或协商后提名选举,推举出第一任行政长官,并由中央人民政府任命后,行政长官将按基本法的规定负责筹组特区政府班子。毫无疑问,香港特区行政长官及其班子必然会在今年至一九九七年七月一日之前这一期间诞生,否则,到明年七月一日之后方才产生的话,岂不意味着特区将出现一段高度自治的真空期。

但是,应当指出的是,特区行政长官及其班子自诞生至特区正式成立,都是候任性质,并非正式接掌及行使权力。在此期间,香港的管治者仍是英国,也即现时的港英政府。中英联合声明规定得很清楚:"自本联合声明生效之日起至一九九七年六月三十日止的过渡时期内,联合王国政府负责香港的行政管理。"这就说明,在一九九七年七月一日之前,香港问题是中英两国政府之间的事,这一性质并不会因为其间诞生了特区行政长官及其班子而有所改变。

在九七之前,中方作为主权国家代表未来特区对过渡事务同英方合作和交涉是理所当然的。彭定康一向对此心怀不满,视此举为对其肆无忌惮地搞"三违反"的障碍。如今又想以同行政长官合作为名,抗拒中国政府的参与,在九七前搞另类"三脚凳"。

彭定康先生这番话,同其上司兼盟友马卓安先生日前在香港行呼吁香港人为维护香港高度自治不变而"挺身而出"一脉相承,打着希望行政长官及其班子早日诞生,并可同行政长官及其班子合作共事的旗号,蛊惑人心,妄图剥夺中方在九七之前对香港过渡九七事务的参与权与发言权,并为干预九七后香港特区事务,搞权力私相授受,侵害中国主权而制造舆论准备。

但是,对于香港来说,九七之前和九七之后是完全不同的,在九七之前,是不会提前踏入"未来"的。只有在中国收回香港,对香港恢复行使主权之后,中国政府授权香港特区实行高度自治，香港才正式踏入"未来"。看来，自称读联合声明及基本法多过读《圣经》的彭定康先生，还得好好补补课。

最后，笔者还想再说一句，若按彭定康的逻辑，特区候任班子一产生，彭定康先生就应主动执包袱回伦敦，再不能对香港的事务讲一句话了，不知他认为是也不是？

（原载香港《文汇报》1996年3月18日）

胡搅蛮缠之举

香港本是一个法治社会，凡事应该讲道理。然而，彭定康来港后，其蛮不讲理的程度着实令港人咋舌。

日前特区筹委会作出成立香港特区临时立法会的决定，港督彭定康及港英政府高官接二连三地高调表态，谓筹委会的决定不符合联合声明和基本法，并要求中方对成立临时立法会一举向香港人及国际社会作出解释。有论者指出那是胡搅蛮缠，事实确实如此。

其实，香港特区成立之初设立临时立法会，这本已不是什么新闻。因为在此之前，预委会早在一年前就已提出这一建议。当其时，港督彭定康就表示全力反对，并发表了一系列错误言论。中方有关官员多次解释法理依据，一些报章也刊发社论社评及许多评论文章，采取摆事实讲道理的办法，对此举的法理依据进行阐发。假以时日，香港社会对此表示理解和认同的人愈来愈多，这一问题本来已经解决了，然而此次筹委会作出正式决定后，港督彭定康再一次将问题挑起来，并鼓动港府高官与他一起不厌其烦地表示"遗憾"，要求中方向市民解释需要成立临时立法会的原因。

市民对成立临时立法会的法理法律依据已经清楚，彭定康等人也并不是不明白，他之所以一味胡搅蛮缠，笔者以为，那是因为——

其一，彭定康是英方改变对华对港政策、在香港推行"三违反"政制改革的主帅，他原想让按照英方单方面设计而产生的末届三级架构延伸到九七之后，借此图谋英国殖民统治的影响得以延续。现在筹委会的决定使得英方的图谋彻底破灭，于是恼羞成怒，不顾一切地反对和攻击筹委会有关成立临时立法会的决定，想借助这种反对和攻击来为自己破坏香港现行政制与基本法衔接开脱责任，误导市民。

其二，彭定康自知理亏，他也十分清楚。"今日如此"完全是由"当初那般"造成的。于是便采取割断历史的手法，将临时立法会孤立起来谈，继续侈谈立法局的虚假民主，制造临时立法会由中方"钦点"、"不民主"的谎言，妄图蒙骗世人，为其破坏特区的筹建编织借口。

但是，彭定康此举，除了在港人面前再次证明他是"蛮牛"外，是绝不会捞到什么的。

（原载香港《文汇报》1996年3月30日）

该受谴责的是谁？

一如人们所料，港督彭定康在伦敦述职期间，于会见首相马卓安之后重弹老调，肆无忌惮地对中方设立临时立法会之举大加挞伐，坚称港英政府不会妥协及不与临时立法会合作，并引述外相的话，谓中方成立临时立法会没有依据，难以解释，应受谴责云云。

彭定康及其祖家高官在反对中方成立临时立法会一事上之所以如此高调，如此采取割断历史，将临时立法会一事孤立起来的卑劣手法，胡搅蛮缠，其图谋有如司马昭之心，路人皆知。那就是蒙骗国际社会，误导世界舆论，为其先前一系列倒行逆施开脱责任。

然而，因应特区成立伊始立法之急需而成立临时立法会，完全是中国主权范围内的事，英方根本无权干预。无论彭定康抑或其祖家高官，愈是煞有介事地"谴责"中方成立临时立法会，也就愈在世人面前暴露出他们倒打一耙的惯技及"恶人先告状"的面目。

到底谁该受谴责？人们不妨稍稍回顾一下，是谁半途改变了对华对港政策；是谁违背庄重的中英联合声明，违反过往中英两国政府达成的一系列协议和谅解，背弃自己有关香港过渡期政制发展同基本法相衔接的承诺，在港提出并推行所谓政改；又是谁蓄意破坏中英就香港九四／九五选举安排的十七轮会谈；又是谁……

世人的眼睛是雪亮的，无论是本港，还是国际社会，只要是秉持公义、不抱偏见者，早晚都会得出公正的结论。而事态的发展也越来越证明了这一点。彭定康以为高喊"谴责"便会无理变有理，殊不知到头来只会落得个受谴责的不光彩结果，真可谓搬起石头却打了自己的脚。

说到港督应受谴责，事例多多。彭定康在完成了按照其祖家意旨进行的撤退部署，实施了港英末届三级架构的选举之后，突然提出自己将当"后座"港督。此举甚为狡诈。实际上他是将华人高官推到前台，自己在幕后指挥，迫使华人高官同中方对抗。据笔者一位接近港英政府的朋友说，日前特区筹委会作出成立临时立法会的决定后，据悉就是港督刻意要某高官高调表态反对的。

不过，中国俗话有云，狐狸再狡猾也斗不过好猎手。中方对彭定康的计谋了如指掌，他是难以推脱搞对抗的责任的。

（原载香港《文汇报》1996年4月13日）

弄巧成拙

本欲卖弄聪明，反而做了蠢事，这是"弄巧成拙"这一中国成语用来嘲讽某类人的可笑行为的。真想不到，港督彭定康先生的一个举动也会同此成语对号入座。

日前，彭定康在祖家述职期间，于港英政府驻英办事处举行的记者招待会上肆意"谴责"中方，谓筹委会的咨询活动并不咨询不同意见，欠缺诚意云云，并引述了一段中国已故领导人毛泽东的"语录"（大意是当要求群众提意见时，群众议论纷纷，这并不是一个灾难，但如果群众保持沉默，则方是灾难）以讥讽中方，得意之情溢于言表。翌日，本港有报章即刻忙不迭"擦鞋"，刊发"花边新闻"，说什么彭定康初显"中国通"本色等等。

毛泽东的上述一段话当然不错，那是告诫各级领导人都应认真听取群众意见，集思广益搞好工作。此话意义非常深刻，其哲理光彩可谓至今仍熠熠闪烁。彭定康先生能在毛泽东浩浩著述中找来这段话，一是从一个侧面证明毛氏著作影响不可小视，二说明彭定康先生在断章摘句方面确实也功夫了得。

十分可惜的，只是彭定康先生将此段话用错了地方和对象。筹组推选委员会乃至创建香港特区是崭新的工作，是前无古人的宏伟事业，筹委会意识到要完成好上述神圣使命，就必须认真听取香港社会各界的意见，集中广大市民的智慧。这次在港诚心诚意开展广泛的咨询活动，同毛泽东讲话的精神完全一致。此次咨询活动共有一千四百余各界人士参加，一些明知其持不同意见的团体和个人也获得邀请。笔者也应邀参加过一场咨询会，亲见与会者畅所欲言，各种意见均可发表，主持者和与会者都是认真和负责的。彭定康先生远在祖家，并不了解香港筹委会咨询活动的情况，就急急搬用毛氏讲话，焉能不弄巧成拙矣！

如果彭定康先生确想在先贤哲人的著作中获取一点营养，作为政立身之鉴，就应该老老实实地研读，而不应任意歪曲原意，哗众取宠，为己所用。从彭定康一面称"读基本法多过读《圣经》"，一面顽固坚持搞"三违反"来看，作为政客的他，大概是不可能采取前一种态度的。

（原载香港《文汇报》1996 年 4 月 17 日）

彭督陪外相饮茶的背后

日前，本港不少报章同日赫然登出港督彭定康先生陪同英国工党影子外相郭伟邦饮午茶的大幅照片。从照片所见，两人边吃边聊，喜笑晏晏，俨然老朋友久别重逢一般……

作为昔日保守党党魁的彭定康，一向视工党为势不两立之政敌，芥蒂之深，非常人所能理喻。近几年工党一些重量级人马来港者不在少数，彭定康都是能避则避，避不了的也只是应付一下，独独此次对郭伟邦情有独钟，会面密谈犹嫌不够，还要在众目睽睽之下光顾中式茶楼，叹起一盅两件来。对此人们不禁纳闷。

要解开这个"谜"，其实也不难。

保守党自一九七九年执政以来，走的是一条由盛到衰的道路。尤其是马卓安上台以后，尽管信誓旦旦，然而非但没能改善英国经济的状况，反而愈显江河日下，犹如"王小二过年，一年不如一年"。报章竞相披露内阁成员各式丑闻，揭露马卓安内阁道德败坏和执政无能。至于金碧辉煌的白金汉宫内，皇室成员的绯闻丑闻更是此伏彼起，无日无之。马卓安领导的保守党政府如今可以说是内外交困、焦头烂额。

更为令人注目的，是保守党在一系列地方选举中遭到惨败。现在就连中产阶级也背弃了保守党，在保守党苦心经营多年的英格兰最富裕的斯塔福郡，不久前的选举中保守党竟然输给工党一万三千票，得票率为百分之二十八，工党是百分之六十。而目前保守党在国会中的地位仅是一票的极弱多数，真可谓"千钧一发"。日前保守党在地方选举中的战果则更为可怜——在全部三千余地方议会席位中仅赢得五百零二席，丧失了五百多席，得票率仅为百分之二十七，不仅大比数输给工党，就连小小的自由民主党也比保守党多出一百零八席。选举揭晓翌日，英国畅销的《太阳报》头版头条大字标题"马卓安，你完蛋了"，可谓道出了社会各界及广大民众的心声。

那边厢，马卓安犹如热锅上的蚂蚁；这边厢，其亲密盟友更是百般滋味在心头。而这，也正是彭定康陪同工党影子外相饮中式午茶的"背景音乐"。人所共知，彭定康是在其家乡竞选中失败之后，在郁郁不乐之际获马卓安委任担任港督美职的。彭定康当然感激涕零，并知恩图报，以"见彭如见马"来形容他与马卓安的亲密关系。抵港近四年，彭正是凭借马卓安的关系在港为所欲为，一再宣称自己便是末代港督。

　　然而，也许就连彭定康也没能想到，保守党在几年内便呈现日薄西山，气数将尽，于是不得不一改傲慢之态，将政敌奉为上宾，对工党影子外相毕恭毕敬起来。稍有头脑的人，便不难想到这是彭定康"一箭双雕"：一是借此告诉世人，保守党和工党对华对港政策是一致的，日后不管谁上台，对港政策不会变，从而为自己和某些亲英乱港势力壮胆打气；二是借此机会擦擦工党的"鞋"，为自己留条后路，如若不然，他日工党上台，一声令下，他就不得不打道回府，果若此，"末代港督"云云，岂不为后人耻笑乎！

　　谜底就在于此，不知读者诸君赞同否？！

（原载香港《文汇报》1996年5月5日）

荒唐的辩解

李柱铭日前在一个广播节目中，面对一些听众对他美加之行实为打国际牌的严正指责，竟回答称，鲁平去年不也去了美国吗？言外之意无非是要说他是打国际牌，那么鲁平也一样。这是何等荒唐的辩解！

李柱铭及其副手访问美加各地，洋洋洒洒二十余天。他们在异邦干了些什么？一言以蔽之，是以游说美无条件给予中国最惠国待遇为名，行攻击中国对港方针政策，攻击筹委会的决定，向国际社会传递错误信息之实。

不错，去年春天，鲁平及预委会各港方组长也有美国之行，并曾引起了国际社会的关注。但鲁平此行与李柱铭、杨森此次周游美加，其本质可谓毫无相同之处。

首先，出访的目的根本不同。鲁平一行访美，是向美国朝野及关心香港问题的各界朋友全面介绍香港特区基本法，以及九七前后香港的社会情况，以增强投资者对香港未来的信心。而李柱铭此次赴美加，旨在争取国际政治势力支持其反临时立法会之立场，是企图将香港问题国际化，为将香港变成政治角力场所寻求国际支持力量。

其次，对港的看法根本不同。鲁平在美一再强调，香港是一个国际性的经济城市，而李柱铭则在外宣称香港不可能"远离政治"，港人不愿做"经济动物"；鲁平从多方面阐明九七之后的香港可继续保持稳定繁荣，保持国际金融、经贸、航运、旅游的中心地位，李柱铭却称"中方已背弃承诺"，"香港筹委出卖港人利益"，散布对中国政府、对未来特区的不信任情绪。而且鲁平一行讲的是实际情况，是把真实情况向美国各界作介绍，李柱铭一行则是以虚假的材料去欺骗美国人民。

再次，效果根本不同。李柱铭周游美加打"国际牌"的结果，是误导了国际社会和世界舆论，为香港带来负面影响，还为某些国际势力插手香港事务提供了契机；鲁平的访问则有助于国际社会增进对"一国两制"及香港特区基本法的了解，增强国际社会对香港前途的信心。

还须指出，打"国际牌"是有特定涵义的，即为了达到某种政治目的而寻求某些国际势力的支持。李柱铭几年来每到香港处于关键时刻便远涉重洋，周游列国，其用意犹如司马昭之心，路人皆知，打"国际牌"名副其实，舆论早有定评;而鲁平一行无非是为了增进美国各界朋友对香港、对未来特区基本法的了解与认识,与打"国际牌"的特定涵义可谓风马牛不相及。

李柱铭将鲁平也拉入打"国际牌"之列,显然是欲替自己真正打"国际牌"的行径开脱,但这是徒劳的。

(原载香港《文汇报》1996年5月10日)

恐吓威胁无用

港督彭定康日前接受最新一期《远东经济评论》专访时，声称如果特区政府屈从于中方的决定，在一九九七年拆毁立法局，成立临时立法会，粉碎人权法，香港将陷入一片混乱，难以受到管治。

这是赤裸裸的恐吓和威胁！

什么叫"拆毁立法局"？谁都知道，港英立法局的法律依据是《英皇制诰》和《皇室训令》，而到一九九七年六月三十日，英国在香港的殖民统治将彻底终结，上述两个宪制文件在香港将失去任何法律效力，那么依照它们所产生的末届立法局岂能不寿终正寝！港英末届立法局从来不存在可以自动过渡到九七之后的问题，届时不"拆"自"毁"，又何须任何人代劳呢？

而成立临时立法会一举，并非中方初衷，那完全是英方一意孤行，单方面推行所谓政改失败之后的必然产物。中方迫不得已作出成立临时立法会的决定，完全是为了解决香港特区成立之初的立法空缺问题，比较而言，她又是最好的选择。成立临时立法会是中国主权范围内的事，合理合法，无可非议。

彭定康有意回避有关事件的背景，抹煞问题的实质，将它们孤立起来，意在制造一种中方的举措和香港人意愿格格不入，因而九七后香港必将大乱的假象，以达到威胁恐吓中方、迫使中方退让的目的。这当然只能是一厢情愿。

其实，"香港将陷入一片混乱"、"特区将无法管治"云云，人们并非第一次听到。当年在香港前途谈判正式开始之前，英国领导人就是这样说的，而类似这样的种种恐吓和威胁，几乎伴随整个中英谈判的渐次展开。英方原以为能借此"筹码"，迫使中方"投鼠忌器"。但邓小平代表中国政府斩钉截铁地告诉英方，中国政府在决定收回香港时，各种可能都估计到了，如果如英方所言将带来"灾难性影响"，中方将勇敢地面对灾难！在已经真正站立起来的中国人民面前，殖民主义的威胁恐吓焉能不接二连三地碰壁。

在彭定康的恐吓和威胁背后，表达的无非是香港离不开英国人的统治，一旦离开了，香港就会大乱。这是殖民统治者的逻辑。中国政府制定的"一国两制"、"港人治港"、高度自治等一系列对港方针政策是完全符合香港实际的，已受到愈来愈多的市民的认同和支持。九七后特区政府将在中央授权之下负起管理香港的重任。香港过去的繁荣稳定，主要是香港人自己干出来的，广大香港同胞九七后真正成为香港的主人,积极性和创造性将进一步得到发挥,他们不仅有能力管理好香港,而且定能比殖民统治者管治得更好。所谓"一片混乱"、"无法管治"的谰言届时必将不攻自破。

当年英方的恐吓和威胁一一失败了,如今彭定康拾其前辈"牙慧"重弹老调,同样起不到丝毫作用!

(原载香港《文汇报》1996年5月25日)

何来"冻结民意"

日前,本港两位有政党背景的人士黄某和徐某,在北京亚洲大酒店因扰乱酒店正常秩序,被北京市公安机关警告,并着二人即时返回香港,这是很正常的事。但此事却触动了港督彭定康先生的神经,他在二人返港后又对传媒发出惊人之语,谓上述二人到北京表达意见被遣返,反映了中国内地高层官员根本不愿意听取香港大部分市民的意见,而是冻结广大民意,只听取经选择的少数声音,云云。

好一个"冻结广大民意"!这项帽子不可谓不大。且不说港督惊人之语是蓄意将拒听民意的脏水泼向中方,就是黄、徐二人此次北京之行,其真正目的也并非是为了向中方表达什么意见。

在本港,有关为什么要成立临时立法会的原因早已是众所周知,笔者无须在此赘述。不错,本港不少市民在初期对中方此举的确不太理解,但随着时间的推移,广大市民对英方搞所谓政制改革以至最终破坏了"直通车"的玄机有了较深入的了解,认识到中方成立临时立法会是不得已之举,完全是因应特区成立伊始正常运作的实际需要,而且完全具法理依据,于是愈来愈多的市民开始对中方成立临时立法会之举表示理解和支持。尽管由于彭定康的鼓动和误导,至今本港仍有一些人有不同看法,但绝大多数市民对成立临时立法会是持认同态度的。

必须指出,中方对有关成立临时立法会问题上的不同声音完全是采取宽容态度的,所谓"冻结民意"毫无根据。但所谓反对临时立法会"大联盟"的一些人为政治偏见所驱使,虚构所谓民意,上演了一幕幕闹剧,继七月"八子"高调闯关败北之后,非但不作反省,反于日前图以"低调"派四人再次入境,结果其中黄、徐二人在北京扰乱酒店正常秩序被限期离境。高调也好,低调也罢,其实质一脉相承,这些人并非是要真正表达什么意见。否则,在本港表达意见的多种渠道一直敞开,又为何要一而再地舍近求远呢?

彭定康作为所谓政改的倡导及推行者,也正是破坏直通车的始作俑者,从某种意义上说也是临时立法会的选择者,不但不对"大联盟"的人有所规劝,反而在他们每次搞事返港后以第一时间高调表态煽情,借机攻击中方,又怎能不使人想到,彭定康在这些闹剧之中充当的是"隐形导演"的角色。此次他更以所谓中方"冻结民意"蛊惑民心,反倒暴露出自己背离民意、意欲搞乱本港平稳过渡的面目。

(原载香港《文汇报》1996年11月3日)

庆委会肩负重任

彩旗似海歌如潮、火树银花不夜天……本港各界庆祝香港回归祖国的这些激动人心场面的出现已指日可待。除香港回归倒计时钟的嘀嗒声不断提醒着人们之外，香港各界庆祝九七回归委员会（以下简称"庆委会"）于昨天正式成立一举，也向世人预告了这一信息。

香港自古至今都是中国的神圣领土，由于昔日帝国主义的强行掠夺，加之当时统治阶层的腐败无能，香港才脱离了祖国母体。香港回归祖国，香港同胞期盼这一天盼了几代人；祖国收回香港，内地民众等这一天足足等了一个半世纪！如今，一百多年来包括香港同胞在内的几代中国人前仆后继，为之奋斗的理想很快就要变为现实，期盼喜庆的历史性时刻即将到来，海内外所有中华儿女又怎能不为之欢呼雀跃呢？

庆委会正是在这样重大历史性时刻来临前夜应运而生的。在此之前，本港各界各社会团体一段时间来自发成立了各种形式的迎九七、庆回归的组织，积极筹备开展丰富多采的活动，出现了前所未有的盛况。全港性的庆委会是在此基础上成立的，她具有最广泛的民意基础，千余庆委成员济济一堂，共商本港各界庆祝回归事宜，本身就是一件了不起的盛事。

庆委会作为全港民间庆祝回归的组织，承担的任务非常光荣。因为中国收回香港，恢复对香港行使主权，将彻底洗雪百年民族耻辱，香港回归祖国，不仅是中国近代史上的大事，也是全世界瞩目的大喜事，庆委会有幸负责统筹将牵动海内外全体中国人民族情怀的香港民间庆祝活动，见证香港历史揭开崭新的一页，实属荣幸。

同时，庆委会肩负的责任也十分重大，她将负责推动社会各界人士积极参与回归庆祝活动，组织、统筹和协调各界别各团体各地区的各类庆祝活动，联络海外来港观礼的华人代表团体和个人，以及其他友好人士，等等，涉及人力、物力、场地、财力等多种资源，是一项庞大而又繁复的系统工程。而唯其有难度，才具有挑战性。据悉，一千五百多名来自本港各区各界、各行各业及各社会团体的委员，都是具有使命感和奉献精神的有识之士，为了一个共同的目标而走在了一起。而有了这一基础，笔者深信，庆委会定能集思广益，群策群力，将庆祝香港回归的这首气势磅礴、音域恢宏的交响乐指挥及弹奏得有声有色，多姿多彩，让包括十二亿内地民众在内的全体中国人民，让海内外所有中华儿女留下幸福难忘的美好印象。

(原载香港《文汇报》1996年11月6日)

又演越权闹剧

港英末届立法局二十日又有闹剧上演——首读和二读辩论民主党立法局议员司徒华提出的所谓监管香港特区行政长官选举舞弊和非法行为的条例草案。

多么荒唐！须知，行政长官是中华人民共和国香港特别行政区的行政长官，而绝非英国治下香港总督的代名词，推举特区行政长官完全是中国主权范围内的事。而立法局是英国实行殖民统治的港督的立法咨询机构，其职能是有关本港立法咨询、监察港英政府运作，它根本无权置喙港督如何委派和产生，更遑论过问和干预推举特区行政长官这样纯属中国主权范围的事务。现在，作为港督立法咨询架构的港英立法局却堂而皇之地辩论什么监管特区行政长官选举事宜这样的条例草案，这就不仅荒谬，而且是公然的侵权行为。

据知，立法局议员刘慧卿原先也拟于今日提出所谓"谴责"动议，耸人听闻地指中国政府未能妥善监管特首推举过程，不但严重削弱行政长官的公信力和认受性，更使未来特区政府蒙上阴影云云。只是由于同司徒华的条例草案大同小异方才撤回。司徒华的条例草案与未出笼的刘氏动议并非偶然，而是某些议员干预中国政府主权事务一系列出位议案的延续。早在特区筹委会诞生之际，便有议员"建议"举办讨论特区筹委会成立及监管推选委员会、推举特首和临时立法会事宜连场"听证会"。

人们也注意到，民主党在行政长官推举过程中扮演的角色颇不光彩。先是搞什么民间特首选举闹剧，企图与真正的特首推举唱对台戏，不料反应冷淡，应者寥寥。虽是又由司徒华在立法局提所谓"监管"条例草案，欺骗舆论，蛊惑人心，干扰特首推举进程。其实，筹委会十分重视特首推举工作，制定了一系列举措，防止舞弊，保障整个推举的公平公正。而从日前特首提名过程看，完全做到了这一点，这是有目共睹的事实。又何劳司徒华们"操心"！

值得一提的是，一个时期以来，港英为适应其撤退部署，蓄意对立法局的性质及其运作模式进行了一系列的改造，使得立法局的权力大为膨胀，而在一些对中国政府搞对抗的人通过所谓政改进入末届立法局后，类似"监管"的一系列出位越权的所谓"动议"便接踵而来，几近成为英殖民统治者阻挠未来特区筹组工作的干扰器。

（原载香港《文汇报》1996年11月20日）

合演"双赢"闹剧？

据悉，本港"越南难民关注组"于近日向香港高等法院提出申请，要求为一千五百余家庭合计四千名越南船民颁发"人身保护令"，将他们全部无条件释放，在本港生活和就业。为此，该组织已经选出三十四个家庭个案，要求在法院开庭聆讯，企图制造成功案例。对此，港府态度暧昧，声称将会按照判决办事。

岁月飞逝。自一九七五年五月，一艘丹麦货轮为香港送来第一批逃亡的越南人至今，一晃就是二十一年。在这二十一年中，本港先后收容过约二十万越南船民，最高峰时滞港船民达到近十万人。本港至今花于船民的各项开支已高达八十多亿港元（包括联合国难民公署所欠十一亿），给本港社会造成了沉重的负担。此外，滞港船民还多次进行暴力骚动及潜出营区作案，给本港带来了沉重的治安、医疗、司法乃至所谓"人权"的压力。

船民问题既然是在英国管治香港期间形成的，英方也就有责任在其管治终止之前将之彻底解决，不把包袱留给特区政府。在中方一再严正声明及广大市民的强烈要求下，英方也多次作出过承诺。但在具体的遣返过程中，却总是横生枝节。比如前年十一月十五日，港英政府突然释放一百二十五名已接受遣返计划的船民，让其"融入香港社会"；去年和今年年初，英国枢密院也利用终审权迫使香港法院陆续颁发"人身保护令"，使得港英政府多次"合法"地释放船民。由于香港社会各界反应强烈，港英当局答应修例以"堵塞漏洞"，但同时仍不时释放船民。迄今为止，共有五百五十名船民成功申请"人身保护令"而获释，其中三百八十四名是今年港英政府"修例"后释放的。

现今尚有九千余越南船民滞港，其中五千名国籍身份已获证实，越南政府也表示可在明年七月一日前悉数接收，但却拒绝承认另外四千人的国籍身份。按照国际法的有关规定，这部分人如届时无法确认国籍身份，只能运送英国。英国当然不想背此包袱，于是动脑筋"另辟蹊径"。

有舆论认为，此次"越南难民关注组"向高等法院申请"人身保护令"，是港英与该组织合演一出"双赢"的闹剧；关注组可从港英的法律援助署获得高额律师费，而港英有可能故意输掉这场官司，将四千船民转到开放式难民营，最后达致释放，以卸掉英方的大"包袱"。是否如此，人们将拭目以待。

（原载香港《文汇报》1996年11月27日）

说说答问会

香港特区第一届政府推选委员会在分别听取了三位特区首任行政长官候选人介绍本人情况和施政主张之后,紧接着一连几天按不同界别,同候选人举行连场答问会。从前天和昨天三场答问会来看,既别开生面,又实实在在,因而广受舆论好评。

在中国恢复对香港行使主权、香港历史将揭开新的一页的重要关头,推选一位深孚众望的特区首届行政长官,这是中国政府和本港广大市民的共同愿望。从筹委会关于特区首届特首产生办法的制定,到特首参选人报名、正式候选人的产生过程中,香港人看到中国政府在特首推举问题上是充分信任港人,完全依法行事,以广大香港同胞的根本利益为依归的,是公开公平公正的,于是所谓钦定之说便不攻自破。而在下月十一日推委会正式选举之前安排三位候选人向推委介绍本人情况及治港理念和施政主张,并回答推委的提问,是产生首届特首的一个重要环节,有助于增进推委对候选人的了解,在此基础上经慎重选择投下神圣的一票。

从候选人的自我介绍及回答提问的情况来看,表现都颇为出色,这与他们参选目的明确,即为香港的回归、为香港的长期稳定繁荣、为广大香港市民的利益勇于作出自己的承担是分不开的。同时,也与他们一段时间来马不停蹄地深入社会,认真听取各界意见,在此基础上作了认真准备,以及本身的素质、潜能有关。

三位候选人的介绍及答问各具风格,但都有实事求是之心,无哗众取宠之意。他们均能视提问对象不同,娴熟自如地用粤语、普通话或英语对答,每一位候选人答问完毕,立即获得在场人士的热烈掌声。推委们对三位候选人普遍感到满意,这说明本港确实是藏龙卧虎之地,随着社会的发展演进,各行各业已锻炼出一批具备治港能力的人才。这也从一个侧面印证了邓小平先生前些年有关香港的中国人有人才,相信他们一定能够把香港管理得更好的判断是正确的。

答问会气氛庄重而热烈,并无西方竞选搞电视辩论时那种唇枪舌剑、攻击谩骂的情景,充分显示出行政长官推举以各阶层、各界别的均衡参与为基础的特点。这种在和谐中竞赛、在冷静中比试的选举文化,将对未来特区的民主选举模式产生积极的影响。更值得一提的,是各场答问大会均安排了电视电台现场直播，广大市民通过现代化电子传媒同推委们一起参与特首产生过程，这本身也是对所谓"黑箱作业"论的无声驳斥。

(原载香港《文汇报》1996年11月29日)

捷报频传

对于中国的外交来说，最近真可谓捷报频传——

国家主席江泽民和美国总统克林顿利用出席亚太经合会议的机会，在马尼拉举行峰会，取得了重要成果，更有国际舆论认为中美首脑会晤取得了"突破性"进展。

江泽民主席在参加了亚太经合会议之后，对菲律宾、印度等国成功进行了访问，分别就加强双边睦邻友好和互信关系及其他共同感兴趣的问题展开了深入讨论，取得了多项共识。

南非总统曼德拉发表声明，宣布与台湾"断交"，中国与南非实现关系正常化指日可待……

中国近期上述外交成就的取得，其意义非同一般。中美关系不仅对于两国，且对整个国际局势都有重要影响。一九八九年以来，特别是去年李登辉大耍手段，到美国搞什么私人访问以来，中美关系遇到了严重障碍。此次江、克峰会确定江泽民将于明年下半年访美，克林顿将在一九九八年访华，中国国务院副总理兼外长和美国副总统也将在明年内互访。连串高层互访的确定，说明中美关系已明显改善，这就为二十一世纪稳定的中美关系创造了良好的条件。

菲律宾、印度等国都是中国的邻邦，总体而言，中国同这些国家有着传统的友好关系，但也存在一些分歧或争端。比如中菲领袖通过会谈，就如何处理南海问题取得了和平协商、搁置争议、共同规划开发的共识，双方以理性的务实态度妥善处理此类问题，是对南海乃至整个亚太地区和平建设的重大贡献。

南非是整个非洲地区的重要国家，也是同台湾有"外交关系"的三十个国家中最有影响力的一个。中国与非洲人民有着传统的深厚友谊，中国人民一向真诚支持南非人民争取民族解放及反对种族主义的斗争，中国和南非至今没有正式邦交实属憾事。南非也曾尝试"双重承认"，中国当然不能认可。如今南非政府终于果断决定与台湾"断交"，将与中国建立正式邦交，这是中国政府坚持"一个中国"原则而取得的决定性胜利。有国际舆论认为，南非的决定很可能会引起"连锁反应"，因而从长远来看，将有助于台湾当局回到一个中国的立场上来。

当然，中国近期外交成就还远不止这些，但就从上述捷报而言，人们不难看到中国的发展和进步，中国对国际事务的影响，已经为越来越多的国家和人民所认识。

（原载香港《文汇报》1996 年 11 月 30 日）

临立会为港人认同

继特区首任特首人选经具有广泛代表性的推委会选举顺利产生之后,特区政府的又一重要机构——临时立法会不日也将选出。临立会的诞生,一直以来为本港各方面关注。

据报道,一项"市民对未来特区临立会的看法"的调查显示,有四成被访者认为有稳定作用,表示不相信的只有一成半。该项调查结果表明,尽管港英当局及所谓民主派一直不放弃反对设立临立会的立场,但支持临立会、对临立会抱有很大期望的市民已越来越多,临立会已具有相当的民意基础。

谁都知道,中方设立临立会,那是因为彭定康先生种种倒行逆施,使得"直通车"的安排不复存在,为应新生特区立法之需要,而不得不为之的临时性举措。特区筹委会作出成立临立会决定之初,由于港英的刻意误导,不少市民对临立会有种种疑虑与误解,这是不难理解的。而随着特区组建工作的渐次推进,中方反复讲清成立临立会关乎新生特区的正常运作,与六百余万市民的利益密切相关的道理后,支持此举的市民就愈来愈多。尤其当市民看到中国政府真心诚意贯彻执行一系列对港方针政策,以及筹委会、推委会脚踏实地工作,一切以香港人利益为依归,推举出众望所归的首届特首人选之后,支持和拥护临立会就更成为民意之所向。

港督彭定康先生推行政改时,本以为中方成立临立会来解决他破坏"直通车"安排后出现的局面。于是他便将矛头对准临立会,攻击成立临立会是"疯狂的构想",还将筹委会作出决定之日攻击为"黑色的日子",说什么"成立临立会本来已是个坏主意,提出临立会可与立法局同时运作,也就使这个坏主意变得更坏","成立临时立法会将影响社会安定",如此等等,不一而足。这些姑且不说,就是最近几日,在临立会已成为民心所向的情况下,他还授意港英高官在多个场合声称港英政府不会与临立会合作,这就将这位殖民统治代表顽固地与民意对抗的态度表露无遗。

(原载香港《文汇报》1996年12月17日)

虚张声势

香港特区临时立法会已经产生。从六十名当选议员来看，临立会具有广泛的代表性，尤其有三十三名现任及八名前立法局议员当选，证明推委们确实是以大局为重、以香港利益为依归的。人们有理由相信临立会一定会不负众望，为香港的平稳过渡和稳定繁荣作出应有的贡献。

然而，也有人不高兴。比如港督彭定康就攻击临立会选举是一场"怪诞的闹剧"，说临立会诞生的一天是一个"悲哀及坏的日子"，与他早先所说筹委会作出有关决定的一天是"黑色日子"相呼应，真可谓首尾照应，把反临立会的一整个过程定格，将自己顽固坚持错误的立场和盘托出。彭定康反临立会一点也不奇怪，因为他本人就是造成临立会局面的始作俑者。然而，虽不可低估彭定康的个人因素，但他是代表英国政府对港实施殖民统治的，故他在港搞所谓政改并非他个人的事。也正由于此，英政府在反对临立会问题上的立场是与彭定康一致的。就在临立会诞生的前夜，英外相急急忙忙抛出一个声明，采取颠倒是非的手法，为英方开脱责任，而将脏水泼向中方。

英外相的声明为了向中方施加压力，竟然再次擎起"国际牌"，说英国一周来同美国政府和欧洲盟国联络，促请他们再次向中国政府表达世界各国对临立会一事的关注，而美国和欧洲联盟又对临立会如何有看法，等等。这是拉虎皮作大旗，虚张声势，企图对中国政府进行恫吓，实际则是自己心虚胆怯的表现，正所谓色厉而内荏。中国政府决定设立临立会是英方破坏政制"直通车"之后，为解决新生特区立法"真空"问题采取的不得已之举，也是确保香港平稳过渡和落实中英联合声明、基本法的必要措施，完全合情、合理、合法。即使英国搬出其国际盟友，也决不能动摇和改变中国政府的坚定信念。在设立临立会问题上，正义在中国政府一边，又何惧英方虚张声势呢？！

至于英外相说什么英国将会与美国、欧洲联盟和其他国际伙伴紧密合作，以监察香港的情况云云，就更加可笑了。因为举世皆知，九七之前，香港问题是中英两国之间的事；九七之后，香港问题纯属中国内政，任何国家都无权干预属中国内政的香港事务。

（原载香港《文汇报》1996年12月22日）

如此褒贬

港督彭定康先生作为政客，一向好于抬高自己，贬抑别人。虽然他在港的日子一天少于一天，但这一作风丝毫没有改变。

新年伊始，港督在接受英国广播公司采访时，竟称赞自己是一位民主派，而候任行政长官董建华则比较保守，故他相信董上任后本港民主步伐会明显缓慢。为了褒己贬董，港督甚至说自己当初明明知道董氏在民主问题上一向比较保守，但还是邀请他，是由于想令局内存有不同意见云云。暂且不论事实的真伪，彭定康先生如此"旧事重提"，既向世人说明自己如何大度雅量，能容纳不同意见，又提醒香港人，他们未来的领袖是一个在民主问题上态度保守的人。其褒贬之手法，实令人叹为观止。

在此，一个奉祖家之命来对香港实施殖民统治的港督，彭定康先生毫无愧色地给自己戴上民主派的桂冠，竟不怕为天下耻笑！且不说本港早有舆论认为，彭定康先生来港主要是要完成其祖家从香港撤退计划的最后一着，即通过所谓发展"民主"，千方百计把殖民统治影响延续到九七以后，即以他发展本港民主的得意之作"政改方案"而言，也完全是"三违反"的产物。这一所谓民主的"怪胎"早已声名狼藉，为香港市民所唾弃（在其方案付诸表决前夕，有调查显示民间支持率只有百分之二点七就是明证）。

彭定康贬低董建华先生保守，言外之意是自己在港期间是积极和快速推行民主的，却原来此种积极和快速是以"三违反"为前提的。正由于他所推行的"民主"建基于"三违反"，才造成了诸如临立会等一系列争论，为平稳过渡带来了麻烦。对此，港人心中早有定论，彭定康这一套，不是民主问题，而是诚信问题，是要为平稳过渡设置障碍。

被彭定康视为"继任人"（其实二者性质完全不同）的特区行政长官董建华先生尚且没有正式上任，彭定康凭什么贬低他"保守"呢？如果从他竞选特首的政纲来看，他非常重视中国传统的价值观，又十分注意吸收西方文化的精华，他矢言博采中西之长，以发展民生为首务，同时按照基本法指引的路向积极而稳步地发展本港民主，是完全切合本港实际的，非但不保守，还非常积极和务实，因而广受市民的信任和支持。不说别的，单是近一段时间有关调查显示，董建华的声望及支持率已抛离彭定康，不就说明一切了吗？！

（原载香港《文汇报》1997年1月7日）

临立会开始运作

备受各方关注的香港特别行政区临时立法会，自去年年底经推委会选举产生后，时隔月余，今天在深圳举行首次会议，将互选产生主席，制定会议常规等，这无疑是临立会开锣第一声，标志着特区临时立法机构已开始工作。

中方设立临立会的缘由早已众所周知，毋庸赘述。当初，由于港英的刻意误导，不少市民对临立会有疑虑与误解，而随着特区组建工作的逐项推进，支持此举的市民就愈来愈多。岁末年初，多项调查表明，支持和拥护临立会更已成为民意之所向。当然，也有人患神经衰弱症，只要一听见临立会的名称就会神经质地发怒，甚至谓临立会一旦运作将令港人无所适从，政府将陷入瘫痪云云。然而，这些危言耸听的噪音并未引起什么共鸣，多数市民以为这些缺乏理性的言论不过是政治偏见，不值得理会。

值得注意的倒是，英方在临立会投入运作之际，非但继续无视现实，还企图将临立会问题提升到国际层面，声称要让国际法庭仲裁临立会是否违反中英联合声明。这显然是在蛊惑人心。一个简单不过的道理，设立临立会完全是中国的内政，合理合法，无须劳驾国际法庭。

实际上，英方早已承认了临立会的法理地位。一九九五年六月九日，中英联合联络小组签署了香港终审法院问题协议。该协议第一条明确规定，英方同意以香港特别行政区筹委会预委会政务小组一九九五年五月十六日发表的八点建议为基础修订《终审法院条例草案》。这就明确告诉人们，在上述协议中，英方已承认了预委会政务小组的八点建议。而八点建议中，就有"建议在特区第一届立法会产生之前，终审法院法官可在征得临时立法会的同意后任命"这一条。由于终审法院要在一九九七年七月一日成立，所以筹组终审法院工作也要在七月一日之前进行，这自然包括临立会也要参与此项工作。必须指出，香港终审法院协议是中英之间的正式外交协议，中英联合联络小组英方首席代表戴维斯是代表英方签了字的。完全可以这样说，在此协议正式签署之后，英方一切反对临立会的言论都是违背中英上述协议，即违背了自己的庄重承诺的。

临立会已经开始运作，这是铁的事实，任何人再罔顾现实，继续上演唐吉诃德般的闹剧，将是何等的荒唐可笑，除了说明自己的思维方法及行为模式有异常人之外，还能说明什么呢?!

（原载香港《文汇报》1997年1月25日）

一项重要的咨询

一位"老编"对笔者说,他早几日听说特首办公室要就《公安条例》和《社团条例》有关内容的修订广泛征求各界意见,颇觉新鲜,故昨日以第一时间取回一份题为《公民自由和社会秩序》的咨询文件,准备研究后提出自己的见解。相信怀有"老编"般心情的市民绝非个别。

众所周知,全国人大前不久就香港特区法律问题作出决定,在不采用经港英当局前几年单方面修订的上述两条例的部分条文为特区法律的同时,将如何解决不采用部分的法律空缺问题交由特区处理,这就充分显示了中央政府实施"一国两制"、高度自治的诚意和决心。现在特首办及时就此问题作出有关修订建议,正是行使高度自治权的一个重要标志。

在咨询文件发布的当日,社会各界就纷纷就此发表意见建议,这实际上也是香港人开始逐步行使当家做主权利的明证。对特首办的建议见仁见智,这是完全正常的,唯其如此,才须咨询。

令人不解的,倒是港督立即出来对此表示"忧虑",毫无理据地"质疑"这是否是一次真正的咨询。且不说港英单方面修订该法例有违联合声明和基本法,即以此种修订已导致冲击外国驻港领事馆之类有损香港国际形象的不幸事件,且留下的治安隐患不言而喻,不采用也实属理所当然。港督更谓中国人大不是《圣经》中的摩西,可以从天降下"十诫"云云,想借此转移香港人视线,但此次咨询完全是由特区依法自行处理的事务,并非中国人大在指手划脚,港督借机攻击只会自取其辱,更何况他并没有特区事务的发言权!

香港是一个法治社会,绝大多数市民希望香港长期繁荣稳定。相信在广大市民的参与下,特区政府集中社会各界智慧,定可在维护个人自由和社会秩序二者间找到最佳平衡点。毋庸置疑,这是一项十分重要的咨询。

(原载香港《文汇报》1997年4月11日)

别再自欺欺人了

在香港，英方一直以来打的是为港人的旗号，个中虚实，港人已经领教不少，而近期围绕香港居民的国籍和居留权问题，港人再一次看清了英方的虚伪性。

自中方公布香港居民的国籍和居留权问题的政策之后，本港各界咸表赞赏，认为这些政策充分照顾到香港的历史和现实，在维护国家主权和顾及香港人切身利益方面达致良好的平衡。舆论纷纷指出，中方以灵活务实态度处理港人国籍和居留权问题，有助于平稳过渡，巩固了港人对未来的信心。

中国政府在制定该项政策的过程中，充分听取香港人的意见，其间反复进行研究和修改，而且也通过专家层面欢迎英方对此提供意见和建议。但英方却得寸进尺，在长时间内将此问题作为一张牌来打，一再拖延就此达成共识（其实英方对中方如此宽松的政策实在也无可挑剔），甚至提出由港英政府制定条例、由港英立法局立法的无理要求。这实在是天大的笑话！须知有关特区永久性居民的定义、香港居民的国籍和居留权等等问题完全是中国的内政，港英立法局则是港督的咨询架构，根本无权替未来特区审议或制定法律。

说穿了，英方并非不懂此理（恋栈殖民统治是另一回事），提出越俎代庖实质上是反对临立会立场在作怪。英方反临立会已走火入魔，这已毋庸赘言。然而，在英方一手"促成"下临立会成立并开始运作已是铁的事实，临立会审议制定特区法律合理合法。而且，香港人都十分关注永久性居民的定义，数十万移民或暂居海外的香港人更翘首以待有关政策成为正式法律，英方为一己私利不但不予合作，反以诸多借口进行拖延和阻挠，置香港人的切身利益于不顾，岂不自己将为港人的旗号撕得粉碎？奉劝英方别再自欺欺人了！

（原载香港《文汇报》1997年4月16日）

期待说"不"的背后

特首办就修订《社团条例》及《公安条例》发布咨询文件之后,港督彭定康一直采取不合作态度。他先是以第一时间发表讲话,无端指责这并非是真正的咨询,随即下令赶印大量表述两条例不采用部分如何不抵触基本法的小册子,蓄意与特首办的咨询文件摆在一处,以转移视线,误导市民。此后,干扰咨询活动更不断升级。

港督日前于《纽约时报》发表文章,竟然说若市民不想其公民自由有改变,特区政府就应告诉北京:"对不起,香港人说不",并毫不讳言自己正"热烈期待"特首会如此做。港督此番话的险恶用心,首先在于将特首办的咨询活动看作是中国政府的指令。港督要特首向北京说"不",就是煽动特区政府同中央政府对抗。

不能不指出,全国人大在决定不采用经港英当局前几年单方面修订的上述两条例的部分条文为特区法律的同时,将如何解决法律空缺问题交由特区处理。此次有关修订建议完全是由特首办依法自行提出的,中央政府并无任何干预。港督期待特首向中央说"不",无非想造成一种特首一切只能按中央政府指示行事、并无自主权的假象,以欺骗舆论,误导国际社会。

文章还居心叵测地说什么港人对特首办的修订建议作出的反应是非常"敌意"的云云。这也是在蓄意抹黑港人。事实是咨询文件发布后,社会各界见仁见智,纷纷发表意见,既有正面的肯定,也提出一些修改建议。唯有一点可以肯定,即像港督那样真正"敌意"的意见是极少数。越来越多的市民已经并将继续认识到,修订两条例绝不能与削弱自由人权画等号。恰恰相反,对港英抵触基本法修例行为说"不",并将之修订为符合基本法,才是从根本上保障香港长期的稳定繁荣,因而符合广大市民的切身利益。港督还想在此问题上打民意牌,看来是多么不合时宜!

(原载香港《文汇报》1997年4月17日)

别胡乱指责

近期有关本港新闻自由的话题，似乎又多了起来，这本身并非坏事，但有人好以审判官自居，动辄对有关传媒说三道四，胡乱指责，就不是一种理性态度了。举例而言，近期《亚洲华尔街日报》某些评论及香港电台的某些节目，对本港一些传媒的批评指责显然就缺乏理据。

前不久，《亚洲华尔街日报》大力报道和挞伐《南华早报》聘用某顾问一举，引来西方传媒对"南早""群情汹涌"的批评和指责；尔后，该报又在头版头条刊发文章，将"政治立场转轭"的帽子扣在本港某报头上。《亚洲华尔街日报》如此关心本港的新闻自由，真要向它道一声感谢了。但是，如果一家报纸连聘用一个顾问的自由都没有，还谈得上什么新闻自由呢？至于它对某报政治转轭的抨击，某报已作出正式回应，用大量事实逐一驳斥了不实之处，指出有关报道"预设结论、扭曲事实"，与两年前《财富》杂志以"香港之死"耸人听闻颇为相似。

真所谓无独有偶。日前香港电台的《铿锵集》节目以"风从哪里来"为题，通过有选择性地采访几个驻港外籍记者，得出本港传媒"慑于压力"而纷纷"自我审查"的结论。该节目举例，谓某日某组织发起反对修订两条例"大游行"，但传媒报道的篇幅并不多，而三家电视台的报道时间最长不过一分五十秒，最短不足半分钟，且没有一家放在头条云云。

人们不禁要问，是不是对某一新闻都整齐划一地放在相同版位、播出相同时间才算是新闻自由呢？一家传媒如果对某一新闻放在第几条、占多大篇幅、播映多长时间的自由都没有，哪还侈谈什么新闻自由！

当前本港的新闻自由并未出现异常，未来特区的新闻自由更有法律的充分保障，这已无须赘言。有人怀着某种阴暗心理，频频施放明枪暗箭，是欲将香港传媒绑在自己的战车上，恐怕这方是问题实质所在。

（原载香港《文汇报》1997年5月19日）

何须再讨论

据传媒透露，英方拟于香港政权移交前举行的最后一次中英联合联络小组会议上，再次提出讨论小组的角色及功能问题，目标是达致该小组可以"监察"联合声明的执行情况。

英方此举实属多余。有关中英联合联络小组的角色和功能问题，早在中英联合声明中就已经确定。该声明附件二《关于中英联合联络小组》就是专门谈这个问题的。附件二第二条对设立该小组的缘由作了说明：为了进行联络、磋商及交换情况的需要，两国政府同意成立联合联络小组。这实际上也道出了该小组的性质，就是"联络、磋商及交换情况"。附件二第三条还对联络小组的职责作出清清楚楚的规定，即：（一）就《联合声明》的实施进行磋商；（二）讨论与一九九七年政权顺利交接有关的事宜；（三）就双方商定的事项交换情况并进行磋商。翻遍整个联合声明及其附件二，都找不到联合联络小组有"监察"功能。不仅如此，该份文件还明确写明："联合联络小组是联络机构而不是权力机构，不参与香港或香港特别行政区的行政管理，也不对之起监督作用。"附件二与联合声明具有同等约束力，既然角色与功能早已确定，又何须再讨论呢？英方不如利用讨论时间再好好学习一下中英联合声明。

其实，英方已经不止一次地提出这个问题了，其目的犹如司马昭之心，路人皆知：与"监察执行联合声明五十年"论相呼应，将该小组蜕变为干预特区事务的阵地。

联合联络小组自设立以来，已经开了三十九轮会议，就大量的有关事宜进行磋商并达成了协议，为香港的平稳过渡作出了积极的贡献。不能不说，如果英方一向合作的话，该小组的效率及成果还可比现在更为显著。

联络小组过往没有监察功能，而按照附件二的规定，该小组在七月一日之后的任务有两项，但同样是联络、磋商及交换情况性质的，仍旧不具备监察功能。中方贯彻联合声明是自觉和坚定不移的，其决心及诚意为整个过渡时期所证明；倒是一心想监察别人者，真要扪心自问。

（原载香港《文汇报》1997年5月22日）

悉听尊便

六月三十日午夜及翌日凌晨，这一全世界关注的时刻即将到来。美国国务院却高调宣布，国务卿奥尔布赖特在参加中英政权交接仪式时，将不出席临时立法会的宣誓仪式，大有丢临立会之脸及扫中方之兴的意思。

笔者听后觉得十分好笑。本来，接不接受有关邀请，或者接受邀请后参不参加某项仪式，美方都有自由，作为主人的中方，绝对没有强迫美方参加某一仪式，或者乘机强令美方接受什么之意。但是作为客人的美方却作如此高调宣布，就不能不让人怀疑美方是否懂得礼仪，及不能不叫人思考其中玄机了。

不错，美国政府对香港特区临立会一向持反对立场。这里，且不说美国到底是不懂临立会的来龙去脉，还是有碍盟友的颜面，也不说中方设立临立会有充分的法理依据，何况她自成立及开始运作以来成绩显著，已为广大香港市民所普遍认同，单是如何礼貌对待主人的邀请方面，美方也应当表示应有的诚意。照理完全可以透过外交途径商量有关问题，遗憾的是美方选择近乎下"最后通牒"的威胁方式，这就不能不说有失大国风度了。

笔者以为，美国之所以如此这般，就是想以自己世界"一哥"的地位，向其他国家施加压力或影响，图收共同"杯葛"临立会宣誓仪式之效。对此，临立会问题的始作俑者彭定康先生当然感激涕零，并谓相信还有一些国家会响应，加入杯葛行列云云，可谓一语道破天机。

美国政府如何处理有关邀请，悉听尊便。中方举行的包括临立会在内的香港特区主要架构的宣誓仪式并非专为美方设计，美国参加与否都不会影响临立会为六百万香港市民服务的正常运作。时代不同了，要中国看美国的脸色行事，让各国唯美国是瞻，唯一的可能，是让时光倒流。

（原载香港《文汇报》1997 年 6 月 12 日）

二、祖国，我们回来了！

走过风雨之路，包括香港同胞在内的中华儿女终于迎来了香港回归！香港回归，华夏儿女的百年期盼！脱离祖国母体一个半世纪之后，我们终于回家了。全国人民喜气洋洋，香港同胞扬眉吐气！回归大典上，米字旗无可奈何降下去，五星红旗呼啦啦啦升起来。广大爱国爱港同胞开始以主人公的姿态建设新香港，"一国两制"的构想由蓝图变为现实。祖国，我们不仅回来了，从此还要用双手把脚下这方神圣的土地打扮得更华美。我们有信心！

一百零八将，好嘢！

亲爱的读者，笔者在此说的，不是《水浒传》作者施耐庵笔下叱咤风云、笑傲江湖的一百零八将，不是那些在水泊梁山一带演出一幕幕扣人心弦活剧的草莽英雄，而是日前本港某报记者笔下的另类杰出人物——

一百零八名老人家身穿学士袍、头戴四方帽，愉快地出席香港老人大学第七届毕业典礼。已年届九十七岁高龄的刘老太太，兴致勃勃地向记者诉说她已是第六次参加毕业典礼，已经修读了中文、英文、社会及义工等多个学系……

壮哉，香港新时代一百零八位老人家！你们谱写了一曲"活到老，学到老"的颂歌。在这首感人肺腑的颂歌中，每一个音符都跃动着你们自强不息、奋力拼搏的身影。

如果说，"人生七十古来稀"已经不能反映现代社会人寿状况的话，那么，八九十岁的耄耋之年毕竟是高寿了。这样的年纪，要完成本属二十来岁后生仔修读的大学学业，其艰难程度是难以想像的。据报道，八十三岁的胡沛根老人遇到的最大难题是记忆的问题，但他没有退缩，并终于取得了成功，今年已是第四年接受毕业证书，他还首次修读了形象学系；已修毕七个学系现年六十九岁的邝华方老人，虽然要依靠轮椅代步，仍不减学习的热诚，表示毕业后仍会继续修读其他学系；九十七岁的刘瑞老人……

无须再多加列举，在老人们刻苦勤力、孜孜不倦的精神面前，笔者以及比他们年轻的读者朋友又怎能不油然而生敬意呢？

这一百零八位老人的感人事迹，还触发了笔者有关香港奇迹的联想。香港开埠一个多世纪以来，从一个偏僻的小岛变成世界经贸、金融、航运、旅游的中心，其原因固然有多方面，但其中最主要的原因，则是由于有如同这一百零八位老人那样奋发进取的无数香港同胞，历经几代的顽强拼搏，香港的奇迹难道不正是他们创造出来的吗？同样，香港美好的明天，仍然要靠具有这种精神品格的广大港人，一代代锲而不舍地去努力创造。

新时代香港一百零八将，好嘢！

（原载香港《文汇报》1995年4月9日）

"真诚为香港",好!

有人说,"民建联"的历史只两三年时间,能较快地为广大市民所认同和接受,在去年的区议会和刚举行的两个市政局选举中取得不俗的成绩,其"法宝"就是"民建联""真诚为香港",实实在在为港人做事。

此话不假,日前"民建联"常委访问团访粤又获重要成果。广东省政府郑重承诺,本月起正式在省政府办公厅信访办公室成立一个专责小组,特别处理香港人的来信及投诉。事情经传媒报道后,市民莫不欢迎。

"真诚为香港"是"民建联"从创立一开始就提出的口号,她是"民建联"的一面旗帜。但是,若是光有口号,没有实际行动,那么这种口号再时髦漂亮,再悦耳动听,非但不会为广大市民受落,反而会落个哗众取宠的名声。"民建联"难能可贵之处,就在于他们能说到做到,不放空炮。自成立以来,这群志同道合的年轻人正是一直用一个个为市民服务的实际行动,实践着他们自己提出的"真诚为香港"这一口号。

尤其令市民称道的是,在一些涉及粤港两地,关系到港人切身利益,为市民普遍关注的民生问题上,"民建联"勇于负起责任,不辞辛劳地奔波于两地,几经交涉,终于一一得以较圆满解决。诸如堵塞有毒蔬菜入境、协调皇岗口岸罢驶事件、考察罗湖过境拥挤、调查内地公安船只误入港水域等等一系列问题,都取得了很好的为广大港人接受的成果。

在是次组团赴内地前,"民建联"做了一系列调查研究,列出当前最为市民关注的几个问题,并提出初步意见。由于有备而去,故在与粤省领导人会谈中,能较快达成共识,寻找出解决方案。本港粤籍人士占大多数,过往返乡过程中,遇到问题往往不知如何处理,现在省政府有了专责部门,且允诺将在全省各地设立相应机构,确实使广大市民感到欣慰。

"真诚为香港",好!

(原载香港《文汇报》1995年5月1日)

巾帼不让须眉

在新华社香港分社和国务院港澳办聘请的第四批港事顾问中，有一位香港人并不陌生的女性，她就是刚过知命之年的李乐诗。在有国家主要领导人参加的隆重授聘仪式上，当一个个港顾接过聘书的时候，李乐诗，这位坚强的女性，却正同中国北极探险队员们一道，在千里冰封的北极洋面上艰难地挺进……

李乐诗，多么富有诗意的名字！如今，在本港，在内地，在世界许多地方，人们已经习惯地将这个悦耳的名字，与令人听而生畏的地球两极联系起来，与探险联系起来。近十年来，李乐诗四下南极、三上北极、二到青藏高原、横穿塔克拉玛干大沙漠……其探险壮举令世人惊叹！

一九九三年，李乐诗将第一面五星红旗插在了南极点。这次当她闻讯得知中国北极考察队即将成行，便多次与北京有关部门联系，要求自费与壮士同行。有关部门被她的诚意感动，特例批准了她的请求。临行前，她表示要拍摄好中国科学家进军北极的雄姿，为祖国圆北极梦尽一分力量。

探险，尤其是极地探险，在不少人眼中，那是具有非凡体魄的男子的专利。对于一个体格并不健壮的中年女子而言，要完成上述一系列壮举，没有超凡的雄心壮志和坚韧不拔的毅力是不可想像的。当有人问她为什么爱把那么多精力放在苍凉的极地时，她微笑着回答："在艰苦环境中，我觉得自己的生命很充实！"正是依靠这种信念，李乐诗克服了一个又一个常人难以想像的艰险困苦，用充实的生命写下了一首又一首乐天的诗篇……这诗篇，正是广大香港人不屈不挠、奋力拼搏精神的写照，数百万香港人这种精神汇聚在一起，才使得"东方之珠"熠熠闪光。

作为探险家、摄影家，李乐诗近年出版的《南极梦幻》、《白色的力量》等影集和游记，为广大读者带来了丰富的精神食粮，许许多多读者为之倾倒。笔者在欣赏一张张极其珍贵的照片之际，眼前跃动着她栉风沐雨、艰难跋涉的动人身影。

巾帼不让须眉。李乐诗的胆略和精神，不能不令我辈热血男儿深深折服……

（原载香港《文汇报》1995 年 5 月 6 日）

身残志坚的好后生

在深圳河彼岸，广东各地正传诵着一位身残志坚的好后生的动人事迹。通过各种传媒，全国愈来愈多的民众也为他的故事所感动。

这位好后生叫郑标，广东阳江市十大杰出青年之一。从去年八月始，他用仅有的一条腿，自家乡出发，沿东南沿海，一路步行和骑单车，历时近一年，于今年七月一日到达北京。稍事休整，他又踏上了新的更为艰难的旅程——经西北诸省，最后沿青藏公路到达拉萨，实现独脚走遍全国的宏愿。

今年二十七岁的郑标，十四年前在一次车祸中失去了一条腿。活蹦乱跳的少年顿时变得动弹不得，小郑痛苦极了。然而，在亲友、老师的关怀和鼓励下，倔强的小郑很快就从痛苦和彷徨中走出来。他自小酷爱游泳，没有了一条腿，就在水中抓着个轮胎游。当他抛开轮胎同伙伴们比赛时，竟游得比一些正常人还要快。意外的收获大大增强了他生活的勇气，他坚信，只要有志气，残疾人同样可以有作为。

从此，生活在小郑面前展开了新的旅程。他开始以顽强的意志全面进行体质锻炼。举重、跳绳、俯卧撑，样样都来，单腿跳从一次六百下练到六千下，天天如此，风雨无阻。辛勤的汗水终于结出硕果，一九八六年他一举夺得广东残疾人运动会五十米游泳金牌，尔后又连续多次打破几项残疾人游泳项目的全国纪录。他并不满足，又开始练习单腿跳远、跳高，并很快摘下残疾人运动会这两个项目的桂冠……

小郑很小的时候就有走遍全国的梦想，在体育运动取得连串胜利之后，他又萌发了新的想法：圆儿时的梦！不少人劝他，走遍全国，就是正常人都……小郑主意一定，夹起拐杖就练习长距离行走，他又开始练习单腿蹬单车，以便走累了可以骑一阵。

带着亲友的嘱托，满怀胜利的信心，小郑踏上了征程。遥遥数千公里，人生地疏，单车满载行装，或推或骑，遇到的困难和艰辛可想而知。在这位铮铮铁汉面前，所有的艰难困苦只好低头，小郑凭着英勇顽强的意志和坚韧不拔的毅力，一步步、一程程地挺进……

有人不解地问小郑为何要自讨苦吃，小郑笑着回答——我并不是要逞个人英雄，除了实现小时的梦想外，还想以自己的行动证明残疾人也蕴含着无限的潜能！

妙哉斯言！小郑的感人故事对千万伤残人士无疑是一种激励，而对笔者等健康人来说，汗颜之余，更觉鞭策。

郑标正朝新的目标挺进。赞美你，身残志坚的好后生！

（原载香港《文汇报》1995年7月30日）

国庆抒怀

今天是新中国国庆节。

四十六年，在历史长河中，只不过是短暂的一瞬。然而，新中国历经四十六年，神州面貌已发生了翻天覆地的变化。如今，当祖国以日渐雄厚的国力、蓬勃强大的活力和快速发展的势头面对世界时，整个世界为之惊叹！神州巨变，连枯燥的数字也变得格外生动：一九九四年中国国内生产总值比一九五二年增加了近二十倍；今年上半年国内生产总值达到二万二千多亿人民币，比去年同期增长百分之十点三；现在每四五天创造的国民收入，已相当于一九四九年一年。连亚洲"四小龙"之一的新加坡资政李光耀在多次考察中国后也由衷地赞叹："中国是一条巨龙！"

今年是中国全面完成"八五"计划、为"九五"计划作好准备的一年，也是中国人民在建设现代化的道路上继续取得重大成就的一年。祖国政治稳定，社会祥和，各项改革顺利推进，对外开放进一步扩大，国民经济持续、快速发展，大众生活明显改善，国际地位不断提高。中国人民正满怀信心，以巨人般步伐向新世纪迈进。

而香港，经过几代人的奋斗，也已成为亚洲"四小龙"之一，成为世界经贸、金融、航运、旅游中心之一，人均产值、外汇储备等主要经济指标均居世界前列。香港成功的原因是多方面的，而中国内地的支持则是一个十分重要的因素。香港经济保持持续发展，这在很大程度上得益于内地经济的蓬勃发展。在过去的十多年时间，内地企业在香港所扮演的角色也愈来愈重要，在香港投资的外来资金中，内地企业的投入已占首位，累积总数已超过二百亿美元。据恒生银行估计，内地因素对香港经济增长的推动已达生产总值三成以上。香港一旦离开了祖国，就会成为无源之水、无本之木；离开了内地因素，香港的繁荣稳定是难以维持的。

中国政府用"一国两制"的构想解决了香港问题，又用四年多时间制定了基本法以确保九七后香港的长期繁荣稳定，把祖国统一大业与港人切身利益完美相兼容。最近几年，国内政局稳定，人民安居乐业，进入了发展最兴盛的时期。这样，祖国大局的稳定就为香港的稳定奠定了最坚实的基础，从而为香港经济的发展创造了良好的社会条件。

值此四十六周年国庆，我们香港同胞遥望神州，为祖国改革开放所取得的骄人成就而高兴，为香港与内地日渐紧密的联系而感奋，更对香港美好的未来充满信心——中国是一条"巨龙"，巨龙腾飞，祖国更加繁荣富强，必将使香港这颗"东方之珠"映射出更加璀璨的光彩！

(原载香港《文汇报》1995年10月1日)

关心学童　人人有责

　　一名年仅十一岁的小六王姓学童疑因默书成绩未如理想，一时未能自我开解之下，日前留下遗书跳楼，结束了短暂的一生。至此，单单新学年开始一月余，学童轻生案例已增至五宗，其中三人身亡，二人重伤，本港社会各界为之震惊。

　　据报道，近年来本港十至十九岁青少年轻生死亡案件有增加的趋势，一九九四/一九九五学年达十四宗，而新学年伊始便接二连三地发生，且轻生者年龄有下降趋势，除一人十七岁外，其余均在十一岁以下，最小的只有五岁，实在令人痛心不已。

　　值得令人深思的是，轻生者所以想不开的原因都并不复杂，或者是功课有压力，或者成绩不理想，或者受家长责骂，又或者是失了朋友，等等。而他们几乎都是在未被校方或家长发现任何苗头的情况下匆匆寻短的。这一事实起码告诉人们两点：一是今天的物质生活大大丰富了，而我们的下一代的性格却似乎变得脆弱了；二是青少年的现况给我们家长和学校的教育提出了更高的要求。

　　毫无疑义，做家长的都爱自己的孩子，但如何爱却大有学问。事实表明，一味溺爱只会使下一代更加脆弱，经不起一点挫折。家长能否在照顾孩子生活和督促学习的同时，多点为孩子进行心理辅导和品格教育，以从小培养孩子坚忍的意志和顽强的毅力呢？

　　在教育青少年方面，学校担负着比家庭更重要的作用。学校当然是传授知识的场所，笔者以为，在特定意义上说，向学生传授怎样做人的知识，即注意塑造青少年一代坚强的品格和积极面对人生的处世态度上，绝不比传授一般文化科学知识次要。

　　同时，教育青少年又绝不单单是家长和学校的事。比如，电视广播及报章等各种传媒都对青少年有莫大的熏陶作用。姑且不说传媒书刊应当为下一代提供健康向上的内容，就是传媒在报道学童轻生案件上也有高下之分。笔者以为，传媒为追求新闻效应而大篇幅报道学童自杀案，及一面倒指出学生的死因，并不惜加以渲染，只会令情绪正受困扰的学童，误将轻生当作所谓解脱的方法而加以仿效。

　　青少年一代是香港的未来。从这一点出发，提出"关心学童，人人有责"的命题就并非多此一举。

（原载香港《文汇报》1995年10月9日）

香港无以替代

一位友人前不久去上海公干，返港后提出了九七后上海会否取代香港的问题。朋友们对此议论纷纷，最后还是达成了共识——在今后相当长一个时期，港沪两市谁也替代不了谁。

国际社会都知道，上海一直是中国大陆最大的城市，国民生产总值及其他主要经济指标始终排在各省市首位。无可否认，在改革开放的前一段，上海一度显得比较沉寂，发展速度慢于国内一些得改革开放风气之先的省市。但是，在九十年代初中央作出开发浦东、加快上海改革开放步伐的决策后，上海犹如睡狮猛醒，社会及经济迅速发展，面貌日新月异。

如今许多外商都看中了浦东这块新开发的宝地，纷纷前往投资，外资银行也纷纷前去落户。而且，上海的发展还进一步带动了华东及长江经济带的发展。上海工业基础雄厚，工业体系较为完整，教育科技发达，文化积淀深厚，各种人材资源十分丰富。总之，上海在全国的经济、贸易、金融以及文化、教育等方面的中心地位是香港无法替代的。

再看香港。经过几代香港人的奋力拼搏，今天的香港已是世界公认的经贸、金融、航运及旅游中心之一，香港的名称已与好多个"世界第一"或名列前茅的荣誉连在一起。在中国改革开放和建设现代化的进程中，香港不仅为内地提供大量的资金、技术、设备和国际信息，而且成为内地与国际接轨的枢纽，特别是成为三千多万海外华人与大陆交往的主要窗口。尤其可贵的，是香港在几十年的发展历程中已经形成了一整套既符合国际惯例，又适合香港本地，并已证明行之有效的经济运行机制。香港在经济、贸易、金融、航运等方面的国际中心地位是上海等内地城市在相当长一个时期内所无法替代的。

相信，九七后香港现行的社会、经济制度不变，由于解除了殖民统治的羁绊，市民成为香港的主人，积极性和创造性还将得到进一步发挥。

展望未来，香港和上海在一国之下，虽无以彼此替代，却可以相互促进。

（原载香港《文汇报》1995年10月31日）

港人利益靠谁保障

据报道，李柱铭日前在伦敦与英副首相夏舜廷会面半小时后拂袖而去，旋即在会见场外毫无保留地批评英政府没有任何措施保障港人九七后的利益。

读了上述报道，笔者眼前仿佛出现李柱铭当时那副悲哀落寞的神态。不过，李柱铭在这里并没有讲真话，他应当批评英政府没有任何措施保障他自己（包括他自己若干忠实盟友）九七后的利益，才是肺腑之言。因为近些年来李柱铭大量的言行早已公开表明，他从来没有为香港的平稳过渡和广大香港人未来的利益着想过，此次英伦之行也绝非真正为香港市民争取利益。

至于香港人九七后的利益，那又何劳英国政府"保障"呢？众所周知，从一九九七年七月一日起，香港将由一个多世纪的殖民统治转为中华人民共和国的特别行政区，由被殖民统治变为港人治港，这是一个伟大的历史性转变。自那一天起，香港市民的利益将由自己伟大的祖国来保障。"一国两制"是邓小平为实现祖国统一而提出的富有创造性的伟大构想。按照这一构想，中国政府制定了"一国两制"、"港人治港"、高度自治等一系列对港方针和政策，并集中了包括广大香港同胞在内的全体中国人民的智慧，制定了香港特别行政区基本法，用法律的形式将这些方针政策固定下来。

基本法已经绘制了九七后香港政治、经济、社会制度和生活方式的蓝图。中国政府一再郑重申明，在香港回归之后，无论遇到什么情况，都将坚定不移地贯彻执行"一国两制"的基本国策，严格按照基本法办事。这样，九七后香港社会的长期稳定繁荣就绝非虚言，香港市民的利益就有充分的保障。

李柱铭以为港人代言而自诩，实际上一向与香港普罗大众的利益背道而驰——他公开焚烧基本法，诋毁这部能使香港人九七后利益得到根本保障的特区最高法典，游说外国制裁中国，罔顾本港经济受波及，而乞求美国给中国最惠国待遇附加所谓条件，如此等等。他何时为香港人的长远利益着想过？如今却打着为港人争取利益的旗号去英伦说三道四，其实质是要英出面为他争取九七后的"生存空间"罢了。

在香港即将回归自己祖国之际，有人却飞越重洋去乞求洋人的"保障"，他究竟代表谁，很值得人们深思。

（原载香港《文汇报》1996年2月28日）

驻港部队军纪严

解放军驻港部队前不久已经公开亮相，本港市民通过电视报章，对目前驻扎在深圳的这支解放军部队整齐威武的军容、高超精湛的军事技艺留下了十分深刻的印象。

日前，本港一项调查结果显示，大多数市民在了解了驻港部队的情况后，对解放军的印象分明显飙升，并拥护解放军于一九九七年七月一日进驻香港。据一位接近中方的朋友透露，本港有市民写信给解放军驻港部队，为便于港人与九七后驻港军人沟通，热切希望解放军能学懂广东话，更有几位本港青年打电话给新华社香港分社，诚恳表示愿意参加解放军驻港部队，打听从军的可能性。

在有关调查中，一些市民对驻港解放军将来能否遵守本港法律仍有些担心，这是不难理解的。笔者在此愿意将最近了解到一些情况与读者朋友分享，相信于某些人士增进对驻港解放军的了解不无裨益。

平心而论，解放军整体的纪律是严明的，这是由其作为人民子弟兵的性质和为人民大众谋利益的宗旨所决定。解放军士兵违反纪律的事件当然有，但毕竟是极少数个别现象。而作为解放军未来驻港部队，其军纪可谓严中之严。以遵守交通规则而言，据深圳交通警察部门反映，驻深的所有武装部队在这方面总体来说是好的，而其中尤以驻港部队表现最为突出。驻港部队的大小车辆最遵守交通规则，行车最有礼貌。一次，一位驻港部队士兵驾车偶然违反交通规则，驻港部队闻讯后迅即派人向交通警察道歉，主动接受有关处罚。该士兵事后受到部队严厉的军纪处分。此事一时在深圳被传为美谈。

据悉，国家和军队有关部门将制定完备的香港驻军法律，做到依法严格治军。正起草中的《香港特区驻军法》，不但对驻军的职责权限和司法管辖作出规限，还对所有驻军人员的纪律作出十分详尽的严格规定。

一直以来，由于多数香港人对解放军认识不多，加上某些误导，致使一些市民对解放军存有隔阂。随着市民对驻港解放军了解的增多，改变原来的看法和担心，将是情理之中的事。

（原载香港《文汇报》1996年3月11日）

香港有祖国

说起写《香港有祖国》这一题目,还真得感谢港督彭定康先生的提醒。

前不久他远涉重洋,赴美加打"国际牌",其一系列抹黑香港、分化港人的出位言论激起本港各界的公愤。当他风尘仆仆返抵香港,迎接他的竟是愤怒抗议的人群,可谓开殖民统治历史之先河。

彭定康恼羞成怒之际,便在香港电台《给香港的信》节目中竭力为自己打国际牌狡辩,声称有人指责自己将香港问题"国际化"是无稽之谈,是陈词滥调,香港是国际城市,它的前途受到很多人关注,更受到国际关注,总之世界上愈来愈多的人关注香港……

听了这番话,给人的印象好像香港是一个没有祖国的国际城市,她是国际社会共有的,世界各地的人都在关注着她,因此一港之督去美加访问就不是打国际牌。他这番话实际是他过去曾散布的香港是"国际资产"论调的翻版。

彭定康此番话的根本错误就在于蓄意回避甚至抹煞中国拥有香港主权,香港从来就是中国领土不可分割的一个部分的事实。国际社会关注香港,是由于香港即将结束百年殖民统治,由中国恢复行使主权。如果彭定康明白国际社会关注香港的真正原因所在,就应当诚心诚意同中方合作,使香港平稳过渡。

彭定康百般辩护,说他去美加是为了推介香港,以增加国际社会对香港前景的信心,那末请问:将香港描抹成人人忧心忡忡,说未来香港"一国两制"很难实践,也是在推介香港吗?攻击中国政府对港方针政策,说香港人担心九七后高度自治能否实现,也是为了增加世人对香港的信心吗?抹煞工商界对香港的贡献,污蔑工商界人士压抑民意、不喜欢民主、自私自利,也能提高香港的国际声誉吗?……

彭定康先生为殖民统治的"末日心态"所驱使,自知在港已愈来愈不得人心,便只好频频周游列国,将香港问题国际化,图谋获取国际社会对他在港倒行逆施的支持。

但是,香港有祖国,她的名字叫中国。真正关心香港前途、一切以港人根本利益为依归的是中国政府。中国政府对港方针政策和一系列举措已经得到愈来愈多香港市民的认同和支持。在香港回归之前,香港问题只是中英两国之间的事,回归之后是中国的内政，无论中国政府，还是本港市民，都是反对任何人将香港问题国际化的！

（原载香港《文汇报》1996年5月23日）

心灵的回归

本港一个艺术家代表团不久前访问了内地。据报道，艺术家们返港后，在一次聚会上纷纷交流体会，畅谈心得，场面颇为感人。一位艺术家说，以前只把自己当作六百万分之一，现在我觉得已是十二亿分之一，但我不是更加渺小，而是更加为自己的祖国感到骄傲！另一位艺术家则表示，随着九七的脚步愈来愈近，自己终于实现了心灵的回归……

艺术家们你一言，我一语，表达的情感丰富而真挚，笔者闻之，深有感触。而上述两位艺术家的感受，不但足以代表同行者，也道出了广大香港同胞的心声。

香港回归祖国，这不仅是中国，也是世界近现代史上的大事；湔雪百年民族耻辱，这是包括香港同胞在内的全体中国人民的共同愿望。香港同胞盼望这一天，盼了几代人，中华民族等这一天，等了一个半世纪。当八十年代初中英两国关于香港前途的谈判达成协议，香港将于一九九七年七月一日回归祖国之后，广大香港同胞都感到由衷的高兴，真心诚意地拥护香港回归。

但是，毋庸讳言，当其时，由于历史和现实的种种原因，不少人也对九七之后香港能否继续保持繁荣稳定，香港人原有的生活方式会不会改变，不无担心和忧虑，这是可以理解的。随着香港过渡期的渐次演进，尤其是基本法的制定，中国政府对港一系列方针政策的日趋明晰和不断完善，广大市民终于看到并相信中国政府提出"一国两制"、"港人治港"方针绝非权宜之计，而是作为基本国策，真心真意地付诸实施，一切以香港的根本利益为依归。与此同时，广大市民也看到内地自改革开放以来，政局稳定，社会祥和，经济快速发展，综合国力日渐增强，民主法制不断完善，国际威望愈益提高，因而大大增强了对祖国对香港未来的信心。

很显然，香港艺术家们从"六百万分之一"到"十二亿分之一"感受的变化，从拥护回归到心灵回归的飞跃，并非仅仅在于此次内地访问，而是在经历了一整个过渡期，民族情怀及国家观念长时间积累的结果。今次的访问行程，则是他们完成心灵回归的一个触发点。这些成就卓著、平素醉心于艺术世界的艺术家们正是通过访问，在与国家有关领导人和政府官员的倾谈中，在与内地同行的切磋交流中，在祖国秀丽河山的熏陶及改革开放巨大成就的领略中，升华了感受，达到了心灵回归的崇高境界。而这，不正是广大香港同胞心灵变化的一个缩影吗？

（原载香港《文汇报》1996年12月2日）

信任与支持

香港特区首届行政长官人选董建华经具有广泛代表性的推选委员会选举产生后，已由筹委会报请中央政府任命。日前与几个朋友谈论此事，大家都感到由衷的高兴。有朋友更说，现在是到了香港人团结起来，信任和支持行政长官人选的时候了。笔者对此话甚为赞同。

在中国恢复对香港行使主权的重要历史关头，推选一位能够带领香港人迈向更加美好明天的特区首届行政长官，这不仅是中国政府，也是本港广大市民的共同愿望。特区首届行政长官人选的产生，确实称得上是香港乃至中国历史上开天辟地的事件，预示着香港人当家做主的时代即将来临。

虽然首届特首并非直选产生，在此且不说世界上众多国家和地区的领导人也并非都由一人一票选举产生，在香港现阶段，即香港由英国管治向回归中国的特殊转换关头，由具有广泛代表性的推委会推举产生首届特首，不失为一种最佳选择。实践也已证明，刚诞生的首届特首人选是众望所归。

首届特首将在中央政府授权之下，具体落实"港人治港"，带领六百余万香港人开启香港历史新纪元。特区行政长官既与历代香港总督有本质的区别，也与内地地方行政首长不同。尤其是作为首届特首，其工作完全是崭新的，没有一整套可资借鉴的经验和范例。首届特首要通过自己的辛勤工作为"一国两制"、"港人治港"开一个好头，为香港长期繁荣稳定奠定坚实基础，它的特殊性和艰巨性是不难想像的。唯其如此，在特首候任及走马上任之后，香港市民的信任与支持就十分重要。广大市民多一份信任与支持，特首也就多一份勇气和力量，香港保持长期繁荣稳定也就具有更大的希望。

在信任和支持特首方面，另两位特首参选人为各界作出了良好的表率。他们在落选后立即衷心祝贺当选者，表示百分之百支持他，也愿意参与特区的工作。这种以香港大局为重、以广大市民利益为依归的精神，是一种无声的号召。而真正关心香港将来的广大市民，也都衷心祝贺董建华，信任、支持和爱护他，对他寄予厚望。遗憾的是，几乎伴随特首人选的产生，有极少数人急不可待地作出一系列不信任、不支持的举动来。这样的人如不改弦更张，必将为最广大市民所唾弃。

在香港历史新旧交替之际,为着香港的美好未来,也为着你、我、他,大家都来信任和支持首届行政长官!

(原载香港《文汇报》1996年12月14日)

二、祖国，我们回来了！

庄严的二○七号令

李鹏总理前日主持召开国务院第十一次全体会议，对香港特区筹委会报请国务院任命香港特区首任特首事作出历史性决定。会后李鹏总理立即签署国务院第二○七号令，任命董建华为中华人民共和国香港特别行政区第一任行政长官，于明年七月一日就职。消息传开，全世界为之瞩目，海内外中华儿女则感到莫大的欣慰和自豪！

国务院第二○七号令是庄严的，她标志着香港即将进入一个"港人治港"的崭新历史时代。香港自从被昔日"大英帝国"以武力强占之后，管治香港的最高行政权力便由港督执掌。随着岁月的流逝，从璞鼎查直至彭定康，二十八任港督走马灯似地渐次更迭，唯有一点贯穿始终，即他们都是受英皇室委派而来，香港人根本无权过问。

长时期以来，许多香港同胞都有这样的感受：在日常生活中虽不用为衣食担心，但每每想到作为一个中国人，却要在殖民主义港督管治下生活，心情就不舒畅。是的，一个半世纪以来，殖民统治抹煞了香港同胞作为一个中国人的尊严，只有彻底摆脱殖民统治，回到祖国的怀抱，广大香港同胞才能恢复作为一个中国人的尊严。多少年来，香港人就盼望有一天能按照自己的意志来选择管理香港的最高行政首长。如今，几代香港人的梦想终于变成了现实，国务院第二○七号令，又证明自己祖国的中央政府十分尊重港人的选择权。唯其如此，广大市民在获悉国务院二○七号令之后，心情都颇不平静，庆幸自己赶上了好时代。

特区行政长官同香港总督有着质的不同。香港最高行政首长由香港人自己选举，报请中央政府任命，这是香港实现历史性转变，即由英国管治到中国恢复行使主权，在中央政府授权下由香港人自己管理香港的最好象征。国务院第二○七号令向全世界表明，中央人民政府已正式授权由香港人自己推举产生的首任特区行政长官，将从中国恢复对香港行使主权的同一日开始，担负起管治香港特区的重任。因此，第二○七号令的意义是相当深远的。香港六百万市民，祖国十二亿民众，乃至海内外所有中华儿女都期待并相信，有广大市民的支持，有庄严而神圣的第二○七号令，特区首任行政长官董建华一定会不负众望，带领香港人迈向更美好的明天！

（原载香港《文汇报》1996 年 12 月 18 日）

也说特首的级别

由推委会推举，经中央政府任命之后，董建华先生已正式成为香港特区首届行政长官，明年七月一日正式履行职务。这是全世界为之瞩目的一件大事。董建华先生这几天在北京期间，中央政府给予很高礼遇，他受到隆重接待，国家主席、国务院总理等领导人亲切会见了他。这份荣誉和礼遇，不仅是董建华先生的，也是六百万香港市民的，这说明中央政府实施"一国两制"、"港人治港"、高度自治等一系列对港方针政策是诚心诚意、坚定不移的，对首任特首是十分重视、充分信赖的，坚信董建华先生在未来治港岁月里定会不负众望，带领香港人再创辉煌。

笔者的几位朋友日前聚会，大家谈到此事时都颇感欣慰与自豪，觉得首任特首从候选人的产生直至中央正式任命、国家领导人会见，一整个过程都非常周密完美，为特区成立、为"一国两制"的实施开了好头，真说得上是良好的开端即成功的一半。说着，朋友们将话题转到行政长官的级别问题上。

读者朋友一定注意到，随着特区首届行政长官的产生，坊间及报章上谈论行政长官的级别问题也多了起来，有的报章更以此为议题，连续发表文章讨论，还有的报纸刊发"独家消息"，谓中方某某官员甚至是中央某某领导人透露行政长官相当于内地什么级别，有的则对特首享受何种级别待遇进行了种种推测，等等。

平心而论，报章纷纷对行政长官的级别问题进行估计揣测，乐此不疲，并非一定有什么不良居心，有的甚至是抱着对特首的一片热心参与其事的。但是，笔者及朋友均以为，谈论行政长官的级别问题是没有意义的。中国恢复对香港行使主权，对香港实行"一国两制"，香港维持资本主义制度不变，香港是中国主权下的一个特别行政区，包括行政长官在内的特区各级官员并没有纳入内地公务员职级序列，无论中国《宪法》，还是联合声明、基本法，都没有涉及特区行政长官的级别问题。总之，行政长官是特区的最高行政首长，正如同新华社香港分社张浚生副社长所说，行政长官就是行政长官。

顺带一提，某些谈论特首级别的文章还出现不少常识性错误。比如有文章认为特首的级别应比直辖市市长低，而比省和自治区行政首长高，殊不知全国目前三个直辖市与其他省和自治区的行政级别是相同的。闹出不少类似笑话,显然是缺乏对内地的了解所致。

(原载香港《文汇报》1996年12月19日)

因为有爱……

随着香港回归祖国的脚步声愈益清晰，读者朋友，不知你是否注意到，在本港，普通话正日渐走俏。无论在市民的日常生活中，抑或近一段时间围绕特区行政长官推举的答问会、临立会选举的咨询会等一系列为港人瞩目的大型活动中，不少土生土长的香港人开始说起了普通话。

有人学习普通话，就必然有人教授普通话。笔者近日就为本港一位普普通通的普通话教师的敬业精神所打动，在此愿与读者朋友们分享。这位普通话教师名叫孙文冬。据报道，孙老师在港教授普通话已有十年历史，已教过三千多人次，送走了初、中、高级及短期口语班近百个，学生中有七十多人通过了香港考试局严格的普通话测试。孙老师教授普通话的资格是毋庸置疑的。她出生和成长在北京，直至过了不惑之年才定居香港，因此说得一口纯正的普通话。在前不久全香港普通话考试中，五十六岁的孙老师以一名普通考生接受"国家语委"的极为严格的理论和口语测试，结果以九十八点三的高分一举夺魁。

作为教师，师德更为重要。有人说在香港教授普通话是"苦差事"，这话不无道理。一般参加学习的市民，普通话基础较差，有的甚至"一窍不通"，常常是台上讲得口干舌燥，台下却"不为所动"。工作辛苦，且收入不高，但孙老师一做便是十年。一个学生问其缘由，孙老师说："因为我爱你们这些学生，爱有生命力的语言……"正因为有爱，才有了全心全意、心甘情愿的付出。

因为有爱，当她一次提问中国的内海和岛屿，有学生竟回答青海和青岛时，没有责备学生发音不准，却为学生对祖国缺乏了解而痛心了好几天。于是在日常的普通话教学中，增添了很多生动的内容。

因为有爱，她才能长期不辞辛劳，全身心地投入普通话教学，而绝不仅仅是为了糊口。班期不定，地点不一，最多的一天，她要连赶七场，从东方拂晓直至万家灯火。须知，由于脚有残疾，除了乘车，她是架着单拐从这里走到那里的……

因为有爱，她将学生视为自己的亲人，态度亲切和蔼，教学细致耐心，讲课富有艺术魅力，深受学生爱戴。

孙老师只是本港许多教授普通话老师中的一个。相信伴随着九七的来临，必将有更多的香港人开始重视学习和运用普通话。孙老师们任重道远,笔者及读者朋友要为他们祝福!

(原载香港《文汇报》1996年12月25日)

浓浓香港情

辞旧（丙子年）迎新（丁丑年）之际，笔者偕同三五好友到内地几个地方走了走，虽行色匆匆，但感受非浅。所到之处，耳闻目睹，惊叹内地发展好快，真个是一年不见，神州大变。出发前适逢本港播映中央电视台大型文献纪录片《邓小平》，到内地眼见祖国愈益强盛，民众生活也犹如芝麻开花节节高，不能不由衷赞叹一代伟人提出改革开放，将古老的中国引上日益富强的康庄大道的丰功伟绩。此且按下不表。

今次丁丑新春内地行给笔者留下的又一强烈感受，是各界人士、广大民众十分关注今年我国政府将恢复对香港行使主权这件民族盛事。从首都北京到各省各市，从繁华的城市到边远的乡村，人们都在谈论着这件事，都热切关注着香港特区组建工作的每一步进展，翘首盼望着七月一日这一庄严日子的到来。

在笔者一行所到的好些地方，无论在旅游景点，还是商场酒店，当我们的"香港同胞"身份一不小心"曝光"，便很快被素昧平生者团团包围，热情地向我们打听香港的各种情况。许多地方，大至全国范围，或者一个省、一个城市，小则学校、工厂、街道等，运用多种多样、民众喜闻乐见的形式宣传香港即将回归祖国，或者举办香港形势报告会，或者举办香港回归专题演讲比赛、知识竞赛，或者举行迎接香港回归图书展、书画展、摄影展、历史图片展，乃至专题音乐会、朗诵会、影视展播等等。

春节期间，从中央到各地舞台及荧屏节目丰富，异彩纷呈，而其中一个重要的主题，便是迎接香港回归，以此为题材的歌曲、舞蹈、小品、相声等多种艺术形式，乃至京剧、越剧、粤剧、黄梅戏等多种地方戏剧、戏曲，令人目不暇接。笔者一行观看了几场表演，不能不为演出者们真挚的香港情怀动容。而多姿多彩的活动和艺术表演，增强了民众对香港的认识和了解，一些民众熟悉了解香港情况之多之广真令笔者等颇感惊喜。

神州大地处处洋溢着浓郁的香港情愫。亲爱的读者朋友：笔者深信，当你领略到这一点，肯定会对回归更添一份亲切感、自豪感！

（原载香港《文汇报》1997年2月13日）

好坏参半？

香港前景好坏参半——这是英国外相聂伟敬先生日前提交英国国会的香港事务年报中的分析。这种分析大有误导英国国会及国际舆论之嫌。

香港前景到底会怎样？这并非什么高深的理论问题，只要看一看香港人对前景有没有信心就清楚了。尽管几年来众所周知的原因，香港的过渡期事务无端增添了不少麻烦，但由于中方始终不渝地贯彻联合声明和基本法，加之广大香港人的共同努力，把上述种种麻烦所造成的损失减少到最低限度。特别是在特区组建进程中，中方认真执行一系列既定对港方针政策，严格按照基本法办事，依靠广大港人，使得特区组建有条不紊地渐次推进，取得了一项又一项丰硕成果，令整个世界也刮目相看。

如今，港人自己选出的特首已开始工作，行政会议和临立会都已开始运作，二十三名特区高级官员也已经由中央政府任命。至此，特区政府的架构已基本形成，这是众所周知的事实。特区组建的顺利进展，使绝大多数香港人对香港前景充满信心，本港多个机构一段时间来的一系列调查，也在在表明这一点。港人的信心不是天上掉下来的，也不是头脑中固有的，而是香港未来得以保持长期繁荣稳定多种因素的综合反映。绝大多数香港人看好香港前景，不知聂伟敬先生所谓"好坏参半"又从何谈起。

包括聂伟敬先生在内的一些英方高官，一直认为香港人对未来忧虑重重，香港"前景堪虞"，这当然是误导；而今香港人对前景充满信心，他们再不能说香港前景不好了，于是又想出一个"好坏参半"来，这同样是一种误导。英方常常以港人利益代表者自诩，可就是不敢也不愿意如实反映香港人的实际——他们对回归的期盼和对前景的信心。从"前景堪虞"论到"好坏参半"说，提法虽不同，但都是企图"唱衰"香港！

（原载香港《文汇报》1997年3月22日）

名不虚传

笔者的几个内地朋友最近来港公干，离港前笔者请他们谈谈观感，他们几乎众口一词："世界旅游中心"名不虚传！

朋友的话值得相信，因为这几个朋友去过多个国家，他们是经过比较之后方得出上述结论的。刚巧，本港旅游协会不久前公布一项统计资料，去年访港旅客人数再创新高，达一千一百七十万人次，比上年增加百分之十四点七。单是去年十二月，访港旅客人数就多达一百一十万人次，比上年同月增加百分之八点六。

笔者还清楚记得，一九九五年年末的一天，本港旅游协会在启德机场隆重欢迎一位韩国小姐，即当年第一千万名抵港旅客的温馨一幕。就在那一年，本港旅游业创下两个第一：首次在一个月内有一百万名游客抵埠；首次出现一年内迎接第一千万名游客的到来。时隔一年，访港旅客再破纪录，说明本港旅游业又有了新的发展。这对回归祖国正日益临近的本港来说，无疑又是一大喜讯。

众所周知，旅游业作为一种"无烟工业"，已经愈来愈受到国际社会的普遍重视。即以本港而言，几年来旅游业的蓬勃发展正好在一定程度上弥补了经济转型期因产业结构调整所带来的暂时困难。据经济界有关人士预测，今后几年本港的旅游业将会继续成为赚取外汇的第一大行业。

今年香港回归祖国是全世界瞩目的世纪盛事，这本身就为旅游业更上新台阶提供了千载难逢的机遇。如今本港社会稳定祥和，经济稳步发展，平稳过渡可期，广大市民对未来的信心从来没有像今天这般坚定。如此，真可谓天时、地利、人和三者兼备，东方之珠将更具魅力。有理由预期，在未来岁月里，本港旅游业必能再创辉煌！

（原载香港《文汇报》1997 年 3 月 31 日）

"北京的诚意"

在香港回归前夕，特区组建又取得一项重要成果——终审法院首席法官已正式产生。本港各界对此反应良好，国际社会也予以高度评价，有舆论更指首席法官的产生又一次体现了"北京的诚意"。

香港各界及国际社会从特区行政长官的产生过程，看到了中央政府实施"一国两制"、"港人治港"、高度自治的魄力和诚意，这已毋庸赘言。而各界及国际舆论从特区终审法院首席法官的产生过程中再次验证了这一点，也实属情理中事。

众所周知，终审权通常为一国中央所拥有。香港回归祖国之后拥有终审权可谓开天辟地，这实际上体现了中央政府在港实施"一国两制"的决心和诚意。国际社会早就将特区拥有终审权看作香港高度自治的重要标志之一。但无论是本港还是国际社会，都曾有人担心中央政府是否能让特区自己挑选终审法院的首席法官。

事实是最权威的审判官。中央政府严格按照基本法行事，完全放手由特区政府架构自行产生首席法官，从司法人员推荐委员会的组成，推荐名单的提出，行政长官的接纳，直至临立会通过支持委任动议等，所有程序中央都没有插手和干预。正如一些论者所说，若果中央政府没有诚意，对特区架构缺乏高度信任的话，那是不可想像的。

此次首席法官的产生真正体现了法官非政治化的特点，体现了根据司法和专业才能选用法官的原则。司法人员推荐委员会在推荐过程中充分注意到人选诚实正直、独立自主的品格，又广泛征询了司法、法律界人士意见，而从最后确定的人选看，确实如特首所言，是理想人选。

李国能先生年富力强，相信日后定能履行神圣职责，为香港特区行使前所未有的终审权作出自己应有的贡献。

（原载香港《文汇报》1997年5月27日）

民主治港又一例

随着香港回归日近,香港历史即将翻开"一国两制"、"港人治港"、高度自治的一页。而实际上,在首任特首产生,经中央政府任命并开始工作后,"港人治港"、民主治港就已进入实施阶段。比如,前不久特首办就公安和社团两条例的修订广泛咨询市民意见,各界反应热烈,纷纷发表意见和建议,实际上就是港人当家做主、民主治港的体现。

日前,特首办又公开表示,欢迎社会各界在六月十四日前就特区第一届立法会的产生办法表达意见,而有关意见建议既可用书面方式递交特首办,也可透过互联网络发表。有舆论称这是香港人逐步开始民主治港的又一事例。

特区筹委会在上周第九次全体会议上,就第一届立法会产生办法作出了决定。该决定的内容较为宽松,在诸如选举办法、新九组功能团体的名单等方面都给予特区政府有多种选择的余地,而事实上,筹委会法律小组早在今年三月已在本港就第一届立法会的产生办法公开咨询过社会各界意见,特首办表示,筹委会咨询所得九百多份意见仍会作为制定方案时的重要参考,在此基础上进一步征询市民意见,是力求尽可能地将选举方案制定得更完善更合理。

与"港人治港"、高度自治相适应,特区立法会将是一个真正的立法机关,享有比港英立法局大得多的职权。按照基本法的规定,特区立法会行使的职权有十项之多,诸如立法权、质询辩论权、弹劾任命权等等。因此,特区立法会特别是首届立法会的成功选举,对特区有着特殊的意见。筹委会的有关决定已打下坚实的基础,而特首办本着高度负责的精神,透过咨询广大市民的意见,定能制定出理想的选举方案,使产生为本港各界乃至国际社会称道的首届立法会更有保障。

(原载香港《文汇报》1997年5月29日)

"祝贺香港回归"

一提起加利先生，人们便会立即想起这位温文儒雅的前联合国秘书长。报载，几个中国记者日前专程前往加利客居巴黎的寓所，就香港回归问题采访了他。落座之后，加利的第一句话便是"我衷心地祝贺中国人民！祝贺香港回归！"记者都为加利对中国人民的真挚情怀所感动。

一如加利所言，中国政府即将恢复对香港行使主权，遭受百年殖民统治的香港即将回到祖国怀抱，这不仅是包括香港市民在内的全体中国人民的大喜事，也是整个二十世纪国际社会的盛事，确实值得祝贺。但是，作为一个已经退休的普通人、外国人，加利先生却对香港、对中国如此一往情深，确实难能可贵。

谁都知道，这位来自第三世界的联合国前秘书长，一向秉持正义，以客观公正的立场处理国际问题，为联合国事务作出了很大贡献。也正因此，个别以老子天下第一自居的国家对他百般挑剔与责难就不足为怪。加利也一向理解并支持中国的统一大业，在香港回归及有关台湾问题上，都给予中国人民以热情支持。此次记者造访，他激动地说，香港回归具有重要象征意义，促进了中国的统一，同时也加强了中国人的团结……娓娓道来，足见他对香港回归有着十分真切的了解。

更让人感动的是，当记者谈到目前国际上某些人对香港前途散布种种杞人忧天的怪论时，加利以他自己多次到香港和中国内地亲眼所见和了解，肯定地说，回归后的香港一定会有更美好的明天。在谈及西方某些人企图以香港问题干涉中国内政时，老人动情地说，回归后香港的一切问题都是中国政府和人民自己的事，干预香港是愚蠢的！

面对这位对曾经饱尝外患之苦、现在即将雪百年国耻的中国人民有如此深切理解的长者，笔者还须说些什么呢？谢谢你，加利先生！

（原载香港《文汇报》1997年5月31日）

特首重视教育

笔者日前见到一位任教中学的朋友，见他满面春风，便笑问所以，答曰：特区行政长官近日出席该校一项仪式所发表的讲话令全校师生深受鼓舞。

笔者翻看报章报道，方知董建华先生是次参加该校毕业礼所致演辞确实颇有建设性，对香港未来的教育作出期望，从未来特区教育体制讲起，包括特区教育的远景目标的确定，路向、制度的调整，教师队伍的培养，办学条件的改善，等等，都有精当的论述。

董先生特别强调，香港特区教育首先要树立一个良好的教育路向，要使受教育者成为爱国家、有理想、有道德、有文化和对社会有贡献的人。笔者觉得，此番话确实讲得恰到好处，难怪引起朋友学校强烈反响。

毋庸讳言，在过往殖民统治的漫长岁月中，本港的教育不同程度地打上了殖民统治教育的色彩，比如某些历史教科书更有不少歪曲历史，或用殖民主义历史观诠释历史事件的内容充斥其间；不允许学校对学生进行民族和国家观念的教育，有的学校由于进行爱国教育而一直被港英政府打入另册，受到了许许多多不公正的对待。欣慰的是，"米"字旗即将降下，香港回归祖国已指日可待，上述现象将得以改变。特首适时提出特区教育要使受教育者爱祖国、有理想、有道德、有文化，可说道明了特区教育的特质，为特区教育指出了方向。

董先生此次讲话并非偶然，他一向重视教育，记得他刚获中央政府任命，便亲临几所中小学视察，了解情况，听取意见，并委任专人主持制定特区教育规划，直至此次在该校发表内容丰富实在的讲话，可谓高瞻远瞩。

青少年学生是香港的未来，学校在培育治港建港新一代方面承担着神圣的使命。不能不说，有董建华这样一位重视教育的行政长官，特区教育大有希望，香港未来大有希望！

（原载香港《文汇报》1997年6月6日）

款款贺礼寄深情

讲礼仪是中华民族的优良传统。每逢佳节喜庆，国人都会备以礼物互相馈赠。香港回归祖国是中华民族的盛大节日，内地各省、直辖市、自治区政府都纷纷向香港特区政府赠送厚礼。这些礼物已从神州的东西南北中启运，将陆续抵达香港。琳琅满目的贺礼将使得本港的喜庆气氛愈益浓烈。

从众多报道来看，这些丰富多彩的礼物都是内地各省具有浓郁地方特色的精品。如北京的景泰蓝花瓶、上海的玉雕、江苏的苏绣、浙江的木雕、河南的钧瓷瓶、西藏的挂毯等等，无不是当地具有悠久历史的名优产品。在这些礼品中，有的以厚重见称，如广东的玉雕、海南的贝雕、广西的木雕、吉林的巨型松花砚、重庆的雕塑等，其重量都在两公吨以上，摆放妥帖后可谓坚如磐石；有的则以轻巧取胜，像新疆的壁毯、内蒙古的雕塑、青海的挂毯、江西的瓷板画、河北的花丝镶嵌、宁夏的贺兰石雕等，不过几十公斤，或挂或摆，轻盈玲珑。礼品大小轻重有异，但十二亿内地民众喜贺香港回到祖国怀抱的深情厚谊却是一样的。

笔者在看了众多有关礼品的报道之后，发现这些礼品还有两个特点，一是设计颇具匠心，都有喜庆回归、一帆风顺、幸福吉祥、巨龙腾飞、情系两地等寓意，如上海和广东的玉雕分别名为《浦江庆归》、《一帆风顺》，浙江的木雕《航归》，海南的贝雕《天涯共此时》，云南的斑铜雀瓶《吉祥》，四川的红木镂空雕刻《蜀港同庆》，吉林的巨砚《松花紫荆情系根》等等，单是名称，就令人无限遐思；二是一些礼品的重量或尺寸与"1997·7·1"有关，这也正是每一个华夏儿女都应永志纪念的伟大日子。

款款贺礼寄深情。作为中华民族一分子的本港市民，倍感即将生活在祖国大家庭的温暖。

（原载香港《文汇报》1997年6月20日）

依法入境松不得

连日来，有关港人在内地所生子女居留权，以及如何处理偷渡来港的"小人蛇"问题，已成为街谈巷议的热门话题。而这也是特区政府成立后首先面对的一个严肃而重大的课题。

有报章社论指特区政府对此若态度暧昧，南海碧波势将千帆并举，一时出现中外历史上旷古未见的儿童大偷渡狂潮，笔法兴许有点夸张，但儿童偷渡问题将进一步困扰特区政府则将成为不争的事实。有鉴于此，特区政府行政会议首次正式会议作出果断决定，并将有关条例草案提交临立会紧急立法，准备依法实施"居留权证明书计划"。

特区政府此举显示出有魄力、有能力化解有关难题。笔者和一众朋友谈论此事，都对此举表示赞赏和支持。虽然大家对已经来港的"小人蛇"表示同情，但一致认为法律面前必须人人平等，如果对他们网开一面，无异于对偷渡表示认可，这对绝大多数尚在内地循合法途径等待来港者极不公平。

现在有一种似是而非的说法，即特区政府此举违反基本法。这很值得商榷。基本法是规定了香港永久性居民在内地所生子女有香港居留权，但并没有规定这些人首次来港无需任何手续，可以通过非法途径入境。特区政府现在并没有也绝不会否认这些人有居留权，但最起码应在其出生地获得身份鉴别。而采取"居留权证明书计划"，显然可以更有效地解决他们的居留权问题。政府此举也明白昭示，偷渡进入本港都是非法行为，为法律所不容许。

笔者相信经过紧急立法后，只要严格依法行事，不仅"小人蛇"偷渡潮即可得到遏止，而且将使港人在内地所生子女来港获得居留权问题纳入法治化的正常轨道。香港毕竟是个弹丸之地，数万人蜂拥来港，各种资源定不敷运用，这就势必会对香港社会的繁荣安定造成负面影响。历史和现实都在在表明，依法入境松不得。

（原载香港《文汇报》1997年7月10日）

二、祖国，我们回来了！

劳苦功高

某公司老板是特区筹委会委员，日前飞赴北京出席筹委会结束工作大会之前，向有关员工告别，员工们目睹老板清瘦的背影，都说他劳苦功高。笔者想，将此赞语用来评价整个筹委会也十分恰当。

筹委会昨日在北京举行了最后一次大会，全面总结了工作，江泽民、李鹏等国家领导人亲切会见了全体代表，对筹委会的工作给予高度评价。至此，筹委会完成了所有使命，徐徐降下帷幕。

筹委会是根据国家最高权力机关全国人大的有关决定而成立的。在历时一年半的时间里，筹委会按照基本法和全国人大赋予的权力，开创性地进行筹备香港特别行政区的有关工作，取得了一系列丰硕成果。比如先后作出了设立临立会等重大决定，制定了特区第一届政府推委会、第一任行政长官人选、临立会的产生办法，主持了特首人选、临立会议员的选举，通过了处理香港原有法律问题、港人国籍和居留权问题、第一届立法会产生办法等建议，对香港某些重大经济、民生问题进行了研究，提出了一系列建设性意见，并对庆祝香港回归的有关活动作出了安排等。可以说，香港特区组建这一系统工程的每一项进展，都凝聚着筹委会全体成员的心血。

更令港人感佩的，是筹委会成员的无私奉献精神。自诞生之日起，一百五十位香港和内地委员就深感肩负责任的重大，于是全身心投入工作。内地委员且不说，据笔者所知，如同文前说及的那位老板，绝大多数香港委员都有繁重的本职工作，在无法分身之情况下，都是优先做好筹委的工作。他们不但没有分文报酬，还不惜牺牲自己的生意和其他利益；他们不辞辛劳，风尘仆仆，经常奔波于京港两地；为了研究有关议题，更度过了许多不眠之夜……

一言蔽之，筹委们付出了巨大的辛劳，他们卓有成效的工作，为香港特区成立和运作奠定了坚实的基础，从而为我国政府恢复对香港行使主权立下了不可磨灭的功勋，赞其劳苦功高当是恰如其分！

（原载香港《文汇报》1997年7月12日）

特首外访此其时矣

笔者一位亲戚生活在新加坡，日前通电话时他顺便说到新加坡人知道香港行政长官即将到访，皆感高兴，并期待一睹特首风采。原来，从今天起到六日，特首董建华将先后访问马来西亚和新加坡，从而拉开了外访的序幕。下周更将飞赴大洋彼岸，展开访美行程。尔后，还将先后出访日本、比利时和英国。而这一系列重要的外访活动，将在一个月内完成，安排可谓紧凑，也从一个侧面彰显特首年富力强、精力充沛，香港人闻之，自豪之情油然而生。

笔者和几个朋友谈论此事，有一个共同感觉，也即特首外访此其时矣。其一，特区成立两个月来的运作十分成功，如今香港社会人心稳定，经济繁荣，治安良好，各项民生政策正在有条不紊地推行。日前本港的多项相关调查都在表明市民对"港人治港"及香港未来的信心都大为提高，对特区政府施政的满意程度达到新高，而特首的民望也持续上升。特区两个月的初步实践已经无声地向全世界表明，"一国两制"、"港人治港"、高度自治在香港是可行的。这就为特首外访提供了良好的氛围，创造了十分有利的条件，特首外访时便可理直气壮地推介香港。

其二，在香港回归之前，某些国际舆论热衷于"唱衰香港"，某些西方人士更散播种种悲观论调以误导公众。尽管如今特区成功运行的事实世人有目共睹，但某些人就是闭目塞听。特首及时出访，以其第一手资料及亲身感受介绍香港，便有助于矫正误导、消除国际社会的某些担心和疑虑，这对树立香港新形象、吸引国际投资非常有利。

其三，此次一系列外访，有利于特首学习和借鉴有关国家的经验，以对未来治港产生积极影响。比如特首就表示对新加坡的房屋事务的各个环节很有兴趣，希望通过考察，了解相关经验，以利特区庞大的房屋工程的实施和完成。

概而言之，特首一系列出访将进一步推进香港与国际社会的联系，对提高香港的国际地位大有好处。我们期待董先生外访取得圆满成功！

（原载香港《文汇报》1997年9月3日）

祖国母亲，你好！

今天是新中国诞生四十八周年国庆日。神州大地，处处洋溢着欢乐的喜庆气氛。由于今年是香港回到祖国母亲怀抱之后的第一个国庆节，加之具有划时代意义的世纪盛会中共十五大刚于国庆前夕召开，故喜庆的气氛更浓烈、更温馨，十二亿民众的心情更欣喜、更振奋。

四十八年，弹指一挥间。然而，历经四十八个春秋，神州面貌已发生了翻天覆地的变化。如今，当祖国以蓬勃强盛的活力和快速发展的态势面对世界时，整个世界为之瞩目！神州巨变，连枯燥的数字也变得格外生动：一九九六年国内生产总值比新中国成立初期增加了二十多倍；近十年来国内生产总值年均增长百分之十二点多；现在每四五天创造的国民收入，已相当于一九四九年一年的。如今，"八五"计划已全面完成，"九五"计划的实施有了良好开端。祖国政治稳定，社会祥和，经济持续快速发展，改革开放顺利推进，大众生活明显改善，国际地位不断提高。

回望香港，今年七月一日已经回归祖国，五星红旗已经在香港上空高高飘扬。由于众所周知的原因，过去的一个相当长时间，香港同胞在港举办国庆活动被视为非法，普罗市民的国庆活动只能私下进行。如今香港人终于可以以主人的姿态第一次在香港堂堂正正喜庆祖国母亲的生日了！抚今追昔，香港人又怎能不心潮澎湃呢？

正因为此，本港市民今年举办国庆活动的热情特别高，据悉有五百多个团体举办国庆活动，而大型活动超过一百三十项。一进入九月，有关庆祝活动就揭开序幕。而愈近国庆日，庆祝气氛就愈见浓烈，今天将达到高潮：清晨，举行隆重的升旗仪式，下午特区政府举办五千人的盛大庆祝酒会，入夜，大型烟花汇演将把维港映照得五彩缤纷……毫无疑问，通过今年的国庆活动，必将进一步激发和增强香港人的民族自豪感和爱国情怀。

值此国庆佳节，我们香港人遥望神州，为祖国改革开放所取得的骄人成就而高兴，更对祖国美好的未来充满信心。让我们深情道一声：祖国母亲，你好！

（原载香港《文汇报》1997年10月1日）

> 近观香港

军营无号声

　　与香港回归同步，解放军驻港部队正式进驻香港已经快满四个月了。这支由解放军精兵强将组成的担负着特殊使命的部队进驻香港后情况如何，香港人对驻港部队反应怎样呢？随着岁月的流逝，有关驻港部队为民着想的事例越来越多地被本港各界传为美谈。在此，笔者信手采撷两则，便可以从一个侧面折射出"文明之师"并非虚言。

　　大凡军营，一般总少不了军号声，军人起床、训练、就寝以号声为准，这似乎是常识。可驻港部队大大小小的军营里，却从未传出过军号声。每天晨曦初露，军营的训练场上已是龙腾虎跃，可也没有口哨声及"一二三四"的操步声，一切训练活动都在无声无息中紧张而有序地进行。原来，军人清晨六时起床时绝大多数市民正在酣睡，为了尊重港人的生活习惯，驻港部队作出特殊规定：部队营区全天不吹军号，即使远离市区的军营也只准用低音哨声。一些住得离解放军营区近在咫尺的市民都说，他们从没有一大早被解放军扰清梦的经历，这真是想都想不到。

　　在驻港部队石岗机场的一个停机坪上，停放着一些五颜六色的小型表演飞机，它们属于由飞行爱好者组成的民间团体——香港飞行总会。解放军进驻之前，他们对即将到来的新主人不无疑虑。但出乎意料，解放军进驻后不仅继续让总会使用机场，航空兵团还派出航管人员及时提供空中联络等保障，甚至还专门安排一名哨兵负责看管飞机。更让总会感动的是，该团的机库和雷达站被总会停机的跑道隔在主营区对面，官兵们上岗、吃饭、维护飞机，宁愿多走一千多米路，也不横穿宽不足二十米的跑道……

　　香港人也许听说过为人民大众服务是解放军的宗旨，如果说过去对此颇感抽象的话，如今从军营无号声、航空兵"舍近求远"等事例中，实实在在领悟到它的真谛。解放军驻港部队以自己的无声行动赢得了市民的信赖和赞誉，甚至不少外电也不能不承认驻军素质良好，和香港人关系融洽。

（原载香港《文汇报》1997 年 10 月 22 日）

董先生，多珍重！

有关特首董建华先生的健康近来成了本港的热门话题之一。这倒不仅仅是在董先生于一个公众场合跌了一跤，而日前他上京述职时中央领导人对他的健康状况十分关心，实际上一段时间以来，本港各界人士及传媒都有提醒他在做好工作的同时，万勿忽视身体健康。

董先生当选特首已满一年。一年来，尤其在特区政府正式诞生之后，他确实太忙碌了。"一国两制"、"港人治港"、高度自治，这都是前无古人的，没有任何现成的经验可资借鉴。董先生所做的工作富有开创性，其难度不言而喻。香港从英国在此实行殖民统治的地区变为中国的特别行政区，在这历史性的转折关头，可以说全世界都在注视着他。因此他常说深感责任重大，必尽自己最大努力做好，是完全可以理解的。

事实也证明董先生不负众望。为肩负维护香港长期繁荣稳定的重任，勤力刻苦，紧密团结和依靠特区政府一班人，将新生特区这部纷繁雄浑的交响乐弹奏得有声有色。董先生以他治港的优异成绩赢得了市民的拥戴和信任，得到了中央政府的高度评价，也受到国际社会的普遍赞扬。

真所谓几分耕耘，几分收获。董先生的辛劳换来了特区多方面的出色表现，但市民也看到了他迅速变白的头发及常显疲惫的面容。正是出于对特首的一片真诚，各方人士都劝他多加保重。从某种意义上说，特首的健康不仅仅属于他个人，而是联系着整个香港。董先生面前的路还很长，还有许多挑战等着他。机器超负荷运转都会出问题，更何况已届花甲之年的人呢？固然，注意健康首在自身，但社会各界也并非爱莫能助，比如举办某些活动，是否非得邀其参加不可呢？大可举一反三。

有道来日方长。为自己，更为香港，恳望董先生多珍重！

（原载香港《文汇报》1997年12月15日）

健康为本

读者朋友，不知你是否知道，本港有五十万人患有程度不同的糖尿病，占全港人口将近一成。这是前不久香港大学所作的一项调查结果，经传媒披露后，引起不少市民关注。

上述调查数据是否绝对准确无关紧要，因为被某些"富贵病"困扰的港人愈来愈多已是不争的事实。相对而言，香港是一个较富裕的地区，对许多市民而言，已经不是营养不良，而是"营养过剩"。加之一些人并不注意科学饮食，不注意健身锻炼，久而久之，本来健康者不经意间渐被诸如肥胖症、糖尿病及各种心血管病缠绕也就不足为怪了。

无论如何，总人口百分之八九的人患有糖尿病，这绝非一个小数字。须知，在西欧，只有百分之二到百分之四的人患有此病，世界首富美国有此病者也不到百分之六，中国内地那些经济尚不发达地区则只有百分之一至二的人有糖尿病。更令人关注的是，调查证明本港有一半患有糖尿病者自己并不知道。其结果将会贻误诊治，到觉察时就颇为麻烦了。

有些人对糖尿病不屑一顾，以为是"小儿科"一种，这有失偏颇。据专家介绍，糖尿病如不及时治疗，可引发失明、肾脏病变等一系列并发症。是故不能掉以轻心。健康者不妨定期做体检，一旦发现及时治疗。更关键者要懂得预防，其法无非两条，即饮食要科学，健身不可忘。

有道健康为本，香港人过往凭借聪明智慧和健康体魄奋力拼搏，创造了香港奇迹；在往后建设新香港的岁月中，更须以健康之躯迎接新挑战。亲爱的读者朋友，愿我们大家举一反三，健康更健康！

（原载香港《文汇报》1998年1月13日）

不寻常的第一

近日阅报，读到这样一则消息：据内地有关部门最新统计，港商投资内地已占全部外资的六成多，成为名副其实的第一位。笔者和所有港人一样，为这一不寻常的第一感到振奋和自豪。

自从七十年代末内地实行改革开放政策之后，本港商家就纷纷前往内地投资。先从与香港一河之隔的深圳开始，而后渐次向北推进，投资者愈来愈多，投资的份额愈来愈大，投资的方式也愈来愈灵活。初期，投资多为劳动密集型产业，其后投资领域不断拓宽，投资行业的科技含量不断加大。近年大型蓝筹公司更长驱直入，如香港新世界基建去年在内地共投资二百三十多亿港元，长江实业在内地投资也超过一百亿港元。统计资料显示，中国已经成为全世界第二大吸引外资的国家，目前已累计利用外资三千六百多亿美元，而港资就占了两千一百多亿。港资在内地的外资中已占举足轻重的地位，是故这项第一非比寻常。

投资总希望有好的回报，这是天经地义的。事实上，港商在内地的投资绝大多数都取得了丰硕的回报。而这，也更促使港资源源不断地流向内地，可说形成良性循环。若如果说港商投资内地纯粹是为了赚钱，那就显然是对他们缺乏深层次理解。笔者曾接触过一些商家，他们似乎都有这样的想法，即希望通过自己的资金投入为国家的现代化尽一点力量。有些商家更明确表示，在内地赚到的钱将全部捐助内地。

中国是世界上最大的发展中国家，人多底薄，搞现代化缺乏资金，港资的"第一"对内地真可谓雪中送炭。内地为香港的发展付出良多，港商投资内地则为祖国的强大贡献了力量，两地唇齿相依、骨肉相亲由此可见一斑。

（原载香港《文汇报》1998年1月31日）

客流如潮

读者朋友，今年春节期间你去过内地吗？如果你曾在罗湖过关的话，一定会感觉到今年回乡度岁、旅游的人特别多，置身其中，大有在滚滚潮水中漫游之感。

是的，据报道，深圳口岸有关部门统计，在为期二十天的春节入出境高潮中，从罗湖、皇岗、文锦渡、沙头角等陆路口岸入出境旅客突破四百二十五万人次，其中仅从罗湖入出境旅客就达三百三十万人次，日均十七万多人次，比去年同期骤增两成半。尤其是，一月二十七日除夕日从罗湖入境及二月二日大年初六从罗湖出境的旅客都分别达到十四万多人次，创造了历史上一天入出境客流量的最高纪录。

面对这组数字，你不能不对罗湖口岸是世界上最大的旅客口岸深信不疑。毫无疑问，上述入出境旅客的压倒多数，是本港居民。相信加之水空两路，今年春节期间香港人到内地者将会是一个相当大的数字。笔者以为，香港回归是今年春节港人赴内地者骤增的最大原因。

香港与祖国内地仅一河之隔，两地的中国人本来就骨肉情深，血浓于水。回归之后，香港同胞对祖国的认同感日趋加深。今年又是回归后第一个春节，港人在祖国怀抱中度岁更觉得亲切和温馨。除往年习惯于回乡过年者以外，更有许多平素较少甚至从未到过内地的港人，加入了到内地寻祖、旅游的行列。许多大中学生为了了解祖国，也利用假期自己组织起来到内地寻古探奇。比如一位大学教授告诉笔者，他所在学校居然组织起十余个自助旅游团，分赴内地东西南北中。如此，罗湖等口岸又怎能不客流滚滚呢？

由是观之，罗湖口岸客流如潮，正是两地同胞联系愈来愈紧密、交流越来越广泛的最好见证。

（原载香港《文汇报》1998年2月15日）

特首出访适时

行政长官董建华刻下正在欧洲访问。据报道，特首到达德国后受到热烈欢迎，世界各地记者蜂拥前往采访。相信他的下一站法国同样会如此。

自去年七月一日前后全世界的目光聚焦香港之后，香港作为中国特别行政区已经在"一国两制"架构下运行了八个多月，其间香港情况如何，世人固然可以透过各种管道了解一二，但从香港最高行政首长之口及其形体语言中了解香港，其重要性非一般传媒所能替代。故此，特首于去年末季访问美、日、比利时、英国，均受到各国重视及世界舆论的高度关注。

特首此次德法之行同样引起世界浓厚的兴趣，笔者以为，那是由于香港特区运行时间相对更长些，尤其是上年末以来香港受到亚太区金融风暴影响，其间更一度被"禽流感"所困扰，世界各地还由此出现了某些传闻。香港到底如何？世人关注是情理之事。

笔者有一位朋友住在欧洲某国，前不久就通过电话向笔者询问香港的情况，并谓当地的一些传媒将香港近一段时间受金融风暴影响的情况描绘得颇为可怕。想必此种情况并非绝无仅有。不能说其中没有蓄意抹黑及"唱衰"香港者，但更多的是由于不实传闻以讹传讹使然。特首适时出访，推介真实的香港，澄清不实的传闻，显然有助于世人认识到，香港所受金融风暴影响远小于其他国家和地区，特区政府正带领素以能拼搏、善应变著称的香港人摆脱某些困扰，香港依然充满生机和活力。

德、法不仅是欧洲也是世界上有影响力的国家。特首此行不但能增进两国对香港的了解，促进香港与两国的经贸往来，也有助于西方国家乃至整个世界对香港真实现况的认识。

（原载香港《文汇报》1998年3月10日）

新世纪在叩门

报载,在北京八达岭长城脚下,一座巍然矗立的公元二〇〇〇年倒计时钟已正式启动。而倒计时钟"嚓嚓嚓"的走动声,带给人们一个强烈信息:新世纪已在叩门了!

笔者闻讯,不胜感慨,历史长河不息,时代车轮不停,如今,离新世纪的来临只余下六百余天了。回首往事,我们觉得香港回归倒计时一千天过得真快,相比之下,六百余天就更短暂了。当我们悉心聆听倒计时钟发出的世纪之交那急促的钟声之际,不能不扪心自问:为迎接新世纪到来,该做些什么?笔者以为,镶嵌在倒计时钟最上方的"争分夺秒 建设祖国"八个大字给我们有益的启示。

实际上,上述八个大字也许正是设立该世纪钟的主题所在,以此提醒国人的紧迫感,召唤各界民众为国家的强盛、为民族的振兴作贡献。笔者和几个朋友谈论此事,大家都颇感振奋,以为对我们港人来说,建设香港也正是建设伟大祖国这部恢宏交响乐的一个乐章。

香港历经几代人的努力,已变成一颗举世瞩目的东方明珠,如今香港已经回到祖国怀抱,也正值世纪交替之际,香港更应继续奋进。可喜的是,在亚洲金融风潮影响下,港人没有被困难吓倒,而是同心协力,在逆境中奋发拼搏。特首领导下的特区政府更高瞻远瞩,放眼新的世纪,于近期特设创新科技委员会,研究如何发展高增值产业,为香港在新世纪伊始就具备新的竞争力奠下坚实基础。

万里长城是中华民族的象征,在长城脚下设立世纪钟可谓恰到好处:新世纪在叩中华之门——中华民族曾以璀璨的古代文化著称于世,在新的世纪中,必将以崭新的姿态自立于世界强盛民族之林!

(原载香港《文汇报》1998年3月30日)

提倡文明竞选

"要将党魁变炮灰，冲佢落去臭坑渠"。真是难以想像，如此粗野且带有诋毁侮蔑色彩俨若黑帮叫嚷的"口号"，居然堂而皇之出现在号称本港"第一大党"立法会九龙西选区竞选誓师大会上。

众所周知，九龙西选区将直选产生三名立法会议员，参选者除该党外，尚有两位政团首脑，届时选举争夺之激烈不难想像。各参选人及其背后政党社团使出浑身解数，拿出十八般武艺参与竞选以图胜出，实属理所当然。但像某党那样，用人格侮辱式的口号攻击别人却要不得。因此无论如何，上述竞选口号与现代社会的文明选举格格不入。

此次立法会选举意义非同一般已毋庸赘言，本港内外都在热切关注着这次选举。

特区政府为使选举公平公正地进行，已下了大量功夫。市民们也都期待有一个干净成功的选举。笔者以为，为了达致此一目标，提倡文明竞选应是其中不容忽视的一环。

鲁迅先生有一句名言，叫作"辱骂和恐吓绝不是战斗"。辱骂式的竞选策略不仅于胜出无助，由于尽现自身人格的颇不光彩，还往往导致背离选民。曾记否，一九九五年末届立法局选举，也是同一选区，也是所谓誓师大会，也是该党参选成员，无端一句"打倒某某共产党女干"的歇斯底里叫嚣，非但没能获得"共鸣"，反而招致社会各界广泛批评，其结果也只能是名落孙山。

值得一提的是，拙文开首所引那句甚不文明的竞选"口号"，居然是某党"党鞭"的杰作（据某报报道）。港人皆知，该位颇有年岁的前立法局议员，有所谓民主派"教父"之称，喜好舞文弄墨，附庸风雅。如今在协助同党竞选时竟用如此不文明的"口号"诋毁他人，这究竟是一时的疏忽，还是某种阴暗心理的再次表露呢？

（原载香港《文汇报》1998 年 3 月 31 日）

参观党校有何不可？

律政司司长梁爱诗日前北访顺道到访中共中央党校这样一件寻常事，想不到被人小题大作。比如有人认为参观党校是接受共产党"洗脑"，"前线"召集人更大加挞伐，说什么梁此举是为当权者"涂脂抹粉"。这种观点除了令人惊讶之外，是很难使人信服的。

由于在内地中共是执政党，是故中共各级干部质素的高低直接关系到执政的水准，于是就有一个提高干部质素的客观需要。中共各级党校因应此种需要而设立。中共中央党校则是最高层次的学府，是培训中高级在职干部的地方。

一些港人由于对内地事务缺少了解，从而对党校存有神秘感不难理解。而律政司长日前访问北京时，相信也正是有鉴于随访同事有这样的神秘感，于是在征得有关方面同意后顺道前往党校走马观花一番。一行人得出的共同结论就是党校并无什么神秘的地方。殊料此项随意的参观活动却触动了个别人的神经，以为抓到了律政司的什么把柄，又是讥讽，又是斥责。真是好笑！参观一下党校就等于接受"洗脑"，就意味着为当权者"涂脂抹粉"，真不知是什么逻辑！

随着香港回归祖国，两地的交流必然会加多。不能不说，在"一国"之下，"两制"并存，并非对立，增进相互了解非但不会影响两制互不干预，还会消除不必要的误解与猜忌，从而有益于"一国两制"朝良性健康的方向发展。君不见，内地不也时有一些官员来香港一些部门参观吗？你能说他们也是来"洗脑"吗？参观与认同并不是一回事，相信是大多数人的共识。由是观之，律政司一行参观中央党校有何不可呢？

（原载香港《文汇报》1998年4月1日）

歧视新市民要不得

一位记者朋友告诉笔者，他在采访中遇到这样一件事：某先生分居多年的太太前不久获准由内地移居本港，本来合家团圆，乐也融融，殊料其太座出街购物由于言语不通，明显受到歧视，加之孩子就读也遇同样情况，故整日闷闷不乐，还与先生闹着要重返内地……

笔者听罢，颇生感慨。一个时期以来，有关新市民（即通常所说的新移民）为受到歧视而困扰的新闻报道常见于报章电视。恰巧日前一项调查显示，有七成被访者认为本地人歧视新市民，而逾六成被访者认为新市民拉低了本港生活水平，因而在资源分配及就业机会等方面，本地人应有优先权。可见歧视新市民的情况已不容忽视。

据悉，本港新市民九成以上来自内地。不必讳言，他们中的大多数是本港普罗阶层的配偶及其子女。原在港的市民，本身生活底子并不厚实，加之近年失业率上升，恰逢配偶子女举家南迁，开销顿增，一时难免窘迫。如果再遇到有形无形的种种歧视，又缺少适当关怀引导，极度困扰者便容易酿成悲剧。

由于历史的原因，在今后一个时期，仍将有大批新市民陆续抵埠。关心新市民，固然政府责无旁贷，理应采取多种切实措施，便于新市民尽快融入社会。更重要的是，本地广大市民不仅不应歧视新市民，还应以多种方式寄以同情与关怀，为他们迅速融入社会创造良好的社会环境。

香港社会就像一个大家庭，这个大家庭由各种各样的群体组合而成，只有当各群体安居乐业，和睦相处，大家庭方能安定和谐，欣欣向荣。显然，歧视新市民与此格格不入，因而是要不得的！

（原载香港《文汇报》1998年4月14日）

驻港解放军的别样情怀

笔者最近了解到一件发生在驻港部队军营里的事，映照出解放军官兵的别样情怀，相信对市民进一步了解驻军官兵不无裨益。

不日前，驻港解放军某连队举行了一个简单而庄重的仪式：一只活泼可爱的鸽子停在一位士兵的掌上，依依不舍，但见士兵双手抬处，鸽子一声欢叫，扑打起翅膀，在众官兵热情的目光护送下，飞向蔚蓝色的天空⋯⋯

原来，三月的一天，驻港某连队三名士兵在昂船洲营区执行任务时，突然发现一只浅灰色鸽子被一棵树上的枯枝紧紧夹住，正在无力地挣扎着。士兵们赶紧设法把它救下来，一看，鸽子的左腿和翅膀严重受创，还流着血。他们立即将受伤的鸽子带回营房，忙着为它用碘酒消毒伤口，并用纱布悉心包扎。受伤的鸽子牵动了整个连队，官兵们都说鸽子是和平的象征，一定要让它早日重返蓝天，于是争相为伤鸽做点有益的事：有的自己动手赶制了鸽笼，里面铺上软布，以便它养伤；有的为它购买饲料；有的为它按期换药；连队还每天派专人定时换水加食。在官兵们精心爱护下，伤鸽不久便痊愈了。

据悉，驻港部队进驻香港以来，官兵们已先后将五十多只（条）小动物予以悉心养护后放归大自然。

爱好和平，保护自然，驻港解放军的别样情怀进一步印证"文明之师"并非虚言。这不能不让人联想到本港某机构近期所作的一项调查。该调查显示，大多数市民对解放军的印象转好，许多市民更坦言对驻军"不安"、"恐惧"情绪烟消云散，而代之以亲切、安全感呢！

（原载香港《文汇报》1998年5月7日）

旁观者清

据报道，国际商务旅游杂志《亚太商务旅客》（*BUSINESS TRAVELLER ASIA-PACIFIC*）根据最新调查结果，选出香港为"全球最佳商业城市"，新加坡、伦敦、纽约及悉尼则排在其后。笔者读了报道，深为香港自豪，相信此一利好消息对本港各界、广大市民也是莫大的鼓舞。

商务旅客也就是从事商业活动的旅客，他们或经商，或投资，都有明确的选择性，哪里的投资环境好，哪里能赚到钱，就到哪里去，可谓不请自到；反之，就是八抬大轿也难以让他们踏足。香港虽然备受金融风暴的冲击，仍被国际性权威杂志选为"全球最佳商业城市"，显示香港仍是经商者的首选之地。

毋庸讳言，自去年底以来，主要受到外围因素影响，香港经济受到很大的冲击，股市楼市被拖累，市场低迷，失业率上升，经济甚至出现负增长。在此情况下，有市民怨声载道，有市民对经济前景缺乏信心，虽然可以理解，但不能不说看问题尚欠全面。平心而论，香港作为一个国际性商业城市，其经济基础是相当稳固的，金融体系是健全的，公务员队伍也是廉洁高效的，而这从香港被评为今年全球"最佳商业城市"这一侧面也可得以反映。问题在于，由于外围金融风暴的冲击，加之本港经济之中的泡沫成分，使得香港正经历着一场颇具难度的经济调整。然而，香港拥有强大的祖国作后盾，在本身稳固及健全的金融系统及审慎理财政策的基础上，一定能够安渡难关。

有趣的是，《亚太商务旅客》的评选是在特区政府"入市"之后进行的，这证明政府的入市行动并没有动摇香港在国际商家们心中的"最佳"地位，这也从一个侧面说明政府在迫不得已的情况下干预市场并不能与破坏积极不干预政策画上等号。关键时刻出手入市，不但捍卫了香港财富，也维护了市场的公平和健康，这只会增添四海商家的信心，又岂会望而却步乎！

"最佳"鼓舞人心，我等理应振奋精神，携起手来，共度时艰！

（原载香港《文汇报》1998年9月17日）

> 近观香港

"大家都支持你！"

两边车辆的司机都摇下车窗向董建华挥手致意，董向大家挥挥手，索性伸出头，和近旁的一辆出租车司机攀谈起来，关切地问生意如何，司机回答：虽然现在生意唔好做，但大家都支持你……

这是日前特首外出遇塞车的一幕。这一幕也许有些偶然，但偶然中有必然，从一个侧面映出特首与普罗市民之间亲切融洽的关系；这一幕又并不偶然，"大家都支持你"虽出自一个司机之口，却是大多数市民的心声。即以笔者而言，在与友人聚会中，在地铁车厢、在跑马场等公众场所，都屡屡听到市民的心中之言，他们对经济不景不无怨气，但大都认为特首已尽了努力，应该支持他的工作。可见公道自在人心。

的确，行政长官董建华是值得大家支持的。且不说他上任以来一心一意为香港，如何无私、无怨、无悔，也不说他在特区诸多富有开创性的领域卓有建树，单是近几个月内，他领导政府就做了很多实实在在的工作以纾解因金融风暴带来的经济困境，尽最大努力减低对普罗市民生活质量的影响。比如早在二月就宣布减税，单是利得税就减了一百九十亿元，接下来数月，又宣布减少出入口费、冻结租金、冻结公共交通工具收费，上月又宣布提前启动西铁和东铁支线工程，以尽早提供数万个职位，等等。

再以新近发表的施政报告而言，特首既对解决本港经济困境提出一系列切实可行的短、中期措施，又不囿于短期行为而将目光投向未来，制定出经济转型中增强本港竞争力的远景规划。有市民对施政报告甚至特首本人提出一些批评，也是正常现象，说明市民依然对他寄予信任与期望。但平心而论，正如同特首所言，他并非摩西，能避开外围环境而令香港一尘不染。笔者想，对于特首，多一分理解，多一分支持，也就意味着多一份转危为机的希望和力量。从开头的一幕，也证实绝大多数市民认同这一点。

（原载香港《文汇报》1998年10月13日）

患难之中见真情

某学者认为，特首董建华有关本港经济复苏在望的研判对全体市民是有力的鼓舞，笔者极表赞同。

特首表示，鉴于外围因素开始好转、利息已在回落、楼价渐趋稳定，以及市民重拾信心，本港已经具备经济复苏的基本条件。由于这种分析与判断均建基于事实，故颇为中肯。而国际金融组织日前所发表的宏观研究的结果，也与特首的分析大体相同。

作为特区最高首长，董建华及时向市民报告本港经济复苏曙光初显，当然对普罗大众是莫大的鼓舞。自遭受亚洲金融风暴侵袭以来，市民就一直在期盼经济复苏的早日到来。不必讳言，近一年来本港经济遭遇到前所未有的困境，这主要受外围因素的影响，而本港经济长时期所积聚的泡沫因素也不能小视。笔者在此有感而发的，是面对经济困境两种迥然不同的心态。

一段时间来，市民对经济普遍不满意是事实，不少人对经济不景气有怨气也毋庸讳言。但是，大多数市民都能认识到，经济困局主要是受国际或地区影响所致，是无可避免的，因而能将困境与特区政府的管治能力区分开来，更与香港回归及"一国两制"划清界线。他们之中也有对政府及特首的批评，但此种批评是说理的，富有建设性的。他们能正确看待特首及其政府的工作，理解政府已努力将损失减到最低程度，故应予"补台"，而非"拆台"。

与广大市民的热情支持相反，极少数人对特区政府的入市行动无端揣测和歪曲，对特首竭尽攻击和嘲讽，甚至提出愿外国人替换董特首。他们或利用议会场合"闹董"，或在街头发动所谓"签名倒董"、"绝食倒董"，而当这些闹剧响应寥寥，不得不惨淡收场时，他们并不接受教训，扬言将发起新的"攻势"。

有道患难中见真情，一场金融风暴造成的困难将人们对香港到底有无承担这一"真情"表露无遗。

（原载香港《文汇报》1998年10月30日）

他乡中国情

读者朋友，你如果生活在本港或者内地，也许对自己中国人的身份感受并不深切，但一旦你远赴他乡异国，肯定你对中国人身份的那份执着认定，对祖国对故乡的那种深切思念之情将会浓得化不开……

假如你有看本港某电视台前一段时间连续播映的系列节目《寻找他乡的故事》，相信有助于你对此的认识。笔者看了其中的大部分，印象颇为深刻，愿意在此与读者朋友分享感受。

《寻找他乡的故事》中的主人公们，是从祖国内地或者香港、台湾远走异国他乡的，他们的身影几乎遍及五大洲的大多数国家。他们之中，有的已经在当地扎根，延绵数代，有的则是新来乍到；有的已经富甲一方，有的尚在奋斗与挣扎；有的婚姻美满，有的家庭不幸。但是令人感动的是，无论是何种情况，当记者问他们自己认为是何国人时，他们几乎都是不假思索便脱口而出：中国人！不少更冠以"当然是"，可见他们对自身中国人的身份是何等执着。

显然，"中国人"或者"当然是中国人"与其说脱口而出，不如说是从他们心灵深处流淌出来的，他们道出了世界各地所有华夏儿女的心声。笔者断想，异国他乡中国人的这份执着，既与中华文明源远流长、博大精深有关，更与当今祖国强大起来了，中国的国际威望在日渐提高分不开。试想一下吧，在昔日大鼻子蓝眼睛者将中国人视为"东亚病夫"的年代，远在天涯海角的中国人要自豪地讲一声"我是中国人"，不能不说是需要一份勇气和胆量的。

令人感佩的，还有他乡中国人那种不屈不挠、顽强拼搏的精神。他们承继中华民族刻苦耐劳的品格，就像一棵极富生命力的树，无论在哪里，都倔强地将根扎进当地的泥土，直到枝繁叶茂、开花结果。香港人本来就勇于拼搏、善于应变，在当前经济面临困难之际，他乡中国人的奋发与创造力无疑将给你我以新的启发。

笔者深信，在他乡中国情的感召下，包括中国内地及港澳台在内的十多亿民众为身为中国人而自豪和骄傲，将化作巨大的物质力量，促使中华民族以更伟岸的身躯自立于世界强盛民族之林！

（原载香港《文汇报》1998年12月25日）

小桑兰给我们启示

桑兰，如花的名字。一次意外受伤，突然改变了这位可爱的体操运动员的一生。许多香港人都关注着桑兰，担心她小小的年纪能否承受得起命运的巨大压力。笔者近日读了几篇有关小桑兰的通讯报道，终于舒了口气，而她那顽强的意志、乐观的精神使笔者的心灵受到深深的震撼。

"高位截瘫"四个字，别说花季少年，就是饱经沧桑的成年人也足令陷于巨大的痛苦和迷惘，而小桑兰却一直以自然的微笑面对。如今，正在美国养伤的桑兰，已经成为当地家喻户晓的人物，各界人士、各种传媒，都认为她是"中国人的骄傲"。有报章发表评论，指中国小姑娘桑兰对自己的未来充满希望，很值得美国人学习，一位著名电视节目主持人更直言桑兰感动了整个美国。

美国甚至中国的一些有影响力的传媒纷纷采访桑兰，记者们原先都担心会引起她的伤感，不料采访过程中小桑兰顽强、乐观、向上的精神风采却让一个个记者热泪盈眶，反要桑兰劝导。桑兰的监护人动情地告诉记者们，小桑兰绝对不是盲目乐观，她对未来做了最艰苦的准备，却始终坚信自己会创造生命的奇迹……

读者朋友，小桑兰的真实故事令你我感动，给我们启示。在逆境面前，最宝贵最需要的就是这种创造奇迹的信心和勇气。香港遭受金融风暴的打击，经济出现困难，而且困难局面尚需持续一个时期。失业率一路飙升，创十八年新高，使许多香港人为此困扰，有人更在灰心绝望下酿成人间悲剧。其实，经济困境毕竟是短暂的，我们应积极面对人生，以顽强的拼搏创造奇迹。想想桑兰吧，她小小年纪遇到如此巨大的人生挫折尚且不灰心不自卑，我们健康人还有什么人生难题不能克服呢？

（原载香港《文汇报》1999年1月31日）

其诚可嘉

最近，本港不少报章报道了内地《中华英才》半月刊最新一期以李嘉诚作为封面人物的消息。报道都注意到，该刊素以中国国家高级领导人形象作封面，以本港名人为封面李嘉诚则是第一个。

作为海内外著名实业家、香港长江实业（集团）有限公司董事局主席，李嘉诚在本港可谓妇孺皆知，在内地的知名度也颇高，而即使在国际社会（尤其是华人世界），也享有很高的声誉。李先生从年轻时一贫如洗，直至领导总市值高达四千五百亿港元的四家上市公司，可谓创造了一个奇迹，将他的形象选作封面，与刊名十分相称。以李嘉诚的人生传奇，邓公生前题写的"中华英才"四个字应该受之无愧。

李嘉诚的故事很多，他白手起家、艰苦创业，在商海中搏风击浪、勇往直前的事迹早已被传为美谈，有些更为家喻户晓，实在无须笔者赘述。李嘉诚本身就是一部书，读懂他并非易事。笔者斗胆，以为他的全部成功离不开一个"诚"，正如他的名字。

"诚"字贯穿李先生的人生，渗透在方方面面。他的座右铭"不义而富且贵，于我如浮云"已把其"诚"和盘托出，而他对自己祖国的赤诚则更是最集中最生动的体现。从他二十年来在内地以高达八百多亿的投资支持改革开放，从他捐巨款创办汕头大学，从他捐巨资设立"长江学者计划"，使国家以年薪十万招聘百名特级教授得以实现，从而为"科教兴国"作出贡献的大手笔，到他说服下属，将"长江"总部大厦高度设计低于（并非象征性低一寸而要人一眼即可看出）作为国家银行的中银大厦等"小事"，李先生以自己的行动为对祖国的"诚"作了最好的注脚。

其诚可嘉。李先生对祖国的赤诚，更使海内外无数中国人深感钦佩！

（原载香港《文汇报》1999年2月7日）

环保与"不朽之城"

著名的国际旅游杂志《国家地理旅行者》（National Geographic Traveler）在十月特别号中，评选香港为全球十大"不朽之城"之一，这是唯一获选的亚洲城市。喜讯传来，香港人应为之自豪。

"不朽之城"，多么富有生气和诗意的名称！香港获此殊荣不易，保持这一声誉更难。由此，笔者不禁想到环保——行政长官刚刚在其第三份施政报告中重点阐释过的课题。环保与"不朽之城"，二者之间的内在联系实在值得港人关注和思考。

诚然，香港这颗"东方之珠"以其独特的风格和迷人的风采当选为"不朽之城"乃实至名归，其中浸透着每一个香港人的睿智与艰辛。但若果我们盲目乐观，一味陶醉，那么得享殊荣之时也许就离告别之际不远，"朽"与"不朽"实在只是一步之遥。

不是吗？据政府报告，本港大多数空气质量观测站录得的主要几种污染物明显超标，比之纽约更高出五成。在铜锣湾、弥敦道等闹市，行人掩鼻而过的镜头我们还见得少吗？而日前由政府委托进行的一项调查显示，市民整体对目前城市的环境污染颇为担忧，其中海港、公厕、街市等地的卫生更被评为不及格……

更令人深思的还在于，人们一方面抱怨环境污染日趋严重，另一方面却对政府的环保规划不予理解。特首的环保大计甫一宣布，便招来连串批评，总之是远水不解近火，不如将精力集中于眼前。

其实，姑且不说香港的环境污染问题已到了非下大力气解决的时候，即使环保本身，也是一种经济，环保工程的启动，可以带动一系列相关行业。而且，如若任凭环境污染不断加剧，"不朽之城"势将失光褪色，市民健康体魄不再，也难以吸引世界一流人才，旅游者更是望而却步，香港经济何言再次腾飞？届时再言治理，岂不愈加劳民伤财。

看来，政府的环保大计，实乃高瞻远瞩。惟有实施环保，"不朽之城"方能青春久远！

（原载香港《文汇报》1999年10月9日）

并非"乌托邦"

有人说，特首在施政报告中提出要将香港建设成为世界级的大都会，在亚洲享有类似纽约、伦敦那样重要地位的蓝图是主观想像的产物，是治港乌托邦，云云。笔者以为，这种说法缺乏依据，过于武断。

特首的前两份施政报告，主要针对香港告别殖民统治及亚洲金融风暴袭击香港这样两项巨大转变及挑战，而提出具体施政方针及应对措施的。踏入第三个施政年度，人类二十一世纪已近在眼前。特首在施政报告中提出本年度治港举措的同时，更为香港勾画出一幅宏伟蓝图，让香港以一种崭新的姿态、心怀目标、精神抖擞地迈向新纪元。

不能不说，这是港人的幸运之处。须知，作为具有国际影响的大都会，香港特区需要的正是这样既立足现实、有实干家的埋头拼搏精神，又具有长远眼光和超前意识，能筹划未来的战略家。

让香港成为世界级大都会、亚洲的纽约和伦敦，应该说是香港人的向往，也是整个特区政府的追求。实事求是说，上述定位并非好高骛远、不切实际，与所谓治港"乌托邦"更无共同之处。实际上，香港已经具备了很多相类似的基础条件，比如，香港已经是举世公认的国际金融、经贸、信息和旅游中心之一，在多项国际性的评选中，香港都有出色表现。但同时也应当承认，要真正达致上述目标，香港还有一段不小的距离，如同特首所指出的，在具备世界一流人才及环境居住条件等方面，香港要奋起直追。

问题在于，长远规划总要有超前意识，否则就不成其为奋斗目标了。特首的难能可贵，在于他对香港的定位既不是高不可攀、可望而不可即，又不是不加努力能轻而易举达致。他既对未来充满信心，又从脚下做起，在两大难题——人才和环保上认真筹划、孜孜以求……

施政报告当然不可能完美无缺，特首也欢迎各界批评。但一句"乌托邦"就轻易予以否定，恐怕不是负责任的态度。香港需要的是建设性，而不是讥讽嘲笑和哗众取宠！

（原载香港《文汇报》1999年10月12日）

花五个亿，值！

公元二〇〇〇年已踏入第五天。本港财经界等十三个主要界别运作如常，与市民息息相关的主要服务均没有受到"千年虫"影响。特区政府宣布，香港已顺利度过"千年虫"问题最关键的几天。至此，广大市民终于松了口气，许多人都说政府为"防虫"花费五个亿非常值得！

不错，作为发达的商业社会和世界金融、经贸中心，计算机在香港已得到广泛应用。完全可以说，在本港，没有一个人可以离得开计算机提供的服务。也因此，在诸如交通、能源、供电供水、财政金融、消防、电讯、出入境管制等十三个主要领域一旦或轻或重受到"千年虫"侵袭，其后果将不堪设想。新一年、新世纪、新千年伊始，假如因"千年虫"作怪，使社会乱作一团，无疑将给人们的心里留下阴影。如今，"千年虫"败下阵来，市民怎能不喜笑颜开呢？

特区政府在处理"千年虫"问题上事先做足了功夫，真正做到了未雨绸缪。单是经费，就不惜花费血本，不把公务员的薪金计算在内，政府先后动用五亿三千万港元用于"防虫"。政府有关部门精心制订出一系列应急措施，资讯科技署更调用精兵强将，组织专门队伍"防虫"，在过渡期间，共有九百余人当值或后备值勤。香港顺利避过"虫害"，正是上述举措收效。仅此一端，也足见特区政府不愧是一个负责任的政府。

有朋友说，本港"防虫"的胜利一扫人们对过往政府处理"禽流感"等问题上被动的印象，使市民对政府的信心得以增强，其积极的社会效应远非金钱所能替代。笔者觉得此说颇有见地。

当然，"防虫"首战告捷，不等于"千年虫"已被彻底消灭，然而既然有了一个良好的开端，市民就有理由相信，香港完全有能力"防虫"、"治虫"，继续避开计算机"千年虫"问题的影响。

（原载香港《文汇报》2000年1月5日）

一个好建议

新春佳节前后，一些读者朋友或打电话，或发传真，向本专栏致问候。笔者深表感谢，在此向这些朋友致以诚挚的问候和衷心的祝福！

其中一位朋友顺便传来《人民日报》（海外版）近日的一篇文章，并批了三个大字：好建议！细读之下，方知文章为内地一位访港者所写。

原来该作者不久前随一个作家、艺术家代表团访问台湾和香港。他对香港繁华的街景和发达的交通赞不绝口，却也因语言不通有误入"异邦"之感。他在叙述了乘坐地铁的不愉快经历之后，向本港有关方面提出建议：香港地铁在用粤语、英语报站的同时，能否增加普通话，做到三语并列，以方便各方人士……

笔者对此的第一感觉是十分认同读者朋友的三字批注——这实在是一个好建议！笔者还联想起过往接触一些内地人士，他们在大赞香港繁华、富有的同时，也对语言问题颇有微词，提出过类似的意见和建议。

香港作为以粤籍人士为主的地区，粤方言成为主要交际语言，实在顺理成章；香港又是一个国际大都市，英语的广泛运用也无可厚非。但我们不能因此而忽略了这样一个事实，香港是中国的香港，而普通话是整个中国的"母语"。在两地交流日趋平常、频繁，大量内地民众来港旅游观光的今天，在某些公众场合，诸如车站、码头、机场等等，增加普通话广播已有迫切需要。

实事求是说，香港回归后在这方面有所改进，比如九广东铁列车上，到终点站时就有普通话广播，煤气自动报表系统也增加了普通话，等等。香港地铁及其管理水准闻名遐迩，却因没有普通话报站而为只懂国语者带来不便和尴尬，应属美中不足，实有作出改善之必要。当然，有关部门和相关行业若能举一反三，那就更是善莫大焉！

（原载香港《文汇报》2000年2月19日）

慎用"中方"

最近读报,频频看到"中方"一词。有时,更是同一天几家报纸的社论或社评的题目都出现该词,比如《香港应拓宽与中方的合作领域》、《中方与民主党试探第一步》等等。遗憾的是,尽管某些报道、评论的内容很有意义,但"中方"则明显用得不妥。

何谓"中方"?"中国方面"是也。在某些场合,它可与"中国"互用,区别只在于它是特指两国或多国之中的"中国"方面。比如,我们常常听到外交部发言人阐述处理国际事务或双边关系中"中方"的原则立场。可见,"中方"多为对中国的指称,一般相对于其他国家方面而言。同在中国之内,各方都是中方的组成部分,一方称另一方当然就不能用"中方"了。

香港已于两年多前回归中国,尽管实行和内地不同的社会制度,但已成为中方的一部分则是不争的事实。文首列举的两篇社评,内容不论,其题目中的"中方"应分别是"内地"和"中央"之误则是显而易见的。因为用了"中方",就有将香港排除在中国以外之嫌了。而这,显然并非社评作者的原意。

值得注意的是,该用"中央政府"(简称"中央")或"内地"而误用了"中方"的情况,在各种报章上并不罕见。就是在与市民联系最广泛的电视和电台节目中,也可时常看到或听到这样的误称。究其原因,也许与九七前传媒长期报道香港问题用惯了"中方"、"英方"不无关系。

香港的历史早已翻开新的一页,传统的"中方"所指显然已经涵盖了香港。作为社会公器的传媒,理应准确反映这一事实。如此,传媒慎用"中方"并非多此一举。

(原载香港《文汇报》2000年2月24日)

中国人不容辱骂

本港媒体报道三名香港人在南非旅游期间遭到当地移民局官员辱骂的消息后,许多市民极为愤慨。有几个读者朋友更给本栏打来电话,表示中国人不容辱骂,而南非有关方面必须向中国人道歉。

笔者和读者朋友一样,也对事件深感气愤!因为,"中国猪"(CHINA PIG)绝非一般的谩骂,南非官员辱骂的不仅仅是三名香港人,而是所有的中国人。如果该报道属实,那么,身为中国人,是可忍,孰不可忍?!

南非移民局该位官员的水平实在低得可怜。部分香港居民持 BNO 出外旅游,其原因是由历史造成的,尚未听说受到有关入境国家刁难。唯南非那位官员竟无理斥问"不住英国何来 BNO?"令人啼笑皆非。无知倒也罢了,但当香港人耐心作出解释后,有官员非但不理会,反而恼羞成怒,高呼"CHINA PIG",使无辜的香港旅游者人格遭受极大污辱。

一位读者朋友说,退一万步,即使三名香港人有何过错,当地有关官员也不能以"CHINA PIG"相辱骂,因为这种辱骂不仅是对三名当事者人权的侵犯,也使所有中国人人格受辱。笔者十分赞同这种分析。试想,若果有南非公民在中国被骂为"SOUTH AFRICA PIG",南非人难道会无动于衷吗?

"PIG"的辱骂绝非一时失口。有关官员的恶相让人想到该国的种族歧视,这也使人们对曼德拉一生置生死于度外从事反对种族歧视的斗争,多了一分理解和尊重。在该官员的潜意识中,唯白人高贵,不但黑人,连黄皮肤黑头发的中国人也不屑为伍。这也不能不叫人回想起昔日洋人在中国的土地上趾高气扬,动辄辱骂中国人的情景。然而,中华民族早已站立起来,中国人任人辱骂的时代已经一去不复返了。中国人不会侮辱别人,也决不容任何人辱骂!

(原载香港《文汇报》2000 年 2 月 26 日)

三、永远的回归

"一国两制"、"港人治港"、高度自治的方针符合国情,连接地气,反映出中央政府对广大香港同胞的高度信任。二十二年一瞬即逝,盘点之后发现上述方针总体得到了成功贯彻执行。没有可供借鉴的经验,一切有赖实践中探索。成就不容低估,也有不和谐的声音,也有风波。中央政府实施"一国两制"的决心和信心是坚定不移的,包括香港同胞在内的中华儿女深信,香港回归是永远的回归,"一国两制"只能成功,只能前行,不能失败,也决不会失败。

有感于香港姑娘嫁内地小伙

俗话说，男大当婚，女大当嫁。男女婚嫁之事天天都在发生，如同日月运行般寻常。然而，日前某报一则婚嫁消息却引起笔者兴趣——

据近期在港举行的一个有关香港与内地婚姻问题的研讨会提供的数据显示，近年来香港姑娘嫁内地小伙者呈逐年增加趋势，单是广州，平均每年就有二百五十余人，比改革开放前增加六倍，与之相反，内地女子嫁港人的情形却有明显减少……

香港与内地在女子婚姻问题上的这一增一减，委实耐人寻味。毋庸讳言，相当一个时期以来，由于中国内地与香港之间经济发展方面的不平衡，两地的生活水准有着较为明显的差距。故此，内地女子嫁港人的倒常见，而香港姑娘想在内地找爱侣的，则很少。

然而，曾几何时，当中国打开国门，伴随改革开放这出波澜壮阔活剧的渐次展开，神州大地开始发生天翻地覆的变化。如今，当中国以坚实的基础、强大的活力和蓬勃发展的势头再次面对世界时，世界各方莫不惊叹，广大港人深受鼓舞！中国的综合国力逐年增强，人民的生活水平有了非常明显的改善。至于改革开放走在全国前列的广东发达地区，其发展速度与民众生活水平更为骄人。

祖国内地，尤其是广东发达地区与香港之间在经济生活方面距离的拉近，很自然促使了两地部分青年女子选择爱侣观念的改变，当然，内地之所以对本港姑娘越来越具有吸引力，不完全出于经济因素，两情相悦和内地其他条件的改善，也是重要原因。

年轻姑娘的婚恋是个人的事，爱谁嫁谁纯属个人自由，一切随其自然。然而，人们既然生活在现实世界，那么婚嫁之事也就不单是自然现象，而必然会折射出人们观念的更替和社会的变迁……

(原载香港《文汇报》1995 年 5 月 14 日)

项老伯的护照

闻说,本月初一天中午,年过花甲的本港居民项老伯正准备从深圳返港,过海关时突然发觉护照不见了。他终于想起,刚刚在深圳机场送从南京来港探亲的胞妹,分别时匆忙中将装有护照的包塞给了妹妹。老伯焦急万分。

几乎与此同时,项老伯的妹妹在空中发现了大哥的护照,也急得不知怎么办好。乘务长景小姐知情后连忙安慰,并答应飞机返航后设法以最快速度将护照交还项老伯。下午返深后,景小姐立即给项老伯在港的家人挂了电话,然后又马不停蹄地在机场候机楼及附近各宾馆查找。当项伯从家人的电话中得知护照已到了深圳,即刻与景小姐联系,可电话怎么也打不通。在旁的张先生见状询问,提醒他是否记错了号码,老伯再与家人联系,果然如此。由于景小姐有飞行任务,热心的张先生又陪同老人去找景小姐。项老伯终于拿到了护照,面对素昧平生的景小姐和张先生,他落泪了……

项老伯的故事,引发了笔者的回忆。

前不久笔者随一个代表团访问内地,有一天将一包书遗留在某市一酒店,下机后打电话请代为保管,不料第二天该酒店托人将书送到笔者手上;一位团友在某市坐计程车不慎遗失了回乡证和一笔可观的外币,谁知那位司机费九牛二虎之力当晚找到酒店,将失物交还主人,当失主要酬谢他时,司机连名也不肯留转身便走了。

项老伯、笔者以及团友的上述经历虽不是大件事,却也可略见内地文明世风之一斑。

有关内地在实施改革开放、推进现代化的过程中,在把主要精力放在经济建设上的同时,对精神文明建设也十分重视的事时有所闻,看来卓有成效。笔者衷心希望,助人为乐、尊老爱幼等中华民族的传统美德能够得到进一步发扬光大。

(原载香港《文汇报》1995 年 11 月 16 日)

关心新移民

一个时期以来，有关来港新移民的悲剧事件屡有发生，而新移民不适应本港生活，为诸多问题所困扰的新闻报道更常见于报章电视。在日前社区组织协会举行的申诉大会上，许多新移民大吐苦水，闻者莫不心酸，关心新移民的问题实在到了社会各界都应引起重视的时候了。

资料显示，本港新移民九成以上来自中国内地。不必讳言，他们中的大多数是本港普罗阶层的配偶及其子女。原在港的市民，本身生活底子并不厚实，加之近年本港经济徘徊，失业率上升，恰逢配偶子女举家南迁，要吃要住，一时生活难免窘迫。身处如此境况，倘若遇不到适当关怀引导，极度困扰者便容易酿成悲剧。

再说到新移民，许多人在内地时往往对香港抱有不切实际的希望，一到香港，见到情况并非如此这般，希望与现实形成较大的反差，情绪便备受困扰。据调查，新移民来港最大的困扰是居住环境挤迫及子女不适应学校生活。比如，深水埗的居民中有一成半是内地抵港不久的新移民，而有五成半的新移民居住面积少于五十平方尺，其挤迫程度可想而知。不少家庭只得挤在板间房、天台屋及寮屋度日。至于新移民子女来港后不适应学校生活的问题就更为突出，而政府为新移民学童开办的适应课程只能服务少量需要者。

香港社会就像一个大家庭，这个大家庭由各种各样的群体组合而成，只有当各群体安居乐业，和睦相处，大家庭方能安定和谐，欣欣向荣。本港由现在到一九九七年将会有十万多新移民陆续抵埠，这将是一个不小的数目。笔者想到，将有新移民的市民应提前如实告诉对方本港社会各方面情况，使他们抵港前就有必要的心理准备，以便来港后能尽快适应本港生活。关心新移民，港英政府责无旁贷，理应未雨绸缪。社会各界及广大市民也义不容辞，非但不能歧视他们，还应以多种方式寄以同情与关怀，为新移民群体迅速融入大家庭创造良好的社会环境。

新移民牵连到你、我、他。让我们都来关心新移民，祝福新移民！

（原载香港《文汇报》1995 年 11 月 27 日）

"立字为据" 市民开心

时近岁末，在送旧迎新之际，近日有两件事令广大市民开心——

其一，中共中央总书记、中国国家主席日前在深圳会见了本港部分知名人士。在会见过程中，江泽民认真听取了他们的发言，并就坚定不移地坚持"一国两制"方针和筹建香港特别行政区的准备工作发表了重要讲话。

其二，江泽民主席日前在日本大阪与香港财政司曾荫权交谈时，"立字为据"，亲笔写下了"港人治港，一国两制，保持繁荣稳定"几句话。

这两件事的主人都是江泽民，而两件事的内涵也完全一致，即中国最高领导人再一次重申中国政府有关解决香港问题的一系列方针政策绝非权宜之计，而是坚定不移的国策，并将得到不折不扣的贯彻落实。

市民都知道，当年中国政府提出用"一国两制"、"港人治港"、高度自治的办法解决历史遗留的香港问题，其决策者是作为中共第二代领导核心的邓小平先生。在中英联合声明正式签订之后的一个时期，中英两国就香港问题的合作基本上是正常的，所以市民对"一国两制"、"港人治港"的贯彻执行都充满信心。

然而一九八九年之后，由于英国政府错误估计形势，改变了对华对港政策，在香港搞"三违反"，使得中英合作出现不少困难，再加上港英及彭定康不时挑拨港人同中方的关系，对中方按照早已确定的有关香港问题的一系列方针政策而出台的一些举措加以歪曲误导，使一些市民对在中英不合作情况下上述方针政策能否兑现出现某种担心，这是可以理解的。在离香港回归只剩下一年多时间的紧要关头，江泽民代表中国政府再一次郑重向世界宣示，无疑表达了中国政府贯彻落实"一国两制"、"港人治港"方针政策的一贯性和坚定性。

再者，中共已经顺利完成了最高领导集体的世纪性交替，当年由邓小平倡导和提出"一国两制"、"港人治港"的构想，如今第三代领导集体核心——最高领导人江泽民郑重宣布由邓小平先生提出的一系列既定方针政策绝不会改变，而且"立字为据"，无疑是一颗"定心丸"，本港广大市民岂能不开心称快！

（原载香港《文汇报》1995年12月12日）

"第一站"引起共鸣

香港特别行政区筹备委员会已于二十六日在北京正式成立,其盛况举世瞩目。中国国家主席江泽民在会见筹委会全体成员时指出,中国对香港恢复行使主权,是祖国统一大业长远进程的第一站,一定要把第一站的工作做好,使其具有率先垂范的作用。笔者日前接到大洋彼岸一位朋友的来电,谓江泽民先生有关香港是祖国统一大业"第一站"的讲话在当地华人社会引起强烈共鸣,一些年岁较大的华侨闻后更是激动得热泪盈眶。

的确,作为国家主席,江泽民先生的上述比喻可谓言简意赅,颇为生动传神。海内外中华儿女稍懂点中国历史的,谁不知道中华民族的屈辱史是从鸦片战争开始的。香港自古就是中国领土不可分割的一部分,是昔日"大英帝国"使用武力强行从当时腐败的清政府手中"割让"、"租借"去的。中国人无法忘记,在近代,华夏大地曾任由列强掠夺、宰割,人民饱受外人欺凌。中华民族有无数仁人志士为湔雪国耻、为国家的统一和强盛,前赴后继、英勇牺牲。因此,中国人格外珍惜祖国领土和主权的完整。

香港回归祖国是包括广大香港同胞在内的全体中国人民的共同愿望。在收回香港的问题上,暂且不算旧中国漫长的岁月,从新中国诞生到如今,中国人民也已等了近半个世纪。现在特区筹委会的成立,就标志着中国政府对香港恢复行使主权,筹建特别行政区的工作已进入具体实施阶段,"第一站"实质性工作的展开也标志着中华民族洗雪一个半世纪国耻的时刻即将到来,海内外中国人怎能不为之心潮澎湃呢?

江泽民有关"第一站"的讲话,展示了筹委会工作在祖国整个统一大业进程中的重要地位。继香港回归之后,中国将于一九九九年对澳门恢复行使主权。而海峡两岸的中国人期盼统一也已成为不可抗拒的历史潮流,其间不论发生多少曲折(例如现在还有一些人企望在别国的卵翼下作分裂梦,真是痴心妄想,冥顽不化),宝岛终有一天会回到祖国的怀抱。作为香港回归的"第一站",筹委会工作越是做得好,做得细,香港的平稳过渡及回归后保持长期繁荣稳定就越有把握;而香港回归后愈是繁荣稳定,就愈能对澳门和台湾问题的解决产生巨大而积极的影响。不仅如此,还将对国际社会提供以"一国两制"解决历史遗留问题的成功示范。

筹委会具有广泛代表性，且香港委员占多数。广大市民完全有理由相信，筹委会一定会不负重托，团结一切可以团结的力量，做好工作，完成"第一站"艰巨而崇高的历史使命。

（原载香港《文汇报》1996年1月29日）

基本法是信心保证

有专事研究各国法律的朋友称，他对本港有人散布所谓中国政府总说对香港保持长期繁荣稳定有信心只是空谈的流言颇感不平，认为中国政府制定的基本法便是实实在在有信心的理据。

该朋友的话并非虚言。中国元老邓小平在论述香港问题时，曾多次高度评价基本法，指出基本法是一部具有历史意义和国际意义的法律，将对香港的长期繁荣稳定起根本的保障作用。

人人皆知，中国政府一再郑重申明，在香港回归之后，中国政府在严格按照基本法办事这一点上绝不会动摇。据笔者分析，其根据在于，其一，基本法是中国政府用了四年八个月时间的起草和咨询，经过反反复复多次修改才制定完成，最后经中国最高权力机关全国人大审议批准的。可以说，基本法是整个中华民族智慧的结晶。其二，由于基本法在制定过程中已在本港非常广泛的层面征求了各阶层和各方人士的意见，并吸收了本港现行法律中被社会实践证明是行之有效的部分，因而符合香港的历史和现状，港人对她有着广泛的认同感，因而她在本港的实施有着最广泛的民众基础。

然而，基本法尚未实施，抗拒基本法的邪风暗流却一直没有间断过。英国政府当年曾称赞过基本法，并公开表示乐于向港人推荐，但随着其对华对港政策的改变，一九九二年港英更抛出所谓政改方案，公然背弃本港后过渡期的政制发展同基本法衔接的承诺。在此之后，港英当局在其祖家的支持下，从政制、经济、法律、民生等诸多事务上采取了一系列同基本法相违背的举措，为本港平稳过渡制造了许多麻烦。

极少数惟恐香港不乱的人亦步亦趋，秉承殖民统治的衣钵，对基本法也极为仇视，他们先是恶毒咒骂基本法，用火焚烧基本法，随即又到处煽风点火，在本港掀起一阵阵修改基本法的恶浪，企图制造九七前修改的先例，为从根本上否定基本法打开缺口。

任何社会要保持繁荣稳定，没有好的法律作保障是不可想像的。由于基本法将中国政府对香港的一系列方针大政以法律的形式固定下来，为香港绘制了九七之后政治、经济、社会制度和生活方式的蓝图，所以殖民统治势力及其追随者要变着法子反对和抗拒她。尽管干扰和破坏无日无之，但中国政府贯彻实施基本法的决心从未动摇过,市民皆有目共睹。随着越来越多市民了解、认识基本法,拥护基本法,维护基本法的严肃性,中国政府保持香港长期繁荣稳定的信心也随之大增。

(原载香港《文汇报》1996年2月8日)

欧盟对香港有信心

随着香港的回归日近，无论国际社会还是香港人，对本港前途也愈有信心。

前不久，欧洲联盟驻香港办事处总监在接受传媒访问时，就以具体事实说明欧盟对香港的平稳过渡十分重视，对香港未来保持长期繁荣充满信心。

在国际事务尤其在国际经济事务方面，欧洲联盟一直扮演着重要的角色。毋庸讳言，在对中国的态度上，欧盟过往也采取过某些偏激的做法，这种做法也曾波及过本港。但该盟一旦觉得那样做并不明智的时候，便逐渐对中国采取比较务实的态度，得到中国的谅解和赞赏。而欧盟对中国的务实态度也必然惠及本港。

欧盟总监表示该盟十分重视香港，十分关心香港的平稳过渡，应当说讲的是真话，因为香港平稳过渡也完全符合欧盟的利益。欧盟共有四十家银行、四十五家保险公司及众多大型跨国公司的分部在香港注册经营，香港一直是欧盟重要的贸易伙伴，贸易额占该盟对外贸易的第十一位。再有，香港又是欧盟开拓中国内地市场的重要中介及门户，该盟与中国内地的许多经贸往来，是通过香港中转完成的。

欧盟总监说得很坦率，前不久该盟理事会批准的欧盟委员会所提交的《欧中关系长期政策报告》，不仅体现了整个欧洲对中国态度的务实改变，也是欧盟对香港前途充满信心的表现。因为欧盟看到，中国十多年改革开放所取得的成就及持续快速发展的事实，都无可置疑地表明中国在世界经济及其他事务中占有举足轻重的地位；香港有中国内地的强力支持，加上其自身社会政治、经济、法律等制度将长期保持不变，经济活力定会长盛不衰，因而未来长期的繁荣将有充分的保证。

其实，像这样鉴于自身在港的利益因而重视和关心香港平稳过渡的国际组织及国家，又岂止欧盟一家！他们对香港的前途日益充满信心的事实本身，就是对"信心危机"论者的最好回答。

（原载香港《文汇报》1996年3月5日）

一代伟人

新年伊始,一套名为《邓小平》的大型文献电视纪录片正在北京中央电视台黄金时段播映。据报道,该系列片的首集播出之后,在全国范围内引起了强烈的反响,其收视率更是创造了中央电视台的新高。笔者闻讯,在一位能收到中央台节目的朋友家中看了头几集,感到该片既平实无华,又真挚感人,确实是不可多得。

笔者看到,该套纪录片的每一集都以邓小平为自己的文选英文版所写序言中的一句话作为片头:"我是中国人民的儿子,我深深地爱着我的祖国和人民……"言为心声,邓小平的这句自白,表达了这位中国人民的忠诚儿子无比热爱自己祖国、与人民大众同呼吸共命运的伟大而崇高的情怀!

香港市民都知道,八十年代初,邓小平集中人民的智慧,亲自主持解决了香港回归的问题,并创造性地制定了"一国两制"、"港人治港"的正确方针,既体现了这位伟大的爱国主义者对维护祖国神圣领土完整的坚定信念,也反映了他从实际出发以及对香港同胞的极大关怀和爱护。人们至今记忆犹新,当解决香港问题的中英联合声明签订之后,国际舆论曾盛赞"爱国主义者的邓小平把香港问题解决得天衣无缝"。香港过渡期渐次演进的历史,也都在在印证了邓小平当年有关香港问题一系列论述的英明和正确;而今天香港人心稳定,特区筹组工作稳步推进,平稳过渡可期局面的形成,更与他老人家的亲切关注及理论指导密不可分。

邓小平又是中国人民公认的改革开放总设计师。在"文化大革命"结束以后,他作为中共第二代领导的核心,以非凡的胆略和伟大的气魄果断地把全党全国的工作重点转移到现代化建设上来,并义无反顾地坚持以经济建设为中心,坚持改革开放,从而把中国引上了逐步走向繁荣富强的康庄大道。而今,中国国力日渐增强,人民生活不断改善。有道是饮水思源,《邓小平》系列片之所以在全国引起巨大反响,其原因正在于此。

看了该系列片,笔者不能不由衷地信服——邓小平为中国人民的解放事业、为中华民族的繁荣富强及统一大业作出了彪炳史册的巨大贡献,他用自己的丰功伟绩在人民心中树立了一代伟人的崇高形象,受到全中国人民的衷心拥护和爱戴。

(原载香港《文汇报》1997 年 1 月 5 日)

读信有感

"尽管香港有极少数自称为民主派但效忠于香港以外势力的人吵吵嚷嚷，但大多数香港人认为中国的'一国两制'政策将在新香港良好地运行……"

这是摘自公开刊登的一封美国读者来信中的话。这封信对《纽约时报》新年前夕一篇题为《再见了香港的自由》的社论提出了直截了当的批评。读了此信，联想到最近本港有人在海外"唱衰"香港等事件，颇多感触。

自筹委会成立以来，特区筹建工作积极而稳妥地渐次推进，市民对香港未来，对香港实施"一国两制"愈来愈充满信心。一向以民意代表自居的民主党头目偏偏与民意背道而驰，非但拒不参与特区组建工作，更跑到国外以种种不实言论误导国际舆论。此种不负责任的行径受到特首及本港舆论的广泛批评也就理所当然。其实，一些自称民主派的人到海外"唱衰"香港绝非一次两次，一直以来，每当香港处于关键时刻，都是如此。美国读者来信认为挟洋自重者实际上已经沦为外部势力干涉香港事务的"愚蠢工具"，真可谓一语中的。笔者由此想到，《纽约时报》的危言耸听固然是其本身偏见所致，但与那些不愿见到香港平稳过渡的人的刻意误导也不无关系。

该封读者来信从中英双方对待联合声明的态度说起，得出的结论是"中国政府一直坚定且仔细认真履行"，而英方却"无视中国的反对"、"公然违反联合声明的条款和精神"，而临立会的产生则是"英国不负责任违反联合声明的直接后果"。笔者赞赏这种尊重事实的态度。

对于《再见了香港的自由》将殖民统治下的自由、人权说得美妙绝伦，而将回归说成是"告别自由"的误导，读者来信用大量事实予以驳斥。该读者列举了一个港人熟知、也许并未引起注意的事例，即直至最近几年，在电影院里最后播放《上帝保佑我王》（英国国歌）时，观众仍不能享有坐着不动的自由，若有违反，更可被判入狱。信的末尾更一针见血地写道："香港殖民政权来自从走私鸦片而起家的'大英帝国'，它行将就木。"真是入木三分。

值得玩味的是，这样一封能冲破偏见、实事实说的来信，《纽约时报》却拒绝刊登。读者无奈之下，传真给中国的《人民日报》，该报将之译成中文发表。美国读者的信却要在大洋彼岸刊出，即此一端，岂不是对号称言论、新闻自由乐土的美国的辛辣讽刺吗？

（原载香港《文汇报》1997年2月17日）

人民的忠诚儿子

敬爱的邓小平先生与世长辞的噩耗公布后，不仅包括香港同胞在内的全中国人民沉浸在一片悲痛之中，就是生活在海外的无数华夏子孙也以多种方式表达自己对祖国这位卓越领导人的深切悼念之情。

笔者一位生活在外国的亲戚已过古稀之年，在惊悉噩耗之后不久便从太平洋彼岸打来电话，再三委托笔者代他到新华社香港分社表达对邓先生的深切哀悼之情。亲戚说他们全家乃至当地华人社会都对邓小平先生极为钦佩和仰慕，公认他是祖国和人民最忠诚的儿子……

"祖国和人民最忠诚的儿子"，敬爱的小平先生确实当之无愧！笔者不禁想起，小平先生曾为自己的文选英文版写过一篇序言，其中深情说道："我有幸以中华民族的一员成为世界公民：我是中国人民的儿子，我深深地爱着我的祖国和人民……"有道是言为心声，这句话是敬爱的小平先生对自己心灵世界的最好剖白，生动表达了这位中国人民忠诚儿子无比热爱自己的民族，无比热爱及忠诚于自己的祖国和人民的伟大胸襟和崇高情怀！

正由于有这种胸襟和情怀，他从青少年起就开始探索救国救民之路，一旦认准方向，便义无反顾地走下去，将自己的毕生交给祖国和人民；

正由于有这种胸襟和情怀，他在自己传奇般"三起三落"生涯中，遇顺利不居功，遭挫折不动摇，将个人委屈置之度外，对祖国和人民的信念愈益坚定；

正由于有这种胸襟和情怀，他作为中共第二代领导的核心，方能在十年浩劫结束之后，以非凡的胆略和伟大的气魄果断地把全国的工作重点转移到现代化建设上来，为国家设计出一幅通过改革开放逐步走向繁荣富强的蓝图；

也由于有这种胸襟和情怀，他方能集中人民的智慧，创造性地提出"一国两制"的伟大构想，并亲自主持解决了香港问题。此后更多次表示希望能在九七之后来香港看看，在自己国家的土地上站一分钟也好……

做祖国和人民的忠诚儿子，敬爱的小平先生一生以此自勉，这实际上成了他的精神支柱。他以自己的毕生实践，以自己对祖国和人民巨大而无私的奉献，在全中国人民乃至全世界华夏子孙心中，耸立起一座非人工所能建造的纪念碑！

（原载香港《文汇报》1997年2月22日）

一席良言

身为全国政协委员的某朋友昨晚从北京给笔者打来电话,说到聆听了国家主席江泽民在政协港澳小组会上的一席良言,深受鼓舞,而在翌日列席了人大会议,从李鹏总理的"政府工作报告"中了解到祖国各方面的大好形势,以及聆听和细读了工作报告对香港回归的表述之后,激动的心情更是久久不能平静。

笔者完全理解朋友的感受,而且进而推想,有此心情的又何止朋友一人,香港地区全体人大代表、政协委员,乃至本港广大市民难道不都从国家主席和国务院总理的讲话及报告中得到很大的鼓舞和鞭策吗?

人大、政协会议虽属每年例行,但由于此次政协八届五次会议和人大八届五次会议是在一代伟人邓小平刚刚离开我们之后召开的,而且也都是香港回归祖国前的最后一次会议,故而引起本港各界人士和舆论的高度关注。

朋友在电话中说,江泽民主席在政协会议第一天小组讨论时就来到港澳组,亲切会见全体委员、听取发言。此举本身就说明国家最高领导人对香港问题的高度重视。江泽民在重要讲话中阐述了香港回归祖国的历史意义,深切缅怀了邓公对解决香港问题所作出的巨大贡献,表达了党和国家最高领导层坚定不移地贯彻执行"一国两制"、"港人治港"、高度自治一系列对港方针政策的坚定信念。

朋友和其他委员都注意到一个细节,即江泽民过往出席人大和政协小组会一般都是即席发言,此次却有发言稿,可见是作了充分准备的。李鹏总理所作的《政府工作报告》中,更庄重强调邓公创立的"一国两制"绝不会改变,中国政府将坚持一系列对港方针政策,认真执行基本法,保证香港特区享有高度自治权……

本港各界关注"两会",其中一个关注点就是,在香港人所深深敬佩和仰慕的邓公逝世之后,对港方针政策会不会变。如今国家主席的讲话和国务院总理的报告都再次作了庄重宣示。面对如此正面信息,加之联系到在特区组建进程中中央政府不折不扣按照基本法办事,认真实践一系列对港方针政策的现实,广大市民又怎能不更受鼓舞,更对香港的前景充满信心呢?

(原载香港《文汇报》1997年3月2日)

美好心灵

这是不久前发生在本港的一个真实故事——

已过知天命之年的冯姓的士司机于某日深夜接载一对外籍夫妇回寓所，收车回到家整理车辆时发现后座遗有一银包，他想起很可能是刚才那对外籍夫妇匆忙间遗失的，便立即驾车去该对夫妇住所询问。果然，男事主说自己太太已前往警署求助。冯司机载上男事主跑了几个警署，终于见到了事主太太。点算包内，六十万港元、六万新加坡币、百多万日圆现钞分文不少，十多万元钻饰一件不差。夫妇俩感激万分，拿出一笔钱作为酬谢，被冯司机谢绝。更难得的是，对冯司机而言，此类义举并非一次两次。每每遇到类似情况，他都或者寻找到失主，或者第一时间将失物送往警署……冯司机说："就算拾到千万钱财，我也不会动心。"

当笔者在报章上读到上述报道后，不能不被这位普通司机的美好心灵所打动，情不自禁地借本栏一隅表达对冯司机义举的赞赏。拾遗不昧，急人所急，历来是中华民族的美德，如今这一美德在冯司机身上得到了充分的体现。

过去有一种说法，什么香港人自私自利，人情淡薄，更有刻薄一点的，干脆以"经济动物"比喻香港人，意即只晓得赚钱。对此，笔者一直来不以为然，因为上述说法显然是对香港人缺乏真正的认识与了解，或者只看到了某些表层现象，又抑或是一叶障目，以偏概全。

也许有人会说，冯司机这样的香港人只是少数。但如果你一旦了解到，每每世界各地发生自然灾害之后，众多香港人如何踊跃捐款捐物，每每本港有人遭受不幸，素昧平生者立即会伸出热情的双手等等动人的情景之后，你又怎能不认为香港人同样有着美好的心灵，他们的人情味并不淡薄呢？

（原载香港《文汇报》1997年3月29日）

文明之师的深情

春日融融。笔者一位在深圳采访的记者朋友日前偷闲到深圳水库风景区踏青，正好遇见解放军驻港部队官兵在水库边的龙背山营造水源林，心中窃喜遇上这得来全不费工夫的独家新闻，便赶忙上前采访。可见干记者这行，想散散心也难。

建成于一九六〇年的深圳水库是六百万香港人的饮水基地，而绿化环水库的龙背山，营造水源林，则是净化水源、提高香港人饮水质量的系统工程。驻港部队响应当地政府的号召，走在该项工程的最前头。是日清晨，一千三百多名驻港部队官兵在司令员和政委率领下，身着迷彩服，肩扛工具，来到植树工地。

官兵们挖坑的挖坑，栽树的栽树，浇水的浇水，干得热火朝天。没有多久，就种下了一大片优质速生相思树。刘镇武司令还诚恳地对记者说，部队官兵一听说是为了香港民众喝上纯净水而植树，非常高兴，深感在驻港前能为香港人做点实事是部队的荣幸。

其实，驻港解放军为民众做好事又何止这一次。据有关资料不完全统计，仅仅组建后的头两年，该部队就先后出动兵力五万多人次，动用各种机械车辆两千多台次，参加了深圳治理布吉河、福田河，及绿化梧桐山等重点难点工程，还先后十多次参加抢险救灾。部队官兵灭山火、战洪水，为保卫国家财产和民众生命安全作出过很大贡献。他们急民众所急，想民众所想，吃苦耐劳的风采早已在当地民众中传为美谈。

水库的碧波倒映着官兵们忙碌的身影。一些刚巧在此的香港游客目睹一切，不胜感慨。他们的心情如同一位名叫黄奇胜的本港老人对记者说的那样："解放军尚未进驻，香港人就已感受到这支文明之师的深情。"

（原载香港《文汇报》1997年4月9日）

> 近观香港

今年国庆不寻常

中华人民共和国成立四十八周年国庆节即将来临。特区政府民政事务局专责筹备国庆活动的官员日前正式向各界公布，特区政府和民间都将举行多姿多彩的活动，以庆祝中华民族的这个共同节日，特区政府还将举办盛大的庆祝酒会和烟花汇演，各项准备工作正加紧进行。

笔者和广大市民一样，闻之都感到格外高兴。因为，国庆年年有，今年非寻常。谁都知道，即将到来的国庆是祖国政府恢复对香港行使主权、香港回到祖国母亲怀抱之后的第一个国庆节。由于众所周知的原因，在新中国诞生后的一个相当长时间内，香港同胞在港举办国庆活动被视为非法，不少上了年纪的港人都亲历或知道因参与国庆活动而遭遇种种麻烦的事。记得新中国诞生的那一年，一群演艺界热血青年欲举行庆祝新中国诞生的活动，但不被批准，他们便自发组织起来，于深夜登临太平山巅，用人体在平坦的草地上排列成一面五星红旗，以表示对新生祖国的良好祝愿。尽管如此，这群青年还是被当局"驱逐"出境……

到后来，港英迫于形势，对上述做法有所放松，但普罗市民的国庆活动依然只能私下进行，只有中国政府派驻本港的代表机构新华社香港分社才能公开举办国庆活动。如今香港人终于可以以主人的姿态第一次在香港这块本属于自己国家的土地上堂堂正正喜庆新中国的生日了！抚今追昔，香港人又怎能不感慨万千呢？

今年的国庆还有不平常之处，则是她的筹备工作是与迎接中共十五大召开同步的。中国将高举邓小平建设有中国特色社会主义理论的伟大旗帜，以江泽民为核心的最高领导集体将带领伟大祖国这条有十二亿人口的大航船驶向现代化的彼岸。香港作为祖国大家庭成员，既将得益于祖国的强大，又必将对祖国的腾飞作出自己的贡献。而毫无疑问，通过今年的国庆活动，必将进一步激发和增强香港人的民族自豪感和国家意识，从而对凝聚民心以把香港建设得更加美好产生积极影响。

（原载香港《文汇报》1997年8月23日）

最具说服力的证明

国务院总理李鹏在访问新加坡时曾表示,香港回归中国近两个月来的实践证明,中央政府确实是诚心诚意地使香港保持原有的制度不变,也证明香港人自己完全能够把香港管好……相信香港人听到总理此番"两个证明"的谈话,都会由衷地信服。

"两个证明"之所以令港人信服,在于该结论并非空谈,而是完全建筑在客观事实的基础上的。读者诸君不妨回顾一下,自从邓小平先生"一国两制"构想的提出,直至香港回归一整个时期中,中央政府相继提出了诸如"一国两制"、"港人治港"、高度自治等一系列对港方针政策,尽管反复表明这些政策并非权宜之计,而是基本国策,会不折不扣地得到贯彻执行,可总有一部分港人将信将疑;尽管邓小平先生一再强调九七后香港的繁荣稳定根本上取决于中央的对港方针政策,要相信香港人一定可以管理好香港,但也总有一些人对此持观望态度。从某种意义上说,这是可以理解的,因为毕竟那个时候特区尚未成立,一切有待于实践检验和证实。

弹指间香港回归已近两月,香港特别行政区这两个月的运行已充分表明,中央政府说话是算数的,从中央到驻港各机构对属特区自治范围的事务不加任何干预,"港人治港"、高度自治名副其实,世人有目共睹;特区政府两个月的运作十分成功,董先生及其领导下的特区政府高屋建瓴,运筹帷幄,将一部特区交响乐演奏得有声有色,细童偷渡潮的遏止、立法会条例的制定、金融风暴的化解……在在表现出非凡的治港才华。

也许有人会说,特区成立才两个月,还要再看一看。当然可以。有道是路遥知马力,中央政府一系列对港方针大政既然被实践检验是明智和正确的,就一定会坚定不移地贯彻执行下去,特区行政长官既然深孚众望,董先生及其领导下的特区政府既然已经展露出管理香港、驾驭全局的胆识和能力,在往后的实践中就一定能够更加卓有成效地管理好香港,带领六百万香港人迎接一个又一个新的挑战,夺取一项又一项新的成就。

笔者深信,"两个证明"将会在今后的岁月中一次又一次不断地得到事实的支持!

(原载香港《文汇报》1997年8月27日)

"香港自己要成功"

这些天，香港特区行政长官董建华先生在美国的访问活动进行得有声有色。他不卑不亢、坦诚稳重的风度神态，摆事实讲道理的务实作风，给美国朝野留下深刻印象，可谓连连得分。

世人皆知，美国国会的某些议员在香港问题上颇有偏见，早在香港回归之前的相当一段时间，他们就搞这个提案那个法案的欲染指香港事务；而在香港回归后，他们更以自己的一套来衡量香港，好像今日之香港这也不是，那也不对，总之是今不如昔。尤其是明年首届立法会选举方案公布后，更是嚷嚷什么"香港民主大倒退"、"董建华唯北京意志办事"等等。董先生在这样的背景下访美，要多做些功夫是可想而知的。然而通过连日访问行程，美国各界大大增进了对香港当前真实情况的了解，即使是一些对香港民主进程持完全不同意见的议员，也认为董为人真诚，可以成为相互讨论问题的朋友。

董先生更直言，他从未打算要说服美国议员，美国议员支不支持香港的选举方案并不要紧，问题是我哋香港自己要成功。这话正是说到点子上了。

美国议员往往以自己国家的民主模式为参照系，符合此参照系便是"民主"，否则就是不民主。而且，某些议员还先入为主，将末代港督的方案看作是"民主"的，如今的方案只要稍有不同，便是"民主倒退"。不能不说这是民主自大狂心态。就以首届立法会选举方案中最受一些美国议员抨击的功能组别选举来说，他们只是注意表层的选民由上届的二百多万大为减少，轻率得出"特区无端剥夺二百万选民投票资格"，但就是不考虑功能组别本身并非直选，全港合资格选民一人一票的选举权利在分区直选中已经得以体现这一点；他们也不了解或根本不愿意了解彭方案将功能组别改为变相直选背离了功能组别的原意，本身并不合理。何况类似的例子举不胜举。

说到底，还是董生那句话：最紧要香港自己要成功。香港的选举如何才符合自身的实际，当然应由香港人自己来决定。

（原载香港《文汇报》1997年9月13日）

有益的考察

据悉，新学年伊始，本港某大学学生会组织该校二十多位同学组成"广州民情考察团"赴广州访问交流，参观了当地的几所大学及电视台、少年儿童活动中心等机构，还旁听了某中学的课，收获颇丰。

考察团中有些同学从未到过内地，想像中内地如何贫穷愚昧，但在广州所见所闻，感受到祖国欣欣向荣，大学及电视台设备之先进，人员素质之高，完全出乎意料。而同学们在听了某大学一所附属中学的政治课之后感受就更为深刻。一些同学过去由于受到误导，以为内地学校的政治课都是些刻板的说教，是给学生"洗脑"，内容可怕，因此意识上十分抗拒。这次听了几节课（并不是为香港同学特意准备的）后，看法有了很大的变化。考察团某负责同学说，政治课的内容并不可怕，就好像香港学校的公民教育课，讲的是国家的基本情况，完全可以接受。另一位同学也表示，原以为内地的政治课一定枯燥无味，想不到这里政治课教材内容如此丰富多彩，老师讲得深入浅出、生动形象，同学积极思考、踊跃发言，师生配合很好，课堂气氛非常活跃。其他同学也都感觉此行加深了对内地的了解，增强了对祖国发展前景的信心，真可谓是一次非常有益的考察。

是的，由于众所周知的原因，过去我们香港的许多大中学生缺乏对内地的了解，国家、民族的观念也比较淡薄，由于耳濡目染，受到误导，一些青少年学生更对祖国存有种种并不正确的认识，在某种特定情况下甚至做出一些亲痛仇快的事情来，这是毋庸讳言的。显然，责任不在同学。如今，香港已经回到祖国的怀抱，殖民统治教育也已退出历史舞台。根据"一国两制"的原则，特区将自主教育，政府已注意对青少年实施国家民族观念及国情的教育，相关部门和有关学校还为同学赴内地访问交流提供机会，这是非常令人欣慰的。

大中学生是香港的未来，从某种意义上说，现在青年一代的素质如何将决定香港未来的社会状况。笔者想，如果有更多的大中学生到内地访问考察，走走看看，相信同样会获益匪浅。

（原载香港《文汇报》1997年9月17日）

充满魅力的城市

——我曾到过世界好多地方旅游，觉得香港很有自己的特色，她是一个充满魅力的城市……

参加世银年会的荷兰中央银行行长的夫人SARVAAS太太被问及对香港的印象时如是说。这位健谈的女性说得很动情，滔滔不绝。"充满魅力的城市"，虽出自荷兰央行行长太太之口，却道出了大多数世银年会与会者及其眷属的心声。

历时三天的第五十二届世银年会已经曲终人散。此次年会的万多名代表见证了"一国两制"下欣欣向荣的香港，并加深对整个中国的了解，在多项议题上达成共识，实在是一次十分成功的国际会议，正如同一位与会者所说"大概是世界上办得最好的会议"。在目睹了香港的现况之后，大多数与会者都对"一国两制"有了感性认识，对香港实施"港人治港"、高度自治持正面评价。世银总裁沃尔芬森说，他此行感受到香港一如过往活力充沛，而香港回归中国是成功的；国际货币基金组织总裁康德苏指出，与会者都目睹了香港的成功，他本人也觉得"一国两制"是一个很好的方式。

与会者对此次年会的组织给予极高评价。某国中央银行总裁说，过往十届年会他都有参加，这一次组织得最成功，各方面照顾得无微不至。一位德国银行家也是年会的常客，他认为今次年会组织得无懈可击，为历年所罕见。"东方之珠"的迷人风光倾倒了无数与会者，令他们游览港九名胜时流连忘返。美国的一位银行高级分析员说，香港有山有水，非常漂亮。香港人给与会代表留下了更为深刻美好的印象。许多与会者都认为香港人有文化、守秩序、懂礼貌、很客气，世银一位高级职员说，香港人十分勤奋、生活节奏很快，活力非凡，似乎永不知疲倦……

香港人当然为世界各地朋友的赞誉声感到自豪，但却不会满足于现状而停步不前。有"一国两制"的正确方针，有六百万市民的不懈奋斗，未来的香港必将更富魅力。

（原载香港《文汇报》1997年9月26日）

三、永远的回归

最好的献礼

新中国诞生四十八周年国庆节近在眼前。包括香港在内的神州大地，已洋溢在节日的气氛之中。

对于香港来说，今年的国庆更有着特别的意义，因为她是五星红旗和紫荆花区旗下的第一个国庆，庆祝活动格外隆重热烈。国庆当日特区政府将举办盛大的庆祝酒会，晚上有气势恢宏的文艺表演，入夜之后维港还有绚丽迷人的烟花汇演。这几天街道两旁摩天大厦上五彩缤纷的灯饰已经亮起，各业各界各民众团体丰富多彩的庆祝活动已经揭开序幕……更令六百万香港人欣喜自豪的，是香港刚刚成功地举办了世界银行及国际货币基金组织第五十二届年会，为亲爱祖国的生日献上了一份最好的礼物。

路透社记者彼德·汉弗莱以《最好的一次年会》为题，详尽报道了此次年会成就。他这样写道：世界最大规模的银行会议以前所未有的成功降下帷幕，会议聚焦在亚洲，筑起了与中国沟通的桥梁，打开窗户向世人展示了回归中国之后的香港面貌是如此欣欣向荣……汉弗莱的报道并不过分，世银发言人卡伦说："这是涉及人数最多和研讨会范围最广泛的一次年会。所有与会者都说，会议组织无懈可击，是他们出席过的最好的一次。"刚回归中国的香港有能力成功举办世银年会，非常有利于巩固香港作为国际金融中心的地位，提高香港在国际社会中的声望。

毋庸讳言，过往世界上一些人对"一国两制"的可行性不无疑虑。此次成功的年会为一百八十余国代表提供了绝好机会，正如同世行行长沃尔芬森和国际货币基金总裁康德苏都引用"百闻不如一见"那样，一万八千多与会者都见证了回归后的香港经济蓬勃、金融稳定、港人充满自信、政府高效运作，都承认"一国两制"非常高明，在香港得到了成功运用。这就大大增强了"一国两制"的国际认受性，对伟大祖国在"一国两制"下最终实现大统一将产生积极而深远的影响。

由是观之，成功举办世银年会确是香港对国庆节的最好献礼。

（原载香港《文汇报》1997年9月28日）

> 近观香港 ◀

百日随感

蓦然间，中华人民共和国香港特别行政区诞生已经一百天了。中国很多地方都有习俗，常常在小孩出生一百天的时候要简单庆贺一下，以祝愿他（她）来日快快健康成长。人如此，对于我们香港特区来说，在诞生百日之际，笔者断想，每一个热爱自己家园的香港人，也定会在心里默默地发出这样那样良好的祝愿。

诞生百日的特区之所以值得庆贺，是因为回归祖国之后不但没有出现当年英方及某些国际人士所竭力渲染的种种可怕局面，而且如今本港的许多方面的表现比过去还要好。大凡不抱偏见者，都看到这百日来，本港社会稳定、经济稳定、人心稳定。最新的调查显示，市民对特区政府和香港未来的信心指数都达到新高点。平心而论，香港今日这般欣欣向荣的景象，大大超出包括笔者在内的许多香港人当初的预料，即现实要比想像好得多。

笔者想，与香港国际大都市相适应，今日香港继续得到国际社会欣赏这一点十分重要。令人欣慰的是，香港以自己百日的出色表现做到了。前不久在港举行的第五十二届世银年会，共有一百八十多国家和地区的一万七千多名代表见证了"一国两制"下的香港，如同世银总裁沃尔芬森所说"香港一如过往活力充沛，而香港回归中国是成功的"，及国际货币基金组织总裁康德苏指出"与会者都目睹了香港的成功，我本人也觉得'一国两制'是一个很好的方式"那样，国际社会对香港赞赏有加。就是近日在港召开的世贸第二十八届年会，一千五百多名各国商人也对今日香港给予高度评价。

百天的孩子虽较之出生时硬朗，但依然显得稚嫩；而诞生百日的香港特区却显得生机勃勃，颇为成熟。笔者想，有中央政府的支持，有一个由董先生领导的值得信赖的特区政府，有全体香港市民的共同奋斗，有第一个百日奠定的基础，特区将不断迎来更加美好的二百日、三百日……"香港明天更美好"这一港人最真挚的祝福一定会变成活生生的现实。

（原载香港《文汇报》1997年10月9日）

香港在进步

"我三年前到过香港,这一次看到香港在进步,而没有任何倒退的迹象……"印尼世贸协会代表迪亚拉来港出席世贸年会后如斯说。

第二十八届世贸年会是继世银及国际货币基金组织第五十二届年会之后,香港成功举办的又一次重要国际会议。此次世贸年会又一次为世界各国众多商贸界人士提供了绝好机会,如同世贸协会总裁杜苏里所言,代表们见证了香港回归后在"一国两制"下的高度自治及繁荣。对于那些到过香港的代表,他们对香港的今昔自有一番比较。比如杜苏里总裁此前已五十四次来过香港,他对第五十五次香港之行的观感是:除了旗帜改变外,一切社会运作如常,香港依然是世界金融、贸易、航运和信息中心,继续在国际社会发挥着影响力。早在五十年代初就从事与中国的进出口业务的德国莱比锡货运中心总监绍尔特说,与上次来相比,香港更宏伟了,而自由和活力丝毫未减。另一位"香港通"——德国某高级贸易主管认为,香港行政机关现在的效率较英国殖民统治时代更高了。卡塔尔世贸中心董事总经理 Jweihan 是第二十次来香港,他的印象是一切如昔,香港仍在为世界经贸界创造着许多机会。

对于首次来港者,感到更多的是惊奇与倾慕。来自苏黎世的沙勒先生这样说,香港比想像中还要好,这次亲眼见到香港,感到这个城市融合了纽约和新加坡两个东西方代表的长处,魅力无穷;尼日利亚代表法威西咪女士则说,她到过世界许多地方,但像香港这样集中了高度现代化和高度人性化的地方还是第一次见到,她迷上了香港,年会结束后不但会想念香港,而且会到处宣传香港……

这不过是此次世贸年会众多代表观感中的点滴。听着这些由衷的评价,香港人不能不进一步激起对香港的自豪与热爱之情。如同东欧某国 Eicond 公司出入口市场代表 ANA 所说"香港是一个传奇"那样,是香港人创造了这一传奇,在"一国两制"架构下,当家做主的香港人定会谱写出人间传奇的新篇!

(原载香港《文汇报》1997 年 10 月 16 日)

莘莘学子乐学普通话

被许多香港人称为国语的普通话，在本港有日渐走俏之势。尤其是校园里的莘莘学子，更是乐意学讲普通话。

一天正午，笔者打开收音机，突然听到字正腔圆、清脆悦耳的少女普通话声，颇感惊奇。往下听，方知是某中学的几个女生在参加香港电台学校普通话广播站的现场广播，用自己刚学会的普通话向听众介绍自己的学校。别看她们初次上广播就以普通话主持节目，还真像模像样呢！

笔者对此事颇有兴趣，遂向有关人士打听，知道香港电台开办学校普通话广播站，目的乃鼓励学生多听多讲普通话，利用午餐时间，更有趣地寓学讲普通话于娱乐之中。不料开办以来，反应极为热烈。该台干脆将该节目搬到学校，同学生直接见面，在各中学巡回直播二十余场，深受莘莘学子的欢迎。

随着香港回到祖国怀抱，愈来愈多的香港人开始重视学习和运用普通话，这是很自然的事。特区政府也非常重视市民学讲普通话的工作，特首董建华先生在其首份施政报告中，更对中小学生学讲普通话工作作了规划，决定在二〇〇〇年年底之前，将普通话列为香港中学会考科目。青少年正处于学习语言的黄金年华，推广普通话着眼于从中小学生抓起，显然是颇具远见的。

实际上，莘莘学子乐学普通话，不仅在学校，更注重校外的运用。有位经常往来于两地之间的内地教育界人士，就发现近年来街头中小学生听普通话的能力提高很快，尽管说得还不够标准，但愿意开口的人愈来愈多。一些大中学生还利用节日假期，趁到内地的机会学普通话。笔者一位朋友就说，他的孩子每到内地一次，普通话水准就提高一档。据报道，今年暑假期间，还有不少留学英美等国的香港学子，利用返港休假的机会到北京旅游兼学习普通话呢！

（原载香港《文汇报》1997 年 11 月 15 日）

不可忽视

报载，本港某机构最近完成了一项年龄由十八至四十岁的青年人调查，发现在八百三十名被访者中，有七成答错了中华人民共和国诞生年份，有四成和七成多分别答错国家现任总理和人大委员长，而对制定法律的机关和国家最高行政机关两个问题，答错率竟分别达八成半及九成，至于不知道全国有多少个省和自治区，更分别高达九成八和九成一……

尚有更简单的问题而出错者也非个别，在此不一一列举。八百多人相对于所有青年人，当然只是少数，而且调查的方式方法不一定完美，所得数据也不一定绝对精确，但总体而言，上述调查在一定程度上反映出本港青年人对自己的国家还缺乏一些基本的了解。

香港脱离祖国一百五十余年，殖民统治者换了一代又一代，但有一点一直没有变，那就是英国在香港推行殖民统治教育。出于需要，他们当然不会重视甚至百般阻挠青年人了解和认识自己的祖国。久而久之，港人特别是年轻一代对自己的民族和国家就多了一点疏离情而少了几分认知感，这是不足为怪的。

如今，香港已经回到祖国怀抱，历史已揭开崭新的一页，改变港人对自己国家缺乏认识和了解这种不正常状况不仅应当，也完全有了最基本的条件。当然，这需要一个过程。幸在新生的特区政府是重视这个问题的，特首在其首份施政报告中更有精当的论述。青年一代是香港的未来和希望，使这一代人认识和了解自己的国家，政府固然责无旁贷，学校、家庭乃至作为社会公器的传媒等等，也都义不容辞。因为，上述调查再次提醒人们，国情尤其是基本的国家常识教育实在不可忽视！

（原载香港《文汇报》1997年12月7日）

关怀老人

据有关统计资料显示，去年本港老人自杀率已升至全球第二位，每十个六十岁以上人士的死亡个案中，即有三人死于自杀，老人自杀人口占全港自杀人口比率超过三成。有关调查还表明，因无老人求助中心或相关热线，使得部分老人求助无门，有五成长者较为倾向以消极态度面对人生最后一程。

上述统计资料如果属实，本港关怀老人问题存在薄弱环节便毋庸讳言。相信一切有仁爱之心的各界人士，看到这些数据，心中不免泛起恻隐之情。一个人年轻时为家庭为社会贡献良多，年迈时却处境凄凉，甚至求助无门，那该是多么遗憾的事。

毫无疑问，香港今日的繁荣，是经过多少代港人顽强奋斗得来的，其中就有着尚在人世却已步履蹒跚的老人们的功劳。这些老人的其中一部分生活有困难，或者诸多困扰而不得解脱，我们又怎能心安理得呢？应当看到，本港的老人问题由来已久。由于种种因素，过往一直没有得到妥善解决，相信如今的特区政府一定能够解决好。特首董建华深受中华文化熏陶，自上任之日起就将关注的目光投向老人，他的首份施政报告谈老人问题长达十节之多，从关怀老人的一般准则到具体举措，字里行间，洋溢着仁厚为怀的温馨之情，因而广为称道。

不能不说，关怀老人单靠政府是远远不够的，在许多情况下，关怀老人也绝非等同多给金钱。家庭、亲属固然责无旁贷，其中很重要的一个方面是全社会都要充分理解和尊重年长者。对待老人、弱者的态度，实际上是检测人们道德素养和社会文明程度的试金石。笔者以为，全社会尊老爱老蔚成风尚之时，便是本港老人问题解决之日。让你、我、他都为此付出应有的爱心吧！

（原载香港《文汇报》1998年1月7日）

釜底抽薪

特区政府关于取消"第一收容港"政策的决定正式公布后,本港各界咸表拥护,就连与此政策有密切关系的越南当局及联合国难民公署也表欢迎。

困扰本港多年的越南难民问题早于一九七五年揭开序幕。到了一九七八年圣诞,三千多越南人乘"汇丰"号货轮抵港,获得港英悉数接纳,更令越南难民蜂拥而来。在一九七九年的日内瓦国际难民会议上,英国更在未征询香港人意见的情况下,代香港作出关于使香港成为越南难民"第一收容港"的承诺。悠悠岁月,一晃就是二十余年。其间本港先后收容过二十余万越南船民和难民,最高峰时滞港近十万人。本港花于难民船民的各项开支累计已达八十多亿港元,其费用建一座青马大桥还绰绰有余。该问题给本港造成的沉重负担港人耳熟能详,实在已毋庸赘言。

照理,越南难民船民问题既然是英方一手造成的,就该由英方在港的管治终结之前全部解决好,此问题的症结"第一收容港"政策也理当由英方在撤出香港前宣布取消。中国政府曾为此透过外交途径与英方作了多次交涉,本港各界关于这方面的呼声也一直很高。遗憾的是,英方轻诺寡信,一走了之。在这种情况下,假设我们只是停留在谴责层面就有远水不解近火之嫌。平心而论,解决剩余的难民船民问题固然重要,而堵塞源头则更为迫切。正是在此意义上,特区政府宣布取消"第一收容港"政策,对彻底解决难民船民问题有釜底抽薪之效,不失为明智之举。

笔者以为,特区政府作出决定,并不等同英方之责可以一笔勾销。相反,英方必须为剩余问题的解决承担责任。同时,今后对任何非法入境者,应坚定不移地实施"即捕即解",试想,对本国的内地非法入境者尚且如此,又怎能对外国人网开一面呢?

(原载香港《文汇报》1998 年 1 月 10 日)

近观香港

看《铁达尼号》有感

穷十年之功,科学家终于打探到海底沉船"铁达尼号",打捞上来的保险箱中发现一帧美少女画像。一位百岁老妪看到新闻,在家人陪伴下来到现场,打开深藏心底八十四年的沉船记忆……

这是正风靡本港、世界电影史上制作最昂贵的好莱坞巨片《铁达尼号》的序幕。同许多观众一样,笔者近日看了此片,极受震撼。跻身于上流社会的美少女邂逅英俊豁达但一贫如洗的穷小子,由此产生热烈而真挚的爱情,故事本身并不新鲜,但影片编导将之放在本世纪初豪华邮轮"铁达尼号"首航因触冰山而沉没北大西洋这一举世震惊的事件中来展现,让男女主人公的爱情顷刻间面临生与死的考验,就显得不同凡响了。

影片用现代高科技逼真再现沉船惨剧,着力刻画的却是生死关头人生百态,讴歌真挚善良,鞭挞自私丑恶,令观众灵魂震撼,为之下泪,而一切又是那么不留痕迹。笔者和几个朋友观看此片后的第一感受,便是要热爱人生,热爱生活。想想吧,同当年满怀各式各样美好愿望参加"铁达尼号"首航,蓦然间大祸临头,眼睁睁葬身大海的一千五百多无辜生灵相比,我们今天能平平安安地生活不是一种莫大的幸运吗?由此,我们还有什么人生难题解不开呢?

由影片,笔者想到香港不也是一艘船吗?这艘载有六百多万市民的巨轮,今天尽管遇到了一点风浪,却航行得相当平稳。而任何船只是绝无可能不遇风浪的。在风浪面前,船长舵手沉着镇定固然举足轻重,船上每一个人同样需要冷静。须知,船上多一个自乱脚步者,船就会多一分颠簸。只要船上的人齐心协力,相互济助,巨轮就能乘风破浪,一往无前。

笔者深信,灾难永远不属于"香港号",风浪终会过去,"香港号"这艘巨轮一定能驶向理想的彼岸!

(原载香港《文汇报》1998年1月18日)

赞赞架桥者

提起架桥者，人们很快联想到大江大河抑或大海桥梁工地的建设者们，他们以自己的大智大勇架设起座座桥梁，使千年天堑化作通途，确实值得赞颂。笔者这里所指，是那些近日活跃在河北地震灾区的本港慈善团体的代表，以及报道灾情的传媒，他们架起了一座非人工所能建造的空中桥梁，使河北灾民同本港市民的心紧紧贴在一起……

读者朋友都注意到，自从河北张家口地区日前发生强烈地震，造成重大破坏后，本港一些慈善团体很快派出代表，赴灾区了解情况，与当地商谈救助办法，各类传媒则纷纷以第一时间将地震所造成的破坏，当地民众所遇的困难以及中央和有关地方政府关心灾民、解放军奋力救灾、各地民众自发捐助等一系列信息传递给本港民众，使本港各界迅速行动起来，踊跃捐助灾民。

笔者获悉，短短数天时间，港人赈灾捐款就已超过六千万港元，各界捐助的大批物资已陆续抵达灾区。面对香江再次涌动血浓于水的赈灾热潮，普罗市民都有共同的感受，即不凡的赈灾成绩中有上述架桥者的一份功劳！

事实也正是这样。本港慈善团体的代表从温暖如春的香港到冰天雪地的灾区，再加之余震不断、交通不便等，遇到的困难可想而知，但他们想让香港市民尽快了解到灾情，便勇敢拼搏，昼夜工作。尤其是几位纤弱小姐，当市民从屏幕上看到她们身穿厚厚的御寒衣，于漫天大雪中察看灾情、慰问灾民的身影，不能不投以深深的钦佩。

笔者联想到，不独此次河北地震，大凡内地发生大的自然灾害，本港慈善团体的代表便很快赶赴现场，传媒则作出全方位的深情报道，迅速架设起空中桥梁，使两地骨肉同胞心心相连……

赞美你，劳苦功高的架桥者！

（原载香港《文汇报》1998年1月20日）

近观香港

在祖国怀抱度岁

在南国香港，虽领略不到飞雪迎春的那份喜悦，但从料峭寒风及赶置年宵品的人流中，还是不难感受到中国人欢度传统佳节的融融春意。

今天是牛年的最后一日，明天则是虎年新岁第一天。全世界华人这几天都沉浸在喜庆气氛之中。对于香港同胞而言，戊寅春节有着特别的意义，因为这是香港回归祖国后的第一个新春佳节，我们第一次在祖国怀抱中度岁，因而感到格外温馨。在此，笔者怀着激动的心情向本栏读者恭贺新春快乐！

即将过去的农历牛年是我们中华民族历史上非常重要而又极不平凡的一年。之所以这样说，首要一点便是香港于年中顺利实现回归祖国，使得中华民族百年耻辱得以洗雪。六百多万香港同胞开始在"一国两制"的架构下以主人的姿态管理和建设香港，这真正是开天辟地的盛事，香港同胞无不为此深感骄傲和自豪。

毋庸讳言，当前香港因受到国际金融风暴的影响，经济生活发生了一些困难，但香港当前的总体经济状况还是不错的。历史经验告诉我们，市道的低迷往往预示着新一波振兴及高峰的到来。在辞旧迎新之际，对国际性金融风暴的影响，我们不妨持以乐观和耐心，只要齐心协力，同舟共济，就没有克服不了的困难。香港拥有丰厚的财政储备，拥有运作顺畅的社会、经济及法治体系，拥有祖国强有力的支持，拥有勇于开拓、善于应变的六百多万市民，无论如何，阳光和春天属于香港，属于所有乐观并知难而进的人们！

春节是家人团聚的日子。香港开始在祖国怀抱中度岁，中华民族朝大团圆迈进了一大步。不到两年，澳门也将回归祖国，而实现两岸统一已成为不可抗拒的潮流，让我们期待中华民族过大团圆年的一天早些到来！

（原载香港《文汇报》1998年1月27日）

深情的怀念

踏入二月,离邓公辞世一周年的日子愈来愈近。包括本港在内的全国各界民众,开始以各种方式寄托自己对这位为中华民族的解放和强盛奋斗了一生的世纪伟人的深情怀念。

一位记者朋友在深圳度岁,返港后告诉笔者当地民众纷纷向邓公"拜年"的事,使笔者深受感动。友人在深亲眼所见,络绎不绝的人群在大年初一来到位于市中心的邓公巨幅画像前,为一年前离开他所深深热爱的祖国和人民的改革开放总设计师"拜年",表达心中不尽的怀念。数以千计从全国各地到深圳过年的各界人士向邓公画像献花致意,影相留念。在人群中,有白发苍苍的老人,也有朝气勃勃的后生,更有不少本港人士。有的是举家出动,有的是爷孙前往,有的则是情侣同行。一个活泼可爱的小女孩恭恭敬敬地向邓公敬礼,然后同爷爷一起把一束鲜花献上……

令笔者感触良深的是一位内地小姐和一位港人的话。王姓小姐挽着来深圳过年的父母向邓公深深鞠了个躬,转身请记者朋友替她全家影相,她深情地说,没有邓小平,就没有中国改革开放的今天,每逢佳节倍思亲,我们来给他老人家"拜年";罗姓港人一家趁到深圳过年之机来给邓公"拜年",他说,香港回归半年多的实践证明邓先生"一国两制"构想好伟大,我们香港人感激他……

笔者不揣冒昧,以为王小姐和罗先生说出了包括香港人在内的全体中国人的心里话。有道是感恩知报,饮水思源,今年是内地改革开放二十周年及香港特别行政区周岁,目睹神州大地生巨变、东方之珠更明艳,人民大众对恩人的思念之情又怎能不滚滚如潮呢?

(原载香港《文汇报》1998年2月3日)

升降之中见人心

要说香港回归之后人心有何变化，读读昨日传媒发表的本港某机构的一项调查就可略见一二。

该调查起始于一九九六年八月，抽样访问三百多名各界市民，时隔一年多，再对这些市民作调查，将两次调查所得数据作对比，二者的差别便清清楚楚：凡是"不安"、"抗拒"这些项目的，都呈现大幅下降趋势；与此相反，那些表示自豪、亲切感的项目大都直线上升。比如，市民对解放军的不安感减少了两成，对万里长城的自豪感则上升至近八成，对国旗国歌、香港特区徽号的亲切自豪感也都有较大幅度的上升，等等。

尽管是项对比调查面还不够广泛，但调查所得的"一升一降"，在一定程度上映照出本港市民人心的变化则是无可置疑的。概而言之，就是香港人对自己的祖国、民族、军队以及新生的香港特别行政区的认同感在日益增强，而某些负面感受则不断地减弱和淡化。笔者以为，这"一升一降"是香港人人心变化合乎逻辑的发展。

事实上，绝大多数的香港人都一贯热爱自己的国家和民族，长期以来他们与内地同胞血浓于水的骨肉深情并没有因外国对香港的统治而改变。一部分港人过去对祖国存有某些隔膜，责任本身不在港人，而主要是殖民主义者推行殖民统治教育的结果。如今香港回到祖国怀抱，摆脱了殖民主义统治的桎梏，港人的民族自豪感便日渐增强。而特别值得一提的是，部分港人过去对解放军的不安感在很大程度上是被误导的。当他们看到解放军驻港部队乃威武文明之师后，不安情结被亲切自豪感取而代之也就在情理之中了。

不难预料，能见证本港市民人心变化的这"一升一降"态势将会持续下去，因为这是历史的必然。

（原载香港《文汇报》1998 年 2 月 5 日）

"闻鸡起舞"

"又有鲜鸡食了,好开心啊!"

这是近日街头巷尾市民说得最多的一句话。是的,平素爱吃鸡的香港人在足足挨了四十多天无鸡吃的日子之后,眼见以鲜鸡烹制的丰富多彩的菜式又重新出现在酒楼食肆及家庭餐桌上,又怎能不喜形于色呢?

本港去年岁尾突然被"禽流感"侵袭当然是不幸的。不能说政府在"禽流感"事件中做得无懈可击,但平心而论并无大的错失。当发现有人受感染之初,政府先是密切观察,一旦发现问题的严重性,就果断作出宰杀全港所有鸡只的决定。"禽流感"得以迅速控制,使得整个事件只有十八人受到感染,其中五人死亡这样相对较小的损失。

在彻底消毒并度过几个安全周之后,本港和内地有关方面密切配合,经过一道道严之又严的检疫程序,内地鲜鸡又开始源源输港。香港在一个半月未闻鸡鸣之后,遍布港九新界各地的千百街市又响起生鸡"嗝嗝"之声,市民们望见久违了的只只生猛鲜鸡,欣喜之情溢于言表。首批鲜鸡抵港迅即成为本港热门话题,各种媒体纷纷报道,相关"花絮"令人目不暇接。笔者觉得,人们对"禽流感"固然不能掉以轻心,但无论如何,香港走出了"禽流感"的阴影,整个香港的气氛也为之一振。显然,这对本港摆脱当前的某些困扰将产生积极影响。

行笔至此,笔者蓦然想起"闻鸡起舞"的成语。《晋书·祖逖传》里说祖逖听到鸡叫就起身舞剑练武,后人用以形容有志之士及时奋发努力。如今,借用此成语,用以形容港人对生鸡供港反应热烈这道独特风景线不是也颇为合适吗?

(原载香港《文汇报》1998 年 2 月 10 日)

协商为上

本港一些零星商户联合起来,向商场业主要求减租的风潮,颇有愈演愈烈之势。日前笔者与几个朋友议及此事,不无忧虑。

说句实在话,那些商户也够值得同情的了。人所皆知,由于受到亚洲金融风暴的影响,本港一段时间来旅游业萎缩,加之市民消费不振,造成市道低迷,经营零售业颇为困难。一些商场店家纷纷削价,也不能解脱困境,更有店家出现经营收入不够租金支出的现象,其艰辛可想而知。故此,一些商户向商场业主提出减租要求,应当是可以理解的。

但是,本港毕竟是一个法治社会,契约合同受到法律保护,租约当然不在例外。租约的签订当然包括其后商户赚钱抑或亏本两种情况,并无因亏空即可减租的规定。且业主也有难处,诸如要考虑物业成本回收、一定的商业回报以扩大再生产等,还担心开了口子,一发不可收拾。不过当前经济困难毕竟是一种特殊情况,业主也宜酌情变通,否则租户纷纷"执笠"对己更为不利。

而作为商户也应设身处地想一想,若果经营好的情况下业主打破租约而随时要求加租,那又如何?可见在当前经营困难之际最好能采取与业主平等协商的办法。须知减租既要合情又要合法,游行示威虽是表达意见的一种方式,但若动辄采取联合行动,以此给业主施加压力,不一定能解决问题,还可能落个两败俱伤的境地,相信这是双方都不愿意见到的。

更重要的是,当前的经济困难只是暂时的,政府和一些有识之士都认定本港经济将会较快反弹并迅速回升。在暂时困难面前,商户业主都宜冷静三思,协商为上。而且在这个问题上,某些政党社团人士不应为了选票而推波助澜。

(原载香港《文汇报》1998年2月14日)

领事罗看香港

俗话有云：旁观者清。香港回归后社会运行怎样？在亚洲金融风暴中香港表现如何？香港前景是否光明？相信香港人都有自己的答案。而如果说港人看港不免带有感情色彩的话，那么外国驻港机构的代表的香港观，相信会更客观一些。

近日某报记者访问加拿大驻港领事罗时乐的报道，值得一读。市民皆知，加拿大与本港的关系甚为密切，不少香港人都有亲朋好友客居该国。而该国在本港有一百五十余间公司，另有四百间在港设有代理公司。罗时乐在加拿大驻港机构工作多年，堪称"老香港"，对香港社会有较深刻的了解。罗领事在被问及香港回归前后的变化时说，基本上没有什么改变，最显著的分别是现在是港人治港，中央政府放手让香港人自己管理香港，"一国两制"真正得到了落实。

关于特区政府成立半年多以来的表现，罗说他此段时间特别关注特区政府在关贸政策、回流移民申报国籍及司法制度方面的表现，结论是特区政府公务员的专业性、政府运作的透明度、市民原有的生活方式均得以保持，他为此十分高兴。他在观察后认为，董建华是一个有能力和责任感的领导者，完全有能力带领香港人渡过难关。

对于席卷亚洲的金融风暴，罗表示，香港虽和亚洲其他国家同遭金融风暴冲击，由于香港有稳健的经济基础，丰厚的外汇储备，以及香港人有应付挑战的能力，所以，他坚信香港有别于其他国家，会是第一个消除金融风暴影响的城市！

罗时乐的一番话颇有见地，相信表达了大多数外国驻港领事的感受。无须任何诠释，读者朋友都会从中得到启发。我们面对暂时困难，实在应保持乐观，如同领事罗的中文名字一样。

（原载香港《文汇报》1998年2月16日）

温馨的"家书"

烽火连三月，家书抵万金。唐诗中的这两句，古往今来不知牵动过多少人的心！家书，可以说是亲情的代名词。家庭成员之间以书信寄托爱心，相互激励，其价值和作用实非金钱所能衡量。笔者日前读了一封特殊的"家书"，就深深体会到这一点。

这封家书是特首董建华写给远在大洋彼岸的亲妹的，也是特首在香港电台《特区年代》节目中公开发表的首封家书。大哥和细妹，曾一同吃饭，一同玩耍，一同成长，手足情深，写起信来自然无所不谈。由于大哥的特殊身份，此封"家书"谈得最多的当然是香港当前的情况，而作为家书，也包含自己的信念，做特首的感受，甚至家庭乐趣、身体状况，等等。没有官腔，没有高调，写信者娓娓道来，读信者津津有味。

大哥写道，当前受到亚洲金融风暴的影响，特区正面临前所未有的挑战和严峻考验。他以为，在逆境之中，最重要者是抛开消极情绪，以积极态度面对一切，而香港现时需要的，正是积极进取的精神。大哥还告知小妹，政府正采取连串措施，纾解民困，并说为了刺激经济增长，为提高香港竞争力，政府将在未来四年半内投资两千三百多亿元于基本建设，而远超过去七年投资于新机场的一千五百多亿。大哥在感谢小妹对特首一职支持的同时，再次重申自己三大信念，即施政以市民长远利益为依归，加强香港竞争力以为市民创造财富及待人处事公道。

笔者想，香港不也是一个大家庭吗？显然，上述"家书"不仅是写给妹妹的，也是写给特区大家庭中每个成员的。听到或读到这样的"家书"，六百多万家人不能不感到分外温馨之余，更受到不少启迪。

笔者身为大家庭之一员，与大家一样，翘首期盼早日读到特首下一封"家书"！

（原载香港《文汇报》1998 年 2 月 17 日）

永恒的怀念

　　七十多岁的阿婆叫孙女买回一束鲜花，恭恭敬敬地献在邓小平先生遗像前，然后将全家人叫在一起，向他老人家三鞠躬……这是某同事一家昨日怀念邓小平的简单仪式。今天是邓公逝世一周年，相信许许多多香港人都在以各种方式表达自己对这位民族英雄、世纪伟人的深情缅怀。

　　某同事告诉笔者全家怀念邓公，母亲泣不成声的情景时，神情颇为激动，这也再次勾起笔者对去年本港各界痛悼邓公辞世时那些真挚感人场面的回忆。相隔一年，市民对邓公依然一往情深。

　　有道是饮水思源，港人对邓公深情的怀念，当然是由于这位中国人民的优秀儿子将自己的毕生毫无保留地献给了自己的国家和人民，尤其是由他亲自倡导和推动的改革开放事业使国家和民族摆脱了贫困，给内地人民带来了日益幸福的生活，也惠及了本港的千家万户。而对于本港市民来说，还在于他老人家从中华民族根本利益出发，根据和平与发展的时代潮流及本港的历史与现实情况，高瞻远瞩，创造性地提出了"一国两制"这一伟大构想。

　　如今，可以告慰邓公的是，香港已经顺利回归祖国，而近八个月的实践也已证明，"一国两制"是完全行得通的。目睹本港繁荣稳定、生机勃勃，市民对他老人家又怎能不更充满钦佩与思念之情呢？

　　邓公生前曾深情地说过："要相信香港的中国人能治理好香港。"他老人家对港人的高度信任，已经成为激励港人开创历史新纪元、再创香港新辉煌的强大精神动力。有了这种力量，我们还有什么暂时困难不能克服呢？

　　笔者相信，香港人对邓公的怀念将是永恒的！

（原载香港《文汇报》1998年2月19日）

"五星义工"赞

一位年逾七旬的老大姐，每星期两天为安老院的公公婆婆读报，风雨无阻，从不间断。难能可贵的是她付出了时间和精力，却分毫不取。日前有关机构向她颁发"五星"奖，老大姐手持奖状，饱经风霜的脸庞笑得宛如五彩花朵……

笔者读毕有关报道，崇敬之情油然而生。在现代社会，人生七十固然已不再稀奇，但年过七旬，毕竟是老人了。七十四岁的某大姐，家境宽裕，子女孝顺，本可在家含饴弄孙，安享天年，但当她想到安老院中那些比自己更年长的大哥大姐们由于视力所限无法知道天下大事时，就想到为他们讲读报纸。这位自发的"新闻报告员"第一次取得了意想不到的成功。当她看到耄耋之年的兄嫂们听了自己的新闻报告，津津有味地议论起本港及海内外大事时，别提有多开心了。她深受鼓舞，从此一发而不可收。一转眼就是七年。

老大姐不但为安老院的老人们读报，还抽出时间去探望素昧平生的孤寡老人和弱智人士。七年来，她在把真挚的爱心献给老人们的同时，自己的灵魂也得到了升华。"五星义工"的荣誉称号，不仅是某机构，更是所有老人乃至整个社会对她的最高奖赏。

笔者想，在本港，像某大姐这样的"新闻报告员"也许不多，但类似的老年义工一定绝非个别。他（她）们年轻时为香港的繁荣作出了应有的贡献，现在又无私地向社会献出自己的点滴爱心，"五星义工"实在受之无愧。

人生有时，爱心无限。赞美你，人老心美的"五星义工"！

（原载香港《文汇报》1998年2月26日）

热情关注

连日来，本港传媒都在内地"两会"上聚焦。笔者与朋友聊天，话题也离不开"两会"。事实上，许许多多香港人都热情关注着内地的两个盛会——全国人大和全国政协九届一次会议。

香港人过往就很关注"两会"，今年的关注热情则更非往年可比。原因在于香港已回归祖国，香港和内地的联系更广泛更密切，香港人已从愈来愈多的事例中体会到"香港好，祖国好；祖国好，香港更好"的道理。即拿此次金融风暴来说，香港虽也无可避免地受到波及和影响，但相对于亚太其他国家和地区，损失要轻得多，个中缘由，固然是得力于本港经济基础的稳固及金融体系的健全，也同内地强有力的支持密切相关。此次"两会"选出国家机构领导人事关国家长治久安，代表们讨论未来发展大计也事关国家的前景，这些显然与本港长期的繁荣稳定息息相关。"两会"之后，由邓公开创的改革开放事业将更上一层楼，整个国民经济将会更健康、有序、快速发展，香港从中得益便不言而喻。

港区全国人大代表首次单独组团参加会议，反映香港历史地位已发生变化的事实，意义非同一般。这也是香港人分外关注今届"两会"的原因之一。去年底本港推举产生了三十六名全国人大代表，按人口比例高于其他省市，而政协委员也增至一百五十多名，这都体现了中央十分重视香港的公民参与管理国家事务的作用。尤其是特首董建华被邀请出席人大开幕和闭幕式，并在主席台上就座，更给了香港人莫大的鼓舞。

港区人大代表及政协委员不负港人重托，会前都做了许多准备工作，他们在"两会"期间如何同内地代表一起建言献策、参政议政，港人定会倍加热情关注。

（原载香港《文汇报》1998年3月4日）

必要的"强制"

"强制"一词也许并不中听,而事实上在社会生活中谁都离不开"强制"而绝对地"自由"。即以临立会日前三读通过的强制性公积金法案而言,"强制"推行就十分必要。

特首董建华在其首份施政报告中指出:"为了确保将来的长者无须像今日不少退休人士一样,为晚年生活彷徨,我们会在一九九八年推行强制性公积金计划。"临立会通过有关法案,就意味着特首上述施政计划将如期得以实施。一位对公积金颇有研究的朋友说,强制性公积金推行后,将惠及全港二百多万雇员,在二三十年后,所有退休人士的生活都将有可靠保障。

稍有年纪的市民都知道,有关退休保障问题早在六十年代就提出来了,由于社会各界议论纷纷,莫衷一是,达不成共识,更主要的是由于殖民统治政府没有诚意解决问题,致使该问题一拖便是三十年。其间港英政府也曾试图实行老年退休金计划,也有社会人士主张推行中央公积金计划。由于二者均弊大于利,且在财政上行不通,都不了了之。如今特区政府选择了强制性公积金计划,不失为符合市民利益的最佳方案。

笔者以为,公积金计划由于须雇主及雇员每月各支付一定的薪金,要取得全社会的一致同意是不可能的。是故"强制"就势在必行。而在充分听取各界意见并反复论证后制定方案由临立会审议后通过,终使该计划一锤定音,不能不说体现了特区政府彻底解决困扰本港数十年的老年退休保障问题的诚意与当断则断之魄力。

强制性公积金计划是新生事物,但已得到商界、劳工界及多数市民的认同和支持,在推行中必会得到不断完善,从而造福于全社会。

(原载香港《文汇报》1998年3月5日)

功成身退

这边厢，八百名选委会成员刚刚产生，首届立法会选举在即；那边厢，临立会已举行最后一次大会，即将结束历史使命，功成身退。这一交替，标志着香港特区的立法工作将继续稳步健康地向前发展。

说到临时立法会，不能不说是一个苦涩却令人自豪的话题。它的来龙去脉实在已毋庸再提。当英国按照自己的需要设计了一套政制安排妄图强加给未来特区的时候，中国的全国人大常委会根据代表的议案，通过决议，另起炉灶，勇敢捍卫了主权和尊严。临立会正是诞生于香港回归的紧要关头，不辱历史交付的庄重使命，及时而卓有成效地运作，终于赢得了港人的理解、认同和支持。

香港市民记忆犹新，回归之前，临立会先后通过了十三项为确保香港特区成立后正常运作所必须具备的法案；回归之后，临立会审议了政府提交的五十项主体法案及三百五十八项附属法例。数字是枯燥的，但上述数字却展露了临立会工作的刻苦与勤勉。尤其是临立会以对香港高度负责的精神，严肃认真地为特区首届立法会的产生进行了立法，以确保选举如期顺利展开。

一年多的时间是短暂的，临立会要在有限的时间内完成一系列紧急的立法工作，其艰巨程度不难想像。但临立会议员有一颗真诚为香港的心。他们顶着压力，无怨无悔；互相合作，互相学习，整个临立会的工作终于达到有声有色的境地，令人刮目相看。

拙文并非全面阐释临立会如何功绩卓著。然而一个有目共睹的基本事实是，临立会为香港平稳过渡作出了应有的贡献，以自己实实在在的工作业绩在香港回归的历程中乃至在中华民族的历史上写下了光彩的一笔。

（原载香港《文汇报》1998年4月9日）

本港政治信心上升

据香港某研究所最新调查结果显示，本港总体政治信心指标走势呈上升态势：去年回归时总体政治信心指数为一百一十九，到今年四月已升至一百三十五。

该调查资料还显示，本港总体政治信心的上升，在很大程度上是由"内地因素"带动的。举例说，"内地政治情况"今年四月指数较两年前开始进行该项研究的基础指标高出四成；"两地关系"则高出六成；对"一国两制"的信心指数较两年前的基础点上升百分之五十六。

笔者以为，本港总体政治信心指标的上述调查结果，基本上反映出本港的现实，因而是可信的。香港与内地唇齿相依，血脉相连。香港自七十年代以来经济上的迅速发展，就与背靠祖国腹地，得到内地强有力支持息息相关，这是除持偏见者以外的任何人都认同的事实。

香港回归后，与内地的联系愈加紧密。港人从愈来愈多的事例中认识到，香港要继续发展，保持长期的繁荣稳定，离开了内地因素是不可想像的。就拿亚洲金融风暴来说，香港虽然受到很大影响，但相对于其他国家和地区，此种影响还是最小的。为什么？就是香港有内地的强大支持。这种支持有时是有形的，更多则是无形的，比如内地不让人民币贬值就在很大程度上避免本港在金融风暴中遭受更大损失。

内地实施改革开放以来，发展迅速。中共十五大及九届人大一次会议的召开，绘制出社会发展蓝图，产生了跨世纪领导班子，整个社会正处近代以来最好的发展时期。真所谓祖国好香港就好，香港人从实践中逐渐悟出此中真谛，信心不断上升也就在情理之中了。

（原载香港《文汇报》1998年5月6日）

在祖国温暖的怀抱中

印尼首都雅加达骚乱升级。

本港市民近日都十分关注当地的情况,并为在该国的香港人及其他中国公民,以及当地华侨的安危担忧。可堪告慰的是,中国驻印尼大使馆正行使自己的神圣职责,全力以赴地为包括香港人在内的所有中国公民提供帮助。

据报道,中国驻印尼大使馆通过外交部驻港公署,将该使馆的三个电话号码向港人作出公布,以便港人联络和查询。使馆一早已安排多人全天候接听包括香港人在内的中国公民的求助电话,截至前日,已登记了一百七十九名香港公民并与其中大部分取得联络。与此同时,使馆一直与印尼外交部、警方和移民局保持联络,全力为他们提供领事服务和保护。

更为动人心魄的是,大使馆在收到在雅加达北区丹戎不碌港附近三家公司被困的香港同胞求助后,当即安排外交官随同车辆前往援助。但因当时骚乱十分严重,无法进入出事地点。待骚乱稍平息,四名外交官和两辆车即赶赴现场,把被困的七十余名香港同胞转移至安全地点。设身处地想一想,任何人在异国他乡遭遇危险之际,在祖国亲人及时赶来援助下脱险,谁能抑制得住宽慰之情呢?而祖国驻外使馆人员冒着危险全力救援香港同胞,也使每一个香港人再次领略到祖国的关怀!

祖国驻外使领馆援助香港同胞的事非仅此次,比如在海湾战争、某些非洲国家发生军事政变时等也有类似情况。现在香港回归了,作为香港的中国公民,从发生在雅加达的感人一幕,真切感受到自己正生活在祖国温暖的怀抱中……

(原载香港《文汇报》1998 年 5 月 16 日)

港人认同抗洪精神

日前在一位朋友家小聚，其间朋友女儿收看电视时偶然调到北京中央电视台抗洪英雄报告会的现场直播，英雄的报告朴实而富有激情，听者无不动容，我们几个竟然也于不觉间流泪看完整个节目。

我们实在被抗洪英雄们的感人事迹深深打动了。由此笔者联想到，前几天由中央召开的抗洪总结表彰大会及大型文艺晚会《抗洪精神颂》为什么能在全国范围引起那么强烈的回响。

今年盛夏，中华大地发生了世纪罕见的特大洪灾。全国人民特别是水患地区数百万军民团结一心，展开了一场波澜壮阔、气吞山河的抗洪抢险斗争。他们与肆虐的洪水作殊死搏斗，抗御了一次又一次特大洪峰，终于保住了大堤，保住了重要城市和交通干线，保护了民众的生命安全，取得了抗击世纪洪患的伟大胜利，将损失减少到最低程度。朋友说，这次抗洪的胜利必定会在中华民族发展史上留下光辉的一页。诚哉斯言！

国家主席江泽民日前指出，在伟大的抗洪斗争中，我们形成了万众一心、众志成城、不怕困难、顽强拼搏、坚韧不拔、敢于胜利的伟大抗洪精神。应当说这是对华夏儿女在此次抗洪中所自觉表现出来的伟大精神力量的高度概括。事实再次表明，当某种伟大的精神把中华民族凝聚起来时，就会成为战胜困难、改造自然的巨大物质力量。

这场抗洪斗争发生在内地，但香港人在自身遇到经济困难的情况下依然想灾区之所想，急灾民之所急，伸出热情之手，踊跃捐款捐物，这也是一种伟大的参与，因此抗洪精神中同样凝聚有香港人的奉献。

内地正在广泛弘扬抗洪精神，相信亿万民众将在这种精神鼓舞和激励下更加奋发地去实现跨世纪发展的战略任务。香港人不仅认同抗洪精神，在现实中同样在发扬这种不屈不挠的精神，克服眼下的困难，迎接新一轮经济复兴的到来！

（原载香港《文汇报》1998年10月3日）

隐忧多多

连日来，有关终审法院对港人内地所生子女居港权问题的裁决，已成为本港街谈巷议的热门话题。各界人士对到底内地有多少人拥有居港权不清楚，有人更估计将有百万大军南下香江，因而对有关裁决可能为特区社会造成重大冲击不无忧虑。笔者和几位友人茶叙，大家信口之下，也列举出种种隐忧。

一是可能引发偷渡潮。由于有关裁决将居留权与单程证"脱钩"，即凡是港人在内地所生子女，无须内地公安部门批发单程证便可来港定居，为捷足先登，便可能用偷渡的办法来港，虽不至于千帆竞渡，但定会壮大冒险者的队伍，这无形中增添了两地特别是内地边防的压力，偷渡孩子的安全也堪忧。

二是教育上的难题。本港教育尤其是中小学学位不足众所周知，是故才有半日制的问题。数万正值学龄的儿童蜂拥来港，学位难题更形突出。弄得不好，一旦影响这些孩童的学业，将直接影响香港新一代人口的质素。

三是使高失业雪上加霜。本港目前的失业率已高达百分之五点八，创下十八年之最。大量青壮年（其在内地出生时或父或母尚不是本港永久居民）来港，势必进一步推高失业率。

四是住房更加紧张。毋庸讳言，本港多数人住得并不宽畅，来港定居儿童的父辈多为普罗阶层，子女突然来港使原本狭窄的住所愈加拥挤，而过往不少家庭悲剧就是由住房困难引发的。

五是可能增加伦常悲剧。由于港人在内地非婚生子女也享有居港权，甄别问题随之而生，有"风流史"的香港男人将会为"亲子鉴定"等等而不胜其烦。正妻与"二奶"肯定水火不容，对簿公堂在所难免，定会增加内地公安、司法、医疗等部门的负担，无端耗费宝贵的资源不说，好端端的家庭便埋下分裂的火种，极端者便会酿成伦常悲剧。兼且子女来港，"二奶"由于没有居港权，由谁来照顾她们？这些"二奶"子女很可能沦为"二等公民"，对身心正常成长甚为不利，弄不好就会成为黑社会的后备军。

诸如此类，尚可举出不少。香港作为弹丸之地，需要安定，需要有序，尤其正值经济困境，倘因居港权所引发所衍生的问题对本港造成震荡，其不良后果相信任何人不愿见到。有道香港是我家，繁荣靠大家，现时因一纸判决，引发诸多隐患，但凡实事求是者，有谁不心焦！

（原载香港《文汇报》1999年2月5日）

并非虚构的故事

终审法院对港人内地所生子女居港权的裁决，引起本港社会的强烈震动。于是在报章上，便出现了许多能体现这种震动侧面及社会正发生微妙变化的小故事。笔者信手采撷几则，略加压缩整理，除感谢报道者外，再与读者朋友细细体味……

"蛇头"大喜

一名经常在沙头角出没的"蛇头"对自己的业绩一向颇为得意，他透露仅上月就有三十多儿童经他们之手由此"送"入香港，唯一遗憾的是价位太低。一夜之间，"屈蛇"费由四千五变为三万，飙升六倍有多。"蛇头"大喜：老天赐我发大财也！

高官叔公的烦恼

话说某高官的叔公，已是耄耋之年。他有两房太太，分居两地，内地的大太育有八子女，二太及十名子女一直和自己在香港，大太虽有怨气，两大阵营本也相安无事。想不到一声判决，令大太顿觉扬眉吐气，她和八子女及孙子、外孙纷纷盘算来港大计，倒苦了这位叔公，他对两房太太及各自生育的子女争夺财产、名分的内斗甚至官非，将怎么办？怎么办？

黑暗中的"明灯"

某高官的一位律师朋友生意平平，见面时常见他愁眉苦脸，并慨叹再无起色便要关门大吉。岂料近日与该高官相见时竟满面春风，兴奋地形容一纸判决正如同黑夜中一盏"明灯"，救市在望。高官不解，答曰：新一轮争家产官司将滚滚而来……

"二奶"不再避孕

开往罗湖的列车上,几名男子正谈论往东莞会"女友"的事。某男一脸无奈,说过往她知道自己不会被明媒正娶,就最怕有孩子,故每每做足安全功夫,近日却一反常态,主动要求不再避孕,更直接表示想生一个,因为……

爱玲有了"护身符"

住在一河之隔的爱玲虽不甘一辈子做"二奶",却从不敢向孩子他爹(港人)要名分。如今一夜之间凭借子贵,说自己有一万个理由去争回名分。有人问:你一旦坐正,另一女人岂不要离开,这公平吗?答曰:她已当了二十年太太,我一天也没有当过,这对我公平吗?末了理直气壮加一句:现在有了"护身符",谁怕谁呢?

呜呼!读罢这一则则并非虚构的小故事,笔者欲笑不能,欲哭无泪。读者诸君,你呢?

(原载香港《文汇报》1999年2月6日)

近观香港

新春的祝福

岁月飞逝，转眼就是一年。明日便是农历兔年新年，笔者谨向热诚关心和支持本专栏的读者朋友们恭贺新春！

据报道，最近联合国官员和世界各国驻联合国的使节已经对各国人民普遍关心的一件事达成共识：将公元一九九九年作为本世纪的最后一年。这对中国人来说，意味着兔年新年是本世纪最后一个新春佳节。

这"最后一个"当然就能引发人们的无限思绪。回首二十世纪，中国在历经苦难、屈辱与挫折之后，终于以二十年改革开放，在世纪末使整个国家初步摆脱了贫穷和落后，顺利实现了宏伟发展计划的前两步，以巨大的活力和崭新的面貌昂然屹立于世界的东方。香港的繁荣也是在本世纪后半叶特别是七十年代以后逐渐实现的。历经几代人的努力，香港已从偏僻的小岛变成耀眼的东方明珠。更为可喜的是香港终于在本世纪内顺利回到祖国的怀抱，使得中华民族的大统一朝前迈进了一大步。

即使回眸即将逝去的农历虎年，内地取得辉煌成就自不待言，香港的成绩也极为不凡。在亚洲金融风暴严重冲击下，港人没有被经济困难吓倒，而是同心协力，共度时艰，拼搏奋发。特区政府在将因外围因素造成的损失减至最低的同时，更放眼新的世纪，采取种种措施，为香港在新世纪伊始就具备新的竞争力奠下坚实基础。

毋庸讳言，香港经济当前仍处困难时期，也有难题未解。然而沧海横流方显出英雄本色，香港人一向具有直面挑战、随机应变的风骨与品格，加之快速健康发展的内地经济给香港强有力的支持，在以董建华为首的特区政府引领下，六百多万港人一定能克服困难、化解难题、转危为机。

春节是春的使节。春天在向我们召唤，读者朋友，衷心祝福您播下希望之种，在新世纪第一个新春佳节到来之前采撷丰硕的果实……

（原载香港《文汇报》1999 年 2 月 15 日）

特首就是特首

提出特首就是特首的问题，读者朋友也许不明所以。特首是香港特别行政区最高行政首长的简称，他既与过去的港督有质的区别，也不同于内地的省长、市长。可是，有人却喜欢将特首与已成为历史的港督作比较，目前更有传媒、机构以此为题向市民作专项调查。笔者以为，这样的调查不能不说带有某种误导的成分。

由于众所周知的原因，香港一度离开祖国母体一百五十余年。从璞鼎查到彭定康，二十八任港督面目不同、脾性有异，惟有一点相同，那就是他们均由英皇室授权并向英皇负责，代表的是殖民统治者的利益。对此，《英皇制诰》和《皇室训令》都写得清清楚楚。特首则完全不同，他是中国香港特别行政区的代表，对中央人民政府和香港特区负责。对此，基本法规限得明明白白。

千万别以为这是老生常谈。由于各自的权力来源和所负责的对象根本不同，港督与特首工作的思路就不可能一样。没有任何一个港督会为香港的长远利益尽心尽力，获知香港前途之后的港督更不可能谋划香港九七之后的发展。特首则不一样，他要向中央政府负责，向六百多万香港市民负责，主人翁意识促使他要为香港制定一系列长远发展的策略与规划。

香港回归不久由于受到金融风暴的冲击，使经济遇到空前的困难，而说到自身因素，不能不说相当一部分正是过往港督们的短期行为所致。将繁荣的一面归功港督，而将因外围因素和短期行为的后遗症归咎特首，这难道公平吗？

"一国两制"、"港人治港"、高度自治是史无前例的崭新事业。作为首任特首，董先生工作的难度和挑战性可想而知。所幸他有务实求真之心，无哗众取宠之意；他立足当前，放眼未来，一步一个脚印地带领香港向前。评价特首，当然也就不能不看远一点。特首就是特首，尽管错失在所难免，但一切殖民统治时代的港督都无须拿来比较——因为香港已经不是昔日的香港！

（原载香港《文汇报》1999年3月26日）

近观香港

还是称"内地"合适

几个乘客正在谈论假期北上旅游的观感。甲说此次"大陆"之旅开了眼界,乙说"大陆"变化之大出乎意料,这时丙矫正道:还是称"内地"合适的……这是日前笔者在九广东铁列车上目睹的一幕。

还是称"内地"合适,笔者非常赞同那位乘客的看法。香港人将祖国内地称为"大陆"由来已久,那当然有历史的原因。其实,单就地理位置而言,香港将内地称为"大陆"并不准确,也不合适。

称呼是相对的,把辽阔的内地称为"大陆",往往是相对台湾海峡两岸而言的,可香港的情形与此有别。从地理概念来说,香港与祖国腹地山水相连,香港本来就是"大陆"的组成部分,并没有大海相隔。因为众所周知,人们通常所说的香港不仅仅是香港岛,而是由港岛、九龙半岛和"新界"三部分组合而成,从地域面积说来,后两者之和比前者大得多(全香港一千零九十五平方公里,港岛只占八十平方公里)。本身就处于大陆而将大陆的另一部分称为"大陆",就如同生活在港岛的人将去九龙和"新界"说成去"香港"一样,显然是不恰当的。

香港回归祖国后揭开了历史的新篇章,香港和内地的关系恢复了她的本来面目。理所当然,某些称呼也应与之相适应。相对于祖国辽阔的腹地,香港地处南部沿海,从香港的角度,将祖国腹地称为"内地"最为合适,最符合事物的本来面目,笔者欣喜地看到,回归后本港众多的报章、电视都逐渐在改"大陆"为"内地",市民口头称"内地"者也愈来愈多,相信假以时日,"内地"的称呼在香港会愈加普遍。

(原载香港《文汇报》1999年4月21日)

释法并不损自治

国务院已接纳行政长官就居留权问题请求人大解释基本法有关条款的报告，并将提请人大常委会审议。显然，释法问题的这一进展是香港民意所乐于见到的。

在释法问题上有反对意见完全正常。事实上，特区政府是重视反对意见的，即使在呈交国务院的报告中，也附有十九册港人对释法的各种意见，包括最激烈反对释法的民主党和大律师公会的意见在内。在人大常委会释法前后，不同意见仍可透过各种途径表达。

遗憾的是，有人表达意见背离理性原则，不注意摆事实讲道理，而是竭力危言耸听，甚至攻击谩骂。比如某资深大律师在一项演讲中就严厉斥责特区政府破坏本港的法律体系，"出卖、谋杀普通法"，并指责特区政府单说人大有解释权，而放弃自治权。

"出卖、谋杀普通法"，这帽子实在大得吓人，但毫无依据。回归之后，香港作为普通法区并无改变，特区政府一再申明尊重香港的司法判决。现在的问题是，行普通法的香港特区，到底承不承认作为一国最高立法机关人大常委会的法律地位问题。此次特区政府提请人大释法，是面对非常特殊情况的不得已选择，该大律师却将此无限延伸，起码在逻辑上是以特殊涵盖一般之谬。

再者，特区的高度自治权是全国人大通过制定基本法授予特区的，但高度自治并不是完全自治。认为人大解释基本法就是破坏了香港自治，就意味着基本法并不管用；认为特区提请人大释法等于放弃了自治，实际上就是将香港看作是一个完全自治的独立实体了。相信，这并不是该资深大律师的本意吧？

（原载香港《文汇报》1999年6月11日）

祖国，祝福你！

今天是你的生日，我的中国……

这是内地颇为流行的一首抒情歌曲，唱在今日最合适。而今天又是新中国第五十个生日，听这首歌更令人动情和感奋。也正因此，前天北京人民大会堂举办的《祖国颂》大型文艺晚会以这首歌为主旋律，在全国亿万民众中激起了强烈的共鸣！

五十年，弹指一挥间。然而，历经五十秋，神州已巨变。如今，当祖国以蓬勃强盛的活力和快速发展的态势面对世界时，整个世界为之瞩目！从"一穷二白"到经济总量跃居全球第七位，从长期积贫积弱到实现初步繁荣昌盛，中国人可以自豪地说，新中国的五十年，在中华民族的发展史上写下了极其光辉的一页。历尽灾难深重的中华民族正以前所未有的崭新姿态，巍然屹立于世界民族之林。

五十年的成就说不尽，道不完。概而言之，从一九四九到一九九九这五十年，是新中国站起来、富起来、强起来的五十年。五十年前在天安门广场升起的五星红旗，标志着古老的中国终于实现了民族独立和人民解放；改革开放又推动了中华民族的全面振兴，大大增强了新中国的综合国力。也正是在这样的背景下，香港的回归才成为历史的必然。对此，香港市民尤为感触良深。

香港的命运从来就和祖国息息相关。"祖国好，香港好"，行政长官董建华的这句名言，既表达了六百多万香港市民的心声，也概括了在强大祖国支持下，香港由一个转口贸易港发展成世界知名的工业城市，再发展成举世瞩目的国际经贸、金融、航运中心，进而逐步走上创新科技道路的发展轨迹。

香港人从长期遭受殖民统治到重回祖国怀抱，而今又同全国人民一道，堂堂正正喜庆祖国五十岁生日，该是多大的历史性变化！抚今追昔，香港人为祖国五十年骄人成就而自豪，更对香港、对祖国美好的未来充满信心。

祝福你，我们的祖国……

（原载香港《文汇报》1999年10月1日）

从"临时"到正式

曾几何时,"临时"一度在香港成了"热门"词汇,与港人的社会生活发生了密不可分的联系。临时立法会、临时市政局、临时区域市政局、临时区议会……哪个市民能与它们毫不相干呢?

如今,随着下月二十八日首届区议会的诞生,香港人即将与所有的"临时"告别,这就很自然引发人们的感触。

众所周知,自末代港督抵港后,英方一意孤行,推行所谓政改,这就使得按此方案单方面产生的末届三级架构无法乘坐"直通车"。于是,在特定的历史条件下,以不同方式组成的临时立法会、临时区议会等在特区成立前后应运而生,分别承担起各自正式产生前的工作职能。

由此可见,"临时"是不得已的产物。但它们在殖民统治与香港特区正式法定架构之间起到了过渡作用。它们受命于香港社会发生历史性转折的关键时刻,迎着风风雨雨,义无反顾,为香港的平稳过渡和新生特区的有效运作尽职尽力,作出了不可磨灭的历史性贡献。它们虽属"临时",却会永久留在香港特别行政区的史册上。

当然,无论政府还是市民,在充分肯定"临时"们所作特殊贡献的同时,也热切期盼这些正式架构的早日诞生。去年五月首届立法会产生后,临时立法会功成身退;随着下月首届区议会诞生,临时区议会便完成历史使命;而两个临时市政局也将退出政制舞台。

香港人在由"临时"向正式架构转化的进程中,表现出积极参与的空前热情。去年首届立法会选举,选民们冒着狂风暴雨前往投票,创下了一百四十九万选民投票(投票率达到百分之五十三)的历史纪录。如今首届区议会选举报名刚结束,已打破参选总人数最多(七百九十九人)、女性参选人数最多(一百二十八人)等多项区选纪录。可见,由于告别"临时"之后特区政制架构愈加完整,广大市民的主人翁精神和建设新香港的热情将得到进一步发挥。

(原载香港《文汇报》1999年10月22日)

文明竞选很重要

再过三十天,便是特区首届区议会选举的投票日。

今届区议会是在特区政府撤销两个市政局之际组建的,是一届跨世纪的议会。加之区议会无论在地位、职能抑或代表性方面,都有所提高,因此报名之热烈,参选之踊跃,均为本港历届区议会选举之最。

此次选举争夺之激烈不难想像。有七十个选区是三名候选人争夺一个议席,更有十余选区是四至五人相争,甚至有政团首脑也参与竞逐。各政党、政团及有关人士毅然参选,除了希望在首届区议会占有一席、热诚服务市民外,还着意于试探和观测民意,掌握人脉,为日后接踵而来的多项选举铺路。也正是在此意义上,此次区议会选举普遍被视为新世纪开首之年特区第二届立法会选举的前哨战和热身赛。各参选人及其背后政党社团拿出十八般武艺参与竞选以图胜出,实属理所当然。

眼下,竞选活动渐趋热烈。政府为使选举公平公正地进行,已做足功夫。从政府高层到普罗市民,对今届选举有着更高的期望,都希望选举圆满成功。笔者以为,为了达此目标,提倡文明竞选十分重要。

记得在过往的一些基层选举中,某些本没有地区工作经验,也缺乏服务基层业绩的政客,攻击抹黑对手无所不用其极,甚至连一些粗野且带有诋毁诬蔑色彩的"口号",也堂而皇之出现在某些政党某些选区竞选誓师大会上,实在与现代社会的文明选举格格不入。

笔者以为,所有候选人和选民,都应当记取过往的教训,提倡健康文明的竞争,摈弃辱骂恐吓式的"战斗"。所有的候选人都应秉持实事求是之心,而唾弃哗众取宠之意。日前,一些候选人在誓师大会上公开呼吁与对手进行服务市民的竞赛,让市民有真正的选择。此种精神,值得大力提倡。

(原载香港《文汇报》1999 年 10 月 28 日)

无声的宣告

迪士尼与南海明珠"联姻",喜讯传遍街头巷尾,普罗市民喜笑颜开,整个香港为之一振。

米奇老鼠落户香江,迪士尼公司与本港达成兴建主题公园的协议,其深远的意义已超越事件的本身。这不仅是一间久负盛名的国际公司对香港投下信心一票,也意味着国际社会普遍看好"一国两制"架构下新香港的前景。这是无声的宣告,也是无形的资产!

曾几何时,有国际人士预言,香港回归中国之后,将出现人才流尽、股市崩溃、市场凋零、人心动荡等一系列可怕局面。然而事实作出了与之相反的回答。即使香港无可避免地遭受到世界性金融风潮的侵袭,也已安然渡过难关,迎来了经济的逐步复苏。有报道指回归前将总部撤出香港的一些财团均有不同程度的懊悔之意,更有财团在酝酿回迁。在这样的时候,具有国际影响的迪士尼公司将目光投向香港绝非偶然。假若对香港特区社会的运行作负面观,假如不看好香港的未来,那是不可想像的。

完全可以预料,迪士尼乐园一旦建成,香港的旅游业将步入一个崭新的阶段。据政府保守估计,未来四十年内迪士尼乐园将为香港创造一千四百八十亿元的收益,相当于投资的八倍,而且可以带来数以万计的新职位,催生、牵动、带旺一系列相关行业。经济领域的效益尚可算计,社会政治层面的正面影响则非金钱所能估量。迪士尼公司将本土之外的第三间主题公园建在香港,无疑给国际社会提供了一个重要信息:香港真乃动感活力之都,前途无量,投资正当其时。

深层的意义还在于,迪士尼乐园落成之时,香港当与法国巴黎、日本东京齐名,这与行政长官在第三份施政报告中将香港定位为国际性大都会及地区性首要城市,能享有类似美洲纽约、欧洲伦敦这样的地位相吻合,这就势必进一步激发广大市民建设新香港的积极性和创造力。

(原载香港《文汇报》1999 年 11 月 4 日)

世纪礼物

中美达成世贸协议，正如李嘉诚先生所言，这是新世纪降临前夕，继迪士尼协议之后送给香港的最好礼物。

中美协议的达成，标志着中国加入世界贸易组织的最大障碍已经扫除，中国"入世"指日可待。笔者极之赞同这样的说法，即如果说一九七一年在联合国的合法席位得以恢复意味着中国正式走上世界政治舞台的话，那么中国加入世贸组织则标志着中国全面步入全球经济舞台。

单说香港，之所以说协议是送给香港的世纪礼物恰如其分，在于中国"入世"对于香港的意义实在太深远了。众所周知，香港本身并无多少资源，起码在当前，香港在世界经贸舞台上的最大本钱在于其经纪功能的中介角色。笔者以为，中国"入世"非但不会令香港的中介角色淡化，反而会愈加突出。这是因为——

其一，香港法律健全举世皆知，其一系列公司法和商业法均为西方国家所熟悉，再加之香港作为国际知名的金融、贸易、航运中心，可以吸引更多的外国公司在港建立区域总部；其二，在许多外商眼中，中国市场庞大但深不可测，而香港与中国内地人文相通，且许多港商在内地已打滚二十余年，其丰富经验必为外商垂青，自然会找港商合作以作过渡；其三，香港向以优秀的专业服务业如金融、会计、法律、工商管理、公关、运输等等见称，中国"入世"后无论内地还是外商都更为需要这些服务，因而专业服务在沟通中外双方领域大有可为。

当然，香港不能永远充当经纪中介角色，但蓬勃兴旺的中介服务业可使香港经济快速复苏，而一个时期服务中介业的兴旺，正是香港得以喘息，继而进行产业结构调整乃至完成第三次经济转型的有利时机。这一时机真可谓千载难逢。

实际上，中国加入世贸组织，也正是考虑到对香港有利这样的因素。可以预料，在"世纪礼物"的效应之下，香港经济在不远的将来定会迈上一个新的台阶！

（原载香港《文汇报》1999 年 11 月 19 日）

殖民统治打上句号

真所谓屈指可数，再过短短几天，澳门就要回到祖国的怀抱。香港社会各界在喜庆香港回归两年多之后，又一次听到回归的脚步声。随着澳门回归，殖民统治在中国打上句号。

同香港一样，澳门自古就是中国的神圣领土。虽然澳门从十六世纪中叶起就被葡萄牙逐步占领，但葡国真正对澳门实施殖民统治，还是从鸦片战争爆发后的一八四九年开始。从一八四九到一九九九年，历史演进了整整一百五十年。悠悠岁月，百年沧桑。与过去所有炎黄传人切盼香港回归一样，尽早收回澳门，对澳门恢复行使主权，也是长期以来包括澳门同胞在内的全世界华夏儿女的共同愿望。其间，不知有多少仁人志士为结束殖民统治，为中华民族的团圆而前仆后继，英勇奋斗，甚至献出宝贵的生命也在所不惜。

在此，笔者不禁想起新华社香港分社前社长周南的一段深情回忆。这位自始至终参与澳门问题谈判，并任中方代表团团长的资深外交家，在接受传媒采访时透露，有关港澳回归谈判，都是在邓小平先生亲自主持下进行的。在中葡谈判之前，邓公就斩钉截铁地指出，中国一定要在本世纪末，即公元二〇〇〇年以前收回澳门，绝不允许在中国领土上实施殖民统治的局面延续到二十一世纪。如今，中国人民的这一热切愿望就要变为现实。中国人民的伟大儿子邓小平，以及无数深爱自己祖国的先辈们若泉下有知，都可以展颜一笑了！

二十世纪还剩下最后的十多天，人类社会将昂首跨入一个新的千禧之年。笔者以为，澳门在风云激荡的二十世纪降下帷幕前夕实现回归，其深远意义已经超越事件的本身。中国人民的欢声笑语，回归庆典的烟花礼炮，一齐向全世界宣告——殖民统治从此与中国绝缘，中国人民的辛酸悲惨，中华民族的屈辱苦难，已经在本世纪末荡涤干净，中国人民将以历史上从未有过的崭新姿态，满怀信心地迈入新的世纪！

（原载香港《文汇报》1999 年 12 月 16 日）

近观香港

港澳携手并进

澳门已于今天回到祖国怀抱。对于饱经忧患的中华民族来说，这实在是一件大喜事。昨日电视所见，本港一位记者在北京街头随意采访一路人，问其对澳门回归的感受，路人毫无忸怩，脸上透着喜悦的神采，说了一大段喜庆的话，末了说，香港和澳门都回归了，祖国南海之滨的这两颗明珠可以齐齐闪光了……

这位北京市民道出了广大民众的心里话。港澳，港澳，内地民众一向是将二者并提的。两地一衣带水，都有一段长期受殖民统治的不幸历史。如今先后回归祖国，中华民族的历史屈辱得以彻底洗刷，作为中国人，怎能不发自心底感到高兴呢？先于澳门回到祖国怀抱的香港，在两年半时间里，"一国两制"得到切实贯彻落实，港人享有充分的民主和自由，各种经商活动完全在一个自由开放的市场体系下运行。

特别是在亚洲金融风暴侵袭香港期间，中央政府在不干预香港经济运作的大前提下，给予香港种种关爱，使香港依托内地强大后盾，顺利渡过了历史性危机。现在，香港已经渡过最困难的时期，各项经济指标逐渐止跌回升，复苏已见曙光。从香港回归后走过的历程，完全可以预见，"一国两制"必将在回归后的澳门得到全面贯彻实施，回归后的澳门一定会更加繁荣稳定。

港澳两地的紧密联系有着悠久的历史，可以说是你中有我，我中有你。澳门向有香港"后花园"之称，许多港商在澳门有投资，更多的市民经常前往澳门旅游度假。一个繁荣稳定的澳门对于香港有着特殊的意义。同时，由于香港是国际金融、经贸、航运中心，继续保持香港的国际和区域中心城市地位，也是对澳门社会稳定和经济发展的最大支持。可以预见，在澳门回归之后，港澳之间的各种联系一定会愈加频繁紧密，相互借鉴，互补互利，携手并进，两地关系必将谱写出新的篇章！

（原载香港《文汇报》1999年12月20日）

奋斗进取迎千禧

一九九九年的日历还剩下最后几页，本世纪、本千年处在真正的尾声之中，新的世纪、新的千年在向我们招手。

香港迎接新世纪、新千年的气氛已经非常浓烈，从摩天大厦五彩缤纷的千禧灯饰，到大店小铺琳琅满目的纪念物品，都给人一种迎新的浓郁温馨之情。

最近，国际舆论纷纷"唱好"香港，尤其是一致看好新世纪元年的香港经济，认为明年是香港经济迅速复原、有所作为的一年。香港大学"高频宏观经济预测"更预计，新一年香港经济复苏将持高昂势头，首季增长率更可高达百分之六点六。与此相关联，香港政策研究所的调查也显示，市民对香港经济前景的信心也显著上升。

种种迹象表明，香港经济已走出两年来的谷底，新一轮的快速发展正在酝酿，蓄势待发之势已日趋明显。而这，是与外围的利好因素密不可分的。内地加入世贸组织已在眼前，香港的"中介"角色将更形突出，东亚经济进一步增强，美加需求保持强劲，欧洲经济普遍好转，均使得本港出口以及服务输出迅速反弹。

一位朋友日前对笔者说，他并不忧虑本港经济复苏的步伐，倒是担心曾经创造经济奇迹的香港人，特别是年轻一代的奋斗进取精神，能否足以支撑新一轮的经济跃升。笔者以为，悲观论当然不可取，但朋友的担忧却并非多余。近年来一系列事实表明，在一部分港人特别是青年一代中，拼搏奋斗、积极进取的精神有所减弱。鉴于此，倡导以奋斗进取精神迎接新世纪、新千年就显得刻不容缓。这已经成为社会各界的共识。

正是在上述意义上，特首在其第三份施政报告中从培育新一代入手，对港人的质素给予高度关注，并提出一系列相关措施。随着新世纪的到来，世界经济将步入知识经济的崭新领域。世界千变万化，只要香港人所特有的奋斗和进取精神不变，香港便能以不变应万变，在新世纪、新千年的激烈竞争中立于不败之地！

（原载香港《文汇报》1999 年 12 月 27 日）

▶ 近观香港 ◀

祝福新世纪

今天是公元二〇〇〇年元旦，集新千年和新世纪第一天于一身，今年的元旦特别有意义！

岁月更替，生命不息。踏着人类社会前进的步伐，新的千年、新的世纪终于降临人间。一个人遇上一次世纪交替已属不易，能逢千年之交则更是难得。唯其如此，世界各地，人们尽管肤色不同，信仰有异，但都在欢呼雀跃，喜迎新千年、新世纪的来临。

刚刚过去的二十世纪在人类历史长河中是一个相当不平凡的世纪。该世纪的前五十年以战乱为其主要特色，两次世界大战给人类社会带来深重的灾难，数千万无辜生命或在战火中化为灰烬，或长眠于地下；后五十年则以和平发展为主旋律，世界绝大部分国家和地区都在这五十年里致力于经济和社会的发展，人类社会现代化的曙光正是在这一世纪后半叶逐渐显现出来。

不难发现，占世界总人口一个相当大比重的中国，其走过的历程与世界同步：前五十年中国所遭受西方列强的欺凌不想再提，却无法忘记，而新中国的诞生揭开了中华民族历史的新篇章，中国一改贫穷落后的面貌，逐步建设、发展成为一个初步繁荣昌盛、国际地位日益提升的国家，也正是后五十年间的事。作为华夏儿女，尤其值得自豪的是，在世纪交替之际，香港和澳门先后回到祖国怀抱，中华民族的历史屈辱得以彻底洗刷，以一种前所未有的崭新姿态迈入新千年和新世纪。

展望二十一世纪，笔者坚信，和平与发展依然会是世界的主流。对于中国人民来说，毋庸置疑，祖国的统一大业定将完成，港、澳、台在祖国的怀抱中，在"一国两制"架构下定会更加繁荣。而到本世纪中叶，中国将基本实现现代化，达到中等发达国家水平。可以预期，到本世纪末，中国将以举世瞩目的英姿自立于世界强盛民族之林。

想想中华民族的世代梦想将在本世纪中化为现实，我们怎能不祝福你，新的世纪！

（原载香港《文汇报》2000年1月1日）

喜见"末日论"破产

人类社会已顺利跨入新的世纪、新的千年。天空还是这个天空，地球还是这个地球，万物各适其所，人类活动如常。这一切的一切，都无声却是无情地宣告了世界"末日论"的彻底破产！

在历史长河中，世界"末日论"究竟出现过多少次，恐怕很难统计。人类社会可以说就是在"末日论"的喧嚣声中不断向前发展的。早在一九一九年，美国就有人"预言"当年的十二月十七日地球和太阳将同时毁灭。而到了九十年代，随着新世纪和新千年的日益临近，各种各样的世界"末日论"更是甚嚣尘上——一九九二年，美国大卫教派"预言"一九九五年是地球末日；一九九三年，乌克兰兄弟教派鼓吹人类大劫难即将到来；一九九六年，印尼一邪教主说一九九九年是"世界末日"；至于"预言"二十世纪的最后一天是世界"末日"的邪教则更多，美国一邪教干脆就以"世界末日"命名。

如果说上述"末日论"鼓吹者远离我们而印象不深的话，那么出自中国内地的邪教"法轮功"人们绝不陌生。该邪教的头目李洪志就多次鼓噪世界"末日论"，在许多场合胡诌什么"人类多次毁灭过"，宣称"如今地球又要爆炸"、"人类末日将临"，唯有他和"法轮功"方能度人上天，延缓地球毁灭之日，等等。

可见世界上的邪教虽千奇百怪，在宣扬"末日论"上却是何等相似！而所有邪教鼓噪"末日论"的目的也毫无二致，那就是制造恐怖气氛和恐慌心理，使信众更狂热、更盲目地追随他们。

新旧世纪的顺利交替，新旧千年的平稳过渡，世人喜见"末日论"的破产，但并不意味着它从此销声匿迹。伴随着人类前进的脚步，形形色色的"末日论"还会不断出笼，不同的只是变换新的包装而已。然而，人们只要牢牢掌握科学的武器，就不难识破和揭穿品种繁多、五光十色的"末日论"的骗局！

(原载香港《文汇报》2000年1月8日)

无限商机在西部

一位本港全国人大代表告诉笔者，在此次"两会"期间，港区代表们充分感受到全国上下高度关注西部大开发的强烈气息。而西部省区许多人大代表见到香港代表时讲得最多的一句话便是——无限商机在西部。

无限商机在西部，说得好！这不仅是西部地区人大代表，也是国家整个西部大开发战略部署向本港商家们发出的重要信息。众所周知，经过二十年改革开放，内地东南沿海地区得地缘之便和风气之先，经济快速发展，民众生活水平长足提高，社会面貌发生了天翻地覆的变化，而幅员辽阔、资源丰富的大西北的发展却相对滞后。

在东部已经发展起来，国家积累了较大实力的今天，西部大开发的时机已经成熟。国家抓住时机，作出开发西部的决策，不仅受到西部的极大欢迎，也受到先富一步的东部地区的大力支持。因为东部的继续发展需要大西北的资源和市场，西部则离不开东部的技术、人才和资金。

对于本港商家来说，内地西部大开发的商机绝对不亚于当年东部改革开放之初。八十年代初，许多商家瞄准时机到珠三角及东部其他地区办厂、投资，不仅自身得到了丰厚的回报，也使得本港经济逐步实现了新一轮转型。没有内地的改革开放，便没有香港今日的繁荣，这是广大港人的共识。与东部相比，实施西部开发更是一个长期的发展战略，需要几十年甚至更长时间和几代人的不懈努力。唯其如此，它提供的商机也就更多更宽泛。

当然，对于本港商家来说，西部大开发绝不是当年投资东部的简单重复，劳动密集型产业的吸引力已大不如前。但即使是短期内，在大西北投资基础设施、资源粗加工、生态农业或中介服务性产业等也大有可为。如以长期计，投资信息及许多高科技产业更前途无限。本港商家充满睿智，过往能一次次抓住各色各样的商机，又岂能不在国家西部大开发中大显身手！

（原载香港《文汇报》2000年3月18日）

"香港游"更旺

前不久,内地一位朋友来港公干之余与笔者叙旧,说到两地交往,朋友认为"香港游"的限制应当放宽。欣闻近日特区政府和国家旅游局已经达成大幅增加"香港游"配额的协议,每日来港游客将由一千五百增至两千名,实在应了朋友的高见。

五百的绝对数也许不大,但就增幅而言,已经是不小的数目。毫无疑问,该协议落实之后,"香港游"将愈加畅旺。这实在是有利于两地的大好事。

香港是东西文化荟萃之地,享有"东方明珠"之美誉,在本港多个世界级中心的行列中,"旅游中心"便是其中之一。进入九十年代之后,旅游业一直是本港继纺织及成衣业后赚取外汇的第二大行业,为本港经济发展立下汗马功劳。

早在一九九五年,本港旅游业就创下两个第一:首次在一个月内有一百万名游客抵埠;首次出现一年内迎接第一千万名游客的到来。到了回归前夕的一九九六年,访港旅客再破纪录,达一千一百七十万人次。回归后由于受到亚洲金融风暴的影响,旅游业一度连续滑坡,自去年下半年以来,随着亚太地区经济复苏,本港旅游业也逐渐开始呈现全面复兴的态势。

在过去的岁月中,抵港游客中内地同胞占不小比例,且消费不菲。在香港经济最困难时期,中央政府就应特区要求,曾放宽内地居民来港旅游的限制,对本港旅游业渡过低潮作出贡献。内地有十数亿民众,其丰富的旅游市场令全世界羡慕。香港和他国相比,尽占地理、人文等多种优势,两地协商后大幅增加"香港游"名额,不但便于本港旅游业再创佳绩,还将带旺酒店、饮食、零售等一大批相关行业,对刺激本港经济大有裨益,又愈加方便内地民众实现一睹"东方明珠"迷人风采的夙愿,真可谓一举多得。

(原载香港《文汇报》2000年4月23日)

"包大人"有心得

终审法院常任法官包致金"包大人"率十五名本港英语法官赴北京清华大学修读法律课程归来，向记者们畅谈交流心得，电视屏幕所见，一派谈笑风生，足见受益匪浅。

"包大人"说，内地法制的发展已经有了极大进步，有很多高质素法律人才，相信内地法制发展的前景一片光明。乍一听，也许觉得这是礼貌性的溢美之词，但只要真正对内地法制发展过程有深入了解者，便会认同"包大人"道出了事实所在。

毋庸讳言，内地在法制方面是走过一段曲折道路的。然而痛定思痛，自从实施改革开放以来，国家就下决心加强法制建设，并真正为此花费了巨大的力量。从法律面前人人平等口号的提出，到穷二十余年制定大量的法律法规，直至将"依法治国"写入宪法，说内地法制建设有"极大"进步实在并非虚言，认为内地法制发展前景光明更是建基于事实的有识之言。

对于"释法"事件的提问，"包大人"直言香港的司法独立并未因"释法"而改变，他更认为有关，"释法"争拗正反映香港法制的健全。这一心得既符合实际又颇有新意。

是的，当初因终院的一纸判决引发危机，特区政府为香港繁荣稳定计而请求中央政府协助，人大常委会依法"释法"，使得居留权难题得以化解，香港社会通过争论终于取得了较为一致的取态。这一切，不正是香港法制健全的体现吗？至于"释法"后本港的法制并无受到破坏，司法独立并无任何改变更是不争的事实。身为当事人之一，"包大人"的心得不正是对美国务院至今仍执着于所谓"释法"使司法独立受损的最好回答吗？

"包大人"的心得也予人以启示：在"一国"之下，不仅仅是法官，各界各业人士都可从两地交流中获益。

（原载香港《文汇报》2000年4月28日）

值得申办

本港申办亚运又起波澜。

据专业财务顾问公司计算，主办亚运会总亏蚀额可达九亿港元。于是，原本就对申办持消极态度者更振振有词，谓申办不符合成本效益。有报章还发表社论，连讽带打，呼吁放弃申办。

特区政府在早先社会各界畅所欲言的前提下原则同意申办二〇〇六年亚运盛会，并成立专门机构作筹划，是建基于尊重主流民意，如今依然积极支持。但立法机关如因顾虑"亏本生意"而半路退却，那就实在可惜。

且不说账面测算一般多持保守，而即使真的如数亏损，也有一个值不值得的问题。实际上，举办亚运会不可与一般的生意相提并论，说到底，它并非一项单纯的生意。笔者的一孔之见，香港非常值得申办亚运。

首先，香港通过举办亚运会，可以在原有基础上再大幅提升知名度和国际地位。特首董建华在其第三份施政报告中，已经将香港定位为国际大都会，特别是亚洲区的首要城市。举办亚运正好与上述构想相吻合。相反，香港若连地区性的综合性体育运动会都举办不了或不愿举办，国际大都会岂不大有失色？而那，绝非港人所愿。

其次，可以进一步激发港人的自豪感和责任心。不少有识之士都认为，近些年来，在香港人特别是年轻一代港人中，那种拼搏奋斗的刻苦精神和永不言败的自信心有所减弱。而透过举办国际性的体育运动会，便是香港重新确立上述精神，进一步激发港人自豪感和责任心的最好契机。

第三，可以借机推广本地大众性体育健身活动，增强港人体魄，而在广泛参与的情况下，香港的体育竞技水准理当进一步提升。还可列举许多。总之办亚运是对香港的长远投资，它所带来的多种积极效应绝非金钱所能估算。

（原载香港《文汇报》2000年5月9日）

否决有理

立法会今日下午将辩论由曾钰成议员提出的一项有关反对"台独"的议案。笔者完全同意舆论的一般估计，该项议案将顺利通过。

这里有感而发的，是立法会主席事前对两项修正案的否决。两项修正案指的是由何秀兰议员提出的"本会反对动用武力统一台湾"及由梁耀忠议员提出的"本会认为台湾前途应由台湾人民决定"。这两项修正案的内容似是而非，不仅超出原议案范围，背离了原议案的本意，更有误导公众之嫌，因此否决有理。

"反对动用武力统一台湾"，这是公然要求大陆方面承诺放弃使用武力。何议员难道不知道，中国政府一向主张以和平的方式完成祖国统一大业，而"和平统一一国两制"这一解决台湾问题的著名方针一直为国际社会所共知的事实吗？大陆方面从不承诺放弃武力，不是针对台湾民众的，而是着眼于三个"如果"。何议员的修正案则一概反对动用武力，蓄意掩盖动用武力的先决条件，等于说即使出现外敌入侵宝岛、台湾从中国版图"独立"出去的情况，大陆方面也只能眼巴巴看着，这与反对"台独"的原动议岂不是背道而驰吗？

至于梁议员的修正案，不能不说是违背国际法的。根据国际法，殖民地人民有权决定自己的前途。台湾不是殖民地，而一直是中国的一部分，台湾问题是由内战造成的，它纯属中国内政。台湾首先是全体中国人民的台湾，提出台湾前途由台湾人民决定，即等于将台湾视为或当作独立的地区或实体，而这显然是无视台湾的历史和现状，是极其荒谬的。不能不说，梁议员修正案的论调与喧嚣一时的"台湾公决"论如出一辙，是包括本港市民在内的全世界所有华夏儿女坚决反对的！

（原载香港《文汇报》2000年5月10日）

"入世"在望

中国与欧盟就中国加入世贸达成协议，至此，中国在这方面的主要障碍已全部消除，"入世"在望。喜讯传来，香港市民都感到高兴，一位商界巨子说得好，"入世"是国家对外开放的重要指标，也是送给经济复苏中香港的最好礼物。

事实正是这样。国家主席江泽民在会见欧盟贸易委员拉米时表示，中国加入世贸所作努力表明中国将进一步扩大对外开放。谁都知道，内地民众一直在盼望自己国家能早日"入世"。有一种说法在内地极为流行，即如果说一九七一年在联合国的合法席位得以恢复意味着中国正式走上世界政治舞台的话，那么"入世"则标志着中国全面步入全球经济舞台。中国在两个舞台上长袖善舞之日，不正是中华民族实现伟大复兴之时吗？

就以我们香港来说，中国"入世"无论从何角度看都是一件好事。港人皆知，我们赖以生存的这块土地本身并无多少资源，起码在当前，本港在世界经贸舞台上的最大本钱在于其经纪功能的中介角色。中国"入世"非但不会令香港的中介角色淡化弱化，反而会愈加突出。

举例来说，本港法律健全，且为西方国家所熟悉，再加之金融、贸易、航运中心的国际地位，可以吸引更多的外国公司在港建立区域总部；香港与中国内地人文相通，许多港商长期在内地打滚的丰富经验必为外商垂青；香港向以优秀的专业服务如金融、会计、保险、工商管理、分销等在沟通中外双方领域大有可为，等等。

诚然，经纪中介角色非永久之计，但可加快经济复苏，为进一步完成第三次经济转型创造条件。从眼下看，中欧协议必将对近日美国会表决予华PNTR造成积极推动作用。不难预料，在PNTR的效应之下，香港经济将会很快得益！

（原载香港《文汇报》2000年5月22日）

普通话大赛

一位读者朋友给笔者传真了一份剪报,内容是有关本港"二〇〇〇年公务员普通话大赛"的报道,该朋友并在此报道边写下"生动活泼,喜闻乐见"几个字。

据报道,是次"二〇〇〇年公务员普通话大赛"由公务员事务局、公务员培训处、法定语文事务署和香港电台联合举办,其初赛已于上月二十日举行,决赛于下周一开锣。经初赛后的甲、乙、丙三组共十二支队伍将进行一番龙争虎斗。当日,除绕口令、广普对译、语音测试、普通话表演等赛事外,公务员事务局局长将在开幕仪式上以普通话致词,六位政府高官更应邀在比赛过程中表演……

单看报道,就给人亟待观赏的感觉,难怪读者朋友对此大赛有高评价呢!香港作为以粤籍人士为主的地区,粤方言成为主要交际语言顺理成章。但在两地交流日趋平常、频繁的今天,在本港学习和推介普通话确实已有迫切需要。

实事求是说,香港回归后在普通话的推介方面成效显著,不少香港人在普通话的听与说方面大有长进,此外比如在九广列车、机场、车站等公众场所,都增设了普通话广播,一些大中小学还设置普通话课程,举办"普通话周"等活动。当然,本港推介普通话仍大有余地和空间。许多社会人士在这方面屡有呼吁,特首也阐述过此项工作的重要性和长期性。

作为中国公民,学习和掌握"国语"普通话理所当然。推介普通话不仅符合"一国",还有利于"两制"的实施。公务员普通话大赛的举办,不仅是公务员学习、掌握普通话的现实需要,还可以对全港推介普通话起到带头和推动作用。

(原载香港《文汇报》2000年6月16日)

公道自在民心

在一次朋友聚会的饭局上，大家不约而同谈起如何评价香港特区政府治港业绩的话题。朋友们都说，尽管特首和特区政府工作有值得改进之处，然其三年治港业绩理应充分肯定。

一位朋友说道，平心而论，香港回归后所面临的各种挑战是空前的，尽管不能说特区政府已做得尽善尽美，但董先生领导的特区政府积极进取，采取短、长期结合，标本兼治，化解了许多难题，做了大量富有开创性的工作，为香港的长远发展奠下基础，则是不争的事实。

有朋友提醒说，正当有人热衷于"倒董"之际，有国际著名报章却发表文章，高度赞扬香港特区政府在抵御金融风暴中的表现，甚至指出，西方国家能够免受金融风暴的冲击，应该感谢香港；香港最终赢得胜利，各国可以从中学习到宝贵的一课。有国际舆论也认为，亚洲金融风暴固然令香港经济严重受损，但同时又使香港的国际声誉得以提高，因为香港为世界各国对付金融危机提供了很好的经验和借鉴。而这，不正是特首领导特区政府所取得的吗？

另一位朋友谈到，要做工作总会有失误，对特首有赞有弹并不足为怪，问题是有些人欠缺实事求是之心，以"倒董"而后快。该朋友以为，香港当前最需要的是社会稳定，"倒董"潮显然与此背道而驰，非但缺乏现实依据，也有悖于香港整体利益。一位供职医学界的朋友坚定地表达了对特首的支持，他说，特首的承担精神香港人是看得到的，希望他千万不可泄气，一定要勇敢地依靠市民的支持继续引导香港往前行……

朋友们的议论从一个侧面说明，公道自在民心。笔者由此想到，有社会各界广泛的理解和支持，在以董特首为首的特区政府的带领下，香港六百多万市民风雨同舟，定能克服各种困难，再建新一轮的辉煌！

（原载香港《文汇报》2000年8月9日）

> 近观香港

叶太说得好

　　叶太者，保安局局长刘淑仪是也。日前她在出席一个午餐会时所发表的演讲，情真意切，刚柔相济，令许多人有耳目一新之感。

　　拙文单议其中一段。叶太说，据自己过去三年与特首共事的经验，无论现在或在可以预见的将来，要执行落实"一国两制"、维护基本法这项艰巨无比的工作，为未来续创佳绩奠下基石，实在没有人比董生更加胜任……

　　说得好，说得实在！如何评价行政长官，是一段时间来街谈巷议的热门话题。有云公道自在人心，普罗百姓对特首自有评价，而在特首直接领导下工作的高官对自己的"波士"更有切身体会。叶太在演词中并未ABCD地罗列特首的政绩，而是以自身与特首共事的体验，道出目前或可见将来尚无人比董生更加胜任的结论。这绝非一般泛泛的溢美之词，而是一位高官发自内心的肺腑之言。

　　香港人都知道，"一国两制"、"港人治港"、高度自治是一项完全崭新的伟大事业，特首的工作前无古人、无可借鉴。董先生所做的是具有开创性的工作，诚如叶太所言，董特首是在为香港社会奠下基石，所用的方法不是在人前夸夸其谈，而是在背后默默耕耘。此话非未与特首一道工作、对其有深入了解者所能道出。

　　非夸夸其谈，而默默耕耘，这就像高明的画家为董特首绘了一幅肖像，惟妙惟肖，逼真形象。请问，香港在回归之后能基本保持和谐安定，特区能战胜金融风暴的巨大冲击，较迅速迎来经济复苏，等等，如果没有特首的默默耕耘，能够想像吗？固然，特首的公关技巧值得改善，工作中错失也在所难免，但他的默默耕耘、无怨无悔使得六百多万市民受惠却是不争之事实。

　　所有视"香港是我家"的市民，相信会从叶太的话中得到启发……

（原载香港《文汇报》2000年8月26日）

勿忘国耻教育

香港多个教育团体正举行各种抗议活动,强烈谴责日本近期送审的中学历史教科书否认和篡改侵华史实,并呼吁本港教师展开抗战史实教育,让青少年学生勿忘国耻,记住中华民族遭受日本军国主义侵略的惨痛历史。

笔者禁不住要为本港教育界的上述活动叫好!

明天就是"九一八事变"六十九周年。就是在六十九年前,日本军国主义揭开了罪恶的侵华战争序幕,中国人民在此后的十多年间受尽了战争的灾难,数千万同胞长眠地下。单是那场惨绝人寰的南京大屠杀,日本法西斯军队几天内就在南京杀害了我三十余万同胞。可日本近期送审的教科书却胡诌什么"是战争便有杀人,但并非大屠杀",又将日本政府蓄意策动"九一八事变"说成是关东军自己的行为,而且得到我东北人民"热烈支持"云云,可谓一派胡言!这是对中国人民的公然挑衅,是可忍,孰不可忍?!

然而,墨写的谎言绝对掩盖不了血写的事实。且不说我国以至国际社会有大量可以揭露日军侵华罪行的人证物证,也不说近几年来,日本国内一些当年参与这场罪恶战争的老兵出于忏悔之情所提供的大量证言证据,单是美国家档案馆近年解密的一份当年日外务大臣广田弘毅于南京大屠杀后不久自东京发往华盛顿的密电,就明白无误地写着"不少于三十万中国平民遭到杀戮",这对日本教科书所载的无耻谰言,无疑是最有力的批驳。

日本篡改侵华史实教科书事件,一再出现绝非偶然,这是日本国内复活军国主义势力嚣张的写照,而这,是与当局纵容分不开的。对于中国人民来说,忘记过去就意味着背叛,日本极右势力愈想篡改侵华历史,我们就愈加不能忘记国耻教育,让青少年记住自己国家被侵略遭蹂躏的历史,激励他们振兴中华民族的意志和毅力!

(原载香港《文汇报》2000年9月17日)

有识之言

循地产及建造界功能组别当选的候任立法会议员石礼谦真是快人快语，在接受记者采访时爽快承认百分百支持行政长官董建华，并说"有人称我'保皇'，我认为自己是保香港，最重要是为香港好……"

石礼谦的一番话真可谓是有识之言！曾几何时，支持特首依法施政者被人贬称"保皇"，而"倒董"者则堂而皇之地招摇过市。石礼谦之言虽谈不上石破天惊、振聋发聩，却对"保皇"作出新解，大有拨乱反正之功效。

"保皇"者，维护帝制或皇权也。香港既不行帝制，又无皇权可言，根本不存在保不保皇的问题。行政长官是香港人自己的行政首长，他对中央人民政府和香港特别行政区负责，香港人理所当然应该支持他依照基本法施政，这与所谓的"保皇"毫无共同之处。

石礼谦说他百分百支持行政长官，显然是支持行政长官依法施政，社会各界广泛支持特首也同样如此。从董建华先生承担起行政长官一职起，三年多的时间证明，他是一个称职的特首。无须笔者在此赘述，特首及其政府三年施政所取得的不凡业绩举世瞩目，不抱偏见者就无法否认。这样的特首难道不值得支持吗？

当然，行政长官是一个完全崭新的职位，董先生所做的是开创性的工作，并无现成的经验可资借鉴，因而施政过程中难免有缺点，有失误，但与其所作出的贡献相比，毕竟是次要的。如果一有缺失就要"倒"之而后快，那显然是十分不公平的。

耸人听闻的"保皇"论可以休矣！每一个真正视香港为吾家的市民，都应该像石先生那样，理直气壮地支持特首依法施政，这才是保香港、为香港好之举！

（原载香港《文汇报》2000年9月18日）

高瞻远瞩的一着

行政长官发表的第四份施政报告受到广泛欢迎。笔者在粗粗读了一遍之后，也深深觉得这是一份既有战略眼光又脚踏实地的施政蓝图。尤其行政长官决意在教育上下足功夫，更是高瞻远瞩的一着。

整份施政报告一百二十八段，教育就占了二十二段，如果加上与教育密切相关的青少年成长部分，就几乎占了报告的四分之一内容，可见其分量之重。而教育部分以"教育政策是我们社会政策的核心部分，对教育的投资是我们最重要的长期社会投资"一段开首，更足见以行政长官为首的特区政府对教育的重视程度。

报告提出了"全人教育"的理念，将整个社会的发展与"终身学习、全人发展"的构想紧紧联系在一起，富有创意。施政报告从幼儿教育说起，再到小学中学教育、高等教育，直至成人教育，既有教育原则的指引，又有具体的配套措施，字里行间充满着政府对教育事业真抓实干的务实精神。就以高等教育而言，报告认真比较了本港和世界发达国家的差距，提出了用十年时间使香港高等教育的普及率达到百分之六十的目标。

高等学校是培育高素质建设人才的摇篮，世界各地皆然。别说发达国家，就是祖国内地，近年来也在大力发展高等教育。今年全国高等学校的招生率已达百分之六十以上，沿海一些发达地区还要高一些。现在，香港与世界一些发达地区乃至同为中国的上海等城市间的竞争，已经成为热门话题，竞争当然是多方面的，但说到底是人的竞争，人才的竞争。香港要保持竞争的优势，就必须大力发展高等教育。

不能不说，回归前本港在教育上欠账很多。与之相反，特区行政长官一向重视教育，回归后教育投资逐年大幅增加，本年度已达五百四十亿，高出回归前四成三。为达到大学百分之六十的普及率，政府准备每年再追加二十亿元。笔者相信，香港教育将出现一个大的发展，毫无疑问，这是香港之福。

（原载香港《文汇报》2000年10月15日）

语重心长

国家主席江泽民昨天在会见上京述职的董建华先生时，高度评价了特区成立三年多以来各方面所取得的不凡成绩，并阐述了社会稳定的重要性。江主席一番话可谓情真意切、语重心长。

近一个时期，香港确实存在着某种不利于社会安定的因素，少了一点祥和，多了一分戾气。有人事事猜疑，任意谩骂，甚至否定香港人自己的能力。更有，有人处处打击特首的管治权威，掀起"倒董"逆流；有人大搞"公民抗命"，以种种激烈方式挑战法治，甚至以身试法，等等。

上述非理性的现象如果不能得到有效的遏制，香港的法治将会被侵蚀，稳定的社会环境将会受到损害。而这绝非香港之福，绝非港人之福。江主席会见香港特首时纵论社会安定的重要性，既说明国家最高领导人对香港情况了然于胸，也反映了中央政府对香港的关心和爱护之情，实在值得每一个真正以香港为家的市民深思。

本港市民对昨晚江主席对香港记者所讲的另一番话同样印象深刻。有人说江主席"发火"，也未尝不可，因为即使是国家领导人，也有真情流露。关键在于，江主席的话言之有理，讲得恰到好处。他既是以国家主席，也是以长辈的身份谆谆教导年轻人。香港记者的敬业精神遐迩闻名，但毋庸讳言，有极少数年轻记者无论职业操守还是专业水准确实亟待提高。即以此次采访特首述职的记者而言，有人钉定一条问题向领导人穷追不舍，说穿了，无非想制造"中央干预特区"所谓新闻的轰动效应而已。

窃以为，江主席的即席讲话也许不那么悦耳，但却语重心长，对本港传媒从业者犹如一帖清醒剂，而对某些记者说来，更有振聋发聩之效！

（原载香港《文汇报》2000年10月28日）

香港无须讲团结？

全国政协主席李瑞环在圆满结束在本港的考察访问之后已返回北京，但他在港期间有关社会各界要团结的诚挚呼吁却萦绕港人耳际，发人深省。

舆论普遍认同李主席所阐述的团结对香港的重要性。但某议员却认为，李瑞环讲团结是因为中央不喜欢听不同声音，不理解香港是多元化社会……弦外之音是香港并不存在团结问题，也用不着讲团结。笔者以为，这种把社会的多元化与团结截然对立起来的观点对香港是有害无益的。

不错，香港与内地实行不同的社会制度，但这决不意味着实行资本主义制度的香港就不需要讲团结。在任何一个社会内部，对某些问题存在不同意见和看法完全是正常现象，但这并不应该影响社会各界的团结，所谓求大同存小异就是这个意思。而团结本身也是从大局着眼的，社会各界在大的原则问题上达成共识，就是团结的体现。

以本港来说，这个"大局"和"共识"就是维护香港的繁荣和稳定。但有人"凡特必反"、"凡董必反"，也有人凡事猜疑、侮蔑谩骂，甚至挑战法治等等，这怎么能说是一般的不同声音、不同意见问题呢？他们在一切以维护香港稳定繁荣为重这样根本问题上都未能与社会达成共识，动不动就要"打倒"谁，制造对抗，煽动戾气，反中乱港，以达到不可告人的目的，对此港人要擦亮眼睛，不可中了少数政客的"奸计"。

美国是资本主义的多元化社会，但远至其开国总统的演辞中号召国民团结，近则小布什和戈尔都表示一旦当选将团结全美民众继续前进，都说明资本主义社会并不排斥团结。团结就是力量，这是颠扑不破的真理。在"一国两制"的架构下，全社会团结起来，香港一定能再创辉煌！

（原载香港《文汇报》2000年11月10日）

根基稳固　名副其实

报章消息：前日万家灯火时分，中区遮打花园热闹异常。原来，民建联为其成员钟树根举办的参加补选造势晚会正在进行。晚会的主题是"同根同心，再战风云"，而"人人钟意，玉树临风，根基稳固"三句话引起与会者强烈共鸣。

钟树根，一个散发着泥土气息的名字！笔者喜欢这个名字，一提起他，便叫人联想起将根深深扎入大地之中而枝叶繁茂的大树！从钟树根名字演化出来的三句话中，笔者最中意第三句，即"根基稳固"。这是因为，参天大树之所以枝繁叶茂，摩天大厦之所以稳如磐石，其关键都在于根基稳固。人们常说花盆中栽不出劲松，沙滩上建不起高楼，则是从反面论证根基的重要性。

毋庸讳言，笔者颇为中意树根这个人，但却不是"爱屋及乌"。朋友们聊天，如何评价港岛补选各路候选人马？众人异口同声：钟树根是最佳人选。相信许多市民有此同感。大家喜欢这个年轻人，在于他有扎根基层、服务市民的坚定承担和良好往绩。人如其名，他有树根的精神，默默无闻，甘于奉献，广与各阶层市民接触，与他们同呼吸，共休戚。作为前市政局议员及十余载的东区区议员，他也具备一个议员应有的议事议政的能力。

港岛补选在即，许多选民正考虑如何为议会多一把具建设性的声音，多一份真正反映社会整体利益的力量而投出自己神圣的一票。那就不能不说，钟树根是最佳选择。

凡参天大树必根系发达，盘根错节；钟树根长期以来"根"系香港，植"根"社区，扎扎实实服务大众，二十余载从不懈怠，于是"根"基稳固，名副其实，广受市民支持便顺理成章。

钟树根，笔者支持你，并为你祝福！

（原载香港《文汇报》2000年11月27日）

民建联在进步

立法会港岛区补选已尘埃落定。对于许多支持民建联的市民来说，钟树根未能胜出，当然是一个遗憾。但昨日笔者和几个朋友一起议论结果时，都认为民建联虽失去了议席，却锻炼了人才，赢得了宝贵经验。而从此次补选也可以看出，民建联正处在不断进步中。

看选举结果当然要看得到多少选票，但却有一个怎么看的问题。与当选者比，钟的得票率当然有差距，但与自身比，此次钟的得票数（七万八千二百八十二票）和得票率（百分之三十七点六）均高于九月立法会选举（七万二千六百一十七票，百分之二十七点八），得票数与"民主派"的差距也从五万缩窄到三万。而且，此次钟的得票率还高于历届立法局、立法会选举时民建联于港岛区的得票率。这就说明民建联的支持率正处在不断提升的过程中。

从参选者的背景来看，众所周知，此次港岛区补选，"民主派"阵营可谓绞尽脑汁，协调出一位重量级选手出战，民主党高层甚至不惜开罪基层，不派本党二三线人马出来锻炼而全力支持党外之人。反观民建联，本着发现和锻炼新人的精神，派出钟树根参选。有论者说得在理：民建联输了议席，却凝聚了党心，锻炼了新秀。

再从地区的特殊性来看。香港岛相对而言一直是民建联较薄弱的选区，这次又迎战强对手，而程介南事件的阴影尚未完全消散，能夺得前所未有的三成七选票，确实难能可贵。这说明民建联正一步步被各阶层市民特别是中产市民所认识、所支持。据报道，有民建联助选者坦言，在几个中产家庭集中的小区拉票，受到热诚欢迎，这是过去从未有过的。

只要认真总结经验，一如既往地将根深深扎在各阶层市民之中，民建联在往后的选举中赢取更好成绩是可以预期的！

（原载香港《文汇报》2000 年 12 月 12 日）

符合民意的议案

今日下午,立法会将辩论一项有关《公安条例》的政府议案。

该项由保安局局长提出的议案内容是:"本会认为现行《公安条例》内有关处理公众集会及公众游行的条文,在保护个人言论自由与和平集会的权利以及保障社会大众的利益之间,取得适当的平衡,有关条文有需要予以保留。"该议案早于一个月前已经提出,应立法会议员的要求,推迟到今天正式上会。

不能不说,该议案辩论的时机已经成熟。在一个多月的咨询期间,社会各界、政党社团乃至普罗市民纷纷表态,就现行《公安条例》的存废、修订与否发表意见,其热烈程度出人意料,也从一个侧面显示出回归后广大港人的主人翁参与意识大为增强,"港人治港"、高度自治的方针大政已化为数百万市民的自觉行动。即从社会各界所表达的意见来看,支持保留现行《公安条例》、认为该条例无须修订的占绝大多数。这就无可辩驳地说明,政府提出的议案是符合民意的,有着广泛的群众基础。

一个毋庸置疑的事实是,香港回归至今,已有超过六千五百宗游行和公众集会先后举行,正是由于其中绝大部分都是依照《公安条例》进行,所以本港良好的社会秩序才得以保障,社会各界均受益其中。而且,现行《公安条例》既符合基本法,也与国际人权公约的相关规定相吻合。更有,《公安条例》的有关规定和许多国家相比并不严苛,在运用相关处罚手段上也十分宽松。

有报道说"民主派"议员将对议案提出修订,那是他(她)的自由,但若是将议案修订得面目全非,那就显然是拂逆民意。"民主派"议员不是常常以民意代表自诩吗?那么在真正的民意面前,他们如何取态,社会各界就只能拭目以待了。

(原载香港《文汇报》2000年12月20日)

鼓舞人心的讲话

"尽管香港与澳门的情况不尽相同，我想上面讲的一些意见也是适用的。"这是国家主席江泽民昨日在澳门特别行政区成立一周年庆祝大会上讲话临尾时所言。笔者在认真聆听了整个讲话之后，有如沐春风之感。

香港与澳门，可谓一衣带水。两地虽有许多不同，但在摆脱殖民主义统治先后回到祖国怀抱，实行"一国两制"、"港（澳）人治港（澳）"、高度自治，保持原有资本主义制度和生活方式不变方面，却是相同的。因此，江主席在澳门语重心长的一席讲话，无论是对"一国"与"两制"的论述，还是对维护行政长官权威的呼吁，乃至对传媒社会责任感的期许，确实都适用于香港。

以维护行政长官权威来说，在本港就有着迫切的现实需要。一段时间以来，本港确有人"逢特必反"、"凡董必反"，非但不支持特首工作（实事求是的批评也是一种支持，有人显然不是那样），反而处处打击特首的权威。这些人人数不多，但能量不小，且误导性颇大。他们自己以"倒董"为时髦，还对支持特首工作、维护特首权威的各界人士进行讥讽、嘲弄乃至漫骂。更有甚者，还攻击国家领导人表态支持特首是破坏香港高度自治云云。

将国家领导人支持特首诬为破坏高度自治，拆穿了说，其要害是歪曲了高度自治的本身。须知香港特区的高度自治是"一国"之下的高度自治，如果中央政府连支持特首的话都不能说，香港岂不成了一个独立的实体？如果"一国"都没有了，香港高度自治的权力又从何而来？

在现阶段，维护行政长官的权威，支持行政长官的工作，对香港的稳定繁荣有百利而无一害。国家主席对此的精辟阐述，让人深受鼓舞！

（原载香港《文汇报》2000年12月21日）

亲中乃应有之义

报载,《苹果日报》一位记者追问正在收购某报者:今后某报会否"亲中"?某项调查将人大代表、政协委员列为"亲中人士"。如此等等,有人总是脱不了贬称"亲中"的情意结。

香港人都知道,"亲中"一词产生于过去的特殊年代,语带贬义。那年月,亲中者要承受各种各样的压力。在自己的国土上爱国却被另眼相看,甚至被打入另册,这当然不正常。香港回归祖国之后,情况发生了很大的变化,越来越多的人感受到作为一个中国人,热爱和亲近自己的国家当属天经地义,"亲中"一词出现的频率也逐渐减低。

令人不解的是,有人自己就是中国人,却还是以过去的眼光贬称亲中者,看待亲中者,那么将自己置于何种位置呢?难道你不亲不爱自己的祖国?报纸更换主人是常有的事,你何苦以"亲中"追问人家呢?殊不知报纸的立场取态可以完全不同,但在维护民族大义、国家利益上却不应该有分别。美、英国内报章林立,立场取态可以南辕北辙,但不见有人追问某报是否亲美、亲英。人大代表、政协委员当然亲中,但将他们以"亲中"归类,那么是否意味着其他人士不亲中呢?

香港市民九成八是中国人,亲中乃应有之义,但"亲中"毕竟是历史名词。香港历史已翻开新的一页,奉劝某些人士不要再以"亲中"画线,在"亲中"上做文章了!

(原载香港《文汇报》2001年1月22日)

四、把腰挺起来

在香港，有些人以"民主派"字句，好像只有他们才懂得民主的真谛。民主当然是个好东西，但"民主派"里的一些人却不能与时俱进，回归后实际充当了反对派的角色，而且是没有建设性的反对派，为反对而反对。至于他们之中极少数人和反华势力沆瀣一气，做出一些为港人、为国人不齿的行为则是另一层面的事了。对于这样"民主派"的错误言行，必须予以实事求是的剖析和批评，而对于"民主派"中多数人来说，是到了把中国人的腰杆挺起来的时候了！

"民主派"之称早该"退役"

本港某报日前刊发署名文章,认为"民主派"这个名称已到了寿终正寝的时候,笔者与上文考虑虽非同一思路,但结论则一致,认为此一名不符实的称号早该"退役"了。

香港自开埠以来的一个多世纪中,英国一直在港实行殖民统治,二十八任港督都是代表英廷,依据所谓《英皇制诰》和《皇室训令》对本港实施殖民独裁统治,从来没有什么"民主"。在一九八五年引入间接选举前,立法局议员一直由港英指定,连形式上的民主也没有。在此情况下,如果一些人敢于站出来,为民请命,向港英当局要求民主,那么对这些人冠以"民主派",才真正名副其实。

"民主派",顾名思义,争取民主的派别也。那么,现今的某党是不是这样的"民主派",相信港人心中有数。

假如说赞同民主就可以自称为"民主派"的话,那么广大香港人都是民主派,因为实实在在,是没有一个香港人不赞成一般意义上的民主和自由的。至于九七之后,基本法早已对本港的民主政制发展,包括广大港人所享有的广泛的民主和自由权利都作了明确而详尽的阐述,有了可靠的保障,又何劳某一个党来争取呢?

再以"民主派"的具体表现而言,称谓与实际也是完全脱节的。即以上面提到的某党来说,对外,根本缺乏民主的雅量,诸如在市政局选举中必欲置几十年献身民主追求的人于死地而后快,对另一小政团采取又挤又压手段等等;对内,则"山头"林立,"鹰派"、"鸽派"明争暗斗,谁也不听谁的。至于近日该党有人退选事件,则更将党内部尔虞我诈、矛盾重重、没有一点民主气氛的"庐山真面目"暴露无遗……

由此看来,让"民主派"的名称"退役"实在是时候了。至于像某党实质究竟属于什么"派",它改换一个什么称谓才名副其实,读者诸君饭后茶余也不妨稍作思量,为之正正名。

(原载香港《文汇报》1995年4月26日)

有人鼓噪"分裂有理"论

某报日前发表一篇题为《国家为什么不能分裂?》的署名文章,读后不禁为有人散布如此奇谈怪论而感到震惊。

该文说什么中国人执着于诸如"国家"、"统一"等虚妄名词,在对这样的概念的膜拜与痴恋当中找到了宗教。其实,对于中国人来说,"国家"、"统一"的名词实实在在,一点也不虚妄。中国人对国家统一的向往和追求是一种真挚的民族感情,同宗教的顶礼膜拜不能相提并论。统一是世界潮流,中国的香港和澳门,是历史遗留问题,一九九七和一九九九年将分别回归中国;凡有民族感情的中国人,也都期盼海峡两岸早日和平统一。将中国人真挚的愿望等同于宗教狂热,是对中国人民族情感的莫大亵渎。

该文对本港主张中国统一的某些人士竭力进行攻击,谓本港部分受过相当教育,按理是民智已开,甚至是痛斥大陆的人士,在统一问题上也无力作批判的独立思考云云,并为之"感到沮丧"。而这,正好从一个侧面说明尽管港人的政治立场有异,但在中国统一问题上却表现出一致,持该文观点的实属应当列入保护对象的"珍稀一族",茕茕孑立,形影相吊,难怪会哀叹"感到沮丧"呢!

文章还以婚姻为例,认为人既有结婚的自由,也就有离婚和分居的权利,以此喻指国家分裂完全正常,这同样是荒谬的。且不说统一的国家和民族内有着悠久的历史传统、血缘关系,与夫妻关系完全是两个范畴,概念不同,就是一对夫妻之间,按照中国人的婚姻观念,也不是说合就合,说散就散。对于离异家庭所衍生的种种后遗症,人们见到的难道还少吗?

耐人寻味的是,这种"分裂有理"论是在两岸领导人近期分别发表了对祖国统一的看法和主张,如同有论者指出两岸领导人事实上已开始"间接会谈"之际出笼的。有人提出这种荒谬的论调,绝非出于无知,而是为某种阴暗心理所驱使,想借此阻挠中国的统一大业,因而值得引起警惕。

(原载香港《文汇报》1995年4月28日)

提防煽动

自一九八九年北京政治风波之后，每年六月四日前后，本港便有极少数人煽动市民举办所谓纪念活动。与往年不同的是，连日来，本港极个别政治组织和极少数人利用香港回归祖国日益临近的特点，加紧煽动市民闹事，在所谓游行示威中呼叫煽动性颇强的口号，公开打出伪旗，甚至抬着黑棺游行，并试图将黑棺摆放在新华社香港分社门前，等等，气焰甚为嚣张。许多市民从电视屏幕上看到这些画面，都气愤地表示，这些人哪里是在表达意见，分明是公然号召和煽动市民对抗中央政府。

应当说，本港绝大多数市民是能够正确认识和对待那场在特定历史条件下发生的北京政治风波的。尤其经过这几年来，目睹内地不仅没有因那场风波而改变对内对外政策，相反，全国上下更是大力推进改革开放的伟大事业，呈现出社会稳定、经济快速发展、民主政治不断推进、人民生活大为改善、国际威望日益提高的可喜局面，本港市民由此更加增进了对内地的了解，增加了对那场风波的认识，满怀信心地致力于本港回归的准备工作。

然而本港极个别政治组织以及极少数人，陷于过去不光彩行径而不能自拔，在九七临近之际，更为一种"末日心态"所驱使，大有今日不做、更待何时的意味，于是变本加厉地煽动市民闹事，导致上述一幕幕闹剧的产生。

谁都知道，本港某党与那个曾在企图颠覆中国政府方面做了不少事的组织是两副牌子、同一套人马。对于某党来说，过去是过去，更要紧的是现在与未来，切不可"末日心态"膨胀，在错误的路上愈陷愈深。香港人都了解某党某组织的过去，对于现在，倒是应当提防他们在"末日心态"驱使下的刻意煽动。

（原载香港《文汇报》1996年6月4日）

这是"艺术活动"吗?

六月三日,在维多利亚公园六号球场,赫然竖起一座十呎见方、高达二十呎的铁棚,名曰"风筝碑"。该铁碑上悬挂着三百多只彩色风筝,其中八十多只写有所谓"六四"受害者的名字。这座"风筝碑"的用意昭然若揭。

叫人难以想像的是,该"风筝碑"竟然是由作为半官方机构的香港艺术发展局资助的。建竖该碑的某"艺术家"表示,为建此碑他向艺术发展局提出了申请,得到一万二千六百元资助款,过程颇为顺利。但当有人对此提出质疑时,这位"艺术家"竟为艺术发展局百般辩解,称该局是资助艺术活动,不应有任何政治审查云云。

真可谓"此地无银三百两"!然而遗憾得很,无论从哪个角度言,所谓"风筝碑"都不是一项"艺术活动";从时间看,六月三日匆匆竖起,六月四日晚"烛光晚会"后匆匆拆除,明显是为所谓纪念一九八九年春夏之交的那场政治风波的;从该碑悬挂物更可看出该碑旨在纪念一九八九年春夏之交的那场政治风波,刘某本人就对记者明言是为纪念在天安门广场放风筝以干扰直升机的学生;从艺术角度看,该铁棚既不像铁塔,又不似地盘的升降机,也不像建筑脚手架,如此不伦不类,毫无艺术价值可言……稍有头脑的人便可看出,这是一项政治气息很浓的政治性活动。

据悉,该笔资助费用是由艺术发展局属下视觉艺术小组委员会通过批出的。该委员会主席表示,艺术发展局一直支持民主自由,审核申请时主要视乎申请人的理念是否值得支持。该主席倒讲了实话,原来艺术发展局拨款资助建"风筝碑",并非基于什么艺术考虑,而是出于对所谓纪念"六四"理念的支持。一直以来,人们就纳闷:本港极少数人为什么总是在六月四日前后肆无忌惮地寻衅闹事,将矛头对准中国政府,却原来背后有黑手在纵容和支持。

众所周知,港英早有不将本港变为颠覆内地基地的承诺。近些年来一系列事例说明,港英是说一套,做一套。半官方的艺术发展局拨款支持针对中国政府的所谓纪念活动,则是港英如是行为模式的最新例证。如若不然,人们不能不问,如果没有港英的默许,小小艺术发展局敢于贸然作出上述举动吗?!

(原载香港《文汇报》1996年6月7日)

▶近观香港◀

如此"张冠李戴"

前天，本港某大报在 A7 版以《周南盼逾半立法局议员入临立会》为题，报道新华社香港分社社长周南日前接受美国《时代》周刊记者的谈话摘要。在该篇报道的末尾，赫然写着——在访问中，周南又表示打算在香港买一所房子。笔者以为看花了眼，定睛看时，确实如此，一字不差。

这实在是天大的笑话！因为笔者此前读过新华社发的电讯稿，并无周南打算在香港买屋一说。为慎重起见，笔者又将登有新华社电讯稿全文的报纸仔细读了一遍，确实没有任何周南想买房子的内容。

原来，某报犯了"张冠李戴"的错误——将英国前首相撒切尔夫人打算在香港买屋的事"嫁接"到周南先生头上了。且看新华社电讯稿原文——

……我（周南）记得当年参加中英谈判的英国前首相撒切尔（港译戴卓尔）夫人前年来香港时对我讲，开始时她对"一国两制"能否行得通还有些怀疑，现在她相信它完全可以行得通，而且她相信九七后香港会持续繁荣，因此打算在香港买一所房子……

明明白白写着撒切尔夫人打算在香港买屋，某报却郑而重之地将此打算归诸周南名下，岂不令人啼笑皆非？！

其实，据笔者所知，周先生个人从来没有在香港买房子的打算。笔者曾听说，一次在某个社交场合，谈笑间有香港朋友劝周先生退休后在香港买所房子度晚年，周先生感谢朋友的关心，笑说香港房子那么贵，可买不起，并说他很喜欢香港，但比较而言，更习惯北京的生活，因此退休后打算在北京定居。

在读者的关心和指正下，该报第二天就此张冠李戴的新闻作了更正。这比过去有人指正也置若罔闻，总是一种进步的表现。可惜的是，这个"更正"仍然有错。周南社长说的是"前年"撒切尔夫人来港时对他说过上述一番话，"更正"却说是在"香港前途谈判期间"，时间竟相差了十年！

某报是本港一张历史较为长久的大报，曾经有过一定的声望和影响力。但该报最近在处理一些重要新闻上的表现，确实令人惋惜和失望。我们香港的新闻从业人员，对这样重要的新闻，不仅不很好地报道，向读者作介绍，连自己也不认真读一读，以致闹出这么多笑话。如此做新闻工作，香港新闻业的声誉能保持吗？实在令人忧虑！

（原载香港《文汇报》1996 年 6 月 27 日）

自我嘲讽

民主党日前举办所谓施政论坛，欲"邀请"参选特区行政长官者出席辩论，结果参选者无一响应。照理，举办者应检讨原因，但民主党在碰了一鼻子灰之后，为挽回面子，竟然由几位自家人分别带上行政长官参选者的面具充数，由这几个"冒牌人"向参加论坛者解释拒绝出席的缘由，上演了一幕荒唐闹剧。

抛开某些人举办所谓特首论坛居心不良不论，本来，出席不出席有关论坛，那完全是参选者自己的选择。但是，民主党向以民意代表自诩，只要是民主党举办的活动，不参加者便是违背民意。是次对待特区行政长官参选者也是如此。该党的一些人采取死缠烂打的办法"邀请"有关人士出席，并以若不参加便要前往住所抗议相要挟，这本身就是有违于民主自愿原则的。当参选者都不愿意出席所谓的论坛后，该论坛的举办者更着人戴上参选者的面具，以参选者的名义发表讲话。笔者以为，此种盗用参选者名义的做法，除荒诞之外，也有侵犯他人名誉权之嫌，徒显该党的某些人整天叫喊的"民主"、"自由"、"人权"等等，原来不过是以他们个人意志或一党私利为依归的。

问题还并不止此。民主党该论坛的举办者假特区行政长官参选者的名义大谈之所以不出席论坛的所谓原因，对参选者竭尽嘲讽之能事，但该论坛的几位重点讲者的发言却错漏百出，实际上是自我嘲讽。比如某"名嘴"为了诋毁推委会的产生办法，竟妄指推委会的原政界最后出选名单不外乎曾钰成、谭耀宗等人，实际上曾钰成根本不是循原政界出选；司徒华竟然以当然的民间行政长官候选人自居，说自己担任行政长官有几大优势云云；司徒华批评董建华迟迟未决定避席推委会的筛选，而事实上董建华早在两周前已公开表示会避席，而且在实际行动上于上次筹委会主任会议期间，已率先在讨论关于推委会及行政长官的议题时避席，等等。

为了贬低别人，竟可以置事实于不顾，这样的施政论坛的客观公正性由此可见一斑，也难怪行政长官参选者都不约而同地不愿出席呢！

（原载香港《文汇报》1996年10月24日）

"鲜为人知"的背后

参选香港特区首任行政长官的报名已经结束,待稍后筹委会第六次全体会议选出推委会之后,推委会将提名产生正式行政长官候选人。广大市民也以各种方式对首届特首的产生寄以热切关注。一句话,首届行政长官的推举工作在香港各界多种方式参与下正健康地如期推进。

然而,首届特首正式候选人尚未正式产生,围绕特首推举,却发出了几个很不和谐的声音。继民主党举办有违基本法的所谓民间特首选举,上演自说自话的缺席选举论坛之后,"前线"发言人刘慧卿又有惊人之语,谓传媒在特首产生过程之不应沦为宣传工具,而应多发掘参选者背后鲜为人知的资料,云云。

这明显是一种别有用心的挑拨和煽动。只要不抱偏见者都会承认,一段时间来本港传媒尽管平时各有所持,但总体而言对首届特首推举进程的报道则都是比较正面的。几位准候选人对传媒的报道也表示可以接受。应当说,只要传媒在今后一个多月时间中,以市民利益为依归的宗旨处事,必将有助于首届行政长官的顺利产生。

刘慧卿显然看不惯传媒在特首问题上的表现,于是向传媒大泼脏水,呼吁传媒多发掘参选者鲜为人知的资料。说破了,所谓发掘"鲜为人知的资料",实际上是攻其一点、不及其余、无限上纲,抑或道听途说、捕风捉影、无端炮制"资料"以中伤、抹黑参选者的同义语。还须指出,首届行政长官的产生是"推举",而即使将来特首实行直选,西方世界选举中那些候选人视对方为敌,互揭互挖对方隐私,肆意污蔑攻击对方等方式方法也并不适合于本港,相信各界有识之士及大多数市民也会认同这一点。

还要说一句,筹委会有关行政长官的产生办法中,其实已经对候选人的资格有一系列监察程序,加之四百名推选委员眼睛是雪亮的,而且中国政府的任命是实质性的,等等,相信首届特首定是一位香港各界都可接受的人。刘慧卿对传媒"将受北京操控的特首选举照单全收是侮辱了市民智慧"的无端指责,才是对传媒的侮辱。在所谓"鲜为人知"的背后,包藏的却是企图通过煽动传媒大揭候选人所谓"底",以干扰首届特首的推举工作,最终搞乱本港平稳过渡的不良居心。对此,传媒不能不察,而广大市民也应保持应有的警觉。

(原载香港《文汇报》1996年10月30日)

这是什么逻辑？

对某个人判处刑罚与否，其依据到底是什么？是这个人犯罪事实本身，还是看这个人有多大能耐对整个社会构成危害？也许有人会认为提此问题太过幼稚，而事实上本港就有人搞不清这个问题。

自日前王丹被北京市中级人民法院一审判处有期徒刑十一年之后，本港出现了一种说法，谓王丹不过是"一介书生"，就凭他手无缚鸡之力又岂能颠覆和推翻一个十二亿人口大国之政府，云云。于是结论也就在不言之中：北京审判王丹是错误之举。

这就奇怪了，判处一个人刑罚，其根据居然可以不是看此人是否触犯了有关法律，而是看此人有多大能量，以及是否已达到最终目的！按照这一逻辑，某罪犯主观愿望欲置一群人于死地，但最后结果只是将其中一人斩成重伤，即被制伏，那么可以不追究此人的刑责，原因就是他根本没有能耐伤害那么多人，仅只伤了其中一人并未达致的他的最终目标。请问这是什么逻辑？！假如这一逻辑能够成立，那么无论本港，还是世界其他国家和地区，不少已被当地司法机关判处了刑罚的罪犯都可立即平反，予以赦免。因为这些罪犯当初并没有达致最后的犯罪图谋，而他们也没有什么能耐最终对当地社会构成整体危害，这显然是荒谬绝伦的！

再回到王丹案上来，王丹的问题绝不是有人所说的仅仅是发表自由言论的问题。其实即使是言论，世上也没有绝对的言论自由，比如本港法律条例中就有言论煽动罪的内容。而王丹早在一九八九年春夏之交北京的那场政治风波期间就发出推翻政府、改变国家性质的誓言。他出狱后还一再声称自己的"理念"无论何时决不改变。更重要的是，他不仅是说说而已，而是不断将上述"理念"化为行动，比如发表大量文章煽动人民对抗政府，组织串连颠覆力量，联络勾结境外反华势力，等等。固然，在神州大地，像王丹这样图谋颠覆政府、改变国家性质的人只是极个别，真所谓撼山易，撼人民共和国难，几个王丹式的人物岂能推翻最广大民众拥护和热爱的国家！然而决不能以此就对王丹颠覆政府的犯罪行为予以姑息迁就，否则法律就失却了它的尊严。王丹既然一再触犯法律，司法部门按法律程序判处其适量刑罚也就理所当然。

一直以来，有人就批评中国缺乏法制。但是，当中国的法制日趋健全，以事实为依据、以法律为准绳判处罪犯刑罚之际,有人竟又提出上述荒谬的逻辑。这到底是为什么,岂不发人深省?!

(原载香港《文汇报》1996年11月2日)

无聊的比喻

香港特区临时立法会的提名程序已于昨日开始,这标志着筹组特区的又一重要活动已拉开帷幕。一如所料,提名程序启动前夜,本港又冒出几个很不协调的声音。李柱铭在一个公开场合竟然说临时立法会选举方式是"臭罂出一朵臭花再出六十条臭草",真是极为无聊!

立法局议员梁耀忠以"臭罂出臭草"来比喻推委,除了显露其本身品格低下之外,还被立法局主席赶出了会场。李柱铭为了帮其小兄弟打气,竟不惜自己作为大律师的身份,不但重复这个比喻,而且还加点油,添点醋,既可悲,又实在令人作呕!

众人皆知,按照全国人大的有关规定,特区立法会的议员要通过分区直选等三种方式选举产生。因此,在特区成立前中方不可能在港英管治下举行特区立法会的选举,而在特区成立伊始,即便立即安排首届立法会的选举,也需一年左右的时间。在这样一段时间内立法处于真空状态,特区政府就不可能维持正常的运作,法治社会就有可能出现某种混乱局面。

李柱铭一向将自己装扮成法治的化身,为什么在临立会问题上偏偏就不讲法治了呢?香港人都清楚,李氏反对临立会的态度是一贯的,别的且不说,就在筹委会三月第二次全会作出成立临立会的决定后,他便迅即对此决定大肆挞伐,同港督彭定康所谓"黑色日子"论相呼应。其日后的一段日子里,他又不断声言要向法庭申请禁制令,图向中方施加压力,以阻止临时立法会的成立。

然而,中国在对香港恢复行使主权时设立一个立法机构以取代体现殖民统治色彩的港英末届立法局,行使新生特区的立法职权,以维护香港繁荣稳定,这是无可置疑和毋庸争辩的,也是任何人都无法阻拦的。更何况,设立临立会本不是中方的初衷,完全是英方逼出来的。李柱铭及其一伙在阻止临立会成立的图谋彻底破灭之后,用这种无聊的比喻来谩骂攻击临立会及其成员,这又有什么用呢?

李柱铭还说什么临立会整个推选过程是"小圈子游戏",这也是无稽之谈。从某种意义上说,正是因为民主党支持彭定康,才造就了临立会,谁能忘却,该党倾力为所谓政改方案保驾护航的情景呢?如今不但拒绝参加,还反过来说临立会搞"小圈子",人们不禁要问,只有民主党参加才算得上"大圈子"吗?这显然是荒谬的。

李柱铭以无聊的比喻恶意攻击筹委会、推委会及即将产生的六十名临立会成员，再次暴露了他走的是一条与香港人迈向祖国怀抱相背道而驰之路。

（原载香港《文汇报》1996年11月19日）

从"退会"事件说起

日前,民主民生协进会发生十六名会员集体退会事件,引起本港传媒及公众舆论的关注。

据悉,这十六名原民协成员退会的理由是不满该会通过容许会员参加临时立法会选举的决定。在此,笔者无意评论退会事件本身。香港作为自由社会,市民加入什么组织或退出什么组织都是个人的选择,悉听尊便,旁人不便多言。更何况香港目前正处于回归祖国的重要历史关头,一些组织的重新组合,及所扮演角色之重新定位,一些个人政治取态的调整等等,都是极为自然之事。

撇开上述退会事件犹如大浪淘沙这一自然因素而外,笔者想到了某些人为因素,而其中最主要的便是有人蓄意挑拨分化。而要理解这一点,就有必要简略回顾英国过往从其他殖民地撤退的历史。

完全可以说,英国从其殖民地撤退前夕的历史,也是一部挑拨离间、分化当地人的历史。当年英从南亚和非洲一些殖民地撤退时,都曾使出浑身解数,制造当地人之间的矛盾,由此设下陷阱,种下动乱的祸根,使撤退后的该地长期陷入各种派别互相争斗厮杀、社会动荡不安的混乱局面。限于篇幅,恕不举例。

有道是温故而知新。末代港督彭定康继承其殖民统治前辈的衣钵,将挑拨离间、分化港人作为实施祖家从香港撤退部署最重要的一环,而抵港伊始便搞所谓政改则是最主要的手段。正是他倾力推行所谓政改,迫使香港人在支持或反对之间作出抉择,从而为香港人的分化埋下伏笔。

在彭定康治港的岁月里,时时不忘挑拨离间,从不停止分化港人,不但挑拨工商界人士与本港各界的关系,亲一派,疏一派,挑拨各政党政团之间的关系,还恶意挑拨香港人同中国政府的关系,等等。

就以导致集体退会事件的临立会问题而言,如果彭定康不破坏"直通车"的安排,根本就不会出现临立会,所以从某种意义上说,临立会是彭定康促成的。然而始作俑者的彭定康却极为高调地反对,什么成立临立会是"疯狂的构想",筹委会作出决定之日是"黑色的日子",什么"成立临立会是个坏主意,提出临立会可与立法局同时运作,使坏主意变得更坏"等等。正是由于他将临立会同是否民主挂钩,才使部分人产生错觉,变得骑虎难下。而寻根溯源,这难道不正是退会事件的最初源头吗?

(原载香港《文汇报》1996年11月23日)

近观香港

为港人谋利益？

在港英当局一意孤行修订《刑事罪行条例》，并将之付诸立法局讨论之际，立法局某女议员在一个电视专题节目中喜形于色，表示坚决支持港英政府。她并由此引申开去，说什么香港人不要有幻想，别以为如果不是港英政府单方面提出修订会好些，其实中国政府的国策就是要全面控制香港，钦点行政长官和立法机关都是如此，并声称自己这样做是为香港人谋利益云云。

为香港人谋利益，说得好听！对于这位女议员，香港市民已经领教得不算少了。就是她，一直以来采取同中国政府搞对抗的态度，误导市民，挑拨香港人同中方的关系，不时制造新闻自由的"忧虑"，刻意抹黑新闻自由的前景，等等，不一而足。早有舆论说她"逢中必反"、"凡中必反"，着实一点也不为过。

当然，这些毕竟已经过去。但是基本法第二十三条本来规定得清清楚楚，港英却单方面修订《刑事罪行条例》，代特区立法制定叛国、煽动叛乱、颠覆中央政府罪行，这分明是侵犯特区立法权，违反基本法。对英方此种越俎代庖的行为，中方理所当然不能接受。该女议员却把责任归诸中方，并将中方不接受港英此举看作是中方欲全面控制香港。显然，在该女议员的心中，中国政府收回香港就是所谓全面控制香港，那么香港只能由英国继续管治下去了。这样毫无民族情怀的人，配谈为港人争取利益吗？特区首任行政长官的推举工作公平公正，透明度很高，香港各界反映很好，世界舆论也给予很高评价，"钦点"论早已不攻自破，该女议员还在胡诌"钦点"谰言，这也只能说明她与广大香港市民的意愿和公正舆论背道而驰。

香港与祖国荣枯与共，休戚相关，真正为港人的政治人物，应该是名副其实的爱国爱港者，他们尊重自己的民族，诚心诚意拥护中国恢复对香港行使主权，不损害香港的繁荣和稳定。与此相反，如同某女议员这样极少数顽固坚持同中国政府对抗，不时挑拨香港同胞与中国政府的关系，甚至连英方违反基本法、侵犯香港特区立法权的错误做法也予全力支持的人，非但不是为香港人争取利益，而是在损害香港人的利益。

（原载香港《文汇报》1996年12月6日）

一则笑话

据外电报道，民主党主席李柱铭最近在澳洲展开广泛游说，表示希望各国领袖敦促中国，必须对香港实施"一国两制"……

读了此则报道，笔者情不自禁地笑出声来。大名鼎鼎的李大状，看来也许连"一国两制"是谁提出来的都不知道。在他眼中，"一国两制"大概是英国，或者是民主党，或者是国际社会提出来的，于是才呼吁国际社会敦促中国实施。这岂不是天大的笑话！

众所周知，"一国两制"是中国政府为实现祖国统一而提出来的伟大构想。从一九七九年元旦全国人大常委会发表《告台湾同胞书》，宣布和平统一祖国的方针，到叶剑英委员长九点声明的提出；从一九八二年九月邓小平先生在会见英国前首相撒切尔夫人提出"一国两制"的概念到《宪法》第三十一条（国家在必要时得设立特别行政区）的制定，直至一九八四年五月十五日，中国政府在向全国人大六届二次会议所作的《政府工作报告》中，正式向国家最高权力机关提出"一国两制"的方针，并获得大会通过。尔后，从中英联合声明的签订到基本法的诞生，"一国两制"经历了一个不断丰富和完善的过程，成了有理论指导、有法律依据和政策措施的科学构想，成为实现国家统一的基本国策和方针。

上述简略回顾，足以说明提出和实施"一国两制"都是中国政府的自觉行为，而不是任何国家和个人压力的结果。既然"一国两制"可以最终达致中国的统一，中国政府当然会诚心诚意地贯彻实施，又何劳李柱铭们到处去游说呢？而且从本港整个过渡期的实践看，中国政府一直不折不扣地按照联合声明和充分体现"一国两制"的基本法办事，这是有目共睹的事实。尤其在香港特区组建过程中，中国政府更是积极而稳妥地将"一国两制"的构想逐项转化为现实，受到广大香港同胞的广泛支持。

遗憾的是，李柱铭对此一直视而不见。过去数年中，他多次走到国际社会，做了不少有损"一国两制"方针贯彻落实的事，讲了不少误导国际舆论的话。如今，在广大香港同胞正满怀信心地投入特区组建工作，中国政府正坚定不移落实"一国两制"基本国策之际，又跑到别的国家去要人家"敦促"，这除了向世人再一次显露自己的政治偏见，乃至闹出大笑话之外，还有什么实际意义呢？！

（原载香港《文汇报》1996 年 12 月 7 日）

从奥报认错说开去

据报道，奥地利维也纳一家喜欢刊登惊人消息而销量不小的报纸，不久前就错误报道该国总统患艾滋病之事，同意向后者作一百万先令（约七十八万港元）的赔偿。

该报道称，奥地利总统克雷斯提不久前因患罕见的肺炎而住院。期间《每日画报》得知医院验血报告显示总统所患并非艾滋病，却仍刊出总统感染此病的报道。在克雷斯提总统的律师即将对该报作正式指控前，与该报达成庭外和解。根据协议，该报须付一百万先令给一个照顾伤残儿童的慈善机构，并刊登启事，撤销原先的错误报道，公开向总统和广大读者道歉。

由奥报公开认错一举，笔者很自然联想到本港。

香港作为现代化的自由开放社会，新闻传媒业颇为发达，新闻从业员的敬业精神闻名遐迩。总体而言，现时传媒的运作机制及方式基本上与本港社会相吻合。但是，也应当看到，某些传媒漠视法规和职业道德的事时有发生。在本港的新闻报道中虚假消息常出现，如同奥报般错报别人患绝症等姑且不论，就是对内地的报道也不时发生问题。比如报道失实，凭空捏造，刻意污蔑、歪曲以至进行人身攻击，等等。其中港人最熟知的一个事实，便是尽管邓小平先生年事已高，但总体而言身体健康，而某些传媒不知多少次对此做出违背事实的报道。

更有甚者，每当内地对某些虚假消息作出澄清，对某些传媒不负责任的报道提出批评后，有关传媒非但不反省，不认错，反而无端指责内地"小题大做"，干预本港新闻自由，等等。

在某些人眼中，西方世界是新闻自由的乐土。殊不知就是在美国，不久前连记者未经许可混入空难者家属之中采访，在奥地利，报章错误报道总统病况，如此这般在香港某些同行看来也许是"湿湿碎"小事也要被检控，也必须道歉并作出赔偿。由此可见，无论什么性质的社会形态，自由都是相对而言的，新闻自由也绝不例外。各种形态的新闻媒体，实际上都是社会公器。新闻自由应建立在遵守法律和道德操守之上，不能为了一己私利而不择手段，做出各种违法及"缺德"的事情来。

奥地利《每日画报》因不负责任的报道而公开道歉和作出赔偿方才免被起诉一事，对把"新闻自由"绝对化的误导，是一个无声的批驳；对无视法规和道德、为追求某种目的而刊登不负责任报道的新闻传媒,则是一副有益的"清醒剂"。

(原载香港《文汇报》1996年12月8日)

危言耸听

临时立法会产生之后，各界人士都认为六十名议员多为本港精英，具有广泛代表性，有理由相信他们会以大局为重，以香港市民的利益为依归，不负使命，担当起新生特区的立法重任。即使某些尚不认同设立临立会的人士，一般也都认为推委选出的六十名议员是市民可以接受的。

但是，港督彭定康继在推委会选举临立会当日将中方此举攻击为"荒诞的闹剧"之后，翌日在接受法国传媒采访时再次对临立会大加挞伐，"谴责"中方选举临立会"取代民选立法局"徒增港人疑虑和不安。彭定康的近乎狂人式的表演不足为奇，因为正是他的种种倒行逆施才造成了今天这个局面。当年为彭定康政改方案竭力保驾护航的某些所谓民主派人士也与彭定康互相唱和，肆意抹黑临立会。立法局某女议员显得尤其"激愤"，在日前的一个论坛上除毫无根据地恶意攻击临立会议员必定会"迫不及待上台表演"，甚至"张牙舞爪"、"无限膨胀"、"想搞乱香港"之外，更直指临立会的运作将令香港十八万公务员无所适从，政府将陷入瘫痪云云。

这是何等危言耸听！且不说该议员对香港前景的"预测"毫无根据，完全是自己政治偏见所致，故不值得一驳。但假如把她攻击临立会议员的那些词语用来形容她自己，倒是十分贴切的。该女议员在论坛上还煞有介事地大肆"抨击"国务院副总理兼特区筹委会主任委员钱其琛背弃了先前所说的九七前本港不会有两个立法局的承诺，这番话同彭定康所说如出一辙。中方官员背弃承诺？这同样是危言耸听！然而可笑的是，无论是彭定康还是某女议员，根本就没有弄清楚什么才叫两个立法局，就在那里乱嚷嚷。

确实，九七之前，本港只有一个立法局，这就是按照《英皇制诰》及《皇室训令》组建的作为港督立法咨询架构的港英立法局。而临立会姑且不说其产生缘由，它是中华人民共和国香港特别行政区临时立法会，其性质同港英立法局完全不同。前者向港英政府即港督负责，后者则向特区政府负责。而且，尽管后者将要开展必要的工作，但所制定的法律是在香港回归之后才付诸实施的。由此可知，九七前本港根本就不存在什么两个立法局的问题，所谓钱其琛背弃承诺纯属无稽之谈。当然，彭定康也好，某女议员也罢，并非真不懂此道理，而是别有用心，那就是另一回事了。

（原载香港《文汇报》1996年12月24日）

"可能"的背后

传媒报道，正在欧洲访问的本港民主党主席李柱铭，日前在法国的一个论坛上发表演说，"促请"欧洲国家不要为了跟中国做生意，而对香港人权日后可能受到侵犯视而不见。他并警告欧洲国家投资者，九七之后香港的新闻自由可能受到威胁，如果欧洲商人因此得不到准确及可靠的信息，他们的投资便可能会出现风险。

"可能"者，不确定也。李柱铭在上述演说中用了一连串"可能"，所欲表达的，却是肯定的内容，即向欧洲投资者传递一个信息：香港回归中国后，人权将受到侵犯，新闻自由将缺乏保障，一切都会变得不确定，因此欧洲商人来港投资必须要担当风险。这显然是通过向投资者打"招呼"的办法，蓄意动摇他们对香港前途的信心。

对于本港市民来说，李柱铭在法国的此番演说并不感到奇怪，因为人们对他实在太熟悉了——每每香港处于重要关头，他便会远涉重洋，周游列国，散布种种不实之词。其用意则犹如司马昭之心，路人皆知。

远的且不说，单是去年，为了寻求国际势力反对筹委会成立临立会的决定，他就两次越洋。一次是三、四月间，他访问美国期间发表演说，谓"一国两制"及"港人治港"已名存实亡；另一次是十一月，他在澳洲呼吁各国"敦促"中国必须对香港实施"一国两制"。第一次反应冷淡，加之克林顿婉拒会见，搞得不欢而散；第二次更是由于连"一国两制"是谁提出来的都不知道而闹出大笑话！

本港市民看到，中国政府在本港整个过渡期的实践中一直不折不扣地履行联合声明。尤其在香港特区组建过程中，更是严格按照"一国两制"方针和基本法办事，因而受到市民的广泛支持。完全可以相信，李氏所谓"可能"的情况是毫无根据的。遗憾的是，李柱铭却一直陷入偏见而不能自拔。过去数年中，他频频出访，说了不少误导国际舆论的话。如今，他又用连番"可能"取代过去的高调肯定性言辞，然而说法虽变，打国际牌的图谋却一以贯之，"可能"的背后，依然是在刻意混淆国际视听，抹黑香港前景，诋毁中国政府。

李柱铭确实可怜又可悲。因为，国际社会普遍注意到，随着香港回归日近，一个建基于"一国两制"、"港人治港"、高度自治的香港特区犹如喷薄欲出的旭日，已曙光初现，其光明美景绝不是他一番"可能"所能抹黑。

(原载香港《文汇报》1997年2月3日)

捏造"遗嘱",卑劣!

邓公逝世,举国哀悼。

正当包括本港市民在内的亿万民众沉浸在无比悲痛之中,以种种方式痛悼一代伟人,深切缅怀其丰功伟绩之际,本港有传媒报道,最近海外正盛传一份"邓小平遗嘱"。笔者"拜读"之下,顿生疑窦。现据新华社香港分社发言人称,他们循可靠途径查询,证实所谓"遗嘱"完全是住在美国的两三个"民运"分子凭空捏造出来的。

人们不禁要问,这几个人为什么要捏造这样一份"遗嘱"呢?只要看看"遗嘱"中的一句话就明白了:"我这一辈子,只有一件事情感到难过,那就是八九年的事……"原来,他们是想通过炮制邓小平临终前的"忏悔",证明他们当初在那场风波中扮演的角色是"正确"的,如若不然,邓小平为何"一直很难过,很内疚"呢?为何委托现任领导人在他身后"公布我的道歉",向"全国人民道歉"呢?这种一厢情愿式的"梦呓",实在令人感到可笑!其实,邓小平一生光明磊落,为了祖国,为了人民,他向来敢做敢当,从不计较个人得失,更置荣辱于度外,这从人们所熟知的他"三落三起"的政治生涯中即可反映出来。按照他的性格,如果他认为自己有错,早就说出来了,又怎会吞吞吐吐,要人代劳呢?至于"遗嘱"中也捏造了一点正面内容,那不过是为了达到上述蒙骗目的罢了。

其实,在重要领导人逝世之后捏造所谓"遗嘱",并非上述两三个"民运"分子的发明。过去,在周恩来乃至毛泽东逝世后,也都出现过类似的事。虽时间不同,手法有异,但都是企图达到不可告人的目的。

邓小平是全国各族人民公认的卓越领袖,在包括香港市民在内的全体中国人民中享有极其崇高的威望。他的伟大人格和光辉形象,绝不是一份捏造的所谓"遗嘱"所能抹黑。其实,那几个"民运"分子也完全清楚邓小平在广大民众心目中的地位,也完全明白靠捏造一份"遗嘱"是无法动摇十二亿民众对一代伟人的信赖和热爱之情的。他们明知不可为而为之,除了反映这样极少数人的某种阴暗心理,说明他们已经黔驴技穷之外,还能说明什么呢?

这几个人的卑劣行径,同亿万人民痛悼邓小平的无比深情,形成了强烈的反差。它使人们眼界大开——这些口口声声为民请命的所谓"民运人士",同中国人民的真挚感情是何等的格格不入!

(原载香港《文汇报》1997年2月26日)

"积谷防饥"的背后

本港民主党提出"积谷防饥"的口号已经有一段时日了。据报道，近期该党将派出要员远渡重洋，赴美、加各地筹款，踏出实施上述部署的关键性一步。

一直以来，民主党及其前身港同盟都声称自己在本港最受市民欢迎和支持。但如今本港其他政党社团都无须"积谷防饥"，惟独民主党如此，是否意味着民主党已经不再受到市民欢迎和支持了呢？民主党神经过敏，自己对自己缺乏信心，从一个侧面证明该党并非如自诩的那样，是以市民利益为依归的。

按照基本法的规定，香港人在未来"一国两制"架构下所享有的自由、人权要比现时广泛得多，至于市民将享有该党以此冠名的民主，更是前所未有。市民有结社的自由，任何政党都可以在遵守法律的前提下开展活动，民主党如果愿意遵守特区法律，又何必要"积谷防饥"呢？

民主党别出心裁地提出"积谷防饥"的口号，是要给人造成一种该党正遭受"封杀"的假象。事实并非如此。只要不抱偏见者都会承认，在特区组建进程中，中方并没有优待更没有排斥哪个政党。非但如此，筹委会在特区组建工程的各个重要阶段还一再表示欢迎民主党参与，但民主党自己一再予以拒绝，那又怪得了谁呢？

如今，民主党又要将"积谷防饥"的闹剧搬上国际舞台，企图以"哀兵战术"博取世人同情，给国际社会造成中方将不容个别政党生存的错觉。这就难怪，该党党魁作为"先遣队"，一到美国就胡诌什么北京早已安装好各种按钮，随时可遥控香港为所欲为，云云。

看来，民主党远赴海外"积谷防饥"，是另一种形式的"唱衰"香港。也是企图引入外国势力干预香港的事务，但这是十分危险的，希望民主党的头头们三思！

（原载香港《文汇报》1997年3月21日）

廉价之泪

本港民主党几位大员目前正在太平洋彼岸筹款。据报道，某要员日前在加国的一次筹款宴席上发表演讲，说该党九七之后不会撤退，并语带哽咽地告知出席者，他自己在七月一日后将不再离开香港，因为一旦离开便再回不了香港，因而此次是来同朋友们见最后一面云云。报道特别指出，此番演说中他竟两次下泪。

读罢此则报道，笔者真是惊诧莫名。不明真相的人还以为民主党及该要员正受到迫害似的。但事实胜于雄辩，在特区组建过程中，并没有谁排斥民主党，非但如此，筹委会以及后来产生的特区行政长官还多次诚恳邀请该党参与特区组建事务，遗憾的是该党自己一再予以拒绝。中央政府高层及特首也都表示，在遵守特区法律的前提下，在法律允许的范围内，政党社团九七后可以如常活动。是故根本不存在什么该党撤退不撤退的问题。

到海外探亲访友或旅游度假，是香港人的正当权益。基本法第三十一条也明确规定香港居民有旅行和出入境自由。至于该落泪要员九七后离不离开香港那是他的自由，但如果说自己不想离开，却无端指责特区甚至是中国政府将不允许他重返香港，那显然是一种误导。该要员对特区不信任甚至对自己没有信心，不能不使人怀疑，他是否自感心虚呢？

民主党要员"唱衰"香港在前，看来如今又欲"哭衰"香港。有舆论指该党将"积谷防饥"的闹剧搬上国际舞台实在是丢香港人的脸，实不无道理。为了向别人讨点钞票，不惜洒下廉价之泪，悲哉悲哉！

（原载香港《文汇报》1997年3月25日）

把腰挺起来

在大洋彼岸，本港民主党立法局议员李柱铭连日来风光得很，又是接受美国某机构颁发的"民主奖"，又是出席参议院外委会的聆讯，据说还将获美高层官员的"接见"。李氏自然将这一切视为荣耀，其实一点也不光彩。

即以李某在出席聆讯时"呼吁"美国就本港特首办公室有关咨询建议"出声"而言，就明显丧失了一个中国人的基本良知。特首办日前就《公安条例》和《社团条例》有关内容的修订广泛征求各界意见，这完全是香港特区的内部事务，就连英国也无权置喙，更遑论美国！李某却惟恐美国袖手旁观，保持沉默。而他竭力呼吁的"出声"，不过是"反对"或"谴责"之类的同义语罢了。

特首办及时提出有关修订建议，是行使高度自治权的一项重要举措。不管李氏对咨询建议有多大的意见，都可以在本港自由自在地发表，事实上自咨询文件发布后，社会各界就纷纷就此发表意见建议。为什么李氏偏偏要越洋过海，将问题提到美国的国会论坛上去呢？

由李氏此次在美国国会乞求人家"出声"，市民很自然联想到他一九八九年在美国会听证会上"呼吁"美国通过贸易"制裁"中国，一九九〇年在美"敦促"西方大国在香港担当更重要角色，一九九一年在美国"请求"各国向中国施压以迫使其恪守联合声明……类似事例不胜枚举，时间不同，说法不一，其实质却一脉相承。在李某的眼里，美国的国会就是国际法庭，香港乃至中国的一些内部事务唯有在美国的"出声"下方可解决，这是一种不折不扣的洋奴心态！而此种心态是多么不合时宜。

一个时期以来，李氏将自己扮作为民请命而铁骨铮铮、大义凛然状，殊不知他弱不禁风。因为他缺少一条中国人的脊梁骨，动辄跑到大洋彼岸乞求洋大人便是明证。笔者衷心奉劝李先生把腰挺起来，做个堂堂正正的中国人！

（原载香港《文汇报》1997年4月15日）

"假咨询"辨析

特首办就《社团条例》及《公安条例》的修订发出咨询文件后，社会各界评头品足，纷纷发表意见和建议，总体情况良好。然而，也冒出"假咨询"这样不和谐的音调。某些所谓民主派人士近来频频攻击特首办的咨询是"假咨询"，日前更大闹有关咨询会，拉横幅，撕文件，狂叫"抗议假咨询"等等。此类有悖于理性的不文明行为引起在场人士及社会舆论普遍谴责姑且不论，单是所谓"假咨询"之说就十分荒唐。

如何解决因不采用两条例的部分条文为特区法律而引起的法律空缺，中央政府已授权特区自主处理。特区政府为了使修订更具广泛的民意基础，在维护个人自由与社会稳定之间取得平衡，在正式付诸立法之前发文件咨询社会各界，完全是有诚意的。况且在此问题上，中央政府并没有做过任何干预，有何根据说这是"假咨询"呢？某些人说什么特首按北京指令要限制港人自由是毫无根据的胡诌。至于有人以特首办官员说"修订大原则不能改"为"假咨询"的根据，也是站不住脚的。诸如"顾及国家安全"这样的大原则确实不能改，请问世界上哪一个国家不是如斯规定的呢？大原则不改绝不等同于具体实施细则不能动，某些人连如此简单不过的道理都不懂就在那里嚷嚷"假咨询"，岂不自暴浅陋？

原来，"假咨询"之说另有出处。君不闻，特首办咨询文件发布后，末代港督不是第一时间无端质疑这是否是一次真正的咨询吗？"假咨询"之意尽在不言之中，某些人心有灵犀，于是"假咨询"之说甚嚣尘上，不仅在本港到处散播，而且还搬上了大洋彼岸的论坛。

再往下想，某些人一直来将港英偷步修订的两条例视为"真出"，奉为"金科玉律"，因为这样的修订和自己所要达到的某种目的是何等吻合。有道是假作真时真亦假，既然将港英的私货假货当作真的，那么将特首办真正为港人的咨询视为"假咨询"也就不足为怪了！

（原载香港《文汇报》1997年4月20日）

别玷污了"五四"精神

五月四日已经过去，但发生于该日的两件事却一直在笔者脑海中盘旋。一是本港一班刚年满十八岁的中学生在北京举行宣誓仪式；二是本港某政党举行所谓大游行。

上述两项活动据称都是为纪念"五四"、发扬"五四"精神而举办的，但睇真一层之后，方知二者之别何止云壤：前者名副其实，而后者分明是对"五四"精神的玷污。

何谓"五四"精神？稍懂中国史的人都知道，发生于七十八年前的那场波澜壮阔的"五四"爱国民主运动，高举反帝反封建和倡导科学的大旗，揭开了中国现代史的序幕，其巨大历史意义彪炳史册。"五四"精神说到底，就是爱国主义精神、振兴中华民族的精神。

"五四"当日下午，九十七名年满十八岁的本港中学生在天安门广场香港回归倒计时牌前，面对鲜艳的五星红旗，在雄壮的国歌声中，庄严地向祖国宣誓："让我们成为社会接班人——热爱国家民族，承担社会责任……建设香港，竭尽所能。"年青一代是香港未来希望所在，中学生们在成年之际向祖国宣誓，立志热爱国家民族，为建设新香港而承担社会责任，正是在新的历史条件下对"五四"精神最好的发扬光大。

再看发生在本港的另一幕：某党于该日同一时刻发起"纪念五四争取民主"大游行（所谓大游行，不过百把人而已），到特首办抗议示威。这就奇怪了，英国在港实施殖民统治一个半世纪，港人从没有过民主，这些人何曾反对过殖民统治？而特首刚依民主精神产生，特首办为使港人更好地行使民主自由权利而修订公安社团两条例，日前举行的咨询活动更是发扬民主的体现，这些人却反而将之视为异端，叫嚷"反对还原恶法"等口号外，还公然焚烧区旗区徽，这难道不是对"五四"精神的莫大玷污吗？！

（原载香港《文汇报》1997年5月6日）

反思什么？

传媒早有报道，本港民主党拟于本月三十晚举办"回归反思"活动，地点是中环皇后像广场。近日该党又放出风声，谓他们届时的反思活动是和平的，不会搞激烈活动，特首可安心于回归庆典云云。

包括笔者在内，许多市民都对民主党搞所谓回归反思活动不以为然。既是回归，又是"反思"，那么反思什么呢？香港回归是我们整个中华民族的盛大节日，内地十二亿民众，本港各界人士，海外众多华人华侨，总之是全世界华夏儿女都为香港回归祖国感到欢欣鼓舞，纷纷举办多姿多彩的庆祝活动，民主党却要搞什么"反思"。那么他们反思什么呢？

以勤劳睿智著称于世的中华民族，却在近代落伍了，昔日"大英帝国"凭借坚船利炮强行霸占了香港，从那时起，中华民族就盼望着香港回到祖国怀抱的一天，这一盼就盼了一百五十年，几代中华儿女的夙愿在我们这一代得以实现，又怎能不从内心感到扬眉吐气呢？香港回归祖国，中国政府恢复对香港行使主权，这是祖国母亲强大、整个中华民族走向繁荣昌盛及开始自立于世界强盛民族之林的象征。香港之所以有这样稳定，平稳过渡之所以完全可以实现，这是中央政策正确、内地形势很好和港人努力的结果。民主党如果真要反思，就应该认真想一想中国的历史和现实，就应该反思十多年来为祖国的繁荣做过什么贡献！就应该反思自己为香港的平稳过渡是有所帮助，还是制造了不少麻烦！总不能反思破坏香港繁荣稳定哪些还做得不够，反思干扰内地的社会安定和经济建设做得太少，反思怎么勾结外国政治势力还不够卖力吧！

人们期待着民主党作出回答：你们到底准备反思什么？

（原载香港《文汇报》1997年6月4日）

荒唐的控告

经高等法院裁决，民主党成员吴某上诉得直，可以个人名义获得法律援助，以控告临时立法会。消息传开，各界议论纷纷。有舆论指这是拿纳税人的金钱打荒唐的官司，实在是一语破的。

说民主党人控告临立会荒唐，首先是因为临立会完全是合理合法的，她是在英方破坏了"直通车"之后，中国政府为确保香港的平稳过渡及避免特区成立伊始出现法律真空期而设立的临时立法机构，她是按中国法统成立的，完全是中国主权范围的事。而目前本港的法院，体现的是英国法统和英国治权，根本没有任何权力审判中国主权及按中国法统成立的临时立法机构，此道理本很简单。本港某社会人士直言诉讼的法理争拗是"鸡同鸭讲"，可谓生动传神。

控告临立会之所以荒唐，还在于临立会七月一日前是在深圳开展工作的，而按照《英皇制诰》设立的本港法院只可就香港境内的行为进行裁决。而且，临立会自成立和运作以来所制定的法律都是在七月一日经确认由行政长官签署后方生效的，她从未插手过七月一日前港英立法局的任何事务，也没有制定过任何七月一日前生效的法律，故根本不存在什么"侵权越权"的行为。

民主党反临立会的来龙去脉早已众所周知，该党也早已放出风声要"控告"临立会。但无论是特首还是社会各界都纷纷晓之以理：以香港平稳过渡大局为重，更何况该党还要参与由"控告"对象制定法例的首届立法会选举。但该党仍一意孤行，明知不可为而为之，并选择在临立会已为广大市民认同，而香港回归到了百米冲刺关头上演"控告"闹剧。说穿了，就是要重新挑起争拗，制造人们的思想混乱，干扰香港的平稳过渡。请问，这难道就是民主党一直以来所说的一切为港人吗？

（原载香港《文汇报》1997年6月7日）

谨防"神经过敏"

在现实生活中，人体可能会患各式各样的"过敏"症，"神经过敏"就是其中一种。患此症者，神经系统整日处于极度敏感状态，寝食不思，焦躁不安，可谓苦矣！

人体如此，思想领域亦然。有的人对某种事务穷于揣测，"敏感"有加，一点点事他可以将之无限放大，没有的事也能够说得活灵活现。譬如最近本港就有人对特首与政府高官的关系妄加揣测，说什么董生同政府高官"不咬弦"，而陈太有意"提前退休"，或曰已向特首提出辞呈，言之凿凿，有鼻子有眼。对于这些毫无根据的说法，陈太日前已断然表示："这完全是揣测！"

一句"完全是揣测"，将各式传言击得粉碎，也折射出那些"神经过敏"者的病症实在不轻。而对于董、陈两人工作上的关系，某些人的"神经过敏"症由来已久。早在董氏候任期间，就传言不断，但两人不为所惑，使"神经过敏"者不免失望；等两人正式合作时，"神经过敏"者就更是"虎视眈眈"地盯着两人的一举一动，某次宴会上两人未及碰杯，"神经过敏"者便大大地发挥了一通。实际上纯属误会。

类似的例子不胜枚举。可以说，相隔没几天，"神经过敏"者就会围绕董、陈的关系炮制出某些"新鲜"口讯来。问题的症结，依笔者一己之见，恐怕与有人不高兴看到董、陈两人紧密合作有关，问题的背后是有人并不乐意见到回归后的香港安定繁荣。"神经过敏"者是否与"心战"有某种关系呢？

人体患上"神经过敏"症危害并不大，至多是个人苦恼一点，并不会传染给他人；思想领域的"神经过敏"则不一样，患者不但自己愈陷愈深，"过敏"性言论一经现代化传媒扩散，就会谬种流传，误导他人，以致构成对安定繁荣的社会局面的损害。是故，笔者呼吁：已得此症者宜从速医治，健康者则要谨防感染"神经过敏"！

（原载香港《文汇报》1997年11月4日）

何来"封杀"?

"这回人大代表选举如果○○党几个人一个也选不上,就证明中方封杀○○党的政策没有变","看来还不能这样说,二者似乎有区别"……这是昨天在地铁车厢中几个乘客就此次人大代表选举某党几个欲参选者能否当选的议论,很可惜笔者落车在先,没能听下去。

市民关注特区成立后首次人大代表选举工作,说明港人当家做主意识逐步增强。全国人大常委会日前已正式通过并公布了选举会议成员名单,下周该选举会议将举行首次会议,选举工作将全面展开,相信各界市民会以更大的热情关注选举的进展。

笔者以为,拙文开头所述市民的讨论有其代表性。因为某党从未有成员当过全国人大代表,这次该党有几个成员声言参选,并且一开始就颇为高调,现在也正四处游说提名,他们最终能否当选引起人们注意也就很自然。但如果将该党成员能否当选与所谓中央政府"封杀"说联系在一起,笔者以为实在值得商榷。根据人大有关法规及全国人大常委会有关负责人的明确宣布,参选者皆以个人身份参选,不代表任何党派或社团。既然参选者不代表所属党派,其参选纯属个人行为,那么其最终当选与否也就是他个人的事,不能将此与中央政府对其所属党派社团的态度拉在一起。认为该党成员当选与否意味着是否继续对该党实施所谓"封杀",这是建构于这几个参选者是代表该党参选的,而这,显然与人大代表选举的本义大相径庭。这是其一。

其二,内地和香港实施"一国两制",香港的党派只要符合本港的法律就可以在港活动,而当人大代表则要符合一定条件,这也是两回事。全国人大通过的选举办法是公平、公正的,既没有优待哪个社团,也未刻意排斥哪个党派,选举又是在由香港居民中的中国公民组成的选举会议中进行,何来中央政府"封杀"之有呢?

(原载香港《文汇报》1997年11月5日)

北京传话人？

拜读了本港某"时事评论员"题为《香港政客"大近视"——封杀民主派就可讨好北京？》的大作，真令笔者大开眼界。原来该评论员为了达致摆脱本港某党人大代表参选者寻求提名遇到的尴尬局面，居然以北京传话人的面目出现，"假传圣旨"，谓北京希望让本港某党代表能当选全国人大代表云云。

该文一方面极力贬损选举会议成员是唯"北京精神"是瞻一族，另一方面又"循循善诱"，说他们政治触觉欠敏锐，联手"封杀"某党参选人大代表破坏了北京的部署，紧接着便以居高临下的姿态，ABCD地分述北京"希望"的缘由，俨然一腔北京传话人的口吻。

明明全国人大常委会一再申明参选人大代表皆以个人身份，怎么又会有什么北京对某某政党特别青睐，去"希望"其代表当选呢？由此推理，也可知该评论员的"传话"是假的。该评论员所说的北京又是何所指呢？如果是指中央政府或全国人大常委会，那么据笔者所知，北京根本没有要本港某党某派的成员成为全国人大代表的"希望"。北京说得很清楚，那就是符合资格者皆可参选，至于能否当选那要按选举程序通过正式选举后才知道，当选人大代表须符合一定条件，而这些条件对任何一个参选者一视同仁，并不存在"希望"不"希望"某党成员当选的问题。

某评论员对此党成员参选，欲助一臂之力乃意料中事，撰文造势、帮助游说等等，那是他个人的事，但却要以北京传话人姿态发放虚假信息，以误导选举会议成员乃至全港市民，这倒是一个败笔。如果早在十年八年前，由于该评论员的工作背景，人们可能还会为其"传话"手法所惑。可时至今日，仍要扮演此种角色，还有谁相信呢？！

（原载香港《文汇报》1997年11月7日）

"试金石"之辩

所谓试金石，原是一种致密而坚硬的黑色矿物质，因黄金在它上面一划即可看出黄金成色而得名，后人便以此比喻精确可靠的检验方法和标准。想不到围绕此次本港全国人大代表选举，近日也出现了某某党成员能否当选人大代表是中方真假民主"试金石"的说法。

且不说我们港人在香港回归祖国之后再称内地为中方已不合适，即以将某党成员能否当选视为"试金石"之说也值得一辩。某党有成员有意参选全国人大代表，只要符合资格，就应尊重他们的意愿。不仅如此，本港不论何党何派或无党无派的人士，只要符合参选条件，皆可以个人身份参选。然而既是选举，就必然存在当选与否的问题，某党几位人士能否获得足够提名成为正式候选人，以及假设成为候选人但最终能否当选，现在无从知道。但无论出现何种结果，都是选举的正常现象，怎样能将它与所谓中央真假民主联系起来呢？

"试金石"说之谬，在于将某党成员当选作为民主的参照系，仿佛该党就是民主的化身，其他所有党派个人乃至中央政府都要在这块"试金石"上检验一下民主的真假或"成色"。这当然是十分荒唐可笑的！而这本身就与民主精神背道而驰。

持"试金石"说的人，实际上是对某党成员参选没有信心，但这样的人不打算也不愿意在一旦某党成员参选不成功时去好好作一番总结，帮助他们找一找个中原因，却预先抛出"试金石"之说来蛊惑人心，给选举会议甚至全国人大常委会施加压力。

笔者还想到，持"试金石"说者若与某党毫无干系，那还只是一种认识问题。如果该说本身就是某党成员抑或自己友放出来的，那就明显是有意误导，从而也更值得人们咀嚼了。

（原载香港《文汇报》1997年11月8日）

欢呼声中的噪音

滚滚万里长江被拦腰截断,这一几乎是神话抑或梦想,如今在中国人民面前变成了现实。当长江三峡水利枢纽工程成功实现大江截流的特大喜讯传开,包括香港市民在内的全中国人民奔走相告,欢呼雀跃自不待言,就是散居在世界各地的华夏子孙也感到欢欣鼓舞。

是的,长江三峡水利枢纽工程,历经七十年岁月,四十年的论证,三十年的准备,终于以越来越清晰的脚步声向我们走来。该水利枢纽工程全部完工后,将无愧于世界第一的光荣称号。而这一工程竣工后带给中国人民的效益也是相当诱人的——防洪,长江中下游数千万民众及数千万亩耕地将得到有效保护;发电,年均发电八百多亿千瓦时,大半个中国将获益,单此一项便有数百亿元的利润;航运,"梗阻"消除,万吨轮通行无阻……滔滔长江水将可以按照人民的意志来流动,又怎能不引起十二亿民众为之深深自豪和骄傲呢?

然而,在中国人民庆贺大江截流的欢呼声中,也传出几个很不和谐的音调。比如一向自称很爱国的某女士,却在大洋彼岸说三道四,胡诌什么三峡工程大坝设计有问题,并呼吁各国投资者与银行不要贷款给该工程云云。对三峡工程有不同意见本来很正常,但在经过多年论证,充分考虑了利弊,而且经过全国人大会议通过,更何况工程早已上马,如今已经顺利实现大江截流之际,还在那里喋喋不休地鼓噪反对,就不能不说是有意与中国人民唱"对台戏"了。这样的人究竟是不是真爱国,相信人民群众是心中有数的。

(原载香港《文汇报》1997年11月9日)

近观香港

报道新闻与制造谣言

本港某报日前赫然登出"独家消息",谓国务院副总理姜春云之妻涉运毒被法办,姜已与她脱离夫妻关系云云,言之凿凿。朋友议论到此事,都觉得不合情理,心中存疑。昨天中通社发布的消息,证实某报上述"独家消息"纯属谣言。

人们想必记得,某报老板曾出粗口咒骂中央领导人,引起广大读者反感,就连几个常常批评内地的专栏作者也觉得过分,认为批评总是要讲道理的。连串脏话,不讲道理,只会自贬其格。至于报道,则应尊重事实。完全不顾事实,随心所欲地编造消息,那就不是报道新闻,而是制造谣言了。作为山东政协委员的姜春云妻子,现已退休在家,读书练字,含饴弄孙,其乐融融,与所谓运毒毫无关系,该报却凭空将她说成是一个运毒犯,并已被处决;明明姜副总理夫妻和睦,家庭幸福,某报却说两人已经离婚。将心比心,这种严重的诽谤,不用说加诸名人,就是无端端落在一般升斗小民身上,又何以堪受。

更有,该报在此则造谣消息中还说山东某市几个领导人严重经济犯罪案也涉及姜,他们的犯罪行为得到姜的支持和袒护。现在根据笔者了解,这也完全是无中生有。

造谣在任何一个社会都是不会被容许的,后果严重者则要负上法律责任。坊间谣传固然也不好,但相对而言,影响还有限;而报纸作为社会公器,造谣则会误导众多读者,产生更为恶劣的影响。而且一家报纸依靠谣言招徕读者,可能会引起一时的"轰动效应",但骗过了初一,骗不过十五,当读者明白了事实真相,感觉到一次又一次受欺骗、被误导之后,就会对这样毫无新闻道德和社会责任的报章投以鄙视,报纸就必定会失去读者。

(原载香港《文汇报》1997年11月12日)

要以理服人

本港九届全国人大代表选举工作正顺利进行，报名者的资格及提名情况已经选举会议主席团核实，七十二名候选人的名单也已正式公布。令人高兴的是，选举过程依法进行，整体报名提名过程并无收到任何投诉，如同有舆论指出，今届全国人大代表选举体现了公开公平公正，是香港民主的一次成功实践。

但也有人不高兴，岂止是不高兴，而且是骂大街、泼脏水。如某君就发表文章，竭力攻击本港首次全国人大代表选举，说什么此次人大代表选举是一次极左势力大汇演，各种各样的亲中极左力量在一国的名义下横行霸道，唯我独左，将人大代表选举弄得乌烟瘴气，香港已被"赤化"，云云。总之将港区九届全国人大代表选举工作全盘予以否定。

笔者拜读之下，甚为惊讶。因为该君在对此次选举罗列出一大串罪名之后，却举不出丝毫的例证。本来，对人大代表选举工作有意见有看法完全可以提出，本港言论自由不说，就是人大选举工作的投诉渠道也十分畅通，为什么不可以摆事实讲道理，非要采取如此非理性的做法呢？有朋友提醒说该君是为所属的某党无人进入候选名单而出气，笔者初不以为然，因为人大代表选举皆以个人名义参选，并不存在某党代表问题，但咀嚼再三，也不得不说该君是以一党私利而抹黑整个选举。

行笔至此，笔者蓦然想到，某君是教师出身，也曾循教育界功能组别跻身立法局。照理，为人师表者应温文尔雅，以理服人。某君却反其道而行之，白纸黑字间竟然恶言恶语。真不知如斯者又如何站在神圣的讲坛上，面对那些天真无邪的莘莘学子呢？

（原载香港《文汇报》1997年12月3日）

何"罪"之有？

曾几何时，本港极少数人在社会政治生活中掀起一股定"罪"风。你看，继某党于临立会完成历史使命之际抛出所谓临立会"十大罪状"之后，同该党关系密切的某组织又在参选政纲中堂而皇之地罗列出基本法"六宗罪"，与之遥相呼应。

不能不说，所谓临立会"十大罪状"的帽子虽大得吓人，可每一条"罪状"都经不起一驳。临立会诞生于香港回归的紧要关头，不辱历史交付的庄重使命，及时而卓有成效地运作，成绩有目共睹，她顺应香港回归的历史转折，在开创文明、理性的新议会文化方面卓有建树，赢得了港人的理解、认同与支持。临立会功绩永载史册，何罪之有？

至于某组织编造的基本法"六宗罪"，同样脱不了荒谬绝伦。比如，将行政长官由八百人组成的选委会选举产生、近几届立法会直选议席有明确规定等都列为"罪状"，就非常荒唐。众所周知，基本法的上述规定并非某几个人想当然的儿戏之举，而是根据香港的历史及现状制定的，她的总体原则是循序渐进地发展民主，最后达到特首及立法会议员全部由直选产生的目标。只要不持偏见，任何人都会觉得这是实事求是、合情合理的，对保持香港长期繁荣稳定有利。

该组织参选政纲还煞有介事地列出六大"灭罪方法"，其女发言人鼓噪"重返立法会"后将推动大改基本法，以此蛊惑人心。修改基本法是一件十分严肃的事情，而现在并看不到基本法有急于修改的地方，许多有识之士均认为，基本法现在不是修改，而是大力推广、实行的问题。

某党及某组织在对抗及"唱衰"取态上是何其一致。他们双双以民意代表自诩，恰恰在一些根本问题上与民意背道而驰——临立会、基本法何罪之有？动辄为别人定"罪状"，假若以其人之道，还治其人之身，又若何？！

（原载香港《文汇报》1998年4月19日）

"复仇"质疑

被自己的助选团形容为"民主女人"的新界东某候选人,近日在誓师大会上公开扬言,五月二十四日立法会选举将上演"民主派复仇记"。

"民主派复仇",笔者对此口号并不感到新鲜,因为它不过是某党在香港回归夜在立法局大楼二层露台所叫嚷的"我们一定会回来",以及该党近期反反复复高叫"重返立法会"的翻版。要说不同,只是"民主派复仇"更具火药味而已。仅此一端,即可见这两个所谓民主派组织气味何其相投。而"复仇"云云,更将那位"民主女人"外层气焰及内在心理表露得淋漓尽致。

"民主女人"欲复何仇?她自己"一众被赶出议会的民选议员定可重返议会"一言便是最好的注脚。但是,此"仇"根本不能成立。须知,英国对香港管治终结之日,也是其立法局寿终正寝之时,这是最浅显不过的政治常识。港英立法局于去年六月三十日午夜终止运作,其议员的资格及职责也就随之自动丧失,所有议员无一例外,绝非独独针对"民主派"议员。由此可见,所谓赶"民主派"议员下车的问题纯系子虚乌有,"民主女人"是无端寻仇而已。

不能不说,导致"直通车"丧失,"民主女人"也是始作俑者之一。个中缘由,无须赘言。而临立会组建之际,筹委会曾欢迎所有原立法局议员参选,"民主女人"不屑为伍,那又怪得了谁呢?

"复仇"云云,其实牵涉到参选动机——到底是为维护市民利益,为维护特区繁荣稳定,还是为"复仇"?若为"复仇"参选,那么一旦进入立法会以后,就可能丧失理性标准,重走"逢×必反"的老路,重蹈对抗和"唱衰"的覆辙,将立法会变成政治角逐的场所。而这,显然并非香港之福!

(原载香港《文汇报》1998年4月21日)

揣测岂可作新闻

某报日前在立法会选举专题版以大字标题,头条刊登所谓新华社宴请社工界机构负责人,副社长郑国雄询问功能组别参选情况的消息。消息引述某党前立法局议员罗某的评论,指新华社若透过饭局意图影响选举进行,已有舞弊之嫌。

据此,笔者通过朋友向新华社方面求证,得悉该社是次与社工界负责人的饭局,为双方约定,纯系联谊性质,且时间早已定下,与立法会选举毫无关系。众所周知,香港回归后,新华社香港分社作为中央授权的工作机构,其工作职能之一便是继续广泛联系社会各阶层人士。上述联谊活动是很平常的事,没有什么可猜疑的。

况且,在整个过程中,该社副社长郑国雄根本没有与任何人谈及立法会选举的事情。参与者也证实了这一点,与立法会选举沾不上边。某党已报名参选社工界的罗某不知是否心虚,竟毫无根据地揣测该社意图影响选举,实有栽赃之嫌。

事情已经很清楚了。但不能不说,某报在并无记者在场的情况下,仅凭道听途说或主观臆想便发表若有其事的报道,且强化罗某没有事实依据的评论,不能说是一种对公众负责任的态度。

立法会选举是特区高度自治范围内的事务,新华社一再申明不会干预。临近选举之时,有人屡屡无端散布该社所谓劝退、"干预"选举的流言,而个别媒体也热衷于传播,不知到底是何动机?!

(原载香港《文汇报》1998年4月24日)

是"戆居",还是蒙混?

前天,即首届立法会选举结束候选人提名前一日,突然发生三候选人涉国籍规例而急遽退选的风波,尤其是某党两候选人违反选举条例中有关国籍限制事,令人寻味。

《立法会条例》规定得清清楚楚,参与立法会地方直选的候选人,必须在中华人民共和国以外地区没有居留权。可是某党其中一位报名参选新界西直选的成员,早已加入加拿大籍并持有该国护照,另一位角逐新界东直选议席的该党成员则拥有"居英权"的英国护照。显然,他们均不符合参选地区直选的资格。可他们照样报名,并展开了一系列竞选活动,直至前日方"如梦初醒"。

遗憾的是,两人的解释实在不能自圆其说。前者说其加拿大护照早已过期,他以为无须办理手续便自动丧失该国籍,于是报名参选;后者自认"戆居",谓将"居英权"护照与 BNO 混为一谈,因此参选。该党中委向公众致歉也说是一时疏忽,并非有意为之。

不能不说,某党及两位当事人对事件的解释缺乏诚意,其辩称也站不住脚。特区立法会选举这样严肃的事情,参选者在报名前难道可以不看有关条例?更何况立法会议员有国籍限制早已是众所周知的事情。假如对有关条例一无所知,或者对国籍限制充耳不闻,那么该党成员的法制意识哪里去了呢?如果明明知道,却在办妥国籍身份之前即报名参选,那就不是疏忽的问题了。

某党一直以来将自己装扮成民主、法制的化身,其某些成员一个时期以来却干了许多与法治精神背道而驰的事情——冲警队、闯领馆、烧轮胎……如今两成员违规参选也不仅仅是个人行为,因为作为一个政党,如果连自己成员的国籍都茫然无知,岂非笑话;如果知道而不加劝止,该党的诚信就不能不打问号了。

(原载香港《文汇报》1998 年 4 月 25 日)

标题上的手脚

四月三十日，某报在选举专题版报道某大学一项最新的民意调查，标题为《护照问题引致退选无损政党支持度》，十分引人注目。

题目具有很强的针对性，因为此前本港某党两成员因拥有外国护照和居英权报名参加立法会分区直选，违反有关条例不得不退选的丑闻，引起选民及社会舆论对该党诚信的广泛质疑，导致选民支持率下跌（据有关调查，该党各选区候选人的支持率平均下跌三点三个百分点），传媒已经广为报道。有鉴于此，该报要急于告诉读者，退选问题并无损及某党的支持度。

然而读了报道内容，不对了，因为导语明明白白写着：一项民意调查显示，约七成二被访者在退选事件后没有改变对所属政党的支持，只有约一成六表示会减少支持。既然如此，请问：表示会减少支持的这"一成六"不正是某党因退选事件支持度下降的证明吗？何况在该报道的正文中，表示对某党支持不变的占六成三，表示减少支持的则是二成四。为了证明退选丑闻没有影响某党支持度，居然将减少支持的百分率"当无到"，这可真是某报的一大发明！然则这样一来，该报道的标题与内文岂不自相矛盾了吗？

如果实事求是，一百人中有一个改变了支持态度，也不能说是"无损支持"，何况是百分之十六或百分之二十四呢？某报明白，调查是别人作的，数据不能不如实刊登，但标题则是自己拟的，于是不顾众目睽睽，置数据和事实于不顾，在标题上大做手脚。粗心的读者，真要被误导了呢！

（原载香港《文汇报》1998 年 5 月 2 日）

选举论坛观感

近日选举论坛频频,各种电子媒体直播或录播出街,对广大选民认识和了解候选人不无助益。笔者观后也有所感,唯觉声言"重返立法会"的某党,其候选人的答问令笔者质疑多多,信手写下三则,与选民朋友思索玩味。

质疑一:"唱衰"有理?

有人问,某党回归前所"唱衰"香港的种种情况均未出现,这如何解释?该党党魁答曰:当时只是设想,提出一些忧虑,正是不希望发生这些情况。如此看来,市民倒真要感谢某党了,因为若果没有他们的"唱衰",回归后的香港就会出现那些情况了。一句"不希望"便想将"唱衰"的恶果一笔抹煞,"唱衰"竟变得有理了,这是典型的诡辩法。人们要问:如果当初仅是设想,那么为什么不可以设想一些好的可能呢?

质疑之二:是党还是"乌合之众"?

有候选人质询某党"党鞭",该党两位退选人拥有外国护照或居留权的情况中央究竟知不知道?该"党鞭"竟然振振有词:"我哋唔系共产党,唔会审查干部。"无端搬出共产党来,无非理屈词穷,想堵住对方的嘴巴。作为一个政党,清楚了解党员的国籍身份是最起码的。某党自诩"可信",有所谓党鞭,有所谓中央纪律检查小组,如果连自己党员的国籍身份都蒙查查,岂不咄咄怪事?真如斯,某党究竟是一个党还是"乌合之众"呢?

质疑之三:党纪等于警方起诉?

有人问,某党对虚报国籍而不得不退选者非但无纪律处分,还让他助选,是否说明该党无党纪可言?该党党魁辩称,在警方无正式起诉前,不会进行处分。这就奇怪了,警方起诉与党内处分难道是先后关系?警方起诉是刑事案件,党内处分则是党的纪律,二者各自独立,互不隶属,该党魁难道连这一点常识也不懂?

(原载香港《文汇报》1998 年 5 月 15 日)

所谓"告急"又重来

乍听"民主告急",以为是某地民主出现了危机,原来是本港某党新界西立法会候选人及其助选队伍在该区派发以此为题的宣传单张,以此催谷"五席取三席"的最佳选举效果。

某党在该选区搞了个调查,结果是该党名单中排名前二位"稳操胜券",排第三位者则无必胜把握,于是向选民发出"民主告急"的紧急呼吁,要选民"集中选票支持"该候选人,而该候选人是"民主派的最后希望"云云。

很明显,这是某党候选人误导选民之举。就算该党候选人出现危机,充其量也是该党"告急",而不能说是"民主告急"。某党虽以"民主"命名,但绝不能与民主相提并论。某党将自己一个候选人的危机说成"民主告急",将区区一党与"民主"二者之间画上等号,"民主告急"意在告诉选民,谁支持了某党该候选人,谁就是支持了民主,反之则是背弃民主,这本身就是对民主精神的莫大亵渎!

在所谓"民主告急"中,某党一方面将同属"民主派"的某组织候选人说成稳胜,使其票源流失,另一方面公然宣称"其他民主派及独立人士已无机会胜出",打击这些候选人的竞选积极性,以收垄断选票之效,可谓一箭双雕。对自己友及独立人士尚且如此,何况对其他政见不同者呢?

"民主告急"似曾相闻,一查,原来该党早在一九九五年末届立法局选举时就已提出此一口号。该党显然是在玩弄"哀兵"战术,借此误导选民,骗取同情与支持。

(原载香港《文汇报》1998 年 5 月 19 日)

切莫讳疾忌医

得了病就要医治，如若讳疾忌医，自欺欺人，一旦病入膏肓，则悔之晚矣！

让时光倒流。在特区首届立法会选举点票中心。某党主席在自己和几个弟兄当选后即席发表演说，一口咬定高投票率说明选民对政府及选举制度不满，并嘲讽投票率高反映市民支持政府及选举的说法是连政治 ABC 都不懂。相信许多市民对此一幕记忆犹新。

最近，民政事务局首次公布五月立法会选举调查结果：在抽样调查的三千多选民中，六成八是为履行公民责任而投票，因对政府不满而投票的只有百分之二。这一调查不啻是对该君"不满"论的无声回击。

犹记得，某君的"不满"论在当时就引起不少市民非议，以为这是对他们公民意识及参与热情的亵渎。有论者更指出，如果选民对政府及选举制度不满，大可不去投票，更遑论在风雨交加中前往投票了。

真所谓一波未平，一波又起。不久前该君在一个电台节目中，竟毫无根据地说特区政府的入市措施是"从命"于北京的指令。该君回归前便多次说什么九七后特首将对北京唯命是从，此次便想以港府"入市"来印证"从命"说。殊不知基本法明文载定，本港财政金融独立，此次入市完全是特区政府自己的决策。某君的"从命"说甚至连自家兄弟也以为缺乏依据，该君便不得不悻悻然表示收回。

然而，不负责任地说了，事后并无"收回"的就多了。从当年说英国将香港交还中国等于将几百万犹太人送交纳粹、中国爆发内战广东将站在香港一边等等，直至"不满"论、"从命"说，该君信口雌黄不胜枚举是不争的事实，其源盖出于政治偏见。诚望某君切莫讳疾忌医，因为对一个政治人物来说，信口雌黄必定失去诚信。

（原载香港《文汇报》1998 年 10 月 8 日）

"文字游戏"的背后

有读者朋友对笔者说，某些议员对经济事务一窍不通，却是玩弄文字游戏的高手。问点解，答曰：君不见他们对特首"三无"的诸多演绎？笔者遂恍然大悟。

原来，特首在发表第二份施政报告后举行的记者会上，重申自己一直以"无私、无怨、无悔"为做事原则，殊料在立法会辩论施政报告时，多个议员竟玩起"三无"文字游戏来，什么"无能、无情、无根"，什么"无钱、无米、无助"，什么"无奈、无能、无助"等等，不一而足。真是无独有偶，玩此等文字游戏者全属"民主派"人士，某党主席也不遑多让。

这些议员，面对本港的经济困境，提不出什么切实可行的建议，对施政报告讲不出什么建设性的批评，而又不甘寂寞，只能以玩弄文字游戏哗众取宠。他们领取纳税人的金钱却不干实事，浪费宝贵的议事时间却心安理得，实在令人嗟叹！

然而，若说他们玩文字游戏毫无目的可就错了，明眼人一听，便知"文字游戏"弦外有音。在当前经济低迷中，市民对政府有怨气，这不难理解，极少数议员非但不从大局计，作些必要的疏导，反而利用议会的阵地火上加油，以"文字游戏"对特首竭尽嘲讽与攻讦，为"倒董"制造舆论，借此误导善良的市民。

有目共睹的是，特首的"三无"发自内心，是其人格的真实写照。香港回归祖国之后，特首领导特区政府做了大量富有开创性的工作，在种种前所未有的风暴面前令香港站稳阵脚，赢得了广大市民的理解和支持，得到中央政府和内地民众的高度赞扬。对特首当然可以批评，特首是人不是神，工作中失误与缺陷在所难免。但批评总要有善意，有建设性。有些批评尽管尖锐，却不乏真知灼见，与玩"文字游戏"者不可同日而语；两相比较，后者只是以嘲弄与攻击为职业，说到底是惟恐香港平安。

（原载香港《文汇报》1998年10月27日）

"遗憾"什么？

随着有"世纪悍匪"之称的张子强在内地伏法，这一震惊四方大案的审理已经画上句号。殊料某党主席在立法会提出动议，称对于特区政府未在张案中全力捍卫香港司法管辖权表示遗憾。该动议虽遭否决，然"遗憾"云云却耐人寻味。

某党主席的"遗憾"，说穿了，就是对特区政府没有向内地提出移交张犯回港审理表示不满。这一"遗憾"有无道理，据笔者之见，关键还在于内地对张案是否具有司法管辖权的问题。事实是，内地审判张案完全符合国际惯例，按照通行的"属地主义"原则，内地首先破获此案，便自然有了司法管辖权。更何况这些人不单单在香港犯罪，而是在内地也犯有罪行，而且许多罪案是在香港发生犯罪行为，在内地取得犯罪结果，或者反之。据此，内地对张子强案的司法管辖权是毋庸置疑的。

既然内地对该案具有管辖权，特区如向内地提出移交张犯回港，显然是对内地司法管辖权的不适当干涉。某党主席在动议辩论中说什么特区政府一步步退缩，一步步将香港司法管辖权收窄，甚至一步步牺牲"一国两制"的法制原则，因此不能不对政府深表遗憾，这完全是一种误导。内地自始至终并无丝毫侵犯香港的司法管辖权，何来特区步步退缩之有？香港的司法管辖权不容侵害，内地的司法管辖权也同样应得到尊重，在双方并无移交罪犯协定的前提下，本港不向内地提移交罪犯的要求十分明智。特区政府依法行事，整个过程处理恰当，并无任何不妥，某党主席的"遗憾"显然缺乏理据。

值得指出，某党主席身为大律师，并非不懂法律及国际惯例。一直来也有港人在其他国家犯罪包括被当地处以极刑，他从未表示"遗憾"过，如今一牵涉本港与内地，他就又是谴责，又是"遗憾"了。两相对照，岂不发人深省吗？

（原载香港《文汇报》1998年12月11日）

不宜这样比较

有人指责特区政府所制定的区议会条例重新引入少量委任议席是复辟倒退，并振振有词地说，连内地农村都在推广直选，本港却保留委任制，本港民主进程慢过内地。对这种似是而非的观点，很值得探讨"求真"，以免误导公众。

还得从"一国两制"说起。现在，在同是"一国"的架构下，香港与内地分属"两制"，这"两制"各有特点，无法比较，唯有维持互相尊重、互不干预的关系，方能达到"双赢"的最佳境界。正是在此意义上，国家主席江泽民曾形象地提出"井水不犯河水，河水不犯井水"这一处理"两制"之间关系的基本准则。

民主作为一种世界性的进步潮流，任何国家任何地方都是无法违背的，但任何国家的民主进程则不可能"一刀切"，而是取决于各自的历史与现状。由于香港与内地社会政治制度根本不同，两地的民主进程就各有特点。要比较，就得有参照系，香港与内地的民主进程并无参照系，因此不宜互作比较。香港的区议会和内地的村民委员会，各自的历史沿革不同，性质功能不同，辖区规模一异，其产生的办法也就不可能一样，并不存在民主进程谁快谁慢的问题。

本港的区议会作为非政权性质的区域组织，委任议席早已有之，其间中断的原因众所周知，毋庸赘述。而实践证明，作为选举的补充，保留少量委任议席，便于一些长期热心地区服务，并确有才能和经验却无意循选举途径加入议会的社会人士服务大众，得以兼顾区内各阶层利益，在现阶段不失为明智之举，因而受到大多数市民的认同和支持。实际上，有人将本不宜相比的二者硬作比较，赞扬内地是假，贬损特区政府是真，正如同这样的人早先叱责内地搞"独裁"也不给香港人民主一样，"实用主义"者的面目活灵活现……

（原载香港《文汇报》1999 年 3 月 18 日）

如此"寄语"

某党一位副主席在一个论坛上"寄语"政务司司长陈方安生：在获得延任之后，应继续扮演制衡行政长官董建华的角色，而不要被他驾驭。笔者以为，此一"寄语"带有明显的误导色彩，颇值得一议。

首先，"制衡"云云没有法理依据。基本法第六十条明确规定：香港特别行政区的首长是香港特别行政区行政长官。特区政府设政务司、财政司、律政司和各局、处和署。第四十八条规限的特首十三项职权中，第一项便是领导特区政府。这就将特首与政务司司长之间的关系规定得非常清楚，即特首是特区政府的最高首长，政务司司长等政府高官在特首领导下工作。翻遍整部基本法，也找不到政务司长有"制衡"特首的角色功能。如果某党副主席所言"驾驭"是指领导，那么"驾驭"政务司显然就是特首义不容辞的重要职责之一。

其次，"继续"扮演有违事实。某副主席"寄语"的弦外之音是过往政务司长已经在扮演"制衡"角色。事实是自回归以来，政务司长一直是在特首的领导下开展工作，俩人之间并无出现角色混淆或她"制衡"他的情况。这从两人各自多次强调相互信任、合作愉快的真诚谈话中即可见一斑，而事实则是最好的证明。

其三，领导与被领导的关系并不意味俩人必须时时事事意见一致。二者对某些问题看法不一完全正常，关键要看有意见分歧时是闹个人意气，还是以香港的整体利益为重，切磋协商，作出符合大众利益的决策。特首和陈太都公开表示他们的情况是后者而不是前者，而实际也与此相吻合。

在本港，有人总喜欢散布政务司长与特首"不咬弦"的流言。"延任"决定一公布，有关谣传不攻自破。有人便以"制衡"说蛊惑人心。然而，"寄语"式的挑拨离间并不符合香港的利益。

（原载香港《文汇报》1999年3月30日）

有意渲染的"担忧"

眼下正在台湾的王丹几乎天天谈到香港,而谈得最多的是对香港前景的"担忧"。他说,从香港最近的情况,包括终审法院受到北京的压制、新闻自由的倒退等,使他对香港的前景抱谨慎悲观的态度……

王丹近日在美、在台一再重复此调,显然是有意识向香港人传话,意欲在渲染自己的所谓"担忧"来影响香港人。由于王丹口口声声说他对香港、对港人有特殊的感情,故善良的港人可能易被他所迷惑。

所谓香港的前景令人担忧,当然是危言耸听。就从王丹耿耿于怀、促使他"担忧"的两大事件来看,不能不说都扭曲了事物的本质。终审法院有关居港权的裁决,其判词中涉及全国人大及其常委会的权力和地位部分确实不妥,因而受到本港舆论及内地法律专家的批评,这是事实。但这种批评都是充分说理的,特区政府鉴于有关事宜引起广泛关注及在宪制上的重要性请求终院澄清,以及终院的澄清,都是依法办事,市民普遍感到满意,所谓北京压制终审法院毫无根据。

说香港新闻自由倒退云云,就更是无稽之谈了。回归之后的香港,其新闻自由度丝毫不比以前逊色,这是广大市民的共同感受,就连回归前屡屡对此"唱衰"的所谓民主派人士也予认同,甚至声称密切"监察"回归后香港社会的英国朝野也不得不作如是观,因而可说是国际社会的共识。王丹独树一帜,原来是本港有媒体要他所写文章政治上不要"太敏感"。以笔者理解,所谓不要"太敏感"就是不要肆无忌惮地鼓吹推翻中央政府,但这与新闻自由又有何干?

看来,香港市民在提防有人时不时跑到国际社会"唱衰"香港的同时,还须警惕诸如王丹这样的"民运英雄"的误导。

(原载香港《文汇报》1999年3月31日)

能这样打分吗？

有传媒以特区政府拒绝王丹、魏京生等人来港一事为由头发表社评，"忽发奇想"地为"一国两制"在本港的实施打分。结果七扣八扣，打出一张七十分的成绩单来。这是第一次有媒体为"一国两制"打分，大有引领新潮流之意。

然而笔者以为，此举并不明智，更不值得提倡。这倒不是嫌七十分低了，分数的高低是另一回事，关键在于为"一国两制"的实施打分一事本身就不科学，容易造成某种误导效应。要打分，势必要有一个参照系，尽管是相对而言，也要有一个标准答案。可"一国两制"的实施是一项前无古人的崭新事业，并无任何可资借鉴的体系或经验，一切均处在实践之中。既然如此，你怎么为它打分呢？"一国两制"付诸实施还是一项十分庞大的系统工程，将亿万民众生气勃勃、多姿多彩的伟大实践（"一国两制"的实践者理所当然也包括内地人民）用教师为学生评卷般简单地测度，是颇不现实的，当然就不可能做到科学。

虽然不宜打分，但却可以评论"一国两制"实施的成功与否。无论本港市民、内地民众，还是国际舆论，都认为"一国两制"两年来的实施是成功的，这是一个基本的事实，毋庸赘言。正如同当今世界普遍认为中国的改革开放取得了巨大的成功，但无须也没有谁为改革开放打一个具体分数一样。

至于说到那三十分是如何扣的，那就不能不说，像成立临立会、所谓中央干预终审法院有关裁决、不起诉胡仙、区议会恢复委任议席等等，乃至不批准王丹等人来港都作为负面事件而列入扣分之列，就明显背离了实事求是。本来就不适宜打分，现在又以一己偏见打分，这样的分数又怎能不带误导的成分呢？

（原载香港《文汇报》1999年4月24日）

何来"玩完"？

行政长官请求中央政府提请全国人大常委会解释基本法有关条文，以化解港人内地子女居港权问题的决策，受到各界广泛欢迎。然而，一向以香港民意代表自居的民主党却死缠烂打，多方阻挠。党主席李柱铭更竭尽耸人听闻之能事，说什么行政长官之举意味香港法治"玩完"。

所谓香港法治"玩完"无非包含两层意思，一是中央可以随意解释基本法，香港的终审权"付诸流水"；二是香港政府以行政干预司法，"输打赢要"。而李氏和他的立法会弟兄们在多个场合正是这样表达的。

众所周知，解决因终院判决而带来一百六十七万港人内地子女居留权问题，算来计去，无非有四五种办法，而相比之下，还是由人大常委会解释基本法有关条文最能迅速、果断地解决问题。基本法是由全国人大制定的，人大及其常委会最了解基本法的立法背景及原意，可对基本法作出最准确最权威的解释。而既然基本法明文规定人大常委会对基本法具有最终解释权，现在特区就解决百万内地子女居港权这一事关全局的重大问题，请求人大常委会解释基本法有关条文，就是实行基本法的应有之义，哪里谈得上什么终审权"付诸流水"呢？

至于说"输打赢要"，更是对特区政府莫须有的指责。政府一再申明尊重终院，从没想推翻有关判决，只是循法律途径寻求对基本法有关条文的立法解释，而即使解释也没有追溯力，因而并不损害终院的尊严与权威。与此相反，由于人大解释基本法是特区宪制架构的固有部分，如今这一架构的运转就使得香港享有终审权的条件愈加完整和充分，整件事完全符合法治精神。

李柱铭等人既提不出什么锦囊妙计，对大多数港人认同的解决办法又百般攻击，真不知他们葫芦里卖的什么药。而若依他们照单全收，其结果，繁荣稳定的香港真有可能"玩完"！

（原载香港《文汇报》1999年5月20日）

谨防谣言

"中国拟用五亿美元引渡李洪志回国",这消息真够轰动,一经传媒"披露",立即引起世人关注。笔者闻之,先是一怔,随即打了个大大的问号。果然,内地有关部门现已证实,这纯属无稽之谈。

本港某报刊登题为《我的一点感想》的广告,作者就"近来媒体报道了中国大陆想利用减少五亿美元的贸易顺差作为交换条件,妄图引渡我回国一事的传闻"发表声明,其实这一传闻毫无依据。笔者以为,用减少贸易顺差换取人员引渡,这种说法本身就有悖常理。

稍具常识者都知道,贸易的顺、逆差是一回事,引渡罪犯则是另一回事,这是两个性质完全不同的问题。从来没有听说过两者之间可以互相交换。不说这种事实根本不存在,光从编造者的缺乏常识,相信也难以令人置信。

值得一提的是,本港近日有关内地"法轮功"的传闻,多非事实。比如昨日某报隆而重之刊登的"七万'法轮功'众被逐出京城"的专题报道,以及其他几则相类似的消息,据内地权威人士证实也绝无此事。

有道是,谣言止于智者。对于毫无根据的传闻,多作一些了解和思考,就不会轻信了。

(原载香港《文汇报》1999年6月8日)

支持率急降说明什么？

报载，民主党由于倾力反对特区政府请求中央政府提请全国人大常委会解释基本法有关条文，其民意支持率急遽下降近十个百分点。

特区政府择善而从，果断作出请求人大常委会释法以化解港人内地子女居港权问题的决策，受到各界广泛欢迎。然而，一向以香港民意代表自居的民主党却多方阻挠。先是该党所有立法会议员在辩论释法动议时又是身穿丧服，又以离席抗议，几天后该党议员又在立法会提出议案，再次反对释法。该党主席更竭尽危言耸听，说什么人大释法意味香港法治玩完，俨然一副捍卫香港法治的英雄面目。

更有甚者，直至特区政府将释法请求上报国务院之后，该党还在筹划"反击行动"，比如上京"请愿"等等。该党一位重量级人物更声称特别支持有离意的法官以辞职表达立场云云。

具有讽刺意味的是，以"民主"作党名而沾沾自喜的该党，在释法问题上却与民意硬撼。自己既提不出什么锦囊妙计，对大多数港人认同的解决办法又百般非难，一计不成，又生一计，"民主"精神从何谈起呢？该党的所作所为，岂不意味着"我即民主"？

民主党的支持率急降，反证特区政府报请人大常委会释法一举深得人心，有着广泛的民众基础；也说明任何政党社团，只要与广大民众的根本利益背道而驰，就会失去支持。道理就是如此简单！

（原载香港《文汇报》1999年6月9日）

"四宗罪"离谱

有人喜好动辄给他人罗织"罪状"。某学者在一个论坛上就释法问题为特首开列"四大罪状"就是最新例证。更有甚者,该学者声言立法会应当对特首启动弹劾程序云云。

何谓"四宗罪"?原来是指没有维护香港法律、没有维护香港市民的权利、没有维护香港的宪制秩序……一连串的"没有"。这些"没有"若是事实,启动弹劾理所当然。遗憾的是,如果心平气和地探讨问题,如果不带偏见地尊重事实,就不能不说没有一个"没有"能够成立。

就以这位学者重点谈及的前两个"没有"来说吧!所谓没有维护香港法律,指的是没有执行和实施终院的裁决。该学者这里回避了一个基本事实,即终院的有关裁决有违于基本法,因而问题的要害并非是执行不执行裁决,而是承不承认基本法对于香港的宪制地位。终院的裁决背离了基本法的立法原意,特首在尊重裁决的同时,依法请求人大常委会释法,是真正意义上的维护法治,因而非但不是虚妄之"罪",还是切实之"功"。

没有维护香港市民的权利?非也。百余万内地子女浩荡南下,将给香江造成的灾难性冲击怎样评估都不为过。通过释法,使按立法本意就不具居港权的人士"失去"这种权利,看似不通人情,实际上正是维护了最广大市民的合法权利。相反,如若不闻不问,照单全收,其结果是香港失却辉煌,新老市民两败俱伤。该学者为何不想一下,若果特首真的不维护市民权利,七八成的市民拥护释法又作何解释?

"四宗罪"实属离谱,透过罗织一些莫须有"罪状"以鼓噪弹劾特首,似乎并不是一种负责任的态度。如斯,非但不能为市民接受,更可令公众对学者的道义品格打上问号。

(原载香港《文汇报》1999年6月15日)

"护法"小议

护法，即维护法治，原本是一件大好事。在一个法治社会，护法更是每一个公民应尽之责。据报道，立法会某议员正发起一场"护法"活动，却将反对人大释法视作护法。如斯"护法"就值得一议了。

应当指出，基本法是香港的根本大法，人大释法本身就是依宪法和基本法行事的理性之举，是完全符合法治精神的。同时，香港终审权不是天上掉下来的，而是全国人大授予的，基本法既然规定人大常委会有解释基本法的权力，那么反对人大释法又何来维护法治可言呢？

实事求是说，港人内地子女居港权问题涉及中央管辖权及特区与中央的关系，终院本应在判决前依基本法提请人大常委会解释，但终院没有这样做，自己的解释又有背于立法原意，因此为保证基本法的正确实施，由人大常委会对基本法的有关条款作出解释显然是十分必要和适当的。释法并非推翻终院判决，也没有追溯力，反而廓清了某些误解，使得终院有法可依，避免了终院权威继续受损。尊重终院就是尊重它依法行使终审权，从这个意义上说，释法正是对终审法院的尊重，对特区法治包括终审权的保护。

发起"护法"的某议员是循法律界功能组别选举而晋身立法会的，她在会内说话行事要反映本界别意见是可以理解的。然在释法问题上，大律师公会固然表示反对，但人数比该会多得多的律师会却是支持的，纵使律师会也有人反对，联署者却只有二三百人，和四五千的总数相比，毕竟是少数。人数的多少还是另一回事，重要的是释法完全合乎法治原则，其本身就是一种护法行为。对真正的护法举措视若水火并强烈反对，这岂不是对"护法"活动的莫大嘲讽吗？！

（原载香港《文汇报》1999年6月26日）

四、把腰挺起来

叶公好龙

"叶公好龙"的成语典故想必许多香港人耳熟能详。笔者这里有感而发的，是近日有堂堂议员上演了一出"叶公好龙"的香港版。

话说特首已从近日开始陆续与立法会内各方面议员会面，听取他们对施政报告的意见。民建联等多个政党及一些独立议员均表示将按约如期与特首会晤。但是，"前线"及代表街工的议员却表示拒绝。

这就奇怪了，笔者记忆之中，在立法会内外，平素抨击特首所谓独断专行、不听立法会议员意见，尤其不与"民主派"议员沟通的，这几位议员正是最起劲者之一，怎么现在特首隆而重之地主动约见，共商施政大计，他们却退避三舍了呢？这难道不是典型的"叶公好龙"吗？

单是甘愿做现代的"叶公"倒也罢了，令人不可思议的却是他们提出的种种拒见理由。一是"特首缺乏诚意"。特首办日前专门发表声明，指出特首诚意邀请立法会议员，听取各种不同意见。现在会晤尚未开始便指责别人缺乏诚意，这公平吗？二是"会晤只是门面功夫，没有实质意义"。事实是过往特首与议员见面商谈施政报告等，对议员提出的合理化并切实可行的意见都有不同程度的采纳，其实质意义不容否定。三是"会面时间短，不能充分表达意见"……真是意欲拒绝，何患无辞！

平时责骂特首"独大、独裁"的是他们，现在表现出"老子天下第一"的也是他们；要约特首见面的是他们，如今拒绝特首约见的还是他们。他们口口声声代表民意，然而真要他们表达民意了，他们又溜之大吉，这是对选民的背叛，对议员职责的亵渎。"民意代表"的背后，原是一副副活生生的政客面孔！

当初叶公之"好龙"纯属个人行为，最多为后人所耻笑；如今的"叶公"们"好龙"却是"做骚"，带有明显的政治色彩，会对公众产生某种程度的误导。

（原载香港《文汇报》1999 年 8 月 27 日）

> 近观香港

支持还是做骚？

中美就中国加入世界贸易组织问题终于达成协议。喜讯传开，包括香港同胞在内的全中国人民感到由衷高兴，自不待言。

话说昨日，本港有报章报道了民主党主席李柱铭给美国总统克林顿写信，支持中国加入世贸组织一事。李柱铭在信中说，中国加入世贸组织，不仅对中国及本港有好处，还代表了中国在国际社会的地位有所提升，且强调中国并非"已发展国家"云云。平心而论，就信本身而言，当然挑不出多少毛病。

然而，中美谈判今日进行到什么阶段，李柱铭和广大读者都是知道的。他现在给克林顿写信，对谈判有什么实际作用，李柱铭和广大读者也是清楚的。正如同某个艺员演惯了反派角色，再来扮演正面形象总予观众不像的印象一样，许多读者在读了李柱铭给克林顿的信之后，不难看到政客行事的一些马脚。

人们并非简单地以李先生昔日的言行为参照，来否定他今天的信，人们也不会简单地认定李先生所言所行全属负面。不过，李某过去曾在美国众议院听证会上公开呼吁用贸易"制裁"中国，他也多次说过，"随着中共经济力量和影响力的增长，它想要完全控制香港的胃口也愈来愈大"，如今却来个一百八十度的大转弯，这岂不与自己过往的理念大相径庭?!

当然，人是可以改变的。但作为一个公众人物，总会有一个过程，让人"有迹可寻"吧？遗憾的是，人们在李柱铭的身上，却怎么也找不到这样的"蛛丝马迹"。难怪有人说，李氏的嗅觉比谁都灵，知道中美谈判一锤定音在即，何不送个顺水人情，做次廉价广告，一则可以洗刷自己"逢中必反"形象，二来为一众弟兄参选区议会造造势，也为来年竞逐立法会铺铺路，岂不一举多得？

是真心诚意支持，还是乘机做次大骚，李柱铭先生本人最清楚，广大市民也自会分辨。

（原载香港《文汇报》1999年11月16日）

颓势和谣言

颓势和谣言，本没有必然联系。然而在本港民主党身上，二者却挂起钩来——企图靠谣言挽回颓势，其结果颓势反倒因谣言而有加剧之嫌。

在香港回归前的岁月中，民主党及其前身港同盟确实风光过一阵，其原因众所周知，在此不赘。九七之后，由于该党继续奉行"逢中必反"，而且还将矛头对准特区政府，推行"逢特必反"、"逢董必反"的路线，并且在一系列事关市民根本利益的事务上违逆民意，因此越来越失去市民的支持，呈现出明显的颓势。去年底举行的特区首届区议会选举，使该党的颓势得以全面、集中地显现。

民主党对自己的颓势直认不讳，还算有一点理性。他们当然也想挽回颓势，遗憾的是不循正道，从根本立场上寻找原因，反而归咎于市民太现实、缺乏民主意识等等。到了最近，该党更图谋利用或制造谣言的办法以挽回颓势。一个典型事例，就是该党主席居然在庄重的立法会答问大会上，以所谓特首、高官在重大问题上请新华社帮助拉票这一弥天大谎质问特首，误导公众。

无独有偶，该党"党鞭"在区议会选举检讨营上，竟公然要求党员们认真学习某杂志一篇讲"亲中派"大胜原因的文章。而该杂志素有"谣言工厂"之称，在造谣诋毁中央政府方面可谓臭名昭著。该党当教材的那篇文章，就充斥着所谓新华社全面统筹领导选举，提供资源，进行协调，驻港中资机构协助拉票等大量纯属无中生有的谣言。

上述两件事有异曲同工之妙，即通过制造、散布和利用谣言，将矛头指向特首和中央驻港机构，制造中央政府及其驻港机构插手特区内部事务以及全面"封杀"民主党、偏帮亲中社团的假象，以"哀兵术"博取市民同情，以求挽回颓势。

然而，谣言毕竟是谣言，它早晚会被事实戳穿，而为公众所唾弃。该党主席以谣言质问特首翌日就受到舆论广泛批评和谴责就是一个明证。民主党如不改弦更张，其颓势必然会因造谣而加剧！

(原载香港《文汇报》2000年1月16日)

何谓"以势压人"？

国务院台办、国务院新闻办《一个中国的原则与台湾问题》白皮书发表后，本港传媒纷纷作了充分报道，多家报章为此发表社论社评，对白皮书予以积极正面评价。

令人不解的是，某报的社评却对白皮书多方质疑，说什么"威吓性言论"会把两岸关系的僵局"弄得更僵"，而北京政府"以势压人的嘴脸"只会激化台湾当局和人民的抗拒感，云云。照该报的逻辑，在事关祖国统一这样大是大非问题上，面对"台独"势力的种种挑衅，北京只能紧闭嘴巴。这实在是不折不扣的奇谈怪论！

如同本港舆论所注意到，白皮书是在一个重要时刻发表的。已经沦为"台独"势力总代理的李登辉，在行将下台之际抛出臭名昭著的"两国论"，图谋为即将出台的新当局定下基调，套住未来政策走向。而台湾选举在即，在各路候选人马纷纷发表两岸关系主张，尤其是稍后新当局究竟何去何从的重要关头，中国政府用白皮书的形式重申有关原则立场，意义非同一般。

白皮书在重申"一国两制、和平统一"原则的同时，首次公开将台湾当局无限期拒绝和谈作为动武的前提之一，确实具有很强的针对性。笔者认为，这既是对未来台湾当局的忠告，也是对一切"台独"势力的正告——尽早通过和平谈判实现两岸统一符合中华民族的利益，是台湾前途之所系；拒绝和谈而玩"台独"之火者必自焚！

不能不说，都是同祖同根的中国人，谁愿意动武呢？但如果出现三种情况的其中一种，为维护祖国统一，动武也就别无选择。白皮书郑重申明动武的前提，绝非针对台湾民众，因为广大台湾民众是绝不认同台湾从中国的版图中分裂出去的。硬要说什么"以势压人"，那是以全世界华夏儿女热切期盼中国统一之势，压任何敢冒天下大不韪而搞"台独"之人！

（原载香港《文汇报》2000年2月23日）

促进还是促退？

正所谓国家统一、民族团圆、匹夫有责。对于有待完成的祖国统一大业，作为包括我们香港人在内的每一个真正的中国人，理应促进之，而不是相反。

然而遗憾的是有人不是这样。李柱铭先生近日带领他的一众兄弟到台湾"观察选举"，行程未完，便从海岛那边传过话来，说什么据他观察，台湾民众并不认同"一国两制"，因为"一国两制"在香港并不很成功，民主及法治还有倒退的趋势……

作为党主席，又是立法会议员，李先生说这番话显然很不负责任。在台湾走马观花仅仅一两天，有什么依据笼统地说台湾民众不认同"一国两制"呢？就在前数天，台湾还有一百多个民间社团联合致电北京，表示认同国家主席江泽民有关和平统一的多项主张，赞成以"一国两制"方式实现两岸统一，反对分裂、期盼统一的恳切之情洋溢于电文的字里行间。要说民意，不能不说这方是台湾岛内的主流民意。

当然，毋庸讳言，台湾确实还有一部分民众对"一国两制"存有种种顾虑和误解，这并不奇怪，需要一个认识过程。李先生口口声声说他希望两岸尽快统一，如果是真心话，那就应当利用访台机会向台湾民众说说"一国两制"在香港实施的真实情况。可惜他却反其道而行之。

不愿介绍香港真实情况倒也罢，但说"一国两制"在香港不成功就不能令人容忍了。因为这绝非事实，而纯属误导。说香港民主法治倒退，毫无依据可言。香港人对"一国两制"实施成功给予高度评价姑且不说，就连原先多持怀疑态度的英美两国，在事实面前，也不得不几次三番地对香港成功实施"一国两制"表示赞赏。李某与港人真切感受及国际舆论背道而驰，请问良知安在？

难怪调查显示李先生声誉江河日下，即从他对祖国统一大业到底是促进还是促退的态度，也可验证其必然性。

（原载香港《文汇报》2000年3月15日）

咨询不违"自行"

对于特区政府就基本法第二十三条立法咨询中央政府的问题，民主党的几位立法会议员提出质疑，某议员更断言，特区在立法过程中咨询中央意见，便"等于中央代香港立法会立法"。

在该议员看来，立法过程中咨询中央政府意见有违于"自行立法"的原则，这种观点显然是经不起推敲的。这是因为——

其一，混淆了不同立法对象的性质。众所周知，基本法第二十三条规定特区政府应自行立法禁止任何叛国、分裂国家、煽动叛乱、颠覆中央政府及窃取国家机密的行为等，是一项十分重要的规定，是国家主权的象征，关乎国家安全和领土完整，因此它不同于纯属特区内部的一般性立法对象，而是涉及两地，事关整个国家利益，故在立法中咨询中央政府就合情合理，无可非议。

其二，混淆了咨询与代替的关系。"咨询"是征求意见，主导一方是咨询者，被咨询者则属非主导一方，可能提出意见，也可能不提或提不出意见，咨询并不违背或损害"自行"的主导性，这是显而易见的；"代替"则是非主导一方以主导者身份出现，完全替代对方行事。这些都是常识问题。某议员有关咨询中央意见等于中央代替特区立法的说法正是违背了上述常识，混淆了二者的区别。

不能不说，类似禁止叛国、颠覆政府等行为的立法，世界上任何国家和地区概莫能外。因此，即使中央政府统一立法也无可厚非。但基本法授权特区自行立法，既体现了高度自治的原则，也反映出中央政府实施"一国两制"的魄力及对香港特区的高度信任。

民主党的某些人过往曾对基本法第二十三条及其立法问题发表过许多出位言论，如今又在咨询问题上散布"中央代替"论误导公众，干扰立法进程，这是极不负责任的。

（原载香港《文汇报》2000年3月16日）

无法自圆其说

立法会日前辩论表决由曾钰成议员提出的有关"反对台湾独立"的议案时，出现了一张独一无二的弃权票。人们对此议论纷纷，各作解读。

也许有鉴于此，投该票的吴霭仪议员以《我为何对"反台独"投弃权票》为题，在报章上作出解释。本来，作为一名议员，投什么票完全是个人的选择，无须向公众交代，吴议员之举，看来是意识到这一票非同寻常。

不错，身为一个中国人，在事关国家统一的大是大非问题上，到底反对"台湾独立"还是与之相反，总该有个基本意见吧？弃权即意味着放弃表达自己意见的权利，尽管人们不会简单地将弃权与反对联系起来，但难免会作出种种揣测。吴文阐释了投弃权票的理由，遗憾的是，她的理由并不能自圆其说。

吴文说，该动议辩论的取向，有违解决台湾问题的正确方向，令人以为回归的意义就是在重大政治问题上我们再不能畅所欲言，一定要依照指定路线，按内地文化"表态"。这就怪了，吴议员不是不知道，基本法第七十七条规定得一清二楚：立法会议员在立法会会议上发言，不受法律追究。既然是动议辩论，那就意味着每一个议员都可以畅所欲言，谁也没权规定议员只能简单地说一声同意或支持。事实上，不少议员在支持动议的同时，也对如何解决台湾问题发表了自己的看法，哪怕某些看法并不成熟甚至有些片面，也并没有谁加以"指正"。至于吴议员将该项动议与回归联系起来，与所谓内地"表态"文化挂钩，除了"神经过敏"之外，不能不说对内地有某种偏见。

吴议员还解释道："我的立场不是支持'台独'，正确的做法是投弃权票。"这就更奇怪了！如果此说成立，岂不意味着其他议员也都该投弃权票了，因为他们肯定不支持"台独"。

（原载香港《文汇报》2000年5月18日）

支持率为何下跌？

最近一段时间，本港传媒广泛报道了民主党支持率接连下跌的情况，最新一轮调查更显示该党主席的排名已下滑至第八位，接近于包尾。

当事人李柱铭日前接受记者访问，对上述现象作出种种辩解，甚至认为是支持民主的人变心了。这位党主席并表示，不是他们不做工作，而是制度束缚了他们，令他们想做也做不到。

作为党主席，面对支持度不断降低，不从根本上寻找原因，不作自我反思，却一味埋怨支持者变心，将责任归之于制度问题，正好反映了该党对特区社会缺乏应有的承担，对普罗市民缺乏应有的诚意。

李柱铭先生将市民支持民主与支持民主党混为一谈，是没有道理的。谁说支持民主者就一定得支持民主党？市民支持民主，未见"变心"，原先支持民主党的人变心方是事实。而"变心"的原因，并非"喜新厌旧"，而在于民主党的所作所为难以让人信任。这种因果关系是不容倒置的。

说该党是由于制度不好才导致无法为市民工作，就更不能成立了。请问是什么制度束缚了他们？是社会制度？那么九七前后社会制度并没有变化。是选举制度？现行立法会选举制度是特区政府在广泛征求社会各界意见后制定的，对任何党派、人士都是平等的。在同一制度下，为什么其他政党、社团可以为市民做事，民主党却不能？

说穿了，真正的原因在于该党缺乏为市民做事的诚意。君不见，回归之后他们的思维方式依然停留在对抗层面，充其量只是变"逢中必反"为"逢特必反"，他们为反对而反对，没有建设性，怎能获市民支持呢？更何况，在一些重大问题上还与民意背道而驰，围绕居港权问题便是明证！

（原载香港《文汇报》2000年6月3日）

"最后通牒"的背后

民主党日前发出新闻稿,竟然以"最后通牒"的形式,限民建联三天之内公布程介南事件的调查结果。消息传开,不少选民对民主党此举甚表反感。

谁都知道,此次立法会选举民建联是民主党的主要竞争对手,姑且不说"踢爆"程介南事件与民主党有何关系,民建联出事民主党高兴本是意料中事,也并不难理解。但给对手下"最后通牒",实在做得过分。香港是一个法治社会,须依法行事,一切政党社团概莫能外。同为政党,地位平等,一党出了问题另一党提出质疑当然可以,要求对方公布调查结果也还可以理解,但民主党有什么权力给民建联下"最后通牒"?

显然,民主党此举并非贸然为之,"最后通牒"的背后有玄机——其一,利用选民想知道程介南事件真相的心理,制造民主党代表民意的假象,为自己造势;其二,明知调查需时,三天内不可能有调查结果,届时便将袒护程介南、对选民没有诚意的罪名加诸民建联;其三,如民建联"中招",草草公布结果,到时如与事实有出入,便会被扣以"没有诚信"的帽子。

香港回归之后,民建联由于脚踏实地、诚心诚意为市民做实事,其声望节节攀升,民主党由于一味唱反调、事事搞对抗,欠缺建设性,服务市民乏善足陈,则呈明显颓势,有调查更显示其支持度已落后于民建联。如今抓住程介南事件,民主党奉若至宝……

民主党机关算尽,以为一道"最后通牒"便可收"一石数鸟"之效,岂料明争暗算再"落井下石",只能给选民留下不义的印象,此正应了"偷鸡不成蚀把米"这句俗话!

(原载香港《文汇报》2000年8月30日)

某党的"旧账"与诚信

最近,民主党的丑闻被一件件揭露出来,使选民眼界大开。于是,该党的头面人物出来说话了,谓对有关传媒"翻炒旧账"打击该党感到痛心云云。

这就奇怪了,你要出来竞选,便理所当然要接受选民的"检阅",人家看看你过往的表现,倒成了"翻炒旧账"。在民主党人的眼中,是否意味着宣布参选之日之前的所作所为可一笔勾销,只看参选期间的表现就可以了呢?如是,"程介南事件"不也是"旧账"吗?民主党竞选人对程的挞伐可谓毫不留情,甚而至于还因程介南将整个民建联冠之于"腐败党"的恶名,这又作何解释呢?这岂不是玩弄双重标准吗?

何况,民主党的许多"旧账"并未查清,并未交代,还是欠账,未清账。选民要选出自己信任的议员,当然要看竞选者的诚信,在这方面是没有旧账、新账之分的。单从时间概念而言,某些问题过去确曾曝光过,问题的关键在于,民主党对这些"旧账"从来就没有好好认过。就拿该党党魁高薪聘用自己友之妹,明显有违立法会有关条例,去年事件被揭露后,该党及当事人一直玩"失声",不给纳税人一个说法。至于涉嫌组空壳公司申领六百万公帑事件,该党更是讳莫如深。

发生于民主党的一件件"旧账"绝非偶然,它们都关乎该党的诚信,一旦将这些"旧账"联系起来,该党的诚信就不能不打一个大大的问号了。也正因为如此,民主党最怕有人翻他们的"旧账",面对广大选民的质疑,他们不是玩"失声",就是扮"失忆"。这难道是一个口口声声为市民的党所应有的态度吗?

选举日在即,民主党的"旧账"被愈揭愈多,该党诚信成疑,选民又怎能放心投他们一票呢?!

(原载香港《文汇报》2000年9月6日)

敢参加测谎吗？

报载，"全球华人保钓大联盟"发起人之一刘梦熊，以《事实胜于雄辩》为题发表宣言，愤怒驳斥立法会港岛区候选人曾健成对侵吞捐款丑闻的狡辩，郑重提出愿与阿牛共同接受测谎检验。许多读者读此报道，都为刘先生此举击掌叫绝！

有关"阿牛"手脚不干净的传闻并非自此次立法会竞选期间始，而早在前几年就在坊间传得沸沸扬扬，但在民主党高层的庇护下，"阿牛"有恃无恐，根本不把有关投诉放在眼里。但俗话有云，过得了初一过不了十五，事实终归是事实，纸是包不住火的，既要参选，就不能不接受选民对其诚信的检验。在竞选中，"阿牛"侵吞捐款的丑闻再次被揭露出来，可他非但不反省，反而心存侥幸，百般抵赖和狡辩，这才使得捐款者愤起反击，"将"了"阿牛"一军。人们不禁要问："阿牛"敢参加测谎吗？

刘先生的宣言之所以较为可信，在于充分摆事实，讲道理。而且，刘无党无派，和阿牛也素无私怨，他表示从不参加投票，可谓与阿牛没有任何利益冲突。而且，他承诺若证明自己说谎，愿罚五百万捐慈善机构，若证实是"阿牛"讲大话，可无须罚款但须向市民保证今后做个好市民，实在也在情在理。

阿牛的种种辩解之所以不可信，予人愈辩愈黑之感，在于他除了狡辩之外，实在说不出任何让人信服的事实。值得一提的是，"阿牛"的丑闻是在他身为民主党党员时发生的，从"阿牛"的丑闻中也照出了民主党的诚信。真所谓无独有偶，近期传媒揭露出民主党的大量丑闻，与"阿牛"的丑闻互为映衬，成了一道独特的"风景"。无论"阿牛"还是民主党，究竟还有什么诚信可言呢？！

（原载香港《文汇报》2000年9月7日）

偏帮"有术"

有民主党"旗舰"之称的某报，昨天突然一反常态，以大字标题登出何俊仁、李永达"当选有危机"的消息，相当引人瞩目。乍一看，读者也许会纳闷：一向为民主党保驾护航的该报，怎么突然"唱衰"起自己友来了呢？

其实，这是该报为民主党立法会候选人搞的一种"哀兵"战术：用"选情告急"的形式为民主党"箍票"。这真称得上偏帮"有术"。何俊仁和李永达能否当选现在不得而知，但如果说有危机，某报据以评论的调查显示，其他几个候选人甚至民主党对手中也有危机者，为何不报那些候选人的危机，而独独为何俊仁和李永达唱"哀歌"呢？从该报和民主党一直以来的亲密关系来分析，便知"唱衰"是假，偏帮二人，使他们当选更为稳阵才是真意。

报道是某报做的，但"哀兵"术却是民主党部署的。君不见，民主党的重量级人物司徒华在一早举行的选举论坛中，就明打明摆出一副"哀兵"的面目博取选民同情和支持。而且，令许多选民记忆犹新的是，同是新界西选区，一九九八年首届立法会选举中，民主党也玩过"哀兵"术，公开向选民发出"民主告急"的紧急呼吁，要选民"集中选票支持"该党第三名候选人，称该候选人是"民主派的最后希望"云云。好在选民不为所动，"第三者"还是落选。此次选举，"哀兵"的主角换成了上届的"第一者"和"第二者"，而且由民主党亲自出面改为由其"旗舰"呼吁，形式变了，主角变了，其实质却一脉相承。

某报此举表面上想给读者造成客观公正、不偏不倚的假象，实质上却借此偏帮民主党，以收垄断选票之效，可谓一箭双雕。但是，选民的眼睛是雪亮的，民主党过往玩"哀兵"术无疾而终，此次某报上阵也打不响如意算盘！

（原载香港《文汇报》2000年9月9日）

民主党做选举检讨戏

第二届立法会选举已经尘埃落定,各党各派正忙于对是次选举作出检讨。"第一大党"当然也不例外。然而,民主党给市民的印象,是做戏多于反省。

民主党的检讨戏目前已上演了序幕和开场。乔装可怜,是为序幕。自选举结果揭晓之刻起,该党的重量级人马,就纷纷在各个场合扮演可怜相,什么资源无法与民建联比啦,中央驻港联络办偏帮对手啦,忙于立会事务少了落区时间啦,投票选民减少拉低了支持率啦,等等,越说越可怜;党魁李柱铭更指责电视台不播他们的新闻,使得市民对他们所做的工作缺少了了解。如此落力扮演可怜戏,无非是想博取市民的廉价同情。

"纷纷辞职",是为开场戏。待中委会正式召开选举检讨会议,便陆续传出辞职之声,选举"心战室"召集人一马当先,紧接着是党副主席辞选委会召集人职务,再有"重返"议事堂的某候任议员请辞党内职务,秘书长并称不排除再有其他人辞职。这出辞职戏的上演还真感动了一些人,翌日报章便有民主党有人为选举结果辞职显示问责性之类的报道。如此,既以选举工程失误掩盖了支持率急降的真正缘由,又为日后敦促政府官员鞠躬下台以示问责增添了政治资本,可谓一箭双雕。

民主党的选举检讨戏照出了该党无实事求是之心,有哗众取宠之意,以及欺骗选民的一片真情。然而选民的眼睛是雪亮的,民主党支持率大幅下跌之败主要败在根本路线路向上。从回归前"逢中必反"到近几年"逢董必反",该党为市民所做的有建设性的事情实在太少了。作为亟盼香港繁荣安定和谐的市民,又怎能放心投他们一票呢?本该痛定思痛,现在却做戏咁做地搪塞、敷衍选民,如此政党,其前景也就可想而知了。

(原载香港《文汇报》2000年9月16日)

"民主派"厚爱路祥安？

立法会今日将辩论由李柱铭议员提出的一项决议案，内容是在立法会成立一个专责委员会调查特首高级特别助理路祥安。又是路祥安！

曾几何时，也是李柱铭，在立法会内务委员会提出议案，要求成立调查"钟庭耀事件"专责委员会，而调查的中心内容就是路祥安"在该事件中的角色"，只不过被内委会即时否决；而立法会议员吴某提出的要特首"终止聘用"路祥安动议被否决，更是不日前的事。在短时间内，针对同一个人接二连三地提出动议，就笔者记忆所及，是前所未有的事。"民主派"议员（且是重量级人马）如此"厚爱"，路祥安大可以"受宠若惊"了！

"民主派""厚爱"路祥安，无非是他曾经和几个大学校长会面，于是，干预"民意调查"，对大学人事安排施加影响之类的帽子就扣在他头上。然而，身为行政长官的特别助理，路所做的完全是他工作职责范围的事，他并没有做过任何干预大学独立运作的事。在西方，政府首脑身边的工作人员到大学及有关部门调查了解情况司空见惯，整天待在办公室不去了解情况才是失职。路与大学领导人会面实在是应有之义，他无须为有关事件负责。堂堂议员却对别人正当工作疑神疑鬼，穷追不舍，与"狗仔队"的行径不遑多让，除对路不公平外，岂不贻笑大方？

"民主派"议员如此"厚爱"路祥安，当然大有玄机。一言以蔽之，他们追路是手段，打董方是目的。一幕幕"厚爱"闹剧，正是"倒董"逆流的必然表现，不以人们意志为转移。

机关算尽太聪明，李、吴前次违背民意的议案还是先后被否决，然而李柱铭还想再碰碰"运气"。这说明，"民主派"为达到不可告人图谋而罔顾民意的嘴脸，已经和盘托出，表露无遗了！

（原载香港《文汇报》2000年11月22日）

某大状强词夺理

某报载：某大状与支持她的"民主派"众议员前日在中环上演街头剧——有市民当面斥责某大状反对人大"释法"，是"乱港之徒"，"民主派"众议员欲为解围，却见大状辩称："这是政府输打赢要，法律界是有责任捍卫法治、司法独立……"云云。

"民主派"议员为把某大状"送入"立法会可真谓十八般武艺都拿出来了。继攻击对手为"保皇党"之后，大状还不惜撕去"清高洁癖"的化装，跑到街头落力表演闹剧，却将自己歪曲事实、强词夺理的面目表露无遗。

"输打赢要"，这正是当初该大状用以攻击特区政府提请"释法"一举的语言，在经历了一年多特区社会运作实践的检验，证明特区提请"释法"完全正确，而当初包括大律师公会在内曾反对过"释法"的人士愈来愈多已改变态度的今天，某大状依然以此攻击特区政府，立场倒是"坚定"，但罔顾法治、背弃广大港人福祉的政治取态也就愈加为港岛区选民所认识。

事实早已非常清楚，如果当初特区政府对一纸判决照单全收，将造成一百六十多万人涌入的局面，香港的稳定繁荣会受到严重威胁。为维护近七百万市民的福祉，特区政府提请"释法"广得民心，与所谓"输打赢要"风马牛不相及。至于某大状将反对"释法"称为"捍卫司法独立"，更是颠倒是非，因为人大"释法"本身就是维护基本法尊严的应有之义。事实也雄辩地证明，"释法"的结果非但丝毫无损于本港司法独立，还使得司法独立驶上健康的轨道，得到国际社会的认同。

某大状竟对上述事实置若罔闻，顽固地以一己偏见误导公众。如斯者若赢取议席，立法会内具破坏性的非理性声音就强一份。港岛区的选民为香港，也为自己的福祉，不能不作出慎重的选择。

（原载香港《文汇报》2000年12月8日）

谁家的"希望"和"动力"

昨日,本港几份报章同时刊登某大状的大幅竞选广告,在该大状大名之前冠以"新的希望、新的动力",以作招徕,并列有部分支持者的姓名。这也正是该大状选举经理前几天所说的以刊登广告作为选举前的"最后一击"。

以刊登广告作为竞选活动的"最后一击",那是该大状助选团的策略,旁人无从干涉,但将该大状称之曰"新的希望"、"新的动力",就明显是对选民的误导。笔者接到不少读者朋友的电话,指如此称谓"实在离谱"者有之,批评"不知天高地厚"者有之,斥为"忘了羞耻二字"者也有之。由此,不能不在"新的希望"、"新的动力"之后打一个问号。

所谓"新的希望",当然指的是某大状一旦当选将给香港社会和立法会带来新的希望;所谓"新的动力",则是"新的希望"的承接,即这一"希望"将给香港社会和立法会的运转带来动力。这一语词带出的信息,某大状俨然成了香港社会和立法会的"救世主"了。如此"当仁不让",简直是狂妄和无知!

仔细想想,"新的希望"、"新的动力"也对,不过只能是对极少数罔顾法治、与广大市民根本利益背道而驰者,即"民主派"议员而言。某大状一旦加入,确实会为他们带来希望,增添动力。这就难怪"民主派"议员们那么同声同气、不遗余力地为该大状助选了,她和他们原本就是自家人。然而对于整体的香港社会和立法会来说,对于真正视"香港是我家"的普罗市民来说,该大状如果真的入了立法会,那就不是什么"希望"和"动力",而是"失望"和"阻力"了。笔者深信,那绝非广大市民所愿见到!

(原载香港《文汇报》2000年12月9日)

五、香港最坚强的后盾

弱国无外交。当年,晚清王朝积贫积弱,香港在别人的坚船利炮下被轻易"割让"。历经百余年沧桑,中国逐渐强盛起来,香港才重回祖国怀抱。无论现在还是将来,祖国都是香港最坚强的后盾。改革开放后的中国找到了富国强民之路,神州大地到处生机勃勃,国力空前强大。香港同胞不仅与有荣焉,也分享到世界第二大经济体实实在在的利益和好处。香港好,祖国好;祖国好,香港更好!有强大的祖国,有十三亿同胞作后盾,这是香港之福!

近观香港

"准高速"列车畅想曲

呼啸飞驰的"准高速"列车将一列列同方向行驶的"直快"、"特快"抛向后面，车窗外的景物急速后退，如同夜空流星一般……

这是笔者日前乘坐港穗"准高速"列车目睹的情景。坐了几十年火车，总嫌时速慢，盼望有一天能坐上快速列车。如今终于如愿以偿，"潇洒坐一回"。说来也巧，同车厢前座有一年逾花甲的老华侨，说是坐过好些国家的高速列车，听说祖国有了"准高速"，这次特地来"试试"。只见他摸摸这，瞧瞧那，激动之情溢于言表。受老华侨举动的感染，笔者眺望车外，感情的潮水也"准高速"般奔流起来。

以"四大发明"闻名于世的中华民族向以勤劳睿智而著称。但是，自近代以来，中华民族落伍了。在此以后，无数仁人志士偕同广大民众为了中华民族的新生，进行了艰苦卓绝、不屈不挠的拼搏。新中国的诞生，使人民大众挺起了腰杆，堂堂正正地做了国家的主人。而随着改革开放这波澜壮阔的大潮，中华民族犹如睡狮猛醒，祖国开始以前所未有的姿态，大踏步地向前迈进。

如今，当祖国以坚实的基础、强大的活力和蓬勃发展的势头再次面对世界时，世界各方莫不惊叹！神州巨变，就连枯燥的数据也变得格外生动：去年中国国内的生产总值比一九五二年增长了十七倍，现在四五天创造的国民收入，已相当于一九四九年一年。而眼前这飞驰的"准高速"列车，正是祖国快速前进的矫健身影的最好象征。

（原载香港《文汇报》1995年4月15日）

内地青年信心十足

本港的不少人都喜欢谈论中国的前景，一些文人、论者更将视点对准"邓后"，不时在传媒发表有关评论。这里有多种情况，不少人是抱着真正关心中国前途和命运来探讨问题，其中满怀信心者有之，喜忧参半者有之，信心不足者有之，无所谓者亦有之，见仁见智，都可以理解。但当中确有极少数人并非真正关心中国前途，而是毫无理据地胡乱揣测，散布消极悲观情绪，刻意误导公众。

不过，一家大型市场研究机构日前公布的有关调查资料，对那些误导港人的论调实在是一种无声的回应。该研究机构分别在内地有代表性的京、穗、沪、蓉四大城市，选择十八至二十八岁的青年人作随机抽样调查。调查的总体结果是：四城市青年对目前的生活大体满意，并深信中国人民的生活将愈来愈好，他们能抱着积极向上的人生观，希望不断努力，学习进修，勤奋工作，挑战自己。

更为耐人寻味的是，被调查的四地青年，绝大多数对祖国的未来充满信心，认为中国改革开放的道路不可逆转，中国的前景光明远大，将会持续保持稳定发展的局面，天下不会大乱。

看了上述报道，笔者感触良多。谁都知道，青少年是祖国的未来，十八至二十八，这是闪光的年华。祖国在世纪交替时期能否保持社会稳定和经济的持续协调发展，在很大程度上将取决于这一代年轻人的精神面貌。上述调查结果绝非偶然，它实际上正是这一代青年经过政府和前辈的培养教育，以及通过自身的省思和学习，已经从前些年的偏颇和迷惘之中走出来的一个缩影。广大青年崭新的精神风貌必将化为维护社会稳定、竭尽全力为现代化大厦添砖加瓦的自觉行动。

谁掌握了青年，谁就掌握了未来。有关四地青年的调查所得，正是祖国前景光明的一大佐证。在内地年青一代朝气勃勃、奋发向上的精神风貌面前，本港那些擅长炮制有关中国"会乱"的"鸿篇巨制"的人，如果还愿意正视事实，便应拿出一点勇气，调校一下自己的视角。

（原载香港《文汇报》1995年4月16日）

近观香港

不猎奇，唯求真

不知不觉，笔者在《文汇报》开辟"求真集"专栏已近三个月。承蒙读者厚爱，笔者经常收到一些来信及传真。这些函件对"求真集"给予热情鼓励，也有探讨港事国是、询问有关问题的。对于读者朋友的支持，笔者深为感动，并致以诚挚的谢意！

其中有一封来信说及，前不久有两日"求真集"分别就所谓前贵州省委书记自杀及赵紫阳在陈云告别仪式上出现两事作出澄清，其反应之快速及消息之权威性堪称全港无双，问笔者是否有什么背景。其实笔者并无什么背景，只是朋友较多，同内地一些官员时有联系而已。香港传媒对新闻敏感，反应快捷，这是优点，但也毋庸讳言，这种新闻机制也为某些人制造虚假新闻提供了机会。笔者开此专栏，考虑之一就是想通过向朋友的求证，让某些虚假消息曝光。不猎奇，但求真，是本专栏的宗旨，笔者是一直朝此方向努力的。

另有一位读者朋友来信，问笔者同广州市市长黎子流是否亲戚。笔者看后不觉发笑。在此可以肯定地告诉该朋友：笔者与黎子流先生并无任何亲戚关系。众所周知，中国十二亿人口，而用于人名的常用字不过二千，因而人名重复现象比比皆是。据统计，光北京就有一万三千多个"王淑珍"；在天津市，叫"王建军"的就有四千余人。同名同姓者互不相识的大有人在，何况笔者与黎子流先生的名字还有一字之差呢？

不过，笔者虽不是黎子流先生的亲戚，但对这位大名鼎鼎的市长稍稍了解一点，并对他颇为钦佩倒是真的。年前随本港一个参观团赴穗，曾有幸到黎市长家作客。当时，笔者和朋友们都万万没有想到，堂堂一市之长的"官邸"，竟是如此普通和简单。

黎子流初上任时，曾有"孛佬（土气）市长"之称。但是，广大市民很快就为这位从村长、乡长一直做到现任市长的实干苦干精神和平易近人的品格所深深折服。正是这位"孛佬市长"，快人快语，最反感哗众取宠，最喜欢实实在在，故而将一首南国大都市的交响乐指挥得有声有色。目前，在"孛佬市长"和市政府一班人的带领下，五羊旧城在变新，新城在崛起，道路在变宽，地铁在延伸——广州正朝着现代化国际大都市的宏伟目标挺进……

笔者想，黎子流先生的求实求真精神，不正是值得好好学习的吗？

（原载香港《文汇报》1995年5月22日）

金子般的母爱之心

有道是男儿有泪不轻弹。然而，笔者于日前在能收到北京中央电视台节目的朋友家中，偶尔收看到了把母爱献给神州孤儿的胡曼莉的专题报道后，感动得潸然泪下。恰巧日前《文汇报》图文并茂的"中华风采"专版也详细介绍了这位了不起的年轻女性的动人事迹。胡曼莉，笔者要为你唱一首赞美的歌！

胡曼莉原是武汉市的一名中学英语教师，三十多岁，有一个幸福的家庭。但是，为了抚养一群孤儿，她用自己全部的母爱，去温暖一颗又一颗受了伤的幼小心灵，为他们作出了无私而崇高的奉献。在江城武汉，胡曼莉的故事已经家喻户晓；在神州大地，知道胡曼莉名字的人也愈来愈多，人们都称赞胡曼莉有一颗"金子般的母爱之心"。

胡曼莉收养孤儿起于六年前。她先是收养了同公寓的失去双亲的两兄妹，翌年又将一对农家夫妇去世后留下的四个孤儿领到了自己的家。原本的三口之家变成了有九名成员的大家庭。夫妻俩靠着不高的工资，咬紧牙关，顽强地支撑着这个特殊的家庭，对待六个孤儿比对亲生女儿还要耐心和周到。

后来，胡曼莉又萌发了一个想法，要为孤儿建造一个"大家庭"，让更多的孤儿能感受到母爱的温暖和社会的关怀。她的想法得到了社会各界的广泛支持。然而从设想到现实毕竟要做大量的工作，外表纤秀的胡曼莉以顽强的意志和惊人的毅力终于建起了"大家庭"，定名为"中华绿荫儿童村"。不久，她又创办了两个分村，共收养了六十四名孤儿。从此，她将自己的全部精力和母爱都献给了"儿童村"，默默地辛劳地工作着。

在抚养方法上，胡曼莉也别具一格，不是一味替代，而是在可能的情况下，教会孩子们自己动手。她更注重从小培养孩子们珍惜生活、善待他人、助人为乐的品质。胡曼莉一天天消瘦了，然而母爱终于结出了果实——六十四名孤儿从身体到心灵都十分健康地成长着。一些儿童教育专家考察后认为，这批特殊的孩子将来很可能对社会有所作为。

胡曼莉笑了。她有一天晚上做了这样一个梦：在全国各地又创办了十所分村，"儿童村"的绿荫在不断延伸……现在，她正为梦想的实现努力着。

感谢你，有着"金子般母爱之心"的胡曼莉！

（原载香港《文汇报》1995年6月13日）

"北京好靓"

北京是中国的首都,这是香港人都知道的。然而说到北京究竟是一个怎样的城市,她的市容是否美丽,没有到过北京的人,就很难凭直观作出判断了。

日前笔者随同一个港人团访问内地,最后一站正是北京。团中有几人是首次踏足,因而兴致颇高,公务之余"见缝插针",对首都作"走马观花"式浏览。数日之后,发自内心地连连感叹:"北京好靓!"

笔者追问靓在何处,几位朋友竟能讲得头头是道——

一是京城气魄不凡。北京城面积巨大,气势宏伟。独具民族特色的古老建筑和高耸入云的现代化大厦错落有致,相映生辉。随着二环、三环、四环路相继开通,城市不断向四周延伸。在这一点上国内任何城市都无可企及,就是香港也无法与之伦比,不愧是具有十二亿人口大国的首都。

二是道路宽阔平坦。北京街道的宽阔实属全国之最,就是世界范围也堪称一流,坐在车内或行走其上感到特别舒畅。首都机场至市区的"国门第一路"是当今世界最好的道路之一。北京街道规则整齐,十分好认好记。

三是广场庄严宽广。早就听说天安门广场是全世界最大的广场,目睹之下,感觉比想像中还要宽广宏伟。在广场漫步,看到迎风飘扬的国旗、大会堂前巨大的国徽、金水桥畔肃穆的华表,庄严自豪之情油然而生。

四是绿树葱茏。北京的绿化程度很高,街道两旁都种有各种树木,时值盛夏,绿树成荫,机动车与人行道之间是植有各种花草的绿化带,具有浓郁的诗情画意。

五是文化积淀深厚。作为有五千年文明史的北京,古迹繁多,处处荡漾着浓厚的文化气息,来到北京,就犹如置身世界上最大的天然博物馆。

……

几位朋友说得津津有味,可惜限于篇幅,不能一一录下。另外几位曾到过北京的朋友也都说每来一次京城,就发觉有很大的变化,也就有一次新的感受。朋友们都说,逛逛北京,确实感到作为一个中国人的自豪。

听了朋友们的北京观感,连我这个多次去过北京的人也深受感染。于是,笔者突发奇想,倘若条件许可,尚未到过北京的香港朋友,不妨也作一次北京游,除了验证几位朋友的上述感受外,也许还会有其他独特的体会呢!

(原载香港《文汇报》1995 年 8 月 31 日)

创世界奇迹的中国农民

看了本文题目，读者朋友也许会惊愕：你说的就是那些面向地球背朝天的中国农民？

没错，笔者所说的正是地道的中国农民。然而今日的他们，已不再如昔日"修理地球"般简单，他们之中的一些人，正在创造世界上第一流的业绩。

信不信由你，由新华社报道的这条消息一段时间来在神州大地被传为美谈——三个农民开办的一间路边单车修理店，两年间变成了一个拥有三千五百万净资产、三千名职工，年产值达二亿五千万元的大型公司。

这一奇迹的创造者是江苏盐城江西村村民徐步俊父子三人。两年前，他们向别人借了七百元，租了间公路边小屋，靠修理单车过活。在短短两年间，这间单车铺迅速发展成中国目前最大的汽车修理设备生产厂家，其生产的主产品——修理汽车专用的烤漆房，已连续十次在国际和全国的技术发明博览会上获得金奖，产品在国内市场的占有率已达百分之六十，成为江苏十佳民营科技型企业。

憨厚的徐氏文化程度并不高，其两子也只是初中毕业。但是，当他们通过调查了解到，至一九九二年年底全国有十八万家汽车修理厂，其中一半是应配备烤漆房的一二级厂，但实际配备的却极少，已配备的也多为国外引进，不仅价格高，性能也不尽理想。于是，他们就选准当今被认为高科技的汽车烤漆房开始攻关。

真可谓锲而不舍，金石可镂。父子三人拜师学艺，刻苦钻研，不知经过了多少次试验，克服了多少常人难以想像的艰难困苦，终于获得成功。他们生产出来的中大牌烤漆房在性能和质量上都超过了美国和意大利的同类产品，并一举在美国和新加坡的国际设计技术发明展览会上获得金奖。国际汽车界轰动，一些权威人士连连感叹："三个农民生产出世界一流的烤漆房，奇迹！奇迹！"

应当说，徐氏父子的奇迹不仅是他们三人的，也是中国农民的，是整个中华民族的！我们的祖先既能以"四大发明"著称于世，十二亿人民也就一定能够在当今世界再创辉煌！而实际上，内地实施改革开放以来，如同徐氏父子那样的奇迹并非绝无仅有。千千万万像徐氏父子般的民众团结奋斗，今日的中国已非同昔比，而令世界刮目相看。

笔者情不自禁地唱一首赞美的歌，献给你——创造世界奇迹的中国农民！

（原载香港《文汇报》1995年9月4日）

> 近观香港

广东又添大动脉

中国改革开放的前沿阵地广东日前又传出喜讯——六千万广东人民期盼已久的广（州）梅（州）汕（头）铁路终于建成并于国庆前夕正式投入运营。全线开通运营比提供部分贷款的亚洲开发银行评估报告整整提前了两年，比广东省政府确定的目标提前了近一年。

广梅汕铁路位于广东省东部，全长四百八十公里。它从广深铁路的常平站接轨，沿途贯穿东莞、惠州、河源、龙川、兴宁、梅州、揭阳、潮州、汕头等十七个市县。该铁路既是即将贯通的京九铁路大动脉的经由地段，又是路网规划中联结粤闽两省东西干线——广漳铁路的组成部分，因而在东南沿海铁路网中具有十分重要的地位。

众所周知，珠江三角洲地区的发展速度及国民平均产值早已在全国处于领先地位，甚至可以同亚洲"四小龙"相媲美。然而说到全省人均产值，广东却不能不屈居江、浙、沪等省市之后。这其中一个重要原因，是由于除珠江三角洲以外尤其是北、东、西边远山区地带经济发展缓慢。而那些地区之所以落后，一个重要原因是交通严重滞后。

铁路是国民经济的大动脉。但在一个相当长时期，广东的铁路就只有京广线粤北一段，人均拥有铁路长度居全国后列，严重制约了广东的经济发展。改革开放后，全省上下兴建铁路的积极性空前高涨。在国家的大力支持下，八十年代中后期，地处粤西的广（州）湛（江）铁路建成通车，客货进出大西南不再绕道湖南。

据历史记载，粤东曾有过铁路，那是一段由华侨出资兴建的潮安至汕头长四十二公里的铁路，建成于一九〇六年，却毁于一九三九年日寇侵华战火。此后，粤东人民盼铁路盼了半个多世纪。粤东地区人文荟萃，资源极为丰富，有着发展经济的良好条件。长期以来就是由于没有铁路而使经济和社会发展无法达到应有的水准。显然，新建成的广梅汕这条蜿蜒延伸的钢铁大道，是一条粤东人民迈向富裕的幸福之路。

可以预期，广东插上双翅（东西两条大动脉），经济必将有一番新面貌！

（原载香港《文汇报》1995年10月7日）

喜闻内地丰收年

今年内地农业获得大丰收！

上述喜讯是中国农业部部长刘江向外公布的。他在谈到全年农业大丰收时指出，粮食总产量为四千五百五十亿公斤，比上年增产一百多亿公斤；油料总产可创历史最高水平，达两千一百万吨，糖料比上年增产四百万吨；蔬菜总产量二点四亿吨，比上年增加一千多万吨，肉类前三季度总产量为三千二百四十九万吨，比上年同期增长百分之十八……

今年大江南北曾遭受过严重自然灾害，全国农业仍取得比历史最高水平的一九九四年有大幅增长这样的大丰收，殊不简单。

中国历来是一个以农业为主的国家，全国人口的多数生活在农村。新中国诞生以来，中国以相对人均最少的土地养活了世界上最多的人口的事实，早已被国际社会传为佳话。分析家认为，中国政府一向将人民大众的吃饭问题列为当务大事来抓，其成就举世瞩目。但是，国家要现代化，光靠农业是不够的，改革开放以来，中国政府在抓好农业的同时，力求做到多业并举。于是，十多年之后，中国在现代化的道路上大大迈进了一步，综合国力有了长足的增长。

据悉，也正是在这种情况下，一些地方产生了以为现代化主要靠工业的错觉，而放松了农业，前几年一度出现农业滑坡的现象。中央发觉了这一苗头后，立即采取了一系列发展农业生产的强有力措施，各级政府和广大民众终于领悟到十二亿人口一旦靠买外国粮食吃是行不通的，"无农不稳"的意识被重新唤醒，农业生产迅速回升。今年的农业大丰收正是在这种背景下取得的，因而具有特别的意义。

据农业部部长说，今年农村经济发展呈现两大特点：一是一些经济发达的省份如广东、浙江等重视农业，粮食面积减少的趋势得到扭转，二是广大农民种粮积极性提高，农产品价格看好，人均收入可达一千五百元，比上年有较大增长。农民增产增收，就为明年农业的更大发展打下坚实的基础。

笔者觉得，有百业兴旺、欣欣向荣的广袤农村作基础，中国的各项事业就一定有希望。

（原载香港《文汇报》1995 年 12 月 3 日）

《义勇军进行曲》六十年

"起来,不愿做奴隶的人们,把我们的血肉,筑成我们新的长城!……"这首歌不仅内地民众非常熟悉,相信本港许多市民也并不陌生。她就是《义勇军进行曲》,也即现在的中华人民共和国国歌。《义勇军进行曲》诞生至今,已经整整一个甲子。

笔者的一位朋友日前访问北京,有幸出席了纪念《义勇军进行曲》六十周年大型专题音乐晚会,返港后动情地告诉笔者,谓当日晚会气氛极为感人,她和许多观众都情不自禁地落了泪……

笔者完全相信朋友的话。作为一个中国人,听到或唱起这首高亢激越的进行曲时,谁能不激情澎湃呢?这首进行曲诞生于一九三五年,当时日本帝国主义的铁蹄已经践踏了东三省和华北大片土地,中华民族确实到了最危急的历史关头。爱国作家、音乐家田汉和聂耳满怀激情创作的这首《义勇军进行曲》,伴随着抗日救亡运动的热潮,迅速传遍了长城内外、大江南北。无数热血青年、志士仁人就是在这首进行曲激奋昂扬的旋律鼓舞下,走上街头,迈向战场,为挽救中华民族而拼搏,甚至献出了自己的生命。

一九四〇年,著名黑人歌唱家保罗·罗伯逊用汉语演唱了这首进行曲,并灌制了唱片,使之成为世界反法西斯战争的重要战歌之一而享誉世界。一九四九年,在新中国诞生的前四天,政协第一届全体会议通过决议,将《义勇军进行曲》定为"代国歌"。从此,这首进行曲就成为整个新中国的象征,在九百六十万平方公里的大地上回荡,而且在愈来愈多的国际场合响起。其间历经曲折,一九八二年十二月,全国五届人大五次会议郑重作出决定,将原词原曲的《义勇军进行曲》正式定为中华人民共和国国歌。

六十年,在人类历史长河中只是短暂的一瞬,然而中华民族却走过了极不寻常的历程。在义勇军进行曲的旋律中,中国已经从千疮百孔、百业凋敝的旧中国,一跃成为初步繁荣昌盛、自立于世界民族之林、在国际社会中举足轻重的国家。笔者觉得,中华民族的振兴,中国的日益富强,因素多多,而《义勇军进行曲》的鼓舞和激励,也是一个不容忽视的因素吧!

"中华民族,到了最危险的时候……"《义勇军进行曲》的歌词并未过时。古人说得好,生于忧患,死于安乐。一个有忧患意识的民族才是有希望的民族。

现在，中华民族的统一大业尚未完成，祖国的现代化还未实现，有人还害怕和阻挠我们的强大。笔者想，只要《义勇军进行曲》的旋律在每一个中国人的耳畔长鸣，中华民族就定能"前进！前进！进！"

（原载香港《文汇报》1995年12月21日）

近观香港

强劲的民族凝聚力

在内地改革开放的历史新时期,在市场经济日趋发展、获取各种信息更为丰富多样的社会环境中,中华民族的凝聚力依然强劲有力。这是内地一个名叫中华民族促进会的研究机构,面向全国城市进行的"中国城市居民文化素质研究"大型问卷调查得出的结论。这是一个令海内外所有中国人感到鼓舞的结论。

人类社会发展的全部历史证明,无论一个民族还是国家,其兴衰存亡在很大程度上取决于自身的凝聚力如何。中华民族自古以来就是一个有凝聚力的民族,正因为此,才造就了数千年灿烂的民族文化。但也毋庸讳言,近代以来,由于当时统治阶层的腐败无能,我们的民族一度变得一盘散沙,其结果是外寇乘虚而入,整个中华民族遭受了巨大的屈辱和灾难。但我们民族的凝聚力并未泯灭,当日寇妄图侵占整个中国之际,这种民族凝聚力重新激发出来,经过全民十四年浴血抗战,终于彻底打败了侵略者。尔后,中华民族又是靠着这种可贵的凝聚力,使古老的中国得以新生,并一步步走向富强。

可是在国门敞开、人们的价值观呈多元化的新情势下,中华民族到底还要不要凝聚力以及现在这种凝聚力到底怎样,就成为所有关心中国前途和命运的人所关注和担心的问题。上述调查结果显示,中国人民普遍认为,无论社会怎样发展,中华民族的凝聚力万万不可丢,而优秀的民族文化和发展经济则是中华民族产生新的强大内在凝聚力的基本推动力,经济的增长和国民素质的提高又反过来促使民族凝聚力的不断强化。

国民这种新的民族凝聚力首先表现在对国家前途的预期上。在问及对中国实现现代化的信心时,八成以上的人表示有信心和充满信心。这个比例高于对个人事业的预期。其次,当问及在关键时刻是否愿意为国家作出牺牲时,九成二的人回答愿意,更有八成半的人表示在遇到外敌入侵时愿意随时拿起武器为国而战,牺牲生命也在所不惜。有八成六的人对作为中华民族的一员感到自豪和骄傲。等等。

一个有凝聚力的民族是有希望的民族。上述调查结果令笔者闻之鼓舞。

(原载香港《文汇报》1996年1月4日)

内地出境旅游成时尚

几个朋友聚会，独缺了某君，结果等来了电话，谓其内地的侄儿赴东南亚几国旅游结婚，路过香港，喜事为先，他要请侄儿夫妇吃饭。想不到在座的朋友都有类似喜事，于是大家兴致勃勃地谈起了内地民众的出境旅游热，都以为这是改革开放的成果。

不错，在八十年代之前，对于内地大多数普罗百姓来说，到国内旅游胜地走走已属不易，出境观光就更是想都不敢想的奢望了。然而改革开放后，尤其是近几年来，数以百万计的普通公民终于喜滋滋地踏出国门，他们并非全是因公出差，绝大多数是观光旅游、休闲养身，或者是新婚度假。

据国家旅游局有关官员介绍，一九九五年由旅行社组织的中国公民出境旅游人数可首次超过一百万人次，而这一数字还不包括非旅行社组织的因私出境和商务旅行人数。对于一个有十二亿人口的大国而言，一百万当然不是什么大数，但只要联系中国的国情，联系改革开放初期国家旅行社获准开办公民出境旅游业务时应者寥寥的情景，一百万又不是一个小数。

毫无疑问，出境旅游这种较高层次的休闲方式，只有在国民基本的温饱问题得以解决之后方有可能。随着内地城乡实施改革开放，社会生产力获得了极大的解放和发展，国民经济开始走上了快速发展的道路，已经有广阔的地区特别是东南沿海一带省份的广大民众开始过上了小康生活。普罗民众不再为温饱问题而忧虑，口袋里的钱多了，便自然而然想到出境旅游，到外部世界"潇洒走一回"。笔者就曾经在港穗直通车上遇到过江苏赴东南亚几国及香港的一个旅游团。当时令笔者难于置信的，是整个旅行团竟然由该省某一个乡村包起，即这些西装革履、佩带"东南亚旅游团"标志的旅游者，竟全部是昔日那些面向黄土背朝天的地地道道的农民。

毋庸讳言，对于目前尚未解决温饱问题的民众而言，出境旅游尚不可能。但是，随着内地改革开放的渐次深入，将有愈来愈多的老百姓告别贫困，广大民众的生活水平必将得到进一步提高和改善。普通公民出境旅游将会越来越普遍。

（原载香港《文汇报》1996年1月28日）

再认识内地

朋友 M 君几年没去内地，今年春节期间他利用回乡过节的机会，顺道到几个城市走了走。返港后他说，真想不到内地这几年变化这么快，有的城市他几乎认不出来了，并说内地城市商品之丰富，餐桌上饭菜之丰盛，人们穿戴之鲜丽，大大出乎他的意料之外。朋友感叹道，所谓"工运领袖"韩东方日前说什么改革开放没有使民众获得任何实惠完全是睁眼讲瞎话，没有一点良心。

朋友的话不无道理。中国自实行改革开放政策以来，的确取得了令世人瞩目的巨大成就，神州面貌已发生了翻天覆地的变化。如今，中国已以日渐雄厚的国力、蓬勃强大的活力和快速发展的势头面向世界。现在，内地一年的国内生产总值就是新中国成立初一年的二十多倍；每四五天创造的国民收入，已相当于一九四九年一年的。据国家统计局的最新统计，刚刚过去的第八个五年计划期间是中国有史以来所经历的发展最迅速而波动又最小的时期，经过"八五"计划，国民生产总值已增至去年的五万八千亿元人民币（近七千亿美元），增加幅度为百分之七十六。国民经济开始走上了快速、平稳、协调发展的道路，已经有广阔地区特别是东南沿海一带省份的广大民众开始过上了小康生活，到"九五"计划完成（一九九六至二〇〇〇），整个中国将达到小康水平。

人们不禁会问，中国的改革开放能取得如此巨大的成就，其"秘诀"何在？笔者觉得，如果有"秘诀"，这秘诀就是改革开放的政策顺应了时代发展的潮流，符合中国的国情；民众得到了实惠，因而改革受到最广大人民群众的支持和拥护。据报道，中国国家体改委社会调查系统前不久对全国四十个城市的居民随机抽样调查的结果表明，绝大多数（九成多）公众对改革持拥护赞成态度。另一项同类型的社会调查，也同样表明国民对国家前途有承担：在问及对中国实现现代化的信心时，八成六的人回答有信心和充满信心，有九成二的人表示愿意为改革开放贡献自己的聪明才智，甚至作出必要的牺牲。

中国城乡的改革开放，极大地解放和发展了社会生产力，有着最广泛的民众基础。

（原载香港《文汇报》1996 年 3 月 19 日）

庄严的一票

本月十日，在联合国安理会的一次投票中，中国使用了否决权，使联合国向危地马拉派遣军事观察员的提案未能通过。消息传来，笔者十分认同一干朋辈的看法：中国政府代表在联合国投了庄严的一票。

世人皆知，中国是联合国五个拥有否决权的安理会常任理事国之一。中国是联合国的创会国，但中国绝不轻易使用否决权。与前苏联曾一百一十六次、美国七十次、英国三十次、法国十八次使用否决权相比，中国自一九七一年在联合国的合法席位得以恢复以来合共仅使用三次，便可知中国使用否决权是相当审慎的。

即以这次使用否决权而言，中国在联合国一贯支持危地马拉的和平进程，对联合国派遣军事观察员前去核查和平协议的执行情况也持积极态度。而反观危地马拉政府，四年来在竭力"帮助"台湾"重返联合国"一事中扮演了很不光彩的角色，近期更是执意邀请台湾当局参加危地马拉和平协定的签署仪式，为台湾当局从事分裂中国的活动提供国际场所。危当局这种公然利用国际舞台支持"台独"活动的行径，已经粗暴地干涉了中国的内政，极大地伤害了中国人民的民族感情，中国当然不能不在联合国表明自己的严正立场。

中国政府一再向国际社会申明，台湾是中国的一个省，任何国家插手台湾问题都是干涉中国的内政。危地马拉作为联合国的一员，理应承担义务，履行联合国有关承认一个中国、中华人民共和国是中国唯一合法政府的第二七五八号决议。如同中国驻联合国代表秦华孙所强调，危当局不能指望一方面要求中国在安理会与其合作，另一方面又一再作出有损中国主权的领土完整的举措。由此，危当局未能得到中国在联合国的支持，实在是咎由自取。

中国人民是最热爱和平的，中国理解危地马拉对和平的希求，但危当局应当明白一个最基本的道理，即一个国家的和平固然重要，而损害另一个国家的主权和领土完整也是不能容许的。若欲寻求中国在联合国的合作，该如何做，相信危当局自己不难找到答案。

中国日前在联合国投下的漂亮一票，无疑向国际社会再次发出一个响亮讯号——任何支持"台独"行动的国家，将难以得到中国在联合国的合作与协助。至于台湾当局能否从中悟出点什么，则是另一层面的问题了。

（原载香港《文汇报》1997年1月15日）

近观香港

钢的金牌

题目中又是钢，又是金的，读者朋友也许莫名所以。原来，新年伊始，内地冶金行业传出喜讯——去年我国钢产量首次突破一亿吨，跃居世界第一位。据报道，当冶金部部长刘淇宣布这一喜讯时，不少"老冶金"激动得热泪盈眶，纷纷表示，经过几代冶金人的努力，终于摘到了这块沉甸甸的钢铁世界金牌！

面对这块世界金牌，"老冶金"们无比欣喜的心情是可以理解的，不仅是冶金行业，内地各行各业，全国广大民众，乃至包括香港同胞在内的海内外所有华夏子孙，都为祖国夺得这块金牌而感到欢欣鼓舞。因为，钢产量跃居世界第一，不仅是我国钢铁工业发展进程中的重要里程碑，也向世界表明，我国的现代化建设正进入一个快速发展的新阶段。

稍为了解祖国国情者都知道，我国作为一个世界大国，钢产量却一直落后于一些发达国家。尤其是旧中国，钢产量就更是少得可怜。据资料显示，我国从一八九零年张之洞创办汉阳铁厂，直到一九四八年的半个多世纪中，产钢总量仅七百六十万吨。新中国诞生后，政府十分重视钢铁生产，在此后八年中，全国年钢产量平均达到五百三十五万吨，一年就相当于过去的几十年。但后来也走了一段弯路，全民土法炼钢的结果，非但没有促进钢铁工业的发展，还浪费了大量宝贵的资源。

中国钢铁工业得到真正快速发展，是在实行改革开放之后。尤其是八十年代后期，几乎一两年就上一个台阶：一九八九年超过六千万吨，一九九一年超过七千万吨，一九九二年超过八千万吨，一九九四年超过九千万吨，直到去年夺取金牌。

钢铁工业是基础工业，一切工业门类都离不开它。一个国家要实行现代化，在缺钢少铁的情况下是不可想像的。我国作为一个人口多、底子薄的发展中国家，如果长期依靠大量进口钢铁，必然会延缓发展的步伐。如今钢铁生产快速发展，这就为全面实现现代化奠定了良好的基础。

据说冶金行业上上下下有一个共识，即摘取金牌是完全应该的，这还只是第一步，没有盲目自大的理由，就人均钢铁拥有量而言，与发达国家相比，我们还有不小的差距。笔者认为，有了这样可贵的共识，又有了夺取金牌的第一步，内地的钢铁工业，乃至整个现代化就一定会迎来愈加辉煌的第二步、第三步……

（原载香港《文汇报》1997年2月10日）

大海一般的胸怀

苍穹含悲，大海呜咽。

举世景仰的邓小平先生的骨灰，已于日前在其亲属护送下撒向广阔的大海。笔者从电视中看到有关情景，含着热泪在心中向世界巨人道别。

自敬爱的邓公与世长辞之后，本港市民、内地民众乃至全世界华夏子孙都沉浸在巨大的悲痛之中。邓公在中国人民心中享有极其崇高的威望，他作为中国人民的卓越领袖，作为伟大的政治家、军事家、外交家，改革开放和现代化建设的总设计师，"一国两制"伟大构想的创立者，他对祖国、对人民、对整个中华民族所作出的巨大贡献，所立下的丰功伟绩，为世代所铭记。他对祖国和人民真正做到了无私奉献——不说他一生传奇般"三落三起"的生涯中，坚贞不屈，始终不渝，也不说他在退休后仍极为关注国家和人民的千秋大业，就从他的遗愿中也可见一斑。

邓公是一个彻底的唯物主义者，对待生死一向非常达观。身后捐献眼角膜，遗体供医学解剖研究，不留骨灰，撒向大海……当邓公的这几项遗愿披露之后，更激起亿万民众对他的无限崇敬和怀念之情。笔者的许多朋友都不约而同地说是含泪读完邓公亲属那封感人肺腑的信的。

我是中国人民的儿子，我深情地爱着我的祖国和人民——这是邓公的座右铭。他以自己一生的不懈努力和伟大实践，把一切都献给了人民，真正做到了鞠躬尽瘁，死而后已。就连自己身后事，他也事先交代，为他所深爱的人民作最后的奉献……这样博大的胸襟，这样崇高的情怀，又怎能不让人民肃然起敬呢？

大海无垠，人生有限。如今，邓公遗愿已经实现，这位人民深深爱戴的卓越领袖，在把自己彻底奉献给祖国和人民之后，已悄然无声地回归大海，他将在大海中得到真正的永生。一代伟人海一般的博大胸怀必将鼓舞和激励亿万民众在建设现代化中国的征途中披荆斩棘，一往无前！

（原载香港《文汇报》1997年3月4日）

> 近观香港

"三大件"的变迁

敬爱的邓公逝世后，亿万民众发自内心地悼念一代伟人，深切缅怀其丰功伟绩的情景撼人心魄，催人泪下。欲问民众的这种最诚挚的感情缘自何处，那就是邓公作为中国人民的忠诚儿子，始终与人民同呼吸，共命运，把自己的一生无私地献给了人民。尤其是他老人家倡导和不断推动的改革开放，使神州大地发生了天翻地覆的巨大变化，广大民众的生活水平有了很大的提高。这不说其他，就是从"老三件"的变迁中也可看出端倪来。

"三大件"这个称谓，恐怕稍有年纪尤其同内地交往较多的本港市民并不陌生，它是内地普通百姓家庭一个时期拥有耐用消费品的特指。

在五六十年代，内地的民众都将手表、单车和缝纫机称为"三大件"，那时一般家庭若拥有这"三大件"，已是宽裕的象征。到了七十年代末、八十年代初，内地实行改革开放，民众得到实惠，原有"三大件"渐被新的"三大件"所替代，电视机、电冰箱和洗衣机开始进入寻常家庭。其间更因人民生活水平的不断提高，同为"三大件"，却经历了几次"更新换代"，诸如电视机由黑白变彩色，由小变大，洗衣机由普通型变自动型，半自动又变全自动，再换滚筒式、烘干式等等。

当时代的车轮驶入九十年代，除原有的"三大件"在城市已经饱和，而广袤的农村也越来越普及之外，新"三大件"的称谓更出现了两大特点：一是随着生活水平的日益提高，人们的消费趋向多元化，这便很难如六七十年代、八十年代般再对全国范围的"三大件"作出一致的概括；二是即以相对而言的"三大件"来说，变化更是神速，前些年还是冷气机、微波炉、照相机，近几年则是电话、"大哥大"、高级音响，转眼间又是VCD、摄录机、电脑，预测从今年开始，DVD、高级住宅、小轿车又成新宠……真是令人眼花缭乱、目不暇接。

"三大件"的迅速变迁，从一个侧面证明内地大众生活有如芝麻开花节节高。不少人更预测"三大件"的称谓将逐渐淡出直至消逝，因为随着人民生活水平的更大提高，寻常百姓家庭购买若干件高档并新潮的消费品将不再是困难的事。有道是饮水思源，老百姓过上了美好生活，对给人民带来幸福、自己却匆匆离去的改革开放总设计师充满无比感激和怀念之情，也就非常自然了。

（原载香港《文汇报》1997年3月5日）

五、香港最坚强的后盾

祖国又添直辖市

三月十四日晚，一位祖籍四川重庆的朋友打来电话，以抑制不住的喜悦心情问笔者有无注意重庆升格为直辖市的消息，并笑谓笔者能否"求真求真"，笔者也笑言重庆升格已是事实，无须"求真"，但满腔兴奋之情催促笔者略表感受倒是真的。

刚刚圆满闭幕的八届人大五次会议通过了设立重庆直辖市的议案，祖国第三十二个省级行政区正式诞生了，对此，重庆市民万众欢腾自不待言，相信包括本港市民在内的全中国人民都会感受到其中意义。

在历史上，山城重庆从来是要地，自一九二九年正式设市后，更名闻中外。因独特的地理位置，抗战时期她是国民政府的陪都，新中国诞生初期，曾是中共中央西南局和西南军政委员会的所在地。一九八三年，重庆成为计划单列市，经济开始迅速发展。其间，也曾数度传闻升格直辖市，直至此次经国家最高权力机关人大批准，终于成为事实。

重庆升格的历史契机，在于中央的中西部发展战略，因重庆可起到承东启西、左右传递的作用。重庆升格更得益于长江三峡这一世纪大工程的上马，整个三峡库区的经济协调，百万大移民，三百万农民脱贫，都呼唤省级行政区的诞生。经历十多年改革开放，随着中国经济大格局的调整，赋予重庆直辖市地位，实际上已水到渠成，到此次人代会召开前，可以说是万事俱备、只欠东风了。

值得一提的是，邓公生前对重庆升格事一直颇为关注，他老人家高瞻远瞩，看到重庆升格之后将会在大西南乃至整个中西部的经济发展中发挥龙头作用，如同他当年独具慧眼，力主在南方设经济特区、海南建省、开发浦东等一系列战略决策，已被事实证明无比英明一样。如今重庆升格，也是对这位深受人民爱戴的改革开放总设计师的一个告慰！

重庆地位提升，也有利于本港的繁荣，为商家提供了更多的发展机会，可谓不言而喻。

（原载香港《文汇报》1997年3月16日）

美国学者的公正之言

所谓"中国威胁论"一段时间来在美国颇为流行。但如果认为美国学界都赞成此一论调的话那就大错特错了。据报道，美国的一些专家学者最近就纷纷发表评论，对美国近期出版的一本新书中所宣扬的"中国威胁论"提出批评。

被批评的书为《即将到来的美中冲突》，著者是美加几个前驻北京记者。由于该书以"中国谋求霸权"这一虚妄观点作前提，用一些根本经不起推敲的所谓事实作论据以欺世盗名，故引起一些中国问题专家学者的强烈反感。

乔治·华盛顿大学伊利奥特学院院长哈里·哈丁认为该书作者分析中国问题所依材料不当，判断中国在国际上的意图时"很草率"。美国《国家利益》杂志主编欧文·哈里指出，该书作者的许多观点与"遏止中国论"者如出一辙。许多学者还对该书可能造成的严重后果及负面影响作出精辟揭示。一些评论文章都认为该书的观点将助长美国一些人对中国发出"冷战式的歇斯底里"：《洛杉矶时报》专栏作家汤姆·普拉特说，该书的严重误导性可能导致激化美国国内的反华情绪；普林斯顿大学负责国际安全研究的阿伦·弗里德伯格警告说，该书作者提出的对华政策主张可能会使美中关系"变得更糟"……

中国十几年来的确发展很快，但中国的发展绝对不会对任何地区、任何国家造成威胁，而只会为人类作出更大的贡献。说穿了，《即将到来的美中冲突》一书的作者无非是想让中国永远成为贫困的代名词罢了，这才是彻头彻尾的霸权主义心态。美国某些人一厢情愿地炮制出"中国威胁论"，并处心积虑地想将此论调炒热，殊不知此种毫无根据的论调非但受到中国人民的强烈反对，也为美国国内主持正义的民众及专家学者所不齿，可见公道自在人心。

（原载香港《文汇报》1997年3月26日）

总书记出席基本法讲座

据报道，国家主席江泽民等中央高层领导人昨日出席"一国两制与香港基本法"法制讲座，认真听取了法律专家、基本法草委吴建璠所作学习香港基本法的专题辅导报告。讲座结束后，江泽民还发表讲话，指出基本法对于贯彻"一国两制"基本国策、保持香港长期繁荣稳定的巨大意义。他还说，基本法是全国性的法律，学习基本法不仅是香港人的事，全国人民都要学习基本法。

众所周知，基本法是在"一国两制"伟大构想创立者邓公亲切关怀下制定完成的。他老人家曾高度评价基本法，认为基本法是一部具有历史意义和国际意义的法律，对香港的长期繁荣稳定将起根本的保障作用。他还多次表述过这样一个思想，即中央既定的对港方针政策在香港回归以后保持五十年不变，包括基本法，至少要管五十年。

基本法绘制了香港特区政治、经济、社会制度和生活方式的蓝图，毫无疑问，她是香港特别行政区的基本法典。中央政府严格贯彻实施基本法的决心与诚意，从香港整个过渡期特别是近年来特区组建进程中得到了最形象具体的体现，市民有目共睹。而江泽民率领中央高层领导人出席基本法讲座这件事的本身，以及他所讲的一番语重心长的话，相信会使正处于回归关键时刻的香港人对中央政府贯彻落实基本法更加充满信心。

同时，江泽民出席基本法讲座这一行动无疑对全国人民学习基本法是一典范，对正在认真学习和认识基本法的本港市民是莫大的鼓舞。而且，全国民众翘首期盼香港回归祖国的热情愈益高涨，中央因势利导，向全国发出号召，相信内地也将掀起学习基本法的热潮。只要包括香港在内的全国上下都严格按照基本法办事，香港明天一定会更加美好！

（原载香港《文汇报》1997 年 5 月 7 日）

岂能强求一律

几个朋友在一起谈论国家主席江泽民日前接受美国有线新闻电视网记者采访一事时，都认为江的不少回答富有新意且颇为精彩。比如谈到香港问题时，江说到他自己作为国家最高领导人，也必须按基本法行事，实际上提出了在基本法面前人人平等的问题，这同日前他率领中央其他高层领导人出席基本法讲座一脉相承，清晰地显示出国家最高领导层严格按照基本法办事的决心和诚意，有助于本港各界乃至国际社会进一步增强对香港未来的信心。

除此以外，江泽民对中国式民主的回答也给朋友们留下深刻印象。江泽民指出，中国是采取直接选举和间接选举相结合的选举制度，这一制度会在相当长一段时间内实施，因为它符合中国的国情。长期以来，西方世界总认为中国不民主，其理由之一是国家领导人不是直选产生。此种看法显然有失偏颇。

诚如江泽民所说，中国县级以下是实行直接选举的。前不久美国一个专门研究选举问题的专家组到中国实地考察后，得出的结论是中国农村的选举比美国的任何选举都要民主。中国的国家领导人不由一人一票直选产生，完全是由国情决定的，在一个有两亿多文盲的国家里，一人一票也不一定就能选出理想的国家领导人。更何况尚有相当数量的民众连温饱都没有解决，花费大量人力财力搞竞选，岂不劳民伤财乎？但非直选也绝非不民主的同义语，全国人大的两千多名代表都是经一级级选举产生的，由他们来投票选举国家领导人完全可以反映出最广大民众的意愿。

什么是民主？按照国际社会的共通理解，民主是指国家权力由人民掌握和行使。中国宪法明确载定国家一切权力属于人民，而人民代表大会制度使人民行使权力有了切实可行的保障，因而深受广大民众的欢迎。世界是多元的，民主也并非只有一种模式，强求一律的本身就与民主精神南辕北辙。

（原载香港《文汇报》1997 年 5 月 11 日）

五、香港最坚强的后盾

划时代的突破

中共十五大的召开，在本港引起热烈反响，虽不至于像内地般满城争说十五大，但街谈巷议以十五大为题者，也绝非个别现象。因为香港人都晓得，作为一个国家，执政党的此次世纪盛会，对于整个中华民族以什么样的姿态跨入二十一世纪这样一个重大课题的解决，实在至关重要。日前笔者和几个文友相聚，言谈间大家都觉得江泽民所作的十五大报告紧紧扣住上述课题，从理论和实践结合的高度回答了全党和全国民众所关注的热点问题，启人思考，鼓舞人心。

交谈中，文友们七嘴八舌，历数十五大报告的重大突破。比如，在中共历史上，七大将毛泽东思想确立为中共的指导思想，是次十五大则将邓小平理论与马列主义、毛泽东思想并列，确立为中共的指导思想，报告还建议将邓小平理论正式写入党章，等等。而对香港人来说，最引人注目之一的是内地国有企业将推行股份制问题，也即公有制实现形式可以多样化这一具有划时代意义的突破。

江泽民在报告中指出，股份制资本主义可以用，社会主义也可以用，不能笼统地说股份制是公有还是私有，关键要看是否三个"有利于"（有利于发展生产力、提高综合国力、提高国民生活水平）。这一阐释廓清了长期以来笼罩在人们心头的疑云，其深远而巨大的意义不亚于邓小平当年所说市场经济不是资本主义独有，社会主义也可以搞市场经济，从而使社会主义市场经济蓬勃发展。

改革开放近二十年来，内地经济发展成就举世瞩目，香港人感受尤深。但毋庸讳言，作为国家主体的国有企业却发展缓慢，问题多多。多少有识之士试图改革，但由于所有制实现形式不能突破，深化改革不易。事实上，股份制乃是现代企业的一种资本组织形式，有利于所有权和经营权的分离，有利于提高企业和资本运作效率。近年少数试点企业的实践也充分证明股份制行之有效，只要控股权掌握住，国有资本不但不会流失，还会大大增值。

理论的突破将会带来实践的飞跃，十五大突破了公有制实现形式的单一模式，解决了所有制实现形式的多样化，必将迎来整个国民经济更协调更快速的发展。

（原载香港《文汇报》1997年9月16日）

中国——魅力四射

世界银行和国际货币基金组织理事会年会正在本港举行。由于这是世界银行和国际货币基金组织第一次在中国举行年会，而且此次年会恰逢世纪盛会中共十五大闭幕之际召开，因而格外令世人瞩目。从年会开幕前夕的"中国日"的有关活动，以及年会揭幕当天的情况来看，中国因素引起与会者的高度关注和强烈反响，以至于一位西方资深记者在发回的报道中连番赞叹：中国，魅力四射；中国——魅力四射！

平心而论，说中国"魅力四射"，绝非泛泛的溢美之词。中国实施改革开放以来，发展变化实在是太大了。别说西方人士隔数年光临一次中国自然感觉翻天覆地，就是经常往返于两地之间的香港人，对内地面貌也有日新月异之感。在此，笔者仅想就与正在召开的世银年会联系最紧密的资金流动一隅，即中国已经成为世界上最具吸引力的投资市场之一，来验证"魅力四射"并非虚言。

中国引进外资是与改革开放同步进行的，并经历了一个规模逐步扩大、资金流向渐趋合理的过程。而对于外资而言，也经历了一个从小资金试探到逐渐认识她的魅力所在因而大规模自觉投入的过程。尤其是进入九十年代之后，由于中国政府采取更为灵活的方式，继续改善投资环境，为外资投入和运行提供了更为方便的条件，使得世界各地的资金源源进入中国，成为仅次于美国的世界第二大外资投入国。

还是看看近年的数字吧——一九九三年实际利用外资三百三十亿美元，比上年增长一倍；一九九六年上升为四百三十五亿美元，与一九九一年相比，增长了近八倍；预计今年可超五百亿美元。到今年七月底，中国内地共有外资企业二十九万五千多家，合同外资金额约五千亿美元，实际利用二千一百亿美元，有二百四十八家跨国公司到中国兴办企业……看来，在改革开放的中国面前，就连一串串枯燥无味的数字也变得活泼生动起来。而这，谁说不是"魅力四射"体现之一呢？

（原载香港《文汇报》1997 年 9 月 24 日）

时代的成就

中国可成为继美国和日本之后的又一经济巨人，国民人均收入一万美元，其购买力将超越整个欧洲……这是梦幻？抑或是吹牛？都不是！这是世界银行近日发表的《二〇二〇年的中国》报告书中对中国前景的一种预测，而此种预测是建构于中国当今的现实及其发展势头的科学论证之上的。毫无疑问，任何一个华夏儿女都不能不为之感到欣喜和振奋。

世银年会已经降下帷幕，首次在中国举行的该次年会所取得的成就有目共睹，无须笔者赘述，单是年会对本港乃至整个中国给予的高度关注及公正评价，其作为全球金融组织的权威性也可见一斑。出席年会的各国代表及本港不少有识之士都纷纷称许《二〇二〇年的中国》在对中国所取得的成就的评价及对前景的预测颇为客观。

该报告书指出："中国已经跨入一个其他国家需要几个世纪的努力才能达到的时代。一个人口超过非洲和拉丁美洲人口之和的国家取得如此发展，可以说是我们这个时代最伟大的成就……"笔者以为，这番话绝非是对中国盲目赞颂。众所周知，和平与发展是当今世界的两大主题，而人口占世界四分之一的中国假如长期处于贫困落后状态，势必拖慢整个世界发展的步伐。中国近二十年所取得的成就举世瞩目，其快速发展无疑是对整个世界发展的贡献。正是在这个意义上，报告书将中国近期的成就称为"时代的伟大成就"，不能不说极富见地。

报告书也分析了中国将面对多种不同的风险和挑战，向中国政府提出若干建议，尽管并非项项可行，仍不失整体的真知灼见，其诚意毋庸置疑。尤为难能可贵的，是报告书对一段时间来颇为流行的"中国威胁论"提出了自己的看法，认为整体而言，中国经济的迅速发展令世界各地受惠，为整个世界经济提供了一个机会，而绝非什么"威胁"。显然，其详尽的研究及其无可辩驳的结论对澄清有关误导甚有帮助。

（原载香港《文汇报》1997年9月27日）

改革之花遍地开

有道是每逢佳节倍思亲。在喜庆新中国诞生四十八周年这一盛大节日之际，刚刚回到祖国怀抱的六百万香江儿女，与祖国母亲的心贴得更紧，了解自己祖国各方面建设成就的心情也就更为迫切了。

笔者这里最急切要告诉朋友们的，是前不久笔者有幸随本港一个团组到内地参观访问，深深感受到我们亲爱的祖国，从东海之滨到天山脚下，从东北大地、内蒙古草原到"天涯海角"（海南），遍地盛开改革花，改革硕果说不完。在此，仅采撷其中的一朵献给读者朋友吧！

这朵改革之花开放在离本港并不遥远的顺德。顺德是广东的一个县级市。一提起县，人们很自然联想起农村，联想到世世代代以种田为本的农民。然而，如今的顺德，已成为一座新型的工业明星城崛起在珠三角那片广袤的大地上。你也许很难想像到，就是这样一个县级市，却与许多个"全国最大"联系在一起，诸如全国最大的空调机、燃气用具、电风扇、微波炉、电饭锅、消毒碗柜等生产基地。去年顺德的国内生产总值高达四百七十一亿四千万元，生产总值与人均收入都名列全国前茅。

顺德的惊人成就怎样得来？答曰：改革。改革开放初期，顺德就坚持以改革统揽全局，充分发挥人缘地缘优势。用足用活用好政策，积极引进外资，成功进行了"第一次创业"。进入九十年代，顺德又率先进行了颇具规模的综合性体制改革，推出了包括党政机构、企业制度改革在内的十项大的改革措施，成功地开始了改革路上的"第二次创业"，实现了经济发展的第二次飞跃。如今，顺德年销售收入超亿元的企业有七十五家，其中超十亿元的就有五家。年外贸出口创汇十四亿三千万美元。创出全国名牌五十多项。顺德，以改革开放的骄人成就被誉为"改革之花"。

"改革之花"顺德只是全国改革百花园中的一朵。正是遍布各地的千千万万朵改革之花，将今日神州大地点缀得分外绚丽夺目！

（原载香港《文汇报》1997年9月29日）

五、香港最坚强的后盾

最坚实的基础

在举国欢庆香港回归祖国以及中共十五大召开后第一个国庆日之际,神州大地百业兴旺、政通人和,处处洋溢着一派欢乐祥和的节日气氛。日前几个朋友不约而同谈到这样一个问题,即内地欣欣向荣、蒸蒸日上的大好局面是怎样得来的。大家列举了许多因素,最后一致认为,根本的原因是两条:邓小平改革开放理论指导下各级政府的领导以及广大民众的不懈奋斗。

就以第二点而言,十二亿人民大众真心诚意拥护和支持改革开放,为祖国各项事业的成功提供了最坚实的基础。那么,民众为什么会拥护和支持改革开放呢?其中关键的一点便是他们在改革开放的实践中得到了实惠,因而将改革开放的事业看作与自己切身利益息息相关的事业。

几个朋友在内地都有亲戚,也常有回乡省亲,他们以亲眼所见,列举了自己亲戚家改革开放前后巨大而深刻的变化。是的,单以近五年来说,全国城镇居民人均生活费收入年均实际增长百分之七点二,农村居民人均纯收入年均实际增长百分之五点七。沿海地区民众生活水平的提高则远远高于平均数,比如上海去年户均收入逾二万五千元,珠江三角洲、长江三角洲的一些城乡,民众生活已提前达到小康。过往想也不敢想的高档生活用品,已经大量进入寻常百姓家庭。据报道,内地某机构于今年七八月间对三十一个省市进行的一项调查,结果显示广大城乡居民对现在的生活感到满意和比较满意的占百分之七十四,认为近五年来生活水平有提高和提高很多的占百分之八十四。而被调查访问者几乎百分之百都拥护邓小平理论,衷心支持改革开放。这一调查令人信服,发人深省。

改革开放和现代化建设事业之最深厚的根源及最坚实的基础存在于民众之中。刚开过的中共十五大已经绘制出直至下世纪中叶建国百周年时祖国实现现代化的壮美蓝图,那么,在真心实意拥护改革开放的十二亿民众的共同奋斗下,上述远大而辉煌的目标就一定能实现。

(原载香港《文汇报》1997 年 9 月 30 日)

成就展轰动京城

　　一位教师朋友日前随一个考察团访问内地，在北京时恰逢"辉煌的五年"成就展轰动整个京城。他和团友们慕名前往，参观之后感触良深。朋友返港后向笔者详细介绍了该成就展的情况，并连连赞叹：展览太有说服力了，国家这些年的成就真不简单！

　　该朋友平素性格平静，想不到参观成就展后如此动情。事后在该朋友处看了他拍摄的一些片断，果然很有特色。这个成就展是为配合中共十五大的召开而举办的，很快在北京城引起轰动效应。在短短一个月时间里，它如同一块强力的磁石，吸引了一百二十多万各界观众，从北京城、从全国各地涌向这里。据有关报道，该展览规模之大，展出时间之长，展示手段之先进，参观人数之多，都创造了新中国诞生以来展览工作史上的最高纪录。

　　读者也许要问，这个成就展览为什么具有如此大的吸引力呢？笔者以为，根本的原因在于人民大众关心国家改革开放的伟大事业，他们想通过展览一角，了解祖国前进的步伐，了解取得的巨大成就。事实上，近五年是国家改革开放进程的一个缩影。五年前的那个春天，邓小平先生视察南方的讲话及中共十四大的召开，把准了中国的脉搏，指引国家经济走上一条持续、快速、健康的发展道路，创造了"世界经济史上罕见的奇迹"。全国三十一个省市自治区、六十多个部委，将春华秋实汇集一堂，丰富多彩的展览内容加之声、电、光等最新的现代化展览手段，又怎能不深深吸引各行各业的观众来此流连忘返呢？

　　黑眼睛、黄皮肤的华夏儿女，一代又一代的仁人志士，谁不盼望祖国昌盛、人民富足？成就展让人目不暇接，感受到今天作为一个国力逐渐强大的中国人的幸福和自豪！一位来自广西的普通观众的话道出了许多参观者的心声。而昂扬、振奋、欣喜、鼓舞则是众多观众的共同感受。毫无疑问，展览所展示的祖国改革开放的成就将激励亿万民众不断创造新的辉煌！

(原载香港《文汇报》1997年10月19日)

五、香港最坚强的后盾

江河截流显国力

一位记者朋友在采访黄河小浪底工程大河截流后返港，向笔者描述了滔滔黄河被拦腰截断的壮观景象，连声赞叹工程之伟大。听了他的介绍、看了电视播映的相关片断，笔者的心情久久不能平静。联想到不日后长江三峡工程也将实现大江截流，仿佛听到了祖国前进的脚步声。

我们的祖国江河纵横，水网交错，给国人以舟楫灌溉之便，但每逢江河泛滥，往往又使国人生命财产遭受巨大损失。中华民族早在远古时代就有大禹治水的传说，历朝历代也都有不少治理水患的实绩，但治水真正出现翻天覆地变化的，还是在新中国成立之后。当然江河的治理也不能不受限于国力。改革开放使得综合国力不断增强，为更大规模水利工程的实施奠定了坚实的基础。而黄河小浪底及长江三峡水利枢纽工程正是在这样的背景下上马的。

黄河小浪底水利枢纽工程建成后，可使黄河下游防洪标准由现在的六十年一遇提高到千年一遇，而长江三峡工程建成后，则可控制长江上游的洪水，大大减免中下游的水灾，特别是可以避免荆江河段发生毁灭性灾害。而且，这两项工程都兼具防洪、发电、灌溉、供水等综合功能，单是发电一项，将可使全国大多数省市受益，每年产生的直接效益就数以百亿计。小浪底及三峡工程都是举世瞩目的世界级跨世纪水利工程。尤其是后者，从最初设想到正式动工整整酝酿了七十年，它建成后，将成为世界上最大的水利水电工程。如今两大工程按期双双实现截流，为整个工程的建设攻下了最大的难关，使整个工程的建成露出曙光，国人无不欢欣鼓舞。

沧海横流，方显英雄本色；江河截流，折射综合国力。笔者断想，两大"超级工程"按期高水准、高质量实现截流，没有强大的国力作基础，是不可想像的！

（原载香港《文汇报》1997年10月30日）

▶ 近观香港 ◀

市场化进程传喜讯

据报道，在日前举行的广东省一个大型会议上，该省主要负责人郑重宣布，根据全面周密的调查得出的结论，深圳、顺德两市已率先摆脱计划经济模式的束缚，进入了社会主义市场经济的时代。笔者读后甚觉欣喜，因为这毕竟是我们的国家在全面迈向社会主义市场经济的进程中最先传出的喜讯。

内地实行的计划经济模式在特定时期曾发挥过很大作用，但随着社会的前进，已经同生产力发展越来越不适应。改革开放的潮流极大地冲击了这种模式，对市场经济进行了卓有成效的探索，直至邓小平先生南方视察，中共十四大正式确立社会主义市场经济模式，近些年来内地市场经济发展极快，整个国民经济呈现持续健康快速发展的态势。

在实行市场经济的大潮中，全国各地尤其是东南沿海许多地区或城市都创造了不凡的业绩，积累了丰富的经验。但一直还没有哪一个城市可以正式宣布进入市场经济时代。正因为如此，深圳、顺德两市不能不说走在了全国前列。

香港人所熟悉的深圳是伴随着改革开放而诞生的年轻城市，没有计划经济带来的包袱，市场经济与城市同步成长。而作为广东"四小虎"之一早已闻名海内外的顺德市，尽管探索市场经济起步较早，但真正进入市场经济"攻坚"阶段，还是始于九十年代初。该市上下思想解放，又脚踏实地，积近二十年的努力，尤其是最近五六年的"攻坚"，终于实现了三个转变（由计划经济向市场经济、由农业社会向工业社会、由封闭社会向开放社会的转变），业绩卓著。

深圳、顺德毗邻本港，两市进入市场经济时代，加之珠江三角洲市场经济的蓬勃发展，有利于与本港经济融合，从而为本港经济的发展提供更多的机会。

（原载香港《文汇报》1997年11月19日）

五、香港最坚强的后盾

未雨绸缪

由中共中央和国务院联合召开的全国金融会议已于日前顺利结束。此次会议在海内外引起巨大反响。笔者与几个朋友谈论此事，也都觉得此次会议的召开，可从一个侧面反映现在的中央领导集体确实是成熟的，是有能力带领十二亿民众将现代化事业全面推向二十一世纪的。

此次会议的召开非同寻常。一段时间以来，出现了世界性的金融危机，特别是亚洲，多个国家先后出现金融动荡的局势，给所在国带来重大损失。中国之所以独善其身，既与整体经济良好有关，也与近年来内地在金融领域采取了一系列正确有效的方针、政策和措施密不可分。但是，中国绝不能掉以轻心，因为中国本身的金融法制还不够健全，监管环节还比较薄弱，在某些地方金融秩序还比较混乱，因此潜在的金融风险是存在的。

中央最高领导层头脑十分清楚，在看到总体形势好的一面，又对内在的金融风险极为重视。此次全国金融会议在关键时刻召开，可谓居安思危，未雨绸缪。从几个最高领导人的讲话精神来看，不仅高瞻远瞩，有宏观上的透彻分析，又有具体的指导性意见和措施。领导层的成熟由此可见一斑。

如果说金融事业对每一个国家和地区都有举足轻重作用的话，对十二亿人口的大国，作用就更加重大。一旦金融发生重大问题，势必对全国性的稳定局面构成威胁，而内地的稳定又至关重要，如稳定局面不能保持，整个国家的现代化进程就将受到影响。内地最高领导层如此重视金融业，其道理正在这里。

朋友们皆以为，现在香港和内地的经济联系十分紧密，可谓唇齿相依。内地采取谨慎稳妥的金融政策，稳定自身的金融体系，以防范国际金融风险对中国内地的冲击，也必将对香港产生积极的支持作用，这也正是港人欣喜之处。

（原载香港《文汇报》1997年12月1日）

> 近观香港 ◀

不幸中的大幸

  河北张家口地震灾区的全部灾民都已住进了保暖棚，一人一户也没有漏下。这是近日来自灾区第一线的可靠消息。相信本港心系灾区的广大市民与笔者一样，莫不为此感到分外宽慰。

  这次河北张家口地震受灾地区较大，房屋毁坏多，受灾人口广。而此次地震与内地以前所发生的同类灾害不同之处，是恰逢严寒时节。本港气温一旦出现十摄氏度左右，人们便觉奇冷无比，而张家口地震灾区却低至零下二三十摄氏度，老百姓顷刻间要置身旷野之中，其惨景可想而知。当地政府面对这种情况，提出当务之急是解决温饱，不让一个灾民饿死冻死。饱的问题相对好解决一点，而要在最短时间内让数十万人住进温暖的房屋则绝非易事。政府作出因地制宜搭建临时保暖棚的决策，广大灾民积极响应，在全国各方的大力支援下，地震灾民终于在春节前全部住进保暖棚。

  特别令人感动的是解放军对此的无私奉献精神，刚从灾区返港的本港某慈善团体的一位代表告诉笔者，她目睹了解放军官兵冒严寒，不分昼夜为老百姓搭建保暖棚的情景。灾民们一个个住进了暖棚，他们自己却一直在睡袋中过夜，许多官兵冻伤了手脚也不肯撤离。该代表也欣慰地告知笔者，本港各界捐赠的各种保暖用品都很快运抵灾区，连同一笔笔捐款，可谓雪中送炭，使当地灾民感受到骨肉同胞的深情。

  河北地震灾民是不幸的，然而他们生活在祖国大家庭中，受到中央及有关地方政府的关怀，得到包括本港在内的全国民众的及时捐助，能够在温饱之中欢度新春佳节，这不能不说是不幸中的大幸。

（原载香港《文汇报》1998 年 1 月 24 日）

放眼未来

特区政府日前正式公布了策略发展委员会组成名单及其任务，该委员会将于近期召开首次会议，正式开始运作。笔者留意到，社会各界对此反应良好，舆论也纷纷指出，此举是特区政府放眼香港未来的重要标志。

市民都记得，行政长官董建华先生在去年十月所作的首份施政报告中，就已宣布特区将成立一个策略发展委员会，由特首担任主席，该委员会将从经济、人口资源、教育、房屋、土地、环保、与内地关系等方面，进行研究，向政府提供意见。特首将此列入整体报告开首的《引言》部分，可见非同一般。三个月后，政府就完成有关筹备工作，公布成员名单及其任务，更显政府将之视为事关重大、影响深远之举。

当今的人类社会，是一个充满竞争的社会。这种竞争说到底是人才的竞争。谁拥有杰出的人才，高瞻远瞩，制定出既符合世界潮流又切合自身实际的长远发展策略，谁就能在竞争中立于不败之地。正因为此，世界上任何国家或地区，都有相类似的机构，尽管名称不同，专事着眼未来的长线规划却无异。香港虽是一个地区，但却是著名的国际大都市，是世界经贸、金融、航运、旅游中心之一，而要保持这种地位，并在此基础上继续引领世界潮流，就必须重视长远发展策略的研究。

更有，香港有地理位置得天独厚等一系列优越条件，但毋庸讳言，就本身而言也存在地方小、人口多、资源匮乏等先天弱点，因此重视长远发展规划，务求资源得以合理运用就更为重要。策略发展委员会的组成可谓匠心独运，成员包括政府官员、工商、金融、基层等界别人士和学者，精英云集。有理由相信该委员会能使本港的发展放眼未来，始终保持旺盛的发展竞争活力。而这，正是港人之期待。

（原载香港《文汇报》1998年1月25日）

中华文明的魅力

一个名为"中华五千年文明艺术"的展览目前正在大洋彼岸的纽约古根汉姆博物馆展出。据报道，前往参观者络绎不绝，十日内就已超过四万人。由于参观者如潮汹涌，馆方只好作出每批五百人的限制，于是参观者冒严寒在馆前广场大排长龙……

据馆方介绍，如此"爆棚"的情况在该馆历史上颇为少见。作为中国人，相信读者朋友和笔者一样，为此感到分外高兴。各种肤色的观众不畏严寒排队看展出，反映出美国乃至世界各地民众向往了解中华民族文明艺术史的迫切心情。笔者断想，这既与中华文明源远流长、博大精深有关，更与当今中国在世界上的威望日益提高分不开。试想一下，在昔日大鼻子蓝眼睛者将中国人视为"东亚病夫"的年代，又有多少人会关注中华文明艺术呢？

中华民族五千年辉煌灿烂的文明史的确令每一个华夏儿女为之自豪，但我们也不会因此自高自大，而鄙薄世界上的其他民族和国家。我们既不会盲目尊大，也不会妄自菲薄。我们只求自立于世界民族之林。中华民族在历史上曾历经辛酸，在中国人民将此屈辱一页翻过之后，也不能不遗憾地指出，直至今日，就是在美国，也仍有极少数政客不能正确对待中国，他们对中国人民仍怀有成见，动辄想以一己偏见干预中国的内政，图谋孤立中国。

其实，这样的政客并不了解中国，其中有的人根本没有踏足中国的土地。在对中华民族的历史和现况一无所知抑或知之甚少的情况下，傲慢和偏见便结伴而生。笔者想，这样的人如果能融入此次参观中华文明展的行列，感受一下本国同胞深为历史悠久的中华文明所倾倒之氛围，相信不无裨益。

（原载香港《文汇报》1998年2月23日）

心中的丰碑

"凡是为人民做过贡献的人，人民都不会忘记他"。已故中国总理周恩来先生生前说过的这句话，现在用在他自己身上也非常恰当。

在一代伟人周恩来一百周年诞辰之际，内地民众深切怀念这位为祖国和人民无私奉献了一生的开国元勋的巨大热情再一次奔涌而出，"百年恩来"一时成为神州大地牵动亿万民众之心的感人话题。据有关报道，近一段时间从北京到全国各地，有关周恩来一生丰功伟绩的纪念会、展览会、文艺演出受到民众的热烈欢迎，中央电视台大型文献纪录片《周恩来》更在全国引起强烈反响。这位人民的好总理虽然已经离开人民二十余年，但他为国家和人民鞠躬尽瘁、立下巨大功勋的一生在人民心中留下了一座不朽的丰碑。

笔者曾经有幸见过周恩来先生，虽然时间已经过去了数十年，但每每回想起当时的情景，激动的心情就久久不能平静。作为国务院总理，周恩来生前时时刻刻想着国家的富强、人民的幸福，即使在"文革"极其困难的条件下，他也忍辱负重，为挽救已处于崩溃边缘的国民经济作出不懈的努力。他抱病在四届人大上呼吁实现"四个现代化"，他在重病中当"四人帮"的面肯定邓小平干得比自己好等等，都为邓公第三次复出后拨乱反正，将全国工作重点转移到经济建设上来奠定了基础。在改革开放总设计师邓公倡导下，经过人民二十年奋斗，祖国的面貌发生了翻天覆地的变化，这正是对人民好总理最好的告慰。

周恩来在五十年代曾设想过香港回归后可以让香港人自己管理。如今，邓公创造性提出的"一国两制"构想已变成光辉的现实，相信恩来先生魂兮归来，定会展颜一笑的！

（原载香港《文汇报》1998年3月3日）

一场革命

许多关注"两会"的香港人都透过荧屏留意到,在国务委员罗干向九届全国人大代表作有关国务院机构改革方案说明报告中,多次被热烈掌声所打断;而在十日第三次全体会议上,当上述方案以极高票数通过后,会场更响起雷鸣般掌声。掌声与高票连在一起,生动地说明了国家机构改革这场革命受到全国最广大民众的衷心拥护和支持。

本港市民都知道,内地实行改革开放以来,经济体制改革一波接一波开展,现代化建设事业取得了巨大成就,神州大地发生了天翻地覆的变化,令整个世界刮目相看。但是,由于种种原因,从中央到地方的各级政府机构的改革却相对滞后。由于现有的政府机构设置的基本框架,基本上是在过去实施计划经济体制的条件下逐渐形成的,随着市场经济体制的确立,政府机构的运行不仅愈来愈不适应市场经济体制,在某种程度上还拖了经济和社会发展的后腿。

加快经济发展,将我国建设成现代化的文明、民主的强大国家,这是几代国人的共同愿望和目标。正是在此意义上,政府机构改革是达致上述目标的必由之路。因为政府机构改革是深化经济体制改革、促进经济和社会全面发展的迫切需要,是国家领导制度改革的重要内容,也是密切政府与民众联系的客观要求。正所谓国家好香港更好,全国各级政府机构改革完成后,内地经济将更快速健康发展,香港得益尽在不言之中。

由于此次机构改革任务繁重,并没有现成经验可资借鉴,且精简、压缩的部门多,牵涉的人事层面广,故难度大,将之称为"一场革命"并非虚言。好在这一改革具有广泛的民众基础,尤其可贵的是牵涉到自身利益的广大公务员都能以国家大局为重,衷心拥护和支持改革。如此,这场革命定能取得最后的成功!

(原载香港《文汇报》1998年3月14日)

新的希望

全国人大九届一次会议已于昨天打上句号。这是一个十分饱满圆润的句号。单以大会选出新一届国家和政府领导人来说，就足以让全国民众看到国家富强和民族振兴的新的希望。

新的国家领导集体，既保持了连续性，体现了国家政治局面的稳定，又增添了新血液，增强了年轻化，有利于新老交替和国家长治久安。这是一个承前启后、继往开来的领导集体，内地民众衷心拥戴，本港市民普遍看好，国际社会也给予很高评价。

笔者和一众友人议论新选出的国家领导人，大家有一个共同的感受，即他们都不尚空谈，十分务实，对国家的发展和民族的振兴有强烈的使命感和责任心。且文化程度高，对当代国际社会经济发展的路向，对现代科学技术的最新发展动态了然于胸。一句话，他们都是深谙"发展是硬道理"、懂经济会管理的实干家。他们管理国家事务，是民族振兴和国家发展的需要，也是历史发展进步的要求。

正所谓国家好香港更好，在新的领导集体主政下，内地安定和谐，上上下下一心一意搞经济，必然会为香港的发展不断提供新的契机，为香港长期繁荣稳定奠定最坚实的基础。

国家和政府领导集体的质素如何，直接关乎整个国家和民族的前途命运。此次人大会议选举产生了如此众望所归的领导班子，实在是国人所幸，民族所幸。正如香港特首董建华先生所言，此后我们的国家将会民更富、国更强，中华民族将更加兴旺发达！

（原载香港《文汇报》1998年3月20日）

姜恩柱曾宪梓践诺

昨日笔者参加一个社交活动，听到周围不少出席者都在谈论全国人大代表姜恩柱、曾宪梓如实陈情，使得本港商人蔡志明在内地错案得以纠正的事，对他们以实际行动实践参选人大代表时的承诺表示赞赏。

原来，昨日有传媒报道，本港商人蔡志明早于一九八八年在武汉经商，曾被当地司法部门以走私黄金起诉，蔡不服上诉后，最高法院作出结论，确认蔡无罪释放，但此后蔡要求有关法院赔偿损失的事却迟迟没有结果。蔡志明今年三月向人大代表姜恩柱、曾宪梓反映上述情况，姜恩柱和曾宪梓马上向全国人大办公厅转述蔡的意见和要求，引起人大常委会的高度重视，责成有关部门调查处理。最后，蔡得到赔偿，问题终于得以解决。蔡志明对港区人大代表重视反映港人意见感到满意。

想当初，姜恩柱参选港区全国人大代表时，有舆论曾担心中央派驻香港的官员当选能不能代表港人利益。当其时，姜先生在亲往领取参选表格时就表示，他若当选定会如实向中央反映港人意见，维护港人利益。侧闻姜恩柱当选后果真同其他港区全国人大代表一样，十分重视实践承诺，在反映港人意见、维护港人利益方面做了许多工作，姜、曾二位向人大常委会反映蔡志明的意见和要求，使其错案得以最后解决只是其中之一。

在该次社交场合，一些朋友言谈间更相信，无论是作为港区全国人大代表的姜恩柱，还是作为中央授权机构的新华社香港分社，一定会严格履行自己的职责，在贯彻"一国两制"、"港人治港"，高度自治方针，维护香港长期繁荣稳定和港人利益方面定会一如既往，尽展所长。

（原载香港《文汇报》1998年5月9日）

洪患更显两地情

细心的市民也许注意到，在今年七、八月内地发生世纪特大洪患期间，本港肉类、蛋品等鲜活农副产品依然供应充足，价格平稳。据悉，这与内地铁路部门克服重重困难，保证专输本港鲜活产品列车不间断开行密切相关。

原来，香港人熟知的内地向本港开行的三趟运送鲜活家畜、家禽、蔬菜、瓜果的专列之中，有两趟是由郑州铁路局辖下的郑州和武汉站始发的。今夏特大洪灾期间，该铁路局承担的运输任务特别繁重，运送紧急抗洪物资及解放军部队已使整个线路处于饱和状态。但该铁路局上上下下达成共识，即紧急抗洪抢险的人员、物资的运送绝不能耽误，两趟输港农副产品专列也一定要保证开行。

就这样，该铁路局科学组织、精心调度，在保证抢险救灾物资和抗洪军列运输的基础上，把供港快运专列作为重点列车，优先配车、优先排计划、优先挂运编组、优先发运，使计划兑现率、挂运率、责任始发率均达到百分之百。资料显示，从七月一日到九月十日，地处洪患重灾区的郑州铁路局，开行供港专列一百零七趟，运输各类鲜活农副产品一千四百六十四车。

那边厢，一列列满载鲜活产品的专列，寄托着灾区民众、铁路部门乃至整个内地对香港同胞的深情厚谊源源南下；这边厢，本港各界及广大市民心系灾区，迅速向灾民伸出援助之手。尽管今年香港经济也遇到困难，但港人对灾区同胞的爱心依然殷切。除政府向有关慈善救助机构几次拨出专款外，从政府高官到升斗市民都踊跃捐助。至今本港已向灾区捐款达四亿多港元。一位花甲老人只留下数千元而将十万积蓄全数捐给灾区。据悉目前每天仍有团体或个人前往新华社香港分社捐款。

灾难之中更显同胞情。相信两地民众对此有了更为深切的了解与体验！

（原载香港《文汇报》1998年9月21日）

稳定之源

有朋友向笔者推荐一篇文章，为美国前经济顾问委员会主席马丁·费尔德斯坦不日前所撰，该文剖析中国在此次亚洲金融风暴中的正面作用，其结论是中国乃亚洲稳定之源。笔者读后，颇生感慨。

当亚洲金融风暴不断扩大之际，亚洲不少国家和地区的政府官员和投资者一度十分担心，如果中国的人民币一旦贬值，无疑对他们是雪上加霜。他们的担心不是没有道理，因为人民币贬值对中国而言并非没有好处。但中国选择了宁可自己蒙受损失也不让人民币贬值的做法。当中国政府官员乃至国家领导人一再作出承诺，更重要的是以实际行动予以证实时，亚洲国家乃至整个国际社会便对中国投以钦佩乃至感激之目光。

即以香港来说，祖国内地为稳定之源显露得尤为清晰。且不说香港回归后港商投资内地仍可享受外资待遇，也不说对特区处理禽流感事件给予全力配合而宁可内地受损失，在遭受世纪水患的困难之际仍让三趟输港鲜活农副产品的专列从不间断。而当香港遭受金融风暴冲击之初，中央政府更明确表示，只要特区政府有需要，中央将不惜一切代价维护香港的金融稳定。毫无疑问，人民币不贬值就是对香港金融稳定最有力的支持。中央政府对特区政府关键时刻入市干预市场等一系列重要举措也都表示支持，等等。香港在遭受空前经济困境时能保持稳定，广大港人都清楚意识到这稳定之源正是祖国内地。

马丁·费尔德斯坦论中国是亚洲稳定之源，立足点还只是经济层面。其实，中国保持持久的政局、社会稳定，更是亚洲无形的稳定之源。如果亚洲人口最多、地域最大的发展中国家中国政局及社会不稳定，无疑将给整个亚洲的稳定造成负面影响。

从马丁的文章中可以看出，国际社会已逐步意识到，有中国这一稳定之源，不仅是香港之福，也不能不说是亚洲乃至世界的幸运。

（原载香港《文汇报》1998年10月12日）

大快人心

被本港传媒称为"世纪审判"的疑犯张子强（绰号"大富豪"）为首的犯罪集团案在广州开审一事，已成近日街谈巷议。笔者也在多个公众场合听到谈论此事，人们言谈间都表示内地严厉打击跨境犯罪完全符合港人心愿。确实，内地依法对"大富豪"这伙穷凶极恶的犯罪分子给予严惩，受到本港社会各界及舆论的广泛欢迎和支持，可谓大快人心。

此次被押上审判席的"大富豪"犯罪集团三十多名成员，曾丧心病狂地在两地实施诸如走私武器爆炸物品、绑架勒索、抢劫杀人等大量暴力犯罪，累累罪行令人发指。这是一个无论香港还是内地都极为罕见的组织庞大、手段凶狠的暴力犯罪集团，两地犯罪分子互相勾结，实行跨境犯罪。

这些受审的犯罪分子很懂得香港和内地诸方面的条件和差别，也很懂得两地在司法制度、出入境管理等方面的不同，很善于"扬长避短"，千方百计钻两地的"空子"，实施所谓"超时空"犯罪，以加强自身作案的"安全系数"。

然而真所谓天网恢恢，疏而不漏，一切敢于以身试法者都终将逃脱不了法律的惩罚。"大富豪"犯罪集团被侦破、被审判，是内地公安司法机关对两地社会治安作出的重大贡献。这一犯罪集团的覆灭，更是两地紧密合作的丰硕成果。事实证明，两地密切合作，是对付跨境犯罪最行之有效的办法。

作恶多端的集团式跨境犯罪如果不能及时得到遏止，并将罪犯绳之以法，将会对两地社会治安构成严重威胁。而一旦因犯罪猖獗而变成人心惶惶，正不压邪，香港将会不再被人视为居住及投资的理想之地。也正是在此意义上，"大富豪"犯罪集团被依法严惩，就使得广大市民如释重负，可以更加心神愉快地投身各色各样的行业，其积极效应无可估量。

（原载香港《文汇报》1998 年 10 月 22 日）

严正的判决

昨日，广州中级人民法院依法对张子强一伙穷凶极恶的犯罪分子作出了一审判决，维护了法律的尊严，伸张了正义，因而受到两地民众和舆论的广泛拥护和支持。

前不久被审的张子强犯罪集团三十六名成员，此次全部被一审判决罪成，其中张子强等五人被判死刑，二人被判死缓，其余被判无期和有期徒刑。法律是无情的，张子强这伙罪犯危害两地社会长达八年，他们丧心病狂地在两地实施暴力犯罪，其累累罪行令人发指，如今终于得到应有的惩罚，真所谓"善有善报，恶有恶报"。

张子强犯罪团伙是一个无论香港还是内地都极为罕见的组织庞大、手段凶狠的暴力犯罪集团。内地公安机关为破获此案作出了巨大的努力。笔者注意到，对于这一暴力犯罪集团案在广州审判，本港各界及社会舆论多表支持，张案宣判前夜，有民意调查指超过七成市民认为张犯应判极刑，足见危害社会的暴力犯罪是何等不得人心。

其间本港有人提出内地对张子强案是否具有司法管辖权的问题，多数是由于对案情了解不够。内地审判张案完全符合国际惯例，按照通行的"属地主义"原则，内地首先破获此案，便自然有了司法管辖权。更何况这些人不单单在香港犯罪，而是在内地也犯有罪行，而且许多罪案是在香港发生犯罪行为，在内地取得犯罪结果，或者反之。此案由内地司法机关审理和判决，也完全符合《中华人民共和国刑法》的规定。据此，内地对张子强案的司法管辖权是毋庸置疑的。

值得注意的是，有人至今还在散播流言，什么内地将刑法强加于香港，张案先例一开将使香港法治荡然无存，云云。这种说法错就错在罔顾案情，将具体抽象化，以特殊取代一般，将个案推而广之，因而也偏离了法律依据，市民对此类误导不能不作理性的研判。

（原载香港《文汇报》1998年11月13日）

华夏二十年巨变

今年，是中国内地实施改革开放战略二十周年。据悉，由本港几个传媒机构发起的中国二十年改革开放成就图片展正紧锣密鼓筹备中，相信届时该展览将有助于市民对内地二十年巨变加深认识。本港一位年逾七旬的大紫荆勋章获得者前不久到内地旅游，返港后畅谈观感，说在华东走了好几天，居然分不清哪是城市、哪是乡村，华夏巨变大大出乎意料……这位德高望重长者的肺腑之言从一个侧面道出了许许多多本港市民的亲身感受。

二十年，在人类社会演变的浩浩长河中只不过是短暂的瞬间，然而在华夏发展的历史进程中，公元一九七八至一九九八这二十年，却是值得大书特书的二十年，因为这二十年的历史性巨变，已令整个世界为之惊叹！还是用数据说话吧——

二十年来，中国的国内生产总值已由三千六百二十四亿元人民币扩大到七万四千七百七十二亿元，增长近二十倍，年均增长百分之九点八，比同期世界经济年均增长率高六点五个百分点，增长速度居世界首位；城乡居民存款余额由二百一十亿增加到四万六千二百七十九亿，人均存款由二十二元增加到三千七百四十四元，分别增长二百一十八倍和一百六十九倍。还可以列出许多许多，数据本身是枯燥的，然而上述充分显示华夏二十年巨变的数据却是那么生动和鼓舞人心！

随着经济持续发展，居民消费品市场已彻底告别"短缺"，"买方市场"已基本形成，老百姓家用电器"四大件"已转换了几次，一次比一次高档，一次比一次新潮，民众生活质量整体上已由量的满足转向质的提高。要说内地民众生活水平的大提高，香港人感受尤为真切，这从港人回乡再不用大包小包即可见一斑。

当然，中国幅员辽阔，发展还不够平衡，国人不能有丝毫的自满与松懈。但无论如何，二十年改革开放带来的变化是巨大的，如同世界银行专家所评估，中国以二十年改革开放取得了西方发达国家一个多世纪的成就。二十年巨变必将激励华夏儿女在新的起点上奋进！

（原载香港《文汇报》1998 年 11 月 18 日）

▶ 近观香港 ◀

尽现二十年辉煌

读者朋友，你若想知晓内地二十年改革开放取得了怎样不凡的成就，可以通过多种多样的途径，而"中国二十年改革开放图片展览"的举行则为你提供了又一项选择。

由本港多家传媒机构举办的图片展，通过一百五十多幅图表和照片，展示了祖国改革开放二十年来经济建设和社会发展的巨大成就。二十年辉煌尽现一展，不能不令你发自心底为伟大祖国而感到自豪和骄傲！

二十年前的十二月十八日，中共召开了具有划时代意义的十一届三中全会，确立了解放思想、实事求是的思想路线，实现了全国工作的重心转向发展经济的历史性转变，一个波澜壮阔的改革开放新时代由此拉开帷幕。

转瞬间二十年过去，中国的面貌发生了天翻地覆般的变化，国民经济以年均增长率接近百分之十的速度持续、快速、健康发展，比同期世界经济年均增长率高出六点五个百分点，比发达国家高七点三个百分点，比发展中国家高四点八个百分点，超出同期经济增长速度较高的亚洲"四小龙"一点九到三点五个百分点，真正创造了世界经济发展史上的奇迹。

二十年后的今天，神州大地从来没有这般充满生机和活力：国家综合实力显著增强，民众生活大为改善，国际地位日益提高。一个图片展难以容下祖国二十年巨变的方方面面，故此所有的图片均是千挑万选，一幅幅图表，真实地展示着祖国各项事业飞跃发展的态势，一张张照片，生动地尽现了神州面貌巨变的瞬间！

图片展不仅让人们看到祖国的巨变，更形象揭示了邓公的历史性贡献及第二、三两代领导集体的胆识和魄力，使观众对为什么能取得如此成就有更为清晰的认知。相信该图片展对于增进港人对祖国的认同感不无裨益。

（原载香港《文汇报》1998年11月27日）

外国舆论的盛赞

中国二十年改革开放已交出亮丽的成绩单,取得的丰硕成果超出大多数人的预料,历时二十年的巨变使中国人民过上相对安定与繁荣的生活……

乍一看,你兴许会觉得这番话出自内地的报章,实际上却是摘自美国最新一期的《新闻周刊》。在纪念改革开放二十周年之际,内地报刊大力报道各行各业所取得的巨大成就理所当然,而许多外国媒体也纷纷盛赞中国所发生的历史性巨变。

笔者注意到,许多外国报刊是通过发表评论员文章、专题报道、名家专论等多种形式称颂中国改革开放伟大业绩的,其中不乏具有国际知名度的报刊。比如上述与《时代》杂志并称美国"最富影响力杂志"的《新闻周刊》,就是以封面报道的方式介绍并称许中国改革开放所取得的显著成就的。

外国舆论一般都以具体事实说明中国的巨变,而一些与此有关的数据更是被广泛引用,比如二十年来平均近百分之十的增长速度,经济总量已跃居世界第七位,国内生产总值增长近二十倍,一千四百亿美元的外汇储备排世界第二位,等等。

有趣的还有,不少外国报刊都注意刊登二十年前后到过中国的有关人士撰写的文章,以他们亲眼所见见证中国的历史性巨变。例如美国某大学的罗伯特教授的文章就畅谈近期访华观感,说在华东、华南走了好多天,居然分不清哪是城市哪是乡村;法国参议员、前部长、法兰西院士阿兰·佩雷菲特所撰《一个强国在东方出现》一文,以前后两次出入北京机场和市区的所见,发出"中国的变化令人吃惊"的感叹……

外国舆论几乎都注意到这样一个事实,即改革开放使中国人固有的智慧迸发出巨大的能量。当然,外国舆论在盛赞的同时,也直言中国面临着某些难题。不错,那些难题确实都是挑战,但正如法国国际关系研究所所长蒂埃里·德·蒙布里亚尔的文章所言:中国人民凭其特有的天才定能解决这些难题!

(原载香港《文汇报》1998年12月10日)

造福万代　彪炳千秋

二十年前的今天，中共历史上具有划时代意义的十一届三中全会在北京召开。

弹指间整整二十年过去，神州面貌却发生了历史性巨变——如今国内生产总值已达九千零二十亿美元（去年年底），经济总量跃居世界第七位，其间经济年均增长率接近百分之十，比同期世界经济年均增长率高出六点五个百分点，比发达国家高七点三个百分点，比发展中国家高四点八个百分点。我国工农业产品产量居世界第一，外汇储备由不计名次到摘取世界银牌，达一千四百亿美元，城乡居民银行存款四万六千二百八十亿元人民币，比一九七八年增长二百一十八倍……

数字往往是枯燥的，但在体现与评述二十年巨变时，上述数据却显得那么雄辩，那么生动与精彩。二十年辉煌尽现其中，神州大地从来没有这般充满生机和活力：国家综合实力大大增强，民众生活显著改善，国际地位日益提高。中国从国民经济濒于崩溃的边缘启动，到国际权威机构认定为转型国家排名第一，发展速度之快，令整个世界为之震惊。这里用得上世界银行一位专家的评价：中国只用了一代人的时间，就取得了其他国家用了几个世纪才能取得的成就。这怎能不令每一个华夏儿女感到自豪和骄傲！

为有源头活水来。祖国大地二十年巨变，其源头就是中共十一届三中全会。正是那次极不寻常的全会，确立了解放思想、实事求是的思想路线，实现了全国工作的重心转向发展经济的历史性转变，一个波澜壮阔的历史新时代由此拉开帷幕。

饮水思源，一个伟大的声音又在人们耳畔响起：一个党，一个国家，一个民族，如果一切从本本出发，思想僵化，迷信盛行，那它就不能前进，它的生机就停止了……中国人民伟大儿子邓小平在这次全会上发出的这一振聋发聩的声音如同一声春雷，宣告了改革开放暴风雨的来临。在这场暴风雨中，古老的中华民族获得了新生，年轻的共和国开始大步向前。此后中华大地上发生的一切巨变，涌现的所有奇迹，无不发端于由全会开始的那场震撼神州的思想解放运动。正是从这个意义上，中共十一届三中全会是造福子孙万代的会议，她无可估测的能量与光彩将彪炳千秋……

（原载香港《文汇报》1998年12月18日）

国之所系

在北京,全国人大代表们正在认真审议宪法修正案草案。该修正案一旦获得通过,邓小平理论将正式载入宪法,成为国家和亿万民众的指导思想。

前些时,全国上下、社会各界就高度评价中共高瞻远瞩的有关建议,认为邓小平理论是国之所系,将之写入宪法完全符合国家和人民的根本利益。可是,近日却有一种说法,谓邓理论写进宪法是一种倒退,会削弱宪法的尊严及使人民无所适从,云云。

"倒退"乎?否!将邓理论写入宪法与搞个人崇拜毫无共同之处。邓小平理论是集中了中共全党和全国民众的智慧,经过二十年的实践,逐步形成、确立和不断丰富完善起来的。只要不抱偏见,问题已经非常清楚:在当代中国,只有邓小平理论,而不可能有其他什么理论能够解决中国的前途和命运问题。

"无所适从"乎?否!广大民众对邓小平理论非但不感到陌生,而且觉得非常亲切。实际上,从中共十一届三中全会以来的二十年,全国民众早已经并一直在坚持邓小平建设有中国特色社会主义的理论,并在此理论的旗帜下勇于开拓,积极奋进,何有丁点"无所适从"?!

应当说,将邓小平理论载入宪法,并非中共兴之所至、信手拈来之举,也绝非权宜之计,而是历史的必然,人民的选择。改革开放二十年来,中国现代化建设事业突飞猛进,综合国力迅速增强,大众生活水平有了长足提高,靠的是什么?就是亿万民众在邓小平理论指引下的伟大实践!

事实表明,邓小平理论是经得起实践检验的真理。作为国家根本大法的宪法载入邓小平理论,就使得整个国家和人民以邓理论作为指导思想更加明确和自觉。这对于全国人民凝聚在邓小平理论旗帜下,以不断开拓创新的姿态迈向新的世纪将有不可估量的意义。

(原载香港《文汇报》1999 年 3 月 10 日)

深圳特区的缩影

登上大厦的顶层，在巨大球形的观景厅里向南眺望，本港元朗、天水围一带的楼群清晰可见，大鹏海湾的旖旎风光尽收眼底……

真让人难以想像，这座五十余层高达二百七十米的摩天大厦，其业主居然是一家报馆——深圳特区报！那个巨大球形玻璃大厅，远远望去酷似一只大眼，这就是"报眼"所在，其设计可谓独具匠心。笔者日前与一众友人到访该报，所见所闻，感触良深。

据该报社长吴松营先生介绍，特区报几乎与深圳特区同步诞生。想当初，要人没人，要钱缺钱，在市政府支持（主要是精神支持）下，几个年轻人硬是在几间破破烂烂的工棚里创办了该报。开始的一个阶段，编好的稿件还须送到香港排版和印刷。就是凭着这股"垦荒牛"的创业精神，他们拼搏奋斗，从小到大，从弱到强。在不到二十年后的今天，该报已拥有净资产十三亿元（人民币）。单是去年，广告收入就高达三点九亿，实现销售收入四点一亿，向国家上缴税收七千万元，稳列全国报业五强。该报新近引进的双面彩色高速轮转机在全国独一无二，而花费整整七个亿建造的报业大厦，在全国同行中首屈一指，也足令本港同业们钦羡。

深圳特区报的发展靠的就是改革开放。十多年来，该报始终不渝地为特区的改革开放鼓与呼，在坚持正确导向的前提下，不断探索，办出特色。比如他们乘邓公视察南方的春风发表八评，纵论推进改革开放，而独家发表的长篇通讯《东方风来满眼春》，由新华社向全国发通稿，一时"出尽风头"。作为一家副省级城市的市报，如今竟然在全国有十个分印点，洛阳纸贵可见一斑。

不是吗？这座外表巍峨雄伟、内里富丽堂皇的报业大厦，实在是整个深圳特区改革开放骄人成就的缩影！

（原载香港《文汇报》1999 年 7 月 10 日）

《波澜壮阔五十年》值得一看

一个名为《波澜壮阔五十年》的大型展览正在本港举办，为市民了解新中国成立五十年来取得了怎样辉煌的成就提供了又一项选择。笔者近日同几个好友前往参观，可说是大饱眼福。

由北京中国近现代史博物馆筹组，本港多家机构举办的该项展览，通过三百多幅珍贵照片和八十余件实物，多侧面地反映中国人民半个世纪艰苦拼搏、奋发建国的精神风貌，展示了新中国诞生以来经济建设和社会发展的巨大成就。五十年辉煌尽现一展，不能不令你发自心底为伟大祖国而自豪和骄傲！

一九四九年十月一日，一代开国元勋毛泽东在天安门城楼庄严宣告中华人民共和国成立，一个波澜壮阔的新时代由此拉开帷幕。五十年在人类历史长河中是十分短暂的，但新中国所走过的五十年历程，是多么不寻常！由于新中国是开创性的，她的形态在中华文明史上前所未有，也就不能不经历一个探索的过程。所幸的是，中国人民终于找到了一条适合自己的强国之路，改革开放使得国家走上了迅速发展的康庄大道。

中国人民是奇迹的创造者。五十年中，国民经济年均增长率达百分之七点多，比同期世界经济年均增长率高出一倍。尤其是改革开放二十年年均增长近百分之十，比发达国家高七点三个百分点，比发展中国家高四点八个百分点，超出同期经济增长速度较高的亚洲"四小龙"一点九到三点五个百分点……

今天，神州大地从来没有这般充满生机和活力：国家综合实力显著增强，民众生活大为改善，国际地位日益提高。是的，在《波澜壮阔五十年》展览中，一件件实物，真实地展示着共和国的变迁和中华的崛起；一幅幅照片，生动地定格了三代领袖和人民在一起的风采，以及神州面貌巨变的瞬间！

（原载香港《文汇报》1999年9月25日）

世界盛赞新中国

踏入九月，《人民日报》（海外版）就陆续刊载一些国家的领导人及具有国际声望的名人祝贺新中国五十华诞的谈话或文章，在内地和海外读者中引起反响。

近几天，该报更以《世界盛赞新中国》为专栏标题，集中刊发一些国家元首、政府首脑，以及一些国际组织赞扬新中国五十年巨大成就的讲话、贺电和贺信的摘要。读着一则则热情洋溢的讲话和信电，身为一个中国人，又怎能不油然而生自豪和感奋之情呢？

笔者留意到，在为新中国五十华诞发表专题讲话的领导人中，既有中国周边友好近邻，也不乏大洋彼岸的国家；既有第三世界的国家，也有发达国家乃至超级大国；既有四五十年的老朋友，也有近几年建交的新友邦。范围之广，足以显现和佐证新中国的朋友遍天下。

这些国家制度不同，领导人肤色有异，但他们祝贺新中国五十华诞的真诚之情却是相同的。在此，不妨摘录几则——

非洲统一组织秘书长萨利姆说，中国人民经过半个世纪的艰苦奋斗，把一个贫穷落后、长期遭受外国侵略的国家建设成为具有重要国际影响的国家，实在令人敬佩。

人类在本世纪见证了无数改变星球面貌的重大事件，而中华人民共和国的诞生和成长壮大则是最突出的事件之一。越南总理潘文凯如是说。

克林顿总统写信向全美华人致以热烈问候，并说这个特别的日子使人想起中国人民和中国文化对世界作出了多么大的贡献……

不难想到，世界盛赞新中国，正是新中国已经真正站立起来，并且变得越来越富裕、越来越强大，在国际事务中发挥着愈来愈大影响力的明证。

相信国庆节前后几天，世界各地的贺信、贺电还将雪片般飞向北京。笔者断想，作为一个中国人，在沉浸于自豪与骄傲之情的同时，又不能不深切感受到自己的责任和使命……

（原载香港《文汇报》1999 年 9 月 29 日）

理据充分的定性

"法轮功"到底是一个怎样的组织？它仅仅是一个一般意义上的非法组织吗？《人民日报》昨日发表的长篇文章回答了这个问题。

该篇题为《"法轮功"就是邪教》的特约评论员文章，旗帜鲜明地道破了"法轮功"的实质所在，还其邪教的庐山真面目。笔者以为，上述定性理据充分，值得善良的人们深思。

早在内地宣布"法轮功"组织为非法组织，依法予以取缔之际，笔者一位法律界的朋友就直截了当指出，"法轮功"岂止是非法组织，它的所作所为与当今世界上的邪教根本没有什么本质的区别！朋友的这番话，与内地对"法轮功"的定性不谋而合。

大凡看过有关"法轮功"影片资料者，都不能不产生这样的疑问，即为什么数以千计的"法轮功"练习者被折腾得妻离子散而不醒悟，直至精神崩溃，甚至命丧黄泉也不自知呢？为什么在中央发出取缔令后，某些"弟子"仍不听劝告，继续"护法"，甘受驱使呢？原来，这些人正是陷入邪教的泥沼而不能自拔，走火入魔而身不由己。李洪志等头目正是企图从精神上完全控制修炼者，以便随心所欲地加以利用，达到不可告人的罪恶目的。

《人民日报》评论员的文章从教主崇拜、精神控制、编造邪说、危害社会等方面，揭示了"法轮功"具备当今世界形形色色邪教组织所共有的特征，实在是触目惊心。人们对因教主琼斯诱迫下美国"人民圣殿教"九百多信徒集体自杀、因教主麻原彰幌指使"奥姆真理教"教徒在地铁施放毒气，导致东京五千五百无辜市民伤亡的惨剧记忆犹新，对上述邪教头目的罪恶行径深恶痛绝。那么，如若内地不及时取缔"法轮功"，不实事求是地将之定性为邪教，类似的大悲剧、大惨剧就有可能在中国重演，相信那绝非包括港人在内的全中国人民所愿意看见！

（原载香港《文汇报》1999年10月29日）

依法治国

对于全国人大常委会日前通过惩治邪教活动的决定，本港舆论多作正面观，有法律界人士将之视为依法治国的体现。但有论者发表文章，竟谓此举是把法律玩弄于股掌之上云云，委实让人难以苟同。

其实，人大常委会的决定到底是依法治国还是玩弄法律，并非什么深不可测的理论学说，而是简单不过的实践问题。一段时间来，内地已揭露出所谓"法轮功"反科学、反政府、反社会、反人权的大量罪证，其邪教的庐山真面目已十分清晰地呈现在世人面前。全国人大常委会作为最高法律制定机关，适时作出有关惩治决定，让执法机关有法可依，是神圣职责之所在，也是内地实施依法治国的鲜活例证。

香港人都知道，在依法治国方面，内地走过了一条曲折的道路，有过极为沉痛的教训。在所谓"文化大革命"中，法制遭受严重破坏，整个国家陷入混乱之中。十年动乱结束后，国家回到法治轨道。而在整个改革开放进程中，国家一方面大力发展经济，一方面又狠抓法制建设，使依法治国出现了崭新面貌。前年召开的中共十五大，更提出"依法治国"的战略方针，为国家的长治久安奠定了坚实基础。

内地此次处理"法轮功"问题，先是民政部根据社团登记有关法规宣布其为非法组织，依法予以取缔。经过数月，从所揭露的事实来看，"法轮功"组织已具备邪教的所有特征，如何起诉该组织极少数头目的问题便随之而生。全国人大常委会严格按照法定程序制定出相关决定，最高执法机关又就此对刑法有关条款作出解释。这难道不是依法治国的最好例证吗？

不能不说，任何法律都是社会实践的产物，有一个补充、调整、完善的过程。根据变化了的社会实际制定新法律，世界各地皆然。持所谓人大常委会的决定是玩弄法律之说者，如果不是出于偏见，也须恶补一下法学 ABC。

（原载香港《文汇报》1999 年 11 月 9 日）

比生命还珍贵

"中国人民历来把国家主权和领土完整看得比自己的生命还要珍贵，任何一位中国领导人、任何一代中国领导人，都无权把中国的领土弄丢了。"这是正在日本访问的中国全国政协主席李瑞环接受 NHK 电视节目主持人专访时讲的一番话。

比生命还珍贵，这通俗的话语，将中国人民维护国家主权和领土完整的决心作了充分表达。事实也的确如此，新中国三代领导人处理风云变幻的外交事务，常常都体现了这样的决心。香港人感受尤深的是，当初中英就解决香港问题进行接触，当英国人提出什么"三个条约有效"、"以主权换治权"等论调时，都被邓小平先生坚决顶了回去。"主权问题不容谈判"，邓公的一代名言铿锵有力，掷地有声，表达了中国人民视国家主权比自己生命还珍贵的坚定信念！

中国人民维护国家主权的钢铁意志已经在解决香港与澳门问题上得以印证，也正在和必将进一步体现在最终解决台湾问题上。李瑞环的一番话正是对台湾问题有感而发。最近，台湾"总统"竞选活动好不热闹。值得关注的是，有的候选人为了争取选票，竟提出"开发远程导弹对付中共侵台"的承诺，有人更打着"台独"旗号参选，这显然都是玩火行为！

据报道，日前台湾某候选人回应中国驻美大使李肇星有关不能接受打"台独纲领"参选者当选的讲话时，竟声称"任何国家的外交官绝对不能干涉任何一个国家内政，特别是总统大选"，云云。应当指出，中国从不干涉别国包括总统选举在内的所有内政，但台湾从来不是"国家"，所谓"总统"选举，不论采取何种方式进行，也不论谁当选，都改变不了其地方选举的性质。不能接受打着"台独纲领"参选者当选，不容忍任何分裂祖国的言行，正表达了中国人民坚定不移反对"台独"，视国家主权比生命还珍贵的决心和信念，何来"干涉内政"可言！

（原载香港《文汇报》1999 年 12 月 15 日）

势在必行的重组

中银集团即将重组的消息,成了昨日多家报章的头版头条,为此配发社论社评的也不少,该消息的分量由此可见一斑。

笔者有好几个朋友任职中银集团,对于该集团重组的消息早有所闻,惟前日中银港澳管理处一位主管公开发布新闻,方从官方层面较全面了解重组之事。中银作为本港三大发钞银行之一,在经济金融事务中发挥着重要作用。惟其角色吃重,现在面对自身架构的重大变动,引起社会各界广泛关注就很自然。

据该主管介绍,此次重组的重头戏是将集团十二分行合并成一家全新的大银行,为上市做好准备,有关计划年底就要完成。笔者十分赞赏中银集团高层的气魄与胆识!坦率地说,中银要更好地生存与发展,并非修修补补所能奏效,而伤筋动骨式的结构重组势在必行。

众所周知,近年来国际银行业界的合并、收购、调整、重组之风方兴未艾,这是因应"知识型"经济的崛起及电子科技的迅猛发展,银行业必须在服务手段、营销方式、资产结构、经营模式等方面催生一系列新思维、新举措。而内地因"入世"必将进一步加快对外开放,这对在内地和海外均有深厚基础的中银集团,既是难得的机遇,又是巨大的挑战。

毋庸讳言,中银集团内部架构的先天松散,区内分行重叠,与国际通行"扁平式"管理架构相比,中层相对臃肿,加之用人机制不够灵活,等等,都在一定程度上浪费了资源,影响了业绩,改革已经迫在眉睫。有朋友告诉笔者,尽管中银有人也担心重组可能影响自身利益,但中银集团必须改革则是共识。

说易行难,中银集团的重组实在是一项庞大而繁重的系统工程,艰难曲折不言而喻。然而,战略决策既已公告于世,惟有坚定地朝前走。人们期望一个生气勃勃的新中银早日诞生!

(原载香港《文汇报》2000年3月30日)

广交朋友

美国又不光彩地失败了,在试图以提案形式"谴责"中国人权的问题上。

这已是连续第九次失败。当联合国人权委员会唱名表决,通过中国代表团的动议,决定对美国的提案不予审议和表决之后,中国人民和中国人民的老友新朋们无不感到由衷的高兴!联合国一位普通工作人员评说道:这是中国广交朋友的胜利。

广交朋友的胜利,诚哉斯言!通过联合国人权委员会一角,中国的连续胜利正是对广交朋友外交路线的验证,而每一次胜利都是对广交朋友所付出的辛劳的最好回报!

诚然,中国在国际人权战线上的胜利,主要取决于自身人权的良好纪录和不断进步。事实也正是那样。中国在遵守国际人权一般原则的同时,根据自己的国情不断推进国内人权事业并取得了举世瞩目的成绩。中国人权状况虽然并非尽善尽美,(世界上又有哪一个国家敢如此说呢!)但却是在日新月异地进步。改革开放以来是中国人权状况最好的时期,是不争的事实。这也是任何不怀偏见者都会从大量事实中得出的结论。

但要在国际人权领域获得支持,还必须得到其他国家的认同。谁都知道,胜利与否,取决于投票。中国的胜利正是靠众多国家一票一票投得的。没有大多数国家的支持,何来胜利可言呢?中国改革开放二十余年,也是外交战线取得节节胜利的二十余年。以江泽民为首的第三代领导人,在继承前两代领导人优良传统的基础上,勇于开拓,广交朋友,在外交舞台上挥洒自如,令世界刮目相看。即以人权领域而言,中国走出去,请进来,与众多国家真诚对话,做到互相理解,求同存异。

一分耕耘,一分收获。中国诚心诚意广交朋友的结果,在人权等广泛领域得到了越来越多国家的理解和支持。

(原载香港《文汇报》2000年4月21日)

卫星上天三十年

有朋友提醒笔者，今年四月是我们国家人造卫星上天三十周年，是否应当写点纪念文字。多谢这位有心的朋友，他对国家航天事业的关心令笔者感动。

怎能忘怀呢？一九七〇年四月二十四日，深邃的苍穹传来中国人民熟悉的乐曲，中国自行研造的第一颗人造地球卫星——"东方红一号"发射成功了！中华神州沸腾自不待言，整个世界也为之震惊！

蓦然回首，整整三十年过去。其间，科技人员以全国人民为坚强后盾，充分发挥自己的聪明才智，不断进取，不断开拓，不断创新，为中华民族在航天科技领域争得了一席之地，夺得了一项又一项举世瞩目的成就。从单个卫星到卫星系列，从一般卫星到专业卫星，从发射到准确回收，从异步到同步，从国内试射走进国际发射市场，直至高轨道大推力运载火箭长征三号乙及"神州"号试验飞船发射成功，标志着中国的航天事业三十年来一步一个脚印地前进，确实硕果累累，成就辉煌。其中尤以去年底第一艘无人试验飞船发射成功和顺利回收，成为世界上第三个掌握载人航天技术的国家，充分说明我国航天事业的发展已跨上了崭新的台阶。

毫无疑问，中国航天事业的不断发展得益于国家实力的不断提升，而航天科技的发展又不断推动着国家综合国力的积聚。国际社会纷纷称道，中国发展航天科技不是为了称霸，而是为了满足国民经济和国防建设的需要，和平开发利用外层空间是为造福于人民。

从三十年前的"东方红一号"到现在，中国航天事业的每一个进步都极大地鼓舞和激励了包括本港市民在内的全国各界民众的民族自豪感。笔者遐想，中国人遨游太空已为期不远，而如果再过三十年，中国的航天事业必将以更加骄人的成就而站在世界的最前列……

（原载香港《文汇报》2000年4月30日）

"感觉不一样"

"你到了那里之后感觉就不一样，看来理论和实际是两码事……"这是美国会议员密克斯谈访华观感时所说的一番话，见诸《纽约时报》的一篇报道。

原来，本月二十二日美国会将表决是否给予中国永久 NTR（正常贸易关系），某些议员声称将会反对，"理由"是中国人权状况差。鉴于此，克林顿政府奉劝那些犹豫不决的议员不妨到北京实地考察一番。来自纽约州的密克斯和得州的黑诺约萨前不久便联袂访华。

两议员来到北京之后，所到之处都怀疑是当局事先组织好的表演，因此千方百计自己"溜出去"作单独访问。为了会见普通人，他们参观超级市场、中产家庭，甚至上建筑地盘与外地民工交谈，人权问题则逢人必问。结果是被访者都说从来没有遇过这方面的麻烦。经过一系列对话之后，两议员都感觉到，在华所见所闻与美国内的流行说法大不一样，中国并不存在什么严重人权问题。他们因此而质疑，国会如不批准给予中国永久 NTR，美国究竟能得到什么好处。

真所谓耳听为虚，眼见为实，看来两位议员不枉北京此行。过去，在给予中国 NTR 方面，美国会每年例必扰攘一番，好像是给中国什么恩赐似的。其实 NTR 是互利互惠的，中国固然需要，而美国受益更多。如今白宫欲一揽子解决问题，即给予中国永久性 NTR，可谓有识之举，却受到一部分国会议员的阻挠，人权则是此种阻挠的借口。中国的人权究竟如何，两议员明察暗访后的感受最能说明问题。

其实，抛开 NTR，美国会中部分议员在对待中国问题上一向持有偏见，而他们之中不少人并不真正了解中国，更有甚者尚从未踏足过中国。这样的议员如能学学密克斯和黑诺约萨，来中国走走看看，兴许也会发出"感觉就不一样"的感叹！

（原载香港《文汇报》2000 年 5 月 6 日）

为中华健儿欢呼

世人的目光都投向悉尼。自第二十七届奥运会拉开帷幕以来，有世界最繁忙之地称誉的香港，各界人士也以各种各样的方式，关注此届奥运盛会的进展。

连日来，我中华体育健儿的出色表现牵动着广大市民的心。运动健儿们克服种种困难，奋力拼搏，赛出了水平，也显现出中华儿女不畏强手、敢打敢拼，以及胜不骄、败不馁的风采。透过现代化传播手段，香港市民在第一时间为我中华健儿的每一枚奖牌的夺得而祝贺。街头巷尾，不时传出阵阵为我健儿呐喊助威的欢呼声。

世人皆知，中华民族自近代以来，长期积弱，被人称为"东亚病夫"。新中国的诞生，标志着一整个屈辱时代的结束。但中国在世界体坛的真正崛起，则是在实行改革开放之后。随着国力的渐次增强，全民健身运动的开展，中国的体育成绩不仅已位居亚洲第一，也开始逐步跨入世界体育强国之林，而令世界刮目相看。即以本届奥运而言，的确成绩喜人。截至二十四日，整个赛程刚过一半，我中华健儿就已获得金牌十八块、银牌十四块、铜牌十二块的好成绩，已经打破了我在历届奥运会所获金牌数的纪录。其中单二十二日一天就有六块金牌进账，创造了我中华体育健儿在历届奥运会上获金牌最多的一天。我中华体育健儿在金牌榜上已排名第二，虽属暂时，也是历史上从来没有过的。

奥林匹克精神早已被国际社会公认为整个人类文明的丰硕成果。笔者在此不能不说，我中华体育健儿敢打敢拼的勃勃英姿，也正是包括香港市民在内的所有中华儿女积极进取、顽强拼搏精神的写照和象征。对于中华健儿的优异战绩，香港人分享到胜利的喜悦，而海内外所有中华儿女也都为之感到骄傲和自豪！

遥祝中华健儿取得更好的成绩！

（原载香港《文汇报》2000年9月25日）

六、真假与对错

香港回归，港督打道回府，一个半世纪的殖民统治宣告结束。但是，香港并没有风平浪静，殖民主义幽灵不时冒出来，幻化出一些以假乱真的图景，搅乱港人的思想；一些人怀念过去的岁月，而与新生特区格格不入；也有人甘当西方反华势力的代理人，图谋干扰破坏"一国两制"的贯彻实施。于是，分清真假、明辨是非的课题就尖锐地摆在港人的面前。实践已证明，必将继续证明，香港社会分清真假、辨别对错之日，便是某些人失去市场之时！

露骨的煽动

《明报》记者席扬被内地司法机关依法假释,已于日前返抵本港。对此,本港舆论普遍反应良好。的确,无论从何种角度看,这都是一个利好消息。

然而,间中也冒出了几个很不和谐的声音,有人竟说席扬被判刑是"冤枉"的,中国当局假释他即是为他"平反"。港督彭定康更是引申开去,在英联邦记协会议上发表演说,谓席扬当年只是做了记者应做的事,他被判刑令国际社会困惑,而他获得假释,证明市民在新华社门外的"请愿"是有作用的,云云。

稍有点法律常识的人便知道,假释并非等于推翻对当事人犯罪的认定及判罚。众所周知,席扬是因在内地从事非法窃取、刺探国家金融机密,给国家造成严重损失,触犯了中国刑法,才被司法机关依法判处有期徒刑的。席扬当时对自己的犯罪事实是供认不讳的,而作为席扬的雇主,当时的《明报》企业主席也公开承认席扬在采访中"犯了中国法律",并一再向有关方面"表示歉意"。可见不存在什么"冤枉"的问题。

既然席扬在内地犯了法,那么执法部门以事实为依据,以法律为准绳,对其施行审查、逮捕、判刑,完全是依法办事。至于现在席扬被假释,道理也很简单,就是他在服刑期间认罪服法,表现良好,假释他同样是依法办事。不独席扬,其他罪犯只要真心悔过,认罪服法,表现良好,也都有假释的机会。但假释并不是否定判决。内地刑法的一个特点是惩治与教育相结合。新中国的这一罪犯改造政策,曾获得世界舆论的广泛赞赏。

市民也许还记得,港督彭定康当年就对席扬案讲了许多出位的话,意欲扩大事态。他还将席扬案与"新闻自由"挂钩,制造所谓港人对新闻自由的"忧虑"。真想不到时隔数年,在席扬获得假释之后,仍老调重弹。殊料时移世易,他的误导已难获共鸣。新闻界早已认识到,席扬当年所为超越了一般新闻报道的范畴,而大多数市民对香港回归祖国之后的新闻自由前景充满信心。至于彭督所谓新华社门外的"请愿"对席扬的假释有作用云云,就更是一种露骨的煽动行为。

(原载香港《文汇报》1997年1月29日)

又在讲大话

英方是不是如其自诩般事事以港人利益为依归，末代港督是不是如有人吹捧般做事光明正大，近日又有精彩资料为港人提供作出判断的依据。

也许是出于舆论的压力，港英政府副保安司日前在立法局透露，在香港人国籍和居留权问题上，中英联合联络小组专家组过往分段讨论时，每达共识，保安科便随即写成法律草拟指引交律政署。据此看来，港督先前所谓港英政府根本没有一份居留权法例草案云云，又在讲大话。

自中国政府不久前公布了港人国籍和居留权的政策后，受到了本港各界的普遍欢迎。特区行政长官办公室即刻表示，将尽快草拟有关法例提交临立会审议，以便及时付诸实施。特首办并希望港英政府提供协助，港英当局却断然予以拒绝。港英此种以港人利益为赌注的行径随即在本港引起公愤，批评指责之声铺天盖地。在这种情况下，港督为了逃避各界的谴责，竟然在立法局答问会上说大话，矢口否认港英政府草拟过港人居留权条例草案。

对于港督此言，当时社会各界就觉得不可信：当初港英将港人居留权问题作为一张牌来打，欲以某些问题相交换时，若事前没有准备，即手中没有一份草案，又怎敢开口！如今副保安司终于披露，原来港英早就是边谈边在草拟有关草案。而联络小组英方首席代表于早前也曾公开，有关居留权问题中英间有九成半已经达成共识。这就表明，即使港英政府的条例草案不完整，也是所缺无几，完全可以也应当提供给特首办参考，因为这是香港人的资源。

在居留权问题上，港督拒向特首办提供协助，是蓄意反对本由英方促成的临立会就此立法。这种为一己政治需要而罔顾港人切身利益之举，将"为港人"的旗号撕得粉碎。而为了推卸责任，逃避谴责，竟以大话加以掩饰，这又不能不使港人对其诚信有了更为深切的了解。

（原载香港《文汇报》1997年5月1日）

沉沦的心态

笔者前些天写过一篇《如此"新闻自由"》，就西方传媒对本港某英文报章聘用一位顾问而"群情汹涌"地大加挞伐事略表不以为然。

无独有偶。本港一家独立的公关公司日前主动发起一项调查，结果逾七成被访者表示注意到西方传媒对本港现状及未来报道的负面倾向。该结果表明，尽管本港各界人士对有关问题看法并非完全一致，但大都认为某些西方传媒对本港的报道有违客观公正则是不争的事实。

人们不禁会问，西方传媒何以如此呢？听听乔纳森·芬比的一番话，你兴许会茅塞顿开——某些西方传媒对香港新闻的一贯处理方法，就是将香港视为一块即将"沉沦"之地，只是速度有多快而已。好不精彩！真可谓将西方传媒之所以对香港报道负面倾向之缘由和盘托出。芬比者何人？本港英文报章龙头大哥《南华早报》总编辑是也！更要补充一句，来港前他曾任英国《观察家报》老总，对西方传媒的运作模式可谓了然于胸，对传媒中人心态万象更是得其三昧，他的话自然值得咀嚼再三。

事实也确实如此。正因为某些西方传媒从固有的偏见出发，先设定香港正在或早晚会"沉沦"的论点，然后据此去找寻得以支持的"根据"，一旦找不到，那就只能靠胡编乱造了。这也就难怪，当一些英美驻港记者发觉香港并无"沉沦"迹象，其老板还是指示他们进行负面报道，《南华早报》说了几句香港或许还有出路的话，即被祖家指责为"亲中"，"缺乏爱国情操"了（芬比文）。

如斯看来，"香港沉沦"论正是某些西方传媒对香港报道呈负面倾向的源头所在。然而，香港非但没有也不会"沉沦"，随着历史性时刻日近，其东方明珠的风采已呈愈加迷人之势。相反，倒是那些"香港沉沦"论者自己，患了"沉沦"心态综合征而不能自拔。悲哉！

（原载香港《文汇报》1997年5月2日）

要重信义

人与人打交道要互守信用，对一个国家而言，信义就更为重要了。然而最近中英联合联络小组英方代表有关船民问题的一席话，不能不让人对英方的信义存疑。

在讨论滞港越南船民问题时，英方代表表示，现时英国已不是香港的"宗主国"，船民问题自然成为特区政府及中国政府共同承担的责任，英方只会从旁协助云云。这是英方推卸船民问题责任的最新明证。

船民问题是英方一手造成的。在一九七九年的日内瓦国际难民会议上，英国在完全未征询香港人意见的情况下，代香港签署了关于难民问题的国际协议，使香港成为越南船民的第一收容港。岁月飞驰，一晃就是二十余年。期间本港先后收容过约二十万越南船民，最高峰时滞港船民达到近十万人。本港花于船民的各项开支累计已达近百亿，给本港社会造成了沉重的负担。此外，滞港船民还多次进行暴力骚动及潜出营区作案，给本港带来的沉重的治安、医疗、司法乃至所谓"人权"的压力，已毋庸赘言。

有道是解铃还须系铃人。本来船民问题英方应当在其管治终止之前彻底解决好。在中方一再严正声明及广大市民的强烈要求下，英方也多次作出过"九七"前解决船民问题的承诺。虽然未能如期全部解决，如在香港回归后继续努力，港人也是欢迎的。殊料日前英方代表却以所谓香港"宗主国"变化为由推卸责任，这就有些轻诺寡信了。

眼下滞港难民和船民还有一千二百多名，按照国际法的有关规定，这部分人如无法确认国籍身份，只能由英国接收。将船民问题彻底解决好，是英方应尽的责任。

（原载香港《文汇报》1997年12月8日）

美联社又摆乌龙

堂堂美联社又摆乌龙——

不日前本港几家报章赫然刊登的美联社发自哈萨克斯坦首都阿拉木图的一则电讯，大肆指责中国政府"在新疆进行种族灭绝行动"，谓中国军队在过去两个月内在新疆杀害一百八十六名维吾尔族分离分子及囚犯，又拘捕二千一百多名当地维吾尔族人。而且有多达十一万名解放军于十二月中紧急调入新疆，以"扫除和毁灭"为口号，进行针对分离分子的行动，导致大量维吾尔族人逃离当地，以躲避中国当局的镇压，云云。

笔者当时就对此则报道表示怀疑，现循可靠途径向内地有关部门查询，果然证实美联社电讯报道的上述内容纯属捏造，没有丁点真实性可言！在新疆，根本没有发生过所谓军队杀害一百八十六名维吾尔族人及囚犯、拘捕两千多维吾尔族人之事，也不存在什么急调十一万解放军入疆之举，至于当局在"扫除和毁灭"口号下搞"种族灭绝"行动，就更为荒诞不经。目前，新疆社会稳定，民族团结。笔者有几个朋友刚从新疆旅游返港，也以亲身经历证实当地社会相当平稳。

原来，美联社是根据在外国一个所谓维吾尔族分离组织提供的"资料"编发此则电讯的。一家老牌的大型知名通讯社，对如此重大"消息"不加鉴别和求证，便贸然向世界各地发出电讯稿，如果不是蓄意破坏中国的国际形象及在中国制造混乱，最起码也是背离了新闻真实性原则，其结果也就只能是自取其辱，自贬其格！

对于本港有些"中招"的报章来说，又是一次深刻的教训。对外电不作分析，照发如仪，甚至渲染有加，结果是参与传播谣言，误导读者，也伤及自己。须知，通讯社、报纸若依靠谣言招徕读者，可能会收一时的"轰动"之效，但当读者一旦感觉到一次次被误导之后，它也就慢慢变得面目可憎了。

（原载香港《文汇报》1998年1月8日）

"政治决定"说破产

这里所说的"政治决定"有特定的涵义，即香港特区政府迫于中央政府的压力所作出的决定，这是本港某几个"民主派"人士常挂在嘴边的"专用"词汇。

话说不日前，旅居大洋彼岸的中国"民运人士"王炳章被本港入境部门拒绝入境，"支联会"几个头面人物旋即表态，谓这是特区政府的"政治决定"，还有几个颇有知名度的"民主派"人士也纷纷附和，指责特区政府作此"政治决定"是为取悦北京。尽管有关官员一再申明，拒绝王某入境完全是入境处根据有关法例自行决定，并无征求中央政府的意见，可上述人士就是不信。殊料王某抵台后，其持假护照入境香港被拒的真相经传媒披露出来，使得本港"政治决定"论者颇为尴尬。而当王某返美甫下飞机即被美有关方面以使用假造美国护照而依法拘捕的消息传来，无疑宣告了"政治决定"说的破产。

其实，"政治决定"说破产并非首次。一个时期以来，特别是香港回归之后，上述极个别人动辄指责特区政府的有关举措是"政治决定"，而事后屡屡为事实所否定的事例不胜枚举。这样的人并没有接受教训，究其原因，是他们的思维及行为始终跳不出无端怀疑及对抗的模式。这除了他们不自觉陷入思维怪圈不能自拔以外，更有制造特区政府自愿放弃高度自治权力，而中央政府则在时时事事干预特区高度自治范围内的事务的假象，以此误导市民之嫌。

奉劝有关人士今后遇到类似情况，还是先弄清事实真相为上，别再动辄下"政治决定"的断语。否则，真要名誉扫地了！

（原载香港《文汇报》1998年4月3日）

批评要实事求是

行政长官第二份施政报告发表以后，社会各界及各种媒体对之有赞有弹，这完全是正常现象。即以"弹"的一面而言，不少批评意见虽尖锐，却不乏真知灼见，相信对特首施政不无参考或借鉴价值。但也毋庸讳言，有些批评却有欠实事求是，甚至与事实大相径庭。

有人说，施政报告尽是一些无关痛痒、远水不解近渴的长期打算，而对当前困境束手无策。然而事实并非如此。自金融风暴袭击本港以来，董建华领导的特区政府先后采取了一系列行之有效的对策。这些对策，有些早已付诸实施，是故此份施政报告中并无重复，有些则是新的对策，于报告中都有清晰列明。笔者信手摘举如下——

宽减税项冻结收费达两百亿元，设立专组纾缓失业，吸引离岸资金回流，狙击国际炒家捍卫联系汇率，大兴基建带动经济增加就业，政府高官冻结加薪，粤港联手加强合作，暂停卖地停建夹屋，增加资助买楼的名额，以二十五亿贷款帮助中小企业，向再培训局注资五亿以强化再培训服务，等等。大凡尊重事实者都不应说政府面对困境一筹莫展。

至于施政报告所载的长远安排，不仅不会"喧宾夺主"，而且有利于提升本港的竞争力，从根本上克服在此次金融风暴中显露出来的本港经济的某些弊端。如若一味头痛医头，非但痛苦不能尽除，日后更可能将痛苦扩至全身，届时医治起来势必事倍功半。

平心而论，面对经济困境，不能说政府已做得尽善尽美，但董先生领导的政府直面现实，积极进取，励精图治，采取短、长期结合，治标兼治本，则是不争的事实。施政报告发表后，本港股市连日飙升，这是市场实实在在的反应。

对特首及其施政报告的批评，即使没有顾及事实，多数也出于善意。但也确有人对董又是讥讽嘲弄，又是人身攻击，更有甚者，还搞什么"倒董签名"、"绝食倒董"之类的闹剧。这样的人究竟是为香港好，还是惟恐香港不乱，相信市民自会鉴别。

（原载香港《文汇报》1998 年 10 月 15 日）

"威胁"还是贡献？

拥有十二亿多人口的中国的迅速发展，其在世界大家庭中负责地奉行内外政策，这符合世界所有国家的利益，正如刚刚在那里访问的英国首相表述的那样：世界需要中国……

上述一番话引自芬兰最大的日报《赫尔辛基新闻》日前发表的一篇社论。芬兰虽非超级大国，但该篇题为《中国向世界发出令人鼓舞的信息》的社论却能引起国际社会关注，笔者以为，正在于该社论实际上回答了中国的发展究竟是对世界的"威胁"还是贡献的问题。

曾几何时，在个别西方发达国家中，"中国威胁论"一度甚嚣尘上。其"影响"所及，甚至连曾在香港担任末代港督的彭定康，在其新著《东方与西方》中也极为崇尚，喋喋不休地予以鼓吹。

彭定康在书中说，中国的快速冒起，已成为一股"威胁世界"的力量，有鉴于此，必须停止对中国的"宠幸"，云云。遗憾的是，彭定康却举不出中国"威胁"世界的任何令人信服的佐证来。

中国实施改革开放二十年来的确发展很快，但中国的发展绝对没有也不会对任何地区任何国家造成威胁，中国别说今天即使将来发达了也绝不会称霸世界，"威胁"别国。《赫尔辛基新闻》的社论以亚洲金融风暴为例说明了这一点：此次金融风暴中中国的经济决策得到世界各方认同，人民币坚定不移不贬值使这个国家出乎意料地成为经济风暴中一块稳定的阵地，从而为亚洲国家作出了贡献，从全世界角度来说，中国的发展符合中国和其他国家的利益。

中国在亚洲金融风暴中的表现绝非偶然，而是她的发展只会对世界作出贡献的必然反应。真所谓疾风知劲草，在经历了此次金融风暴之后，国际社会对中国的发展究竟是对世界的"威胁"还是贡献的问题看得更为真切了。笔者想，《赫尔辛基新闻》的社论，对包括彭定康在内的所有"中国威胁论"者，应该有振聋发聩之效吧！

（原载香港《文汇报》1998年10月20日）

何错之有？

香港大学法律学院院长陈弘毅日前指出，律政司司长梁爱诗在决定不检控胡仙时将证据与公众利益一并考虑是合理的做法，而她在立法会上提到有关香港英文报业发展和香港新闻自由在刚回归后的国际形象等因素，是可以构成公众利益考虑的。笔者十分赞成陈先生此说。

当律政司司长梁爱诗在立法会上有关解释受到一部分舆论和社会人士激烈批评时，笔者百思不得其解，即梁司长在作出有关不检控决定时，主要出于证据不充分，但也考虑到公众利益，这究竟何错之有？在作检控与否的决定时，公众利益作为附带因素是否决然不能考虑？如今陈先生一席话令笔者茅塞顿开。

有批评律政司司长的人士认为，只要证据不足就可以不作检控，考虑公众利益是多此一举，这是梁女士优柔寡断的表现。笔者不敢苟同这种说法。检控与否最主要的依据是有关证据是否充分，这是毫无异议的。但可能牵涉到的有关公众利益则可以使决策者坚定有关决定的作出，这并没有什么不对。这里有一个前提，即有关证据和公众利益孰前孰后的问题，只要以证据为首要，公众利益为附带因素考虑，就是合理的，否则才有违法律面前人人平等的原则。

法律界的朋友也许都记得，前律政司唐明治在一篇重要演辞中曾说过，如某案检控费用非常昂贵而审理十分冗长，那么除非证据十分充分，否则检控可能不符合公众利益。这说明就重要案件作出检控与否决定时附带考虑公众利益于本港早已有之，陈先生并列举出英国法学界有关任何检控必须一并考虑公众利益的学说例证。看来，梁爱诗的有关做法并非她的发明。

此外，在香港回归不久，有关报业的发展及新闻自由确实关乎香港的国际形象，将此归之于公众利益作为作决定的附带因素考虑，实在合情合理，无可指责。梁爱诗作为一司之长，港人对她有高期望是对的，对她的工作提出批评当然可以，但如果将原本合理的做法扭曲成个人操守横加指责，搞什么"不信任动议"，那可真的与公众利益相去甚远。

（原载香港《文汇报》1999年2月23日）

"逢中迁就"说荒谬

"香港人权监察"为配合立法会中有人提出所谓"不信任"动议，日前为律政司司长梁爱诗罗列了种种"罪状"，得出的结论是梁"逢中迁就"，危害香港法治，应当辞职。

哪些罪状呢？主要是不起诉胡仙、未促成张子强返港受审、威逼终院澄清判词、不起诉新华社违反"私隐条例"及法律适应化令豁免新华社等。其实，这些事件为某些一直对梁女士另眼相看的人常挂在嘴边，该组织则将之罗织成"罪状"，集中向梁爱诗发难。

实际上，只要客观公正，只要不抱偏见，所谓多宗罪就连一宗也站不住脚。比如，梁爱诗在决定不检控胡仙时，主要出于证据不充分，但也考虑到公众利益，这是一种合理的做法，既有法理依据，又有先例可援；臭名昭著的张子强所犯罪行，多是在内地策划的，实施犯罪的地点既在香港，也在内地，按照《中华人民共和国刑法》的规定，内地对此案的管辖权毋庸置疑，本港理应予以尊重；律政司并非要求终院推翻判决，也没有要求重审，更没有要求对所有判词作出澄清，而只是依法请求就有关全国人大及其常委会的部分判词作出澄清，实在合情合理，完全是依法行事，无论是程序还是措辞上，都是十分尊重终院的，完全是商讨的态度，根本谈不上"威逼"。

至于与新华社有关的两宗"罪"，同样是无稽之谈。由于《个人资料（私隐）条例》中明文规定除政府外对"官方"其他机构没有约束力，故就刘慧卿的"控告"，律政司不起诉新华社是依法办事；法律适应化修改条例则将原有香港法例中关于"官方"的表述改为"国家"，而在港的新华社等部门符合"国家"定义范围，此一认定既与回归前"官方"一词涵盖面相应，也符合回归后香港特区的客观实际。

从以上简要评说中可以看出，所谓多宗罪状正好从反面印证律政司完全是依法行使职权，"逢中迁就"云云毫无依据。有梁爱诗这样的高官是香港司法界的荣耀，也是香港特区之福。当然，正如人们常说世事无绝对，梁爱诗在依法行事的过程中当然不可能百分之百严密，疏忽之处在所难免，但这与"罪状"毫无共同之处。笔者完全认同特区政府的声明，律政司司长值得香港人信任。

（原载香港《文汇报》1999年3月9日）

另类"唱衰"

立法会日前的"马拉松"会议在通过了政府制定的区议会条例及否决了所谓对梁爱诗不信任动议之后，某党议员大表不满，并竭尽中伤，危言耸听。而有某党"旗舰"之称的某报更称香港从此"走向黑暗"。笔者以为，这是对香港的另类"唱衰"。

某党对区议会拟引入委任议席一事，早就扣过一大堆诸如"民主大倒退"之类的大"帽子"。无奈在咨询期间，该草案受到大多数市民和政党的支持，此次立法会获得通过正是民意的反应。某党在辩论中集体退场不说，党主席更慷慨激昂，说该草案是对香港人的侮辱，对中华民族的侮辱。如此危言耸听的"唱衰"，不能不说已失却理性。

区议会作为非政权性质的区域组织，保留少量委任议席，便于一些长期热心地区服务，并确有才能和经验却无意循选举途径加入议会的社会人士服务大众，得以兼顾区内各阶层利益，在现阶段不失为明智之举。草案保留一百零二个委任议席，但民选议席也从三百四十个增至三百九十个，这说明委任议席只是一种补充。大多数市民认同并支持的方案获得立法会通过，怎么能说是对港人的侮辱呢？所谓对中华民族的侮辱就更离谱得惊人了！

至于否决对梁爱诗的不信任动议，也体现了法治精神和公道正义。实际上，只要不抱偏见，有人要对梁投不信任票的所谓多宗"罪状"不仅一宗也站不住脚，还正好从反面印证她完全是依法行使职权，维护香港法治的尊严。说白了，是有人一直戴着有色眼镜看待梁爱诗，必欲除之而后快。在律政司的辛勤工作下，香港的司法制度依然受到国际社会的信赖，绝非什么"黑色日子"、"走向黑暗"之类的另类"唱衰"所能抹黑。

当然，香港言论自由。但某些人危言耸听的另类"唱衰"声中，一副"我即民主"的霸道嘴脸清晰可见……

（原载香港《文汇报》1999年3月13日）

上诉庭判决质疑

高等法院上诉庭撤销两名被控侮辱国旗区旗人士罪名一举，已引起本港社会广泛关注。笔者以为，上诉庭作出上述判决的理由是站不住脚的，因而不能不对有关判决提出质疑。

上诉庭法官称，基本法订明香港回归后港人享有言论自由，但回归后生效的《国旗及国徽条例》及《区旗及区徽条例》将有关行为刑事化，抵触了基本法及国际人权公约。这种说法本身就是缺乏法理依据的。

首先，有关国旗区旗条例是在香港立法实施的全国性法律。根据基本法第十七条，香港立法机关通过的法律如果不符合基本法，本来已有一个审查机制，即特区立法机关制定的法律须报全国人大常委会备案，人大常委会如认为有关法律抵触基本法的有关条款，可将有关法律发回，可是上述条例呈报人大常委会后并没有发回，可见人大常委会认为有关条例并无问题。如今本港高等法院上诉庭却认为有关条例抵触基本法，这难道不是凌驾于作为"一国"的最高立法机关吗？

其次，基本法第三十九条规定，有关公民权利的两条国际公约适用于香港的有关规定继续有效，并通过香港特别行政区的法律予以实施。上诉庭置本港立法实施的全国性法律于不顾（实际上这些条例乃至基本法本身就是对国际公约的实施作出具体规范，且这些法律对于公民自由权利的保障远较有关国际公约广泛），却直接引用人权公约的条款，显然是不恰当的。

再者，上诉庭说国旗区旗条例违反基本法对香港居民自由的保障，实际上是犯了一个常识性错误。法律保障的是居民合法行为的自由，而并不保护那些非法行为的自由。如果如上诉庭所说的那样，将毁坏国旗区旗者定罪是剥夺了居民自由表达意见的权利，那么岂不等于说凡是表达个人意见什么行为都是合法的。如此，是否意味着对那些为表达个人意见而杀人纵火行为的纵容和鼓励呢？！

(原载香港《文汇报》1999年3月25日)

告别蒙昧

随着夺命元凶李育辉在内地伏法，曾震惊社会的德福花园五尸命案终于打上句号。笔者早在去年八月该案于媒体披露之初就想发点随感，但出于凶手尚未法办就发议论对死者并不公平的考虑，一直拖到今天。

李育辉披着"法师"的外衣，以替人做所谓"添寿法事"为名，疯狂诈骗他人金钱，残酷夺去五名女子生命，实属罪大恶极，他被处决完全是罪有应得。也因此，对内地司法部门依法判处李犯死刑，本港舆论几乎是一面倒支持，与某几个人苍白无力的指责（其实内地对此案的司法管辖权毋庸置疑）形成鲜明对比。

然而，五名女子之死也为我们留下太大的遗憾。当我们对此案稍作反思，就不能不说五名女子（尤其是三名成年女子）也要为自己的死负上某种责任，这种责任就是自身的蒙昧。她们太虔诚、太天真了，虔诚到对"出钱添寿"深信不疑，甘愿将一沓沓得来并不容易的钞票拱手送上，天真到仿佛一喝下"符水"（正是夺命毒水）便可神仙般年轻起来的地步。其实，李犯的骗术极之拙劣，稍具科学常识便能揭破。在李犯摇唇鼓舌之际，她们为什么不能稍稍想一想：如果他真有用一万元增添一岁的本领，岂不早就获得诺贝尔医学奖了吗？如果金钱真能换取人体寿命，世界上富翁大把，他们岂不都能活到几百几千甚至万岁万万岁了吗？

非常非常遗憾，她们没有多想或者来不及想，她们"添寿"心切，宁可信其有，不可信其无。其结果，不但寿没添成，反而白白断送了最可宝贵的生命。更有其中一位母亲，还将自己两名正处花季的爱女也拉来……多么无辜，何等可惜！

许多朋友都感慨：真是难于想像犹如中世纪般的蒙昧闹剧居然能在二十一世纪前夜的现代化香港上演！形形色色的李育辉今后仍可能变着脸孔出现，因为蒙昧者尚有。看来，李育辉们绝迹之日，便是人们彻底告别蒙昧之时！

（原载香港《文汇报》1999 年 4 月 23 日）

凭什么"弹劾"

继某学者在公开论坛上提出所谓应对特首启动弹劾机制之后,有报道指某些"民主派"议员也正酝酿提出弹劾议案。笔者以为,这种毫无法理支持的"弹劾"只不过又是一场"骚",但充分暴露了某些人搞乱特区的用心。

不错,立法会具有弹劾特首的职权。基本法第七十三条第九款明确载定,立法会有权因特首有严重违法或渎职行为而提出弹劾案。而这,也正是香港特区享有真正民主的最有力明证之一。因为在漫长的殖民统治年代,港督即使如何违法渎职,香港人也只能徒叹奈何。然而,假如不顾事实,动辄对特首启动弹劾,或以弹劾相要挟,那就不能不说有亵渎民主、滥用职权之嫌。

有人试图弹劾特首,显然针对的是特首报请中央政府提请全国人大常委会释法一举。设身处地想,特首并非好事,并非借释法为个人捞取什么本钱。他是从香港长期的繁荣安定计议,对广大的香港市民负责,因为在解决因终院裁决可能给特区带来的灾难性后果的诸办法中,相对而言,释法是最佳的办法。也因此,一系列调查都在在显示,特首请求释法一举有着广泛的民意基础。要说渎职,那就意味着他对一百六十余万南下大军不管不问,照单全收。特首没有这样做,而是置个人得失于不顾,依循民意按照法律途径解决问题,天底下竟有如此这般的"渎职"吗?

有人认为,基本法有关于终审法院提请释法的条文,并无特首提请释法之规限,现在特首这样做便是违法。且慢!终院须向人大寻求解释的条文,是对终院施加了一项法律义务。但是,终院没有很好地履行这项义务,也没有自行加以纠正。在这种情况下,特首根据基本法第四十八条(特首负责执行基本法)和第四十三条(特首向中央政府负责)的规定,充分行使基本法授予的权力作释法请求,又哪来违法可言!

概言之,在提请人大释法一举上,特首既无"违法",又无"渎职",凭什么对他进行弹劾?!

(原载香港《文汇报》1999年6月17日)

如此"关注"

驻港解放军利用特权将香港作为偷运战略品往内地的中转站,这是考克斯报告中极具"轰动效应"的指控。政务司司长陈方安生日前在美与考克斯会晤时直斥指控毫无根据,考氏辩解曰:他无意贬低香港的自治,他的关注是由于中国解放军在香港出现而引起的……

好一个"关注"!别忘记,考氏是将解放军驻港部队偷运战略品作为对中国作出指控的事实,载于整个报告之中的,而今却以"关注"来搪塞,天下有这样的关注吗?在考氏的心目中,香港既然有解放军驻扎,香港就会被用作偷运战略品的中转站,这是不折不扣的混账逻辑!

举世皆知,中国人民解放军驻港是中国对香港恢复行使主权的象征,驻港部队的神圣职责是负责香港的防务,而非偷运什么战略物品。事实是,自进驻以来,解放军部队严格按照驻军法办事,模范地遵守香港的法律法令,从来不做与自己身份与职责不相称的事情。

同时,香港的战略品管制制度是世界上最好的地区之一,诚如政务司司长对考氏所说,此种制度在法律上不会有任何的偏袒或歧视,否则就意味着在经济和政治上自我摧毁。也正是在这样严明的制度下,解放军驻港部队的车辆进出香港都要接受检查,任何有怀疑之处都会进行深入调查。其结果是两年来绝无任何偷运行为发生。

事实就是事实,它不会因有人如此"关注"而改变。如同对中国内地毫无了解,考氏胡诌什么解放军的车辆过境时不受监管、不受检查,是毫无根据的主观臆测,说明他对香港边境管制制度的运作是何等无知!

作为国会调查报告,本该立论科学、理据充分,真想不到考克斯一伙在举不出任何真凭实据的情况下,以写间谍小说的手法胡乱揣测,诬陷在美三千家中国公司窃密还不够,又以解放军驻港即意味偷运战略品这种混账逻辑欺骗国际视听,到头来又怎能不沦为天下笑柄呢?

(原载香港《文汇报》1999年6月22日)

何须测试

有关二〇〇〇年立法会选举的法案即将在立法会三读。有报道指以本港"大哥大"自居的某党，拟提出至少三项修订动议。该党一位重量级议员更坦言，此举意在测试特区政府的尺度，并不妄想修订动议能获通过。

自白明知不可为而为之，其行并不明智。要说尺度，基本法之中已经写得清清楚楚，特区政府贯彻基本法不打折扣的事实表明，基本法的规限也就是特区政府的尺度，又何须测试！

就以该党拟提三项修订动议来说，前两项是全面直选和恢复一九九五年单议席单票制，分别涉及政制及政府运作。且不说按照基本法第七十五条凡涉及这两项内容的议案，须得到行政长官的书面同意方可提出，单以第一项来说，明显是与基本法背道而驰的。

众所周知，包括直选议席具体数量在内的特区前三届立法会组成，基本法附件二有明确规定。这样的规定并非某几个人兴之所至，信手写就，而是基本法起草委员们根据香港的历史与现状讨论制定，经全国人大最后审定的。曾记否，基本法四年又八个月的制订过程，香港人广泛参与其中，因此可以说，立法会的产生办法是大多数香港人的共识。而特区两年的风雨历程也已表明，循序渐进发展本港民主的基本路向完全正确，基本法并无迫切修改的必要。

立法会议员本应是最具法制精神的一族，特别是作为直选产生的议员，理应成为广大市民遵守法制的楷模。怎奈某党的这班议员，总喜好别出心裁地提出一些所谓"测试"的议案，当香港的宪制性法律无到，浪费宝贵的资源不说，也辜负了选民的信任与期待。如此，该党立法会议员的良知何在？！

（原载香港《文汇报》1999年6月23日）

包总多虑了

包总者，美国驻港总领事包润石是也。很抱歉，尽管包总离任在即，本文还不得不以他为题发点议论。

何故？包先生日前出席美国总商会午餐会所发表的讲话中，曾高调评论释法一事，称人大释法将会直接冲击香港的司法独立，并忧虑终院判决若轻易被否定，司法部门的威信及法治将遭到蚕食，香港的命运也将令人存疑……

如果就事论事的话，包先生实在多虑了！要说"存疑"，我们对包先生是否钻研过香港基本法，是否懂得中国人大及其常委会的宪制地位，乃至对居港权事件的来龙去脉，前因后果是否真正弄清楚了，才真是存疑。

包先生如果有实事求是之心，就不能不承认有关香港人内地子女的居港权问题，绝非单单是香港的内部事务，而必然牵涉到两地，涉及中央政府的管辖范围。终院在判决之前既没有依法提请人大常委会解释，自己的解释又背离了立法原意。在这种情况下，为了保证基本法的正确实施，由人大常委会释法当然是必要和适当的了。严格按照基本法行事与"冲击香港的司法独立"是无论如何也扯不上边的，除非这种"司法独立"是天马行空般不受法制本身约束的所谓独立。

包先生忧虑终院判决将时常被轻易否定，显然是以特殊推断一般。包先生是否知道，其实人大常委会并不想解释，只是终院判决将造成百余万内地人蜂拥南下，香港的繁荣安定乃至前途真正面临威胁之际，应特区请求方不得已而为之。更何况人大释法并非推翻终院判决，也无追溯力。而人大常委会是决不会轻易启动解释机制的。

耐人寻味的是，每每香港遇有重大内部事件，美驻港总领事便要高调表示"关注"一番，这似乎已成某种定势。美国人实应好生反省：动辄对别国别地内部事务指指点点，难道不会惹人讨厌吗？！

（原载香港《文汇报》1999年6月25日）

谁与民意对着干？

这些天，在立法会议事堂内外，某党几个议员向特区政府，尤其是特首本人发起新一轮攻讦，什么"每况愈下"，什么"厚着脸皮"，什么"恬不知丑"，等等。该党主席更是一马当先，指责特首一直与民意对着干，民望江河日下……

究竟谁与民意对着干？让我们信手举几个事例——

特区政府果断作出请求中央政府提请人大释法以化解内地子女居港权难题的决策，受到各界广泛欢迎，多次调查均显示，七八成市民支持释法。然而，一向以香港民意代表自居的某党却激烈反对，并死缠烂打。又是玄衣素服，又是离席抗议，提反对议案不说，还要发动游行示威，该党主席更竭尽危言耸听，说什么释法意味香港法治"玩完"。

以美国为首的北约轰炸我驻南使馆的暴行，引起广大市民的强烈愤慨与愤怒谴责，该党主席的发言却同美国和北约发言人如出一辙，什么"并非蓄意"啦，什么不幸事件应归咎南国搞种族清洗啦，什么内地同胞不知塞军的残暴啦，等等。如此有失民族气节之言论迅即引起议员及广大市民的广泛批评。

仅从以上两件大事看，足以说明与民意对着干的不是别人，正是该党自己。尚且不说正是该主席本人前些年跑到太平洋彼岸乞求别人经济"制裁"中国；不说他公然说英国将香港交还中国就如同将数百万犹太人交给纳粹；也不说该党头面人物多次在国际场合"唱衰"香港；更不说该党在诸多民生事务上的立场与广大普罗市民背道而驰……

至于民望"江河日下"的，恰恰也是该党自己。即以该党倾力反对释法一举，报道指其民意支持率急遽下降近十个百分点，便可略见一斑。

（原载香港《文汇报》1999年7月16日）

请勿混淆是非

西方社会的某些人权组织指责中国政府对"法轮功"的处理，认为取缔"法轮功"是压制信仰自由，违反人权，美国更给予一名"法轮功"人员政治庇护，这不仅是对中国内政的粗暴干涉，也是从根本上混淆了是非，在邪教问题上搞双重标准。

看问题不能着眼于概念和事物表面，而应从实际出发，这是只要不抱偏见，无论持何种政治立场者都必须遵从的基本准则。大量揭露出来的事实表明，"法轮功"并非一般意义上的信仰自由问题，它绝非单纯合法的气功健身团体，它不仅是一个非法组织，更具备危害人类社会的邪教组织的所有特征，它就是不折不扣的邪教！事实摆在那里，谁也否定不了。

如果仅仅是信仰问题，那当然只是个人或者某个团体自己的事，不应影响他人，更不会危害社会。可"法轮功"呢？在教主崇拜的驱使之下，信徒们动辄围攻传媒机构、党政机关，直至挟万人之"声威"围攻国家最高领导机关；它散布所谓人类末日即将来临，扰乱人们的日常生活；它鼓吹所谓有病无须服药，致使一千四百多人无辜命丧黄泉……这哪里还是什么个人"信仰自由"的问题呢？

很明显，将"法轮功"局限于"信仰自由"，从而将中国政府打击邪教与人权问题挂钩，如果不是出于对"法轮功"的无知，便是一种政治偏见。试想一下，如果中国政府对"法轮功"不闻不问，任凭其为所欲为，不知还将有多少无辜者断送宝贵的性命，将会给多少本是幸福的家庭造成悲剧。而稳定和谐局面一旦破坏，国家陷入动荡混乱之中，亿万民众的人权保障又从何谈起？

再者，邪教为世界各国所不容。由于邪教反科学、反社会、反人类的本质，它必然具有渗透性，本国打击不力，泛滥成灾，势必贻害国际社会。从这个意义上说，中国政府依法严厉取缔和打击"法轮功"邪教，不仅是对本国人权的积极维护，也是对人类文明社会的有益贡献！

（原载香港《文汇报》1999年11月12日）

如此干预不明智

本港四名"法轮功"学员日前在京搞所谓请愿活动,被有关部门扣留证件后驱逐回港一事,传媒已广泛报道。一位供职某报的朋友告知,读者纷纷致电报馆,表示四名"法轮功"学员的行为不当。

读者的话道出事件的实质所在,即港人北上声援"法轮功"明显违反了内地法律,事情已经非常清楚。"法轮功"邪教不除,将国无宁日,改革开放的丰硕成果可能毁于一旦!但是,内地处理"法轮功"问题是极其慎重的。先是依据社团登记法宣布其为非法组织,予以取缔,再在几个月揭露出来的大量事实的基础上,认定其为邪教。人大常委会专门作出打击邪教的决定,最高执法机关对刑法有关条文作出解释,然后依法对个别触犯刑律的头目提起公诉。总之一切依法行事。

从内地的态度来看,香港"法轮功"在特区内的活动如何对待,这是特区自行处理的问题,并没有进行干预。这体现了对"一国两制"、"港人治港"、高度自治方针的尊重和遵循。遗憾的是,本港却有人总想以一己理念去干预内地,本港"法轮功"学员到内地去搞活动就是典型的例子。这些学员是否受人鼓励、支持,不得而知。但与某些传媒的误导,相信是有些关系的。比如,有报章不时发表一些攻击评论,说什么人大常委会立法惩治邪教是玩弄法律,指责中国政府取缔"法轮功"是压制信仰自由,违反人权,胡诌内地起诉"法轮功"人员是不择手段残酷打击异己。还有的不断散布内地政府"滥捕"、"虐杀""法轮功"信徒的谣言,等等。这对于贯彻落实"一国两制"显然是不利的。

香港人一直以来都希望内地健全法制,做到依法治国。可现在内地真的这样做了,又有人对此说三道四,诸多指责,甚至高调干预。这岂不令人深思吗?!

(原载香港《文汇报》1999年11月20日)

由市长受骗说开去

美国西雅图这几天可真成了"多事之都"——世贸部长级会议在该市召开，却爆发了罕见的大规模骚乱，弄到要实行宵禁的地步。而与此同时，又发生了一场所谓"'法轮功'周"的风波。

单说后者。十数名"法轮功"骨干分子在该市"西雅图中心"举行记者会，当众亮出一纸市长签署的《公告》，谓市长已将本周定为"'法轮功'周"云云。中国出席世贸大会代表团副团长、驻美大使李肇星闻讯向该市市长交涉，原来该市长是受了别人欺骗，在听了李大使介绍之后，恍然大悟，立即取消了有关安排。

一场风波很快平息，但读者的心情却难以平静。据该市长说，他原以为"法轮功"只是从事正常宗教活动的非政治性组织，一旦弄清真相，当即表示歉意外更说将正式修函向中国政府道歉，"知过能改，善莫大焉"，这种态度应该肯定。由此，人们想到，在对待中国政府处理"法轮功"问题上，国际社会某些国家及有关人士持有异议，除有人对中国政府怀有顽固的政治偏见，同"法轮功"这一反政府的邪教组织互相利用之外，相信多数也是上当受骗者，即他们将"法轮功"视同普通的宗教组织，并不知晓李洪志其人及其"法轮功"的庐山真面目。

这场风波，也再次印证了李洪志等人离不开欺骗和愚弄。他们深知"法轮功"在国内已土崩瓦解、声名狼藉，于是将重点转至"海外市场"，妄图骗取国际社会同情，制造舆论，向中国政府施加压力。李洪志一伙以骗人发迹，从国内骗到国外，从亚洲骗到美洲，从普罗百姓骗到一市之长，从小型"练功场"直骗上大型多边国际会议，善良的人们切不可松懈警惕。

比较是医治受骗的良方。奉劝国际社会有关人士，既要对"法轮功"表态，就不能不对它与正当的宗教组织作一番比较，看看二者是如何风马牛不相及，否则很可能像西雅图市长那样受骗。当然，既要搞欺骗，就不能不露马脚。正如同西雅图风波一样，"'法轮功'周"非但没有搞成，反而暴露了李洪志们拙劣、卑鄙的欺骗伎俩，这正应了"偷鸡不成蚀把米"这句中国老话！

(原载香港《文汇报》1999年12月3日)

不智做法

有报道称，在终审法院裁定特区政府上诉得直，入境处有权遣返十七名逾期拘留和非法入境人士之后，一批声称拥有居港权人士继冲击政府总部后，更计划到英、美等国驻港领事馆"寻求协助"。

笔者以为，如果果真采取如此做法，那就不能不说相当不智。须知，有关居港权问题完完全全是中国的内部事务，与任何其他国家没有关系。如果说到人权层面，那么终审法院的最后裁决由于维护了港人人权得以保障的基本法的尊严，也就维护了广大市民包括有居港权、目前尚在内地轮候人士的人权，因而根本无须其他任何国家再来"关注"。

本来，基本法有关居港权资格问题规限得清清楚楚，由于终审法院一月二十九日判决背离了基本法的原意，使得有资格来港定居的内地人士骤然增至一百六十多万，香港将无法承受。特区政府别无选择，唯有请求中央政府提请全国人大解释基本法有关条文。终审法院此次裁定，维护和遵从了国家最高立法机关对基本法的立法解释，理顺了关系，也解决了扰攘本港社会两年有余的居权案难题，有利于维护香港的长期稳定繁荣。

正因为终院裁定对"一国两制"架构下香港宪制运作有积极而深远的影响，故受到本港社会广泛的欢迎和支持。法律讲求公平公正，但并非意味顾及任何利益要求。一部分声称有居港权的人士及其家长，对终院的裁定大表失望可以理解，但表达不满应在法律允许的范围内进行。日前该批人士用剧烈抗争手段冲击政府总部已是欠缺理性，再欲将事件国际化则更属不智。实际上，英、美等国早先曾有声明，认为居留权属中国内政，不会插手。相信中国也不会容许外国人插手。更为重要的是，围绕居权案，无论香港特区还是中央政府，本来就是依法行事，光明磊落，堂堂正正的。有关人士欲将事件国际化，非但不会有任何结果，反给人留下挟洋自重的印象，那又何苦呢！

（原载香港《文汇报》1999年12月7日）

练功乎？示威乎？

传媒近几日广泛报道，称将有数百名"法轮功"信徒从世界各地云集香港，于本周末、周日两天举行集会练功。笔者以为，果如是，则事件非比寻常。有读者朋友给笔者发来传真，谓数百"法轮功"信徒齐齐来港，练功乎？示威乎？看来，该读者的质疑并非多余。

众所周知，建基于被揭露出来的大量触目惊心的事实，"法轮功"已被定性为邪教，该组织的极少数首恶分子也被追究刑事责任。因此，在中国内地，依法打击邪教"法轮功"的战役已经取得决定性的胜利，"法轮功"组织已经土崩瓦解，声名狼藉。在"一国两制"架构下，只要符合本港法律，"法轮功"信众在香港范围内的活动并没有受到限制。也许有人正是利用这一点，欲将香港作为对抗内地打击"法轮功"的基地。

有人声称此次集会纯粹是为了练功，并无其他政治目的。笔者以为，此话可圈可点，似有"此地无银"之嫌。这是因为，若单单为了练功，各国各地"法轮功"信众大可在本地练个痛快，练个过瘾，既可省去金钱，又免却车机颠簸之苦，又何苦千里万里迢迢，跑到香港来练呢？如果非要透过集会交流练功心得，那世界之大，何处不可以集会，而非要选择"弹丸之地"香港呢？要说信众之多少，那么香港的"法轮功"信徒比之某些国家和地区要少得多。人们不能不质疑，该集会"练功"是名，向中国政府"示威"方是真意。

前不久，本港几名"法轮功"信徒公然跑到内地去搞什么声援抗议活动，说明有人总想挑战内地法制。少数"法轮功"信众更对新华分社官员的忠告置若罔闻，每天依旧到该社大门口搞事，这就自行揭穿了所谓只懂"练功"不懂政治的虚伪性。周末"集会练功"闹剧若真的上演，那就再次向世人证实，"法轮功"有政治目的且组织严密，也进一步反证内地依法取缔这一邪教组织是何等必要和及时！

（原载香港《文汇报》1999年12月10日）

"公民抗命"？

终审法院裁定特区政府胜诉，维持两名涂污及损毁国旗区旗被告签保行为的判刑，使扰攘多时的"国旗案"打上句号。终院此项裁决的深远意义，已超越某案件一锤定音的本身。

令人遗憾的是，作为被告之一的吴某，非但不尊重有关裁决，认真反省自己，反而口出狂言，什么不会因裁决而改变言行，会进行"公民抗命"云云，誓与法律对抗的心态和盘托出。但笔者在此倒要向吴某泼泼冷水。

所谓"公民抗命"，有独特的涵义，是特定时代和社会背景下，公民不得不以一种激烈的方式去反对某项恶法。一个最明显的例证，是六十年代的美国由于推行种族隔离政策，严重侵害了黑色人种的人权。在有理无处申的情况下，一些黑人群而奋起，采取"公民抗命"的方式抗议政府，反对种族隔离政策，争取应有的权益。由于此种抗争代表着一种进步，因而受到社会的广泛支持。

回头看"国旗案"的被告，则怎么也看不出有任何"公民抗命"的现实性和必要性。你要反对中央政府和特区政府，那是你的价值取向，在香港法律保障下有的是你表达这种意见的自由。但如果认为有自由便什么事都可以做，那就错了。国旗和区旗是国家及香港特区的象征，由立法会通过的国旗及区旗条例明文规定，涂污和损毁国旗、区旗是违法行为。两名被告在游行中公然涂污并展示国旗和区旗，判决有罪理所当然。

自由从来是相对的。就以国旗而言，全球起码有五十个以上的国家立法将损毁国旗列为刑事罪行。人权公约第十九条第三款也承认，表达自由的权利之行使附有某种限制，内容包括尊重他人权利或名誉，保障国家安全或公共秩序等。

笔者贸然断言，在损毁国旗区旗问题上搞"公民抗命"，不但不会获得民意的同情，更会被法治社会所唾弃！

（原载香港《文汇报》1999年12月18日）

勿将自由绝对化

终审法院日前就"国旗区旗案"作出裁决，裁定两名涂污、损毁国旗、区旗者罪成。是项裁决，厘清了公民个人自由与国家整体利益二者之间的关系，以及公民行使自由应否受到某种限制，其深远意义已超越裁决本身。

但是，有一种意见认为，裁决剥夺了公民自由，违反了国际人权公约，被告的辩护律师、某党一位副主席更撰文质疑裁决，直指裁决漠视了香港市民应享有的高度自由及和平表达异议的权利。这种观点显然有失偏颇。

其实，国际人权公约在高扬人权大旗的同时，从未主张人的自由可以不受任何约束。非但如此，该公约第十九条第三款还载明，发表自由的权利之行使附有特别责任及义务，故得予某种限制，但此种限制必须是经法律规定，内容包括尊重他人的权利或名誉，保障国家安全或公共秩序等。本港立法会立法通过的国旗及区旗条例完全符合人权公约的规定，正体现了人权公约所指某种限制"必须经法律规定"的精神。该条例明文规定，涂污和损毁国旗、区旗是违法行为，两名被告在游行中公然涂污并展示国旗和区旗，最后被裁决有罪理所当然，何有违反人权公约。

某律师的观点说白了，就是认为自由是绝对的，公民表达自由不应有任何限制，这才真正是与人权公约背道而驰的。判决损毁国旗有罪就等于漠视公民和平表达意见的权利，这在逻辑上也是不能成立的。请问，如果和平表达意见就可以为所欲为，那么公民甲以撰文或演说的方式（够和平的吧）肆意诽谤、侮辱公民乙，岂不意味着公民乙只能忍声吞气？果如此，还谈得上什么法治社会呢？

饶有兴味的是，就连某些人心目中的"自由天堂"美国，其开国总统华盛顿在一次演讲中也呼吁国民要将自由与责任二者结合起来。终院是次裁决维护了法律的尊严，传递出自由是相对的，行使个人自由不得损害国家利益和公共秩序的正面信息。请有关人士勿将自由绝对化，并以此误导市民。

（原载香港《文汇报》1999年12月21日）

港澳不是殖民地

"澳门和香港原来都是殖民地，台湾不能与港澳同等看待，'一国两制'不适用于台湾……"这是台湾一位领导人对国家主席江泽民在澳门回归庆典上有关解决台湾问题讲话的回应。而台湾"陆委会"、"外交部"以及其他几位"总统"候选人所发表的回应几乎如出一辙，也都一口咬定港澳回归前是殖民地。

台湾当局所谓"一国两制"不适用于台湾的立论前提，即"港澳原来都是殖民地"这一命题，其本身就是错误的。其一，港澳自古就是中国领土的一部分，在被英、葡侵占之前，两地既非独立的国家或地区，更非"无主土地"（TERRA NULLIUS）。其二，当年英、葡占领港澳时所签订的条约无一不是用武力强加于中国人民的不平等条约。根据现代国际法，通过战争手段取得一国领土是非法的，国家领土和主权变更只有在两国自愿和平等的原则下才合法有效，因而有关港澳的所有不平等条约并不受国际法保护。其三，中国驻联合国代表黄华于一九七二年三月八日致函联合国非殖民化委员会主席，明确宣布：香港、澳门问题是帝国主义强加于中国的一系列不平等条约的产物，根本不属于通常的殖民地范畴。这一正义立场为国际社会广泛认同。同年十一月，联合国大会以九十五票对五票通过了有关将香港、澳门从殖民地名单中除去的决议。

这就是历史事实。英、葡强行侵占港澳并对港澳实行殖民统治，与港澳是英、葡殖民地是两个不同的概念，正如同某强盗利用战乱岁月强行霸占某居民的居所，并不等于该居所的业主就是该强盗一样。真不知台湾当局是出于无知，还是为政治偏见所累，把被侵占的国家领土自认是别人的"殖民地"。

"一国两制"的伟大构想首先着眼于解决台湾问题而提出来的，后来在港澳先行得以成功实施，被事实证明符合中国国情，具有强大生命力，是解决祖国统一问题的最佳选择。台湾当局一直以来都以台湾不是殖民地为理由，拒绝用"一国两制"模式解决两岸统一问题，殊不知港澳两地并非殖民地早已是国际社会的共识。奉劝台湾当局别再将"港澳原来是殖民地"这本不成立的"理由"作为理由，以免被国际社会引为笑柄，丢咱们中国人的脸！

（原载香港《文汇报》1999 年 12 月 22 日）

不要教坏了下一代

支联会年年搞所谓"元旦大游行",年年提出一个新口号,今年元旦游行的口号是"教育下一代,接好民主棒",这显然是针对该会后继乏人的现实而提出来的。

市民都知道,支联会着实风光过一段日子。然而,当香港市民逐步弄清了北京那场风波的实质,尤其是看到内地在风波之后一如既往推行改革开放,综合国力不断提高,民众生活稳步改善,社会和谐稳定的事实之后,支联会的拥趸就越来越少,有论者更直指支联会近几年来的惨淡经营犹如王小二过年。别的不说,刚刚收场的"元旦大游行",队伍稀稀拉拉,总共只有百余人,实在是对该会预测千人以上的讽刺。

但是,支联会在少数人的把持下,就是不肯退出历史舞台。他们不但不反省自己的做法是否与市民的意愿背道而驰,反而把支联会的每况愈下归咎于市民民主意识淡薄,青少年一代不关心政治,于是就有了"教育下一代"的口号。

"教育下一代",本身并不错,但要看怎么教育,教育什么。支联会的"教育下一代"的"教育"显然有特定内容,"接好民主棒"的"民主"也有其特定涵义,简而言之就是反对自己的国家,与中央政府对抗。这并非毫无依据的引申,而是支联会自己的历史早已作出了注脚!

我们只要举一个事例:在该会组织的一九九八年元旦游行中,两名参加的年轻人公然将国旗和区旗涂污弄破并展示,对于这种为稍有爱国爱港心者所不齿的犯罪行为,该会的头头们有过一句劝阻和批评吗?无独有偶,就在终审法院刚刚裁决毁旗者罪成之际,今年元旦游行队伍中又有人侮辱国旗,请问这难道是巧合吗?在支联会某些头头的心里,也许类似这样的毁旗辱旗行为正是"教育"所要达致的效果吧!

支联会诸公,你们有一意孤行的自由,却没有教坏下一代的权利!

(原载香港《文汇报》2000 年 1 月 10 日)

新闻道德的堕落
——评某报的一则谣言

本港出版的一家英文大报日前赫然刊载一则消息，称广州中山医科大学附属医院"以被处决的死囚肝脏为病患者移植"，"每次肝移植索费达三万八千五百美元"，言之凿凿，有鼻有眼。笔者当时读后就深表怀疑。果然，中山医科大学有关负责人在获悉报道后迅即发表声明，郑重辟谣。

为慎重起见，笔者向内地有关部门查询，证实中山医大的辟谣声明符合事实，某报所谓该院用死囚肝脏作移植并收取巨费的报道，纯属无中生有的捏造。中山医科大学在包括人体器官移植等多个医学研究和临床领域久负盛名，但该校及其附属医院从来没有购买过死囚器官做移植，肝移植手术的供肝者均为自愿捐赠，绝无一例死囚。

某报完全背离事实的报道给该校声誉造成极大损害，因而引起该校及其附属医院广大师生、专家学者的无比愤慨理所当然。虚假消息虽已被事实无情戳穿，但该报新闻道德的堕落却不能不令人深思。

说到死囚器官，应当说，中国司法部门对极少数非杀不足以平民愤的罪犯按照严格的法律程序施以极刑，是为了维护广大民众的生命财产安全，但死囚器官的买卖则是法律所绝对禁止的。中国卫生部、经贸部和海关总署等有关部门早就明文规定，严禁进行人体组织或器官的国（境）内外买卖。内地少数技术力量雄厚的医院，本着实行救死扶伤的人道主义，经严格审查批准，做过一些人体器官移植手术，但供体均来自自愿捐献者。

中国在死囚器官方面从没有做过什么见不得人的事。本港个别报章或对有关"消息"不加鉴别刊载如仪，或就此自行编造虚假消息，如果不是蓄意破坏国家形象，甘当国际反华势力的马前卒，最起码也是自身新闻道德的堕落。以前有报章制造类似谣言，曾引起当事单位强烈愤慨，受到内地有关部门严厉批评。如今某英文大报步其后尘，其结果当然也只能是自取其辱，自贬其格！

（原载香港《文汇报》2000年1月14日）

不要误了孩子

写下题目，笔者的心情颇为沉重！

有读者朋友打来电话，说他天天驾车返工都要经过新华社大厦，经常见到该大厦门口"法轮功"的示威行列中有孩子的身影，他建议笔者撰文提醒孩子的家长，不要误了自己的孩子。

为求真实，笔者前日早晨特地到新华社门口一走，果然看到黄色横幅下站着一位中年妇女和一个八九岁的男孩，各持一本小书，口中念念有词。据悉，这是母子俩，来新华社门前"晨读"已经有一段不短的时日了。

面对这幅"母子晨读"图，笔者感触良多。"法轮功"作为一个地地道道的邪教组织，在内地早已土崩瓦解，声名狼藉，即使原来中毒很深的信徒，也越来越多地识破其害人本质，自觉地与之决裂。前不久内地报道某大学一位博士陷入"法轮功"很深，尔后曾经多次反复，终于彻底醒悟过来，以亲身经历愤怒控诉"法轮功"邪教本质，就清楚说明"法轮功"既要欺世骗人，就免不了被识破遭唾弃的结局。在本港，信"法轮功"的本来就不多，如今有意摆脱邪教束缚，起码不想将"练功"政治化的人越来越多，这从到新华社门前"晨读"者逐步减少，就可略见一斑。

据说，"母子晨读"图中的那位母亲是本港"法轮功"的负责人之一，笔者真为她感到悲哀！自己深陷邪教不能迷途知返已属不幸，把自己的孩子拉入邪教更是大错特错。八九岁的孩子天真无邪，正值求学大好时光。作为母亲，向他灌输邪教的歪理邪说已是自觉不自觉毒害孩子，让他放弃学业到新华社门前"晨读"更是罪过。望着孩子小嘴开合及满脸稚气，稍有良知者谁不心疼！身为父母，你有笃信"法轮功"的自由，但绝无戕害下一代的权利！

有道可怜天下父母心，为人父母者谁不爱自己的孩子！可自己中邪还要荼毒自己骨肉幼小心灵的父母或许还有？

——请不要误了孩子！

（原载香港《文汇报》2000年1月15日）

请尊重事实

"中央领导人钦点董建华为特首,董建华自然懂得投桃报李,先意承志,用各种手段,令民主倒退,将反对声音边缘化(MARGINALIZE),又令香港法治精神蒙受前所未有的冲击……"

这段话引自民主党主席李柱铭一篇题为《夺宝岛易　得民心难》的文章(刊于二十三日某报)。李氏以此作依据,用以支撑"一国两制"在香港实施不成功,未能对台湾起到示范作用的论点。

不能不指出,李柱铭的这番话是极不负责任的,因为它所描绘的香港回归后的状况完全歪曲了事实,与一个真实的香港背道而驰。篇幅所限,本文并非全面剖析这段话(而事实上,本港许多论者在过去已经对李氏类似的说法予以据理驳斥),仅就所谓中央领导人钦点董建华为特首这一点作出回应。因为这与下文是因果关系,即由于董建华是被中央"钦定"的,他方要"投桃报李"。

事实无情。根据基本法和全国人大的有关规定,第一任特首是由具有广泛代表性的推选委员会以协商后提名选举的方式产生的。当初共有三十一人报名参选,经资格审查及推委会提名,确定董建华等三人为候选人,最后经推委会正式选举,董建华以三百二十票的高票胜出。而从推选全过程看,无论是参选人的确定,还是候选人的答问,以及最后的投票选举,均对海内外新闻媒体开放,香港社会和国际舆论对推选的透明度一致予以肯定,认为体现了公平、公正、公开的原则。

这一切并不遥远,迄今不过四年左右的时间。历史可以作证:董特首绝不是"钦点"的!李柱铭昧着良心说谎,连最起码的尊重事实的良知都欠奉,这不啻是对所谓"民意代表"的绝妙讽刺。以评论台湾选举为名,歪曲事实,抹黑香港,误导岛内外民众,在事关祖国统一大业上,李某究竟想扮演何种角色呢?!

(原载香港《文汇报》2000 年 3 月 24 日)

"启示"的启示

台湾选举之后,本港报章上有关选举"启示"的文章纷至沓来。其中某报一篇文章大谈台湾选举"三大启示",包括香港民主步伐太慢、香港未能对台起到示范作用等,得出的结论是:香港即使选出某党主席当行政长官也无不可。

该论者的"启示"倒确实给笔者几点有益的启示——

其一,贯彻执行基本法不能动摇。"启示"质疑,为什么香港立法会和特首不能直选?真不知是有意误导,还是对基本法缺乏认识。基本法对立法会头几届选举直选议席逐届增加至二〇〇七年后再检讨,最终达致全部议员由普选产生的规定,对行政长官最终达致由一个有广泛代表性的提名委员会按民主程序提名后普选产生的规定,遵循的是循序渐进发展民主的原则。实践已经并将继续证明,基本法对民主步伐的设计既有长远目标又有短程步骤,完全符合港情。为了保持香港长期稳定繁荣,贯彻实施基本法的民主运程绝不能动摇。

其二,偏见岂能当标准?香港实施"一国两制"取得了巨大成功,这不单是香港人的感受,也是国际社会的共见。台湾有人一心要搞"台独",当然不敢面对香港的成功,要么蓄意攻击诋毁,要么装作视而不见,怎能唯岛内几个人的好恶是瞻,以偏见作标准?再者,以选举制度不同抹煞香港的示范作用并不公平。因为同一社会制度下不同国家和地区的选举制度和方式也非一个模式。即使被人捧为"民主天堂"的美国,其总统也并非由全国范围的一人一票直选产生。

其三,造势何"肉酸"。由陈上台"启示"到本港某主席也可做特首,造势意图和盘托出。不过,似乎过去也有谁合适当特首的调查,其结果某主席应者寥寥。说句真话,若果只擅高喊民主口号又念念不忘"唱衰",与民意背道而驰的人也能当特首,那香港可真意味着"玩完"!

(原载香港《文汇报》2000年3月31日)

谨防转移视线

香港记者协会在业内发起签名运动，声称王凤超讲话严重损害新闻自由，而香港新闻从业员反对将传媒变成演绎国家政策的工具。

民主党就所谓王凤超干预香港新闻自由问题进行民意调查，旨在传递所谓反对压制新闻自由的民意。

某电视节目主持人回避王凤超讲话的精神实质，将嘉宾及观众向王凤超干预香港高度自治和新闻自由的思路上导引……

上述连串事件看似孤立，其主旨却一脉相承，即对王凤超的讲话无限放大、恣意引申，制造中央干预特区内部事务、压制香港新闻自由的假象，以转移港人视线。

但是，如果不抱偏见，就不能不承认王凤超的讲话是依据基本法的有关规定，就当前有关"台独"言论的报道作出善意提醒，让传媒在坚持编辑自主的同时，以国家利益、民族大义为重，妥善处理有关采访报道。王是在完全肯定和尊重本港新闻自由的大前提下讲那番话的，并不涉新闻自由。而上述几件事的当事人却千方百计将王的讲话要义硬往新闻自由的话题上拉，这就掩盖和歪曲了问题的实质，偷换了概念。

对王凤超讲话持不同意见和看法完全可以，批评质疑任君所便。但是，离开王讲话的原意，将之无限引申开去，得出有人剥夺港人新闻自由、干预特区高度自治，甚至欲将香港传媒变成演绎国家政策工具等主观结论，那就很不负责任了。至于电视节目主持人执意推销一己偏见，那就更有滥用社会公器之嫌了。

笔者质疑，有人是想透过一些高调活动转移视线，在向中央政府施加压力的同时，对公众作出另类误导：似乎在香港的土地上，中央政府及其驻港机构对"一国"层面的表态通通得收声？！

（原载香港《文汇报》2000年4月20日）

"工具"说谬矣

香港记者协会就王凤超讲话发起所谓业内签名运动时，曾发表声明称香港新闻界反对将传媒变成配合国家政策的工具云云，这"工具"二字实在可圈可点，值得一辩。

提出所谓反对本港传媒变成图解国家政策的工具，即意味着国家有此意图，这可真是天大的笑话！王凤超的讲话只不过从国家利益和民族大义出发，对香港传媒应慎重处理有关"台独"言论作出善意提醒，这既与新闻自由风马牛不相及，更与传媒做配合国家政策"工具"说南辕北辙。王凤超讲话有言在先，即"保持编辑方针独立的同时"，足见他是在完全肯定和尊重香港新闻自由前提下作出有关劝告，这又怎能和"工具"说扯上关系呢？

不能不指出，香港记协的所谓声明是另类无限引申，上网上线。记协发表如此高调声明，不能不叫人质疑，这是利用市民维护新闻自由的热情，制造国家干预和限制本港新闻自由的假象，以所谓"工具"说误导港人，挑起本港和中央的矛盾。

走笔至此，想起资深报人徐四民老先生日前在一篇文章中将祖国比作母亲，说假若任何一位记者的母亲被人欺侮了，该记者在处理是则新闻时定会有自己的爱憎立场，绝不会只作"客观报道"。你可以不认同徐老的立场取态，但却无法怀疑比喻所蕴含的普遍人性。

假如按照记协的逻辑，那位以爱憎情感处理有关报道的记者，他就是自己母亲的"工具"了。不去谴责侮母者，反而执着于反对沦为母亲的"工具"，岂非咄咄怪事?!笔者斗胆说一句，普天下大凡有灵性的为人儿女者，都不会对侮母事件无动于衷，但也绝不会认同自己就是母亲的"工具"！

"工具"说谬矣！香港传媒不是什么"工具"，但却是社会公器，公众喉舌。也因此，一切有良知的媒体，在有人肆无忌惮侮辱祖国母亲，甚至欲分裂宰割她的言论面前，不能没有自己的爱憎！

（原载香港《文汇报》2000年4月26日）

是"征服与屈服"吗？

《要打破"征服与屈服"的困局》，这是某报近日的一篇社评。该社评认为，大陆的恐吓和威胁只能限制双方的选择，令双方更难以走出"征服与屈服"的死胡同，云云。

将海峡两岸目前的困局解读为"征服与屈服"之间的矛盾，这不能不说是一种误导。两岸本来就是中国的领土，大陆用不着去"征服"自己的领土；而两岸民众也都同祖同宗，均属华夏儿女，炎黄传人，生活在大陆的人民更不能也不用去"征服"住在宝岛的骨肉兄弟。

就大陆方面来说，为解决祖国统一，历来主张在坚持"一国"的前提下两岸坐下来好好谈，在此之前先实现两岸直接"三通"，而"和平统一、一国两制"更是众所周知的方针，这哪里有一丝一毫"征服"台湾的意味呢？

对于台湾方面而言，无论是新旧领导人，只要认为自己还是中国人，那么承认"一个中国"原本是应有之义，又何来"屈服"可言呢？而且，和平统一之后，北京绝不会派一个官员去"坐镇"台湾，台湾领导人照当不误，社会、经济、法律制度以及民众的生活方式通通不变，就连军队都可以保留，又有什么可以"屈服"的呢？

事实表明，海峡两岸问题的实质不是什么"征服与屈服"的矛盾，而是中国人民期盼统一，岛内的"台独"势力却违逆两岸民众的意愿，处心积虑地想将台湾从中国的版图上分裂出去。这二者之间的矛盾和斗争，方是两岸困局所在。

所谓"征服与屈服"，容易给人造成以强凌弱、以大欺小的假象，似乎要公众去同情"屈服"的一方，这不是误导又是什么呢？看来社评作者观照两岸问题的整个视角不对。国家统一事关民族大义，作为一个中国人，却在此问题上用似是而非的命题误导公众，请问良知安在？！

（原载香港《文汇报》2000年4月29日）

理屈词穷

"政治评论员"钟祖康在他那篇臭名昭著的"奇文"《台湾有权"独立"》受到舆论广泛批评和谴责之后,近日在某报抛出《独裁无罪!"独立"有难?》一文作为回应。钟认为,所有批评他的文章都是"老掉牙的党八股",而唯一"较有诚意"的何姓作者的文章,其论点也"根本犯了致命谬误",可见他坚持"台湾独立"、反对国家统一立场是何等顽固!

通观钟某整篇"回应",给读者留下的印象可以四个字作概括:理屈词穷。鼓吹和宣扬"台独"原本就毫无道理可言,却硬作辩解,又怎能不捉襟见肘、破绽百出呢?就以钟文的题目来说,好像香港不是讲理的地方:"鼓吹独裁无罪,鼓吹独立于独裁统治则有难!"这是不折不扣的诡辩术!其要害是从根本上偷换了概念的内涵。

事实上,中国人民选择了社会主义制度,而中共领导下的多党合作制,以及人民代表大会制度,与钟文所讲的"独裁"毫无共同之处。而既然中国大陆并非"独裁",而是人民当家作主,你要鼓吹"独立于'独裁'",赤裸裸煽动本无权独立的台湾"独立",那当然就"有难"了,岂止"有难",更是绝无前途,必然短命!其道理就在于此种鼓吹和煽动从根本上与最广大的中国民众的意愿背道而驰。

钟文为"台独"辩解,竟然还胡诌什么"大一统思想窒息改革精神",可谓荒谬绝伦。改革是解放和发展生产力,这与国家的统一毫不矛盾,而且,国家愈是统一,民族愈是团结,就愈有利于改革的推进和深化。钟某将统一与改革对立起来,割裂开来,如果不是对改革的无知,就是蓄意歪曲和误导。

末了,借用钟文的话反问理屈词穷的钟某:如果逆民意鼓吹"台独"无罪,顺民意反对鼓吹"台独"反而有难,天下岂有这样的道理?!

(原载香港《文汇报》2000年5月17日)

应尊重商业决定

某报昨天以《包容的社会可容政治广告》为题发表社评，就九巴、新巴拒绝推出涉及特首连任内容的广告一举说三道四，认定两家巴士公司"过于敏感"云云。

笔者拜读该篇社评后，对其荒谬的逻辑感到惊讶！"过于敏感"显然是一种讥讽，是一种舆论审判。立法会选举候选人在符合选举条例的前提下当然有拟定宣传广告内容的自由，但请不要忘记，作为广告载体的当事者，巴士公司也有接受与否的自由。推出广告就有经济收益，巴士公司岂会有钱不赚？但巴士公司也不能不顾及推出某种广告后对公司声誉的影响，若赚了几个广告钱却赔上公司的声誉，导致丧失更大的经济效益，这种赔本生意只有傻瓜才愿意做。说到"敏感"，那是任何一位生意人必须具备的质素，一家公司若果连收了小钱有可能赔大钱的"敏感"性都没有，又怎能创造辉煌呢？

至于"过于"云云，那就不能不说是社评作者的偏见了。如果以平常心看待两家巴士公司拒绝广告之事，其敏感性一点也不"过于"。而社评居高临下地批评两巴士公司"落伍"、"与社会发展脱节"，那才是货真价实的"过于敏感"——不接受某种广告便落伍，便与社会发展脱节，反之才是先进，才是符合社会发展潮流，对两公司的一项商业决定作如此严厉的政治批评，不是"过于敏感"又是什么呢？

包容的社会可容政治广告，包容的社会也应容得下对有关广告接受与否的选择自由。商业决定理应受到尊重。社评作者以一己之见对拒绝广告者上纲上线，此种"过于敏感"的想法与做法，难道不正与社会的包容性大相径庭吗？！

（原载香港《文汇报》2000年7月29日）

如此"倒董"策略

某报披露了民主党的"倒董"策略：若然选举中"稳胜"的候选人，便尽量不打"倒董"旗号，但形势"危危乎"的候选人，便不妨"玩玩""倒董"议题，以争取选票……

民主党的"倒董"策略真让人大开眼界——原来，他们"倒董"完全是为了一己私利。"倒董"策略对该党一向声称的代表民意、以港人利益为依归等漂亮口号是何等辛辣的讽刺！

透过"倒董"策略，人们不难看出两个问题。

其一，"倒董"不得民心。为什么民主党估计能"稳胜"的候选人尽量不打"倒董"旗号呢？无非是出于"倒董"可能引起负面反应，影响得票率，自帮"倒忙"。这也说明该党是清楚"倒董"并非真正民意这一点的。

其二，投机面目表露无遗。该党之所以部署形势于"危危乎"的候选人"玩""倒董"，是明知道有的候选人平素并不做地区工作，没有真正的业绩。反正胜出的可能性渺茫，又苦于无计可施，倒不如以"倒董"口号博出位，说不定还会有"奇迹"发生。一个"玩"字，该党投机钻营的庐山真面目不是已经和盘托出了吗？

早就有人说，民主党常常与香港普罗市民的利益背道而驰，即此"倒董"策略，使香港人更形象、更清晰地看到了这一点。尽管董特首的施政有可改善之处，但他的治港业绩则有目共睹。"倒董"非但毫无现实依据，更与香港的整体利益相背离。民主党作为本港的一个大党，居然罔顾香港利益，明知"倒董"不得民心而依然为之，其日渐衰落又怎能不成为趋势呢？

（原载香港《文汇报》2000 年 8 月 10 日）

没有特殊公民

警方在完成"六二六"政府总部门外示威事件的调查之后,于近日拘捕了五名专上学联的成员。于是乎,人权监察某"总干事"、自称适合当保安局长的某议员(应该是前议员)、过去做学生时也被拘捕过而如今是某党"少壮派"的代表人物都纷纷出来质疑、批评了,有的报章还发表社论对此表示"不安"云云。

香港是自由社会,有意见当然可以发表。但是,任何批评都应建构于尊重事实的基础上。警方此次拘捕行动是在事件发生个多月,做了大量调查取证,且是在取得律政司意见后作出的。而如果证据确实的话,拘捕行动是应当予以支持的。道理简单不过,作为法治社会,人人都应无条件守法,绝不容许有特殊公民置身法外。

既然是"人权监察"的干事,为什么只注意警方拘捕学生是否违反人权,而对肇事者侵害他人人权的行为从不加"监察"呢?既然认为自己适合当"保安局长",就更应具备法治观念,连警方追究非法集会、阻差办公者都要质疑,那果真作了"保安局长"岂不天下大乱?至于某报社评的奇谈怪论,笔者倒想问一句:贵报对某些人肆无忌惮的行为可能导致社会秩序失控怎么不表示"不安"呢?

大学生素有"天之骄子"之称,理应珍惜青春,勤奋学习,日后报效社会。遗憾的是,确有极少数大学生令人失望。他们目无法制,动辄上街"示威"、"抗议",更不时作出激烈行动,为市民不齿。近期有舆论指某些大学生有"'文革'遗风",虽不中听,却值得反省。有被拘捕者竟谓"我们集会示威从不申请",法治观念淡薄至此,怎不叫人痛心!

但愿此次拘捕行动能唤起大学生们做守法公民的良知!

(原载香港《文汇报》2000年8月17日)

抹黑"新招"

第二届立法会选举日已进入倒计时,各种竞选活动渐趋白热化。

过去的一系列选举告诉选民,以种种莫须有罪名抹黑对手是民主党惯用的伎俩。在此次竞选活动中,该党又搬出了这一"绝招"。即以前日某电视台举办的港岛区选举论坛为例,民主党候选人李柱铭就攻击民建联"保皇"、"亲共"云云。

支持特首及其政府依法施政怎能等同于"保皇",更何况民建联对政府所提议案并非照单全收,在此姑且按下不表。单说"亲共",则是典型的抹黑"新招"。

"亲共"之说脱胎于"亲中"是显而易见的。选民不会忘记,曾几何时,"亲中"是以民主党及其前身港同盟为首的"民主派"攻击爱国爱港人士的重磅"炮弹"。在英方实施殖民统治的特殊岁月中,"亲中"者被讥讽、遭排斥是不难理解的。随着香港回归临近,尤其是香港回到祖国怀抱后,越来越多的香港人终于明白,"亲中"即热爱自己的祖国原本是每一个中国人的应有之义,是起码的民族情怀。在回归后的几次重大选举中,民主党攻击对手"亲中"已经失去市场,"亲中"终于告别了"票房毒药"。

民主党为挽回颓势,便想出抹黑"新招"。"亲中"和"亲共"虽只一字之差,但涵义显然有别。中共是执政党,但香港实施"一国两制"、"港人治港"、高度自治,根本不存在"亲共"不"亲共"的问题。李柱铭攻击别人"亲共",就是企图误导选民,将对手打入另册。

从攻击别人"亲中"到"亲共",说明民主党抹黑对手已"黔驴技穷"。广大选民的眼睛是雪亮的,民主党不管使出多少抹黑"新招",也注定挽回不了该党的颓势!

(原载香港《文汇报》2000年8月23日)

诚信何在？

《苹果日报》向以爆丑闻作招徕，它在质疑别人诚信方面，往往无所不用其极。然而遗憾的是，该报自身就缺乏诚信。过往的姑且不说，就看最新的例证吧！

二十二日，该报以要闻版（A2）整版篇幅，刊登《集资千五万 满场复制品》的"丑闻"，直指"中国航天科技成就展"犯下"五宗罪"，声称展品"十居其九"为复制品或模型，还指责中国航天科技公司"临阵抽起"返回舱真品，违背了申办承诺云云。该报的指控给读者留下国家航天集团公司违诺失信，以"假嘢"（报道语）骗取港人钱财的假象。

好在手写的谎言掩盖不了铁一般的事实。中国航天科技集团公司总经理王礼恒为此郑重澄清，该次航天展所用展品，包括"神舟"号试验飞船、长征二号F火箭整流罩和逃逸塔等，都是非常珍贵的真实产品，既不是什么普通的模型，也不是复制品，它们的结构、材料、状态等与发射升空时完全一致。至于返回舱原物，因要作深入研究，故没有来港参展。对此，八月初已在港向传媒作过通报，并得到主、协办单位及赞助者的理解，根本不存在"违诺临阵抽起"的问题。而且，一二千万港元的赞助费就连制作"神舟"号其中一个舱也不够，在本港举办航天展显然并非为了赚钱。

该报难道一时疏忽吗？不！对于如此重大事件不弄清事实真相便报道，绝不是"疏忽"所能解释的。这只能说该报希望事实是这样的，而这样的报道方符合该报的立场。那么，该报为何要不遗余力地大肆渲染和炒作呢？真所谓醉翁之意不在酒，该报是要通过"航展丑闻"抹黑特区政府，抹黑国家航天科技集团公司，为该报向以保驾护航的政治势力造势。

为了达到某种政治目的，竟然歪曲事实，误导公众，请问该报的诚信何在？！

（原载香港《文汇报》2000年8月25日）

谨防蓄意误导

据报道，九龙东选区以司徒华打头的民主党参选名单，在近日派发予选民的单张上，居然诬指民建联因"程介南事件"而变质为"腐败党"。十分明显，这是民主党候选人蓄意误导选民。

程介南因漏报公司而犯下错误，这是事实。但是，程介南尽管是民建联的原副主席，他毕竟不能代表整个民建联。何况，程介南已经辞去副主席职位，而民建联领导层当时就果断接受程介南的辞呈，对他作出严厉谴责，并向选民承诺将认真调查事件，向公众作出交代。这说明民建联是一个负责任的政党。

至于民建联作出决定，程介南不作当选辞职的承诺，同样是对选民负责任的举措。试想，在事件尚未完全调查清楚的情况下，如果贸然作出当选辞职的承诺，那才是推卸责任的投机做法，无论对程本人还是支持他的选民都不公平。愿意承担应该承担的责任，将信任与否的决定权交给选民，这正是尊重与相信选民的理智抉择。由此可见，从处理"程介南事件"的过程看，所谓"腐败党"的指控是完全站不住脚的。如果客观公正地看民建联诚心诚意为普罗市民做实事八年的往绩，有关"腐败党"的攻讦就显得更加荒唐。

司徒华等人难道不懂一般和特殊、个人和整体两者间的关系吗？不！他之所以要将程氏个人错误强加在民建联整个党身上，以"腐败党"污蔑民建联，就是要蓄意误导选民，挽救自己在选区乃至整个民主党的颓势。不过，正所谓聪明反被聪明误，司徒华抹黑对手倒使选民联想到近期传媒披露的民主党的一系列丑闻，"腐败"究竟谁属，选民心中有数。

（原载香港《文汇报》2000年9月5日）

合法与非法要分清

法治是香港社会的生命。对此持异议的香港人恐怕不多。然而，最近围绕警方追究几起学生非法集会一举的争论，某些人士的意见颇为令人怀疑他们的心目中还有没有衡量合法与非法的基本尺度。

公安条例规定得一清二楚，即示威游行和集会须于七日前知会警方，若没有收到警方通知即可如常举行。那么，凡按此办理的集会游行就是合法的，否则便是非法的。以此观照"四二〇"、"六二六"等学生集会示威，由于根本没有知会警方，显然就是非法的。加之在集会示威过程中多有阻差办公的行为，警方在掌握充分证据的前提下拘捕有关学生，那当然是依法行事，无可非议。

笔者以为，对违法学生起不起诉是一回事，最重要的是要分清合法与非法，如果因为肇事者是学生便可以不讲法治，就可以随意混淆合法与非法二者的界线，那是相当危险的。长此以往，法律公平性的根基就会动摇。

香港是自由社会，又是一个法治社会，人人都应无条件守法，绝不容许有特殊公民置身法外。对任何一项法例有看法有意见，尽可以循多种渠道提出，但在该法例没有废除或作出修改之前，都必须遵守。假如凡不认同某项法例就可以不遵守，社会岂不一片混乱，哪里还谈得上法治社会呢？

毫无疑问，集会游行是公民的一项基本权利，必须得到保障。但是，全世界绝大多数国家尽管表达方法和具体做法不尽一致，却都立法规定集会游行要征得执法部门同意，就连国际人权公约第十九条第三款也载明，表达自由的权利之行使附有某种限制，内容包括维护公共秩序等。根据本港的实际，公安条例规定集会、示威、游行须知会（而不是领取牌照）警方，以便提前做好有关安排是有必要的，在公民权利与社会秩序之间求得了平衡。轻率地将之称为"恶法"并不公平，也是不负责任的。

（原载香港《文汇报》2000年10月12日）

议员该带什么头？

也许有人会觉得提此问题多此一举——议员是市民选举出来的，理所当然要率先垂范，带头遵守法律。然而遗憾的是，有议员却与此背道而驰。

事缘最近有几位立法会议员参与一些未在规定期限通知警方的示威游行，有的还在游行中拿出自己的身份证"博拉"，公然挑战警方，而有的未按法例规定举行的集会游行，其主办者竟然是立法会议员。保安局长对有关议员提出婉言批评，涉嫌议员非但不作自省，反而恼羞成怒，抨击保安局长"恶人先告状"云云。

许多市民对有关议员的上述举动深表遗憾，认为这些议员辜负了选民的期望。是的，立法会作为本港的立法机关，担负着制定法律的神圣职责。如果连立法会议员自己也不遵守法律，甚至公然挑战法律，那么立法会还有什么权威性和说服力呢？尽管只是少数议员，但他们的不智之举对立法会诚信的损害是不容低估的。

笔者留意到，有关议员作出上述动作时振振有词：挑战"恶法"！然而且慢，这个"恶"字是你们加上去的，公安条例是不是"恶法"，并非几个议员或社会上少数人士说了就算数的。说到底，一部法律的优与劣，其检验标准只能是社会实践。公安条例有关游行集会须在七日前通知警方的规定并不苛刻，符合本港地小人多、交通拥挤因而须提前作出安排的实际，在保障公民权利与维护社会秩序两者间取得了较好的平衡。

而且，世界上多数国家对集会游行均有所规管，相比之下香港还是很宽松的。某几个议员将公安条例视为"恶法"而必欲废之后快，着眼点当然不是公众利益。身为议员，你有发表对某项法律不同意见甚至依法定程序提出修改的权利，却没有以身试法、带头不遵守法律的特权。

（原载香港《文汇报》2000年10月17日）

谁在混淆视听？

昨天，本港某报发表的题为《列圣殉道者不应受诬蔑》的署名文章，肆无忌惮地歪曲和攻击中国人民强烈反对梵蒂冈"封圣"的严正立场，读后感到愤慨！

该文对新华社播发的《揭开所谓"圣人"的面目》文章中所列举的具有代表性的几个"圣人"的罪恶行径进行全面翻案，并胡诌什么新华社文章所列"圣人"的"罪状"是"沿袭了大量早期'左'倾的材料"，而北京今次对受封圣人"横加指责"，是"徒然混淆国人视听"云云，可谓一派胡言。

某文指责新华社的署名文章所列"圣人"的罪行是"沿袭'左'倾材料"，是毫无根据的！笔者虽孤陋寡闻，但也曾先后读过一些客观叙述早年某些外国传教士在中国土地上所犯累累罪行的书籍资料，这样的书籍资料既有内地出版的，也有海外发行的。此次新华社署名文章所列"圣人"斑斑劣迹和笔者过往所涉猎的材料是一致的，并没有添油加醋。实际上，"圣人"所犯罪行只是一种事实，而事实就是事实，其本身并没有左、右之分。

举例说，某报的文章为了替"圣人"郭西德（Albericu Crescitelli，意大利传教士）大肆奸污民女的罪行开脱，竟胡说什么当时中国陕西乡间民风保守，族人难以容忍男女奸情，如有那样的事，必成哗然风波，绝对无一再发生的可能。作者以民风保守为由一笔抹煞"圣人"罪行，以一己主观臆测否定铁一般的事实的做法，实在拙劣！该文为其他"圣人"的罪行开脱，大抵也用这种想当然的手法，其政治偏见之深昭然若揭！

不能不说，总体上当年的外国传教士确实充当了帝国主义、殖民主义侵略中国的帮凶和工具，他们的劣迹和罪行是任何人无法掩盖的。某文作者公然替"圣人"百般辩解和开脱，这才是不折不扣的混淆视听！

（原载香港《文汇报》2000年10月19日）

荒诞的逻辑

担任立法会保安事务委员会副主席的民主党某议员,近日发表《严苛的公安条例》(以下简称《严》)一文,对《公安条例》进行指责。这当然是该议员的自由,但他论事说理的逻辑,却不能不说十分荒诞。在此摘举两例,略作剖析。

逻辑之一:权利有所规限就不是权利。

《严》文说,现行的游行规限是一种"批准"或"申请"的制度,令举行集会游行不是一项权利。这种说法十分荒唐!且不说现行游行集会实行的是"通知"制度,并非申领牌照,此种七日前通知警方的规定是为了警方事前做出有关安排,使公共秩序不受影响,实际上有利于公民举行游行集会这一权利更好地得到保障。如果说某项公民权利有某种程度的规限便等同于取消该项权利,就是将权利绝对化,无须任何制约。那么,九铁车厢中规定不准饮食是否意味着剥夺乘客饮食自由,医院等公众场合不准喧哗意味着剥夺人们谈笑的权利呢?

逻辑之二:没有出现的情况便不必作出规限。

《严》文说,一九九五年到九七回归前举行过一千多次游行集会,不见有危害国家安全、损害他人权利和自由的事发生,因而现行条例中纳入"国家安全"的内容便属多余。姑且不说回归前的游行集会有没有危害国家安全的情况发生,即使完全没有,回归后的公安条例纳入相关内容也属应有之义。任何法律的规限总是较为宽泛的,绝不会仅限于曾发生过的情况,否则就难以起到一种预防或遏止犯罪的作用。

某议员是否知道,公民行使权利得有某些限制,内容包括尊重他人权利、保障国家安全或公共秩序等,这为国际人权公约第十九条第三款所载明。《严》文的观点显然与该公约背道而驰。某议员曾声称自己可当保安局长,然而单以他上述荒诞的逻辑,恐怕对此表示认同者不会很多。

(原载香港《文汇报》2000年10月22日)

纷纷谴责

前天，本港有几个人在外交部驻港特派员公署门前公然焚烧国家主席江泽民的相片，对于这种严重侮辱国家领导人的行为，笔者表示愤怒谴责！一位朋友告诉笔者，那天他在一家大型商厦门前的电视屏幕上看到有人焚烧江主席相片时非常气愤，而周围许多市民也看不过眼，纷纷谴责那几个人的过分行为，可见公道自在民心。

完全可以说，焚烧国家主席相片的行为是极为错误的。最起码而言，国家主席也是普通公民，而任何公民的肖像权是受到法律保护的，无端焚烧肖像就是侵犯公民的合法权利，是对他人人格的侮辱。更何况国家主席作为国家元首，是一个国家的代表和象征，他的尊严不仅仅是他个人的，也代表着整个国家，个别人焚烧江主席的相片，就不仅仅是对江泽民个人人格的侵犯，也是对我们国家的不尊重，是可忍，孰不可忍?!

几个人是在公署门前举行所谓抗议国家主席威吓本港传媒时作出上述极端错误行动的。其实，此种"抗议"的本身就是荒谬的。江泽民讲错了吗？没有！他只是对一些记者某些做法提出善意批评而已，没有任何威吓的成分。平心而论，江主席的批评情真意切，说中要害，真可谓逆耳忠言，发人深省。当然，对江主席讲话有不同意见完全可以，可透过多种管道表达，但焚烧相片则是一种耍无赖的做法，受到市民纷纷谴责理所当然。

其实，这几个示威常客做出焚烧领导人相片的事并不奇怪，因为过去他们抬棺游行、焚烧轮胎、扰乱立会、冲击警员等等，干过多少不得人心的勾当。别看他们肆无忌惮，实际他们十分虚弱和孤立，市民对他们早已嗤之以鼻。奉劝这几个人别再一意孤行，否则必为一切有正义感的市民所唾弃！

（原载香港《文汇报》2000年10月30日）

荒谬的指责

日前，民主党主席李柱铭在某报发表题为《钦定的选举文化》一文，歪曲中央领导人会见上京述职的董建华先生时所发表的讲话，其中充满了荒谬的指责。

其一，所谓领导人的讲话"无疑是劝告其他人不用参选特首，中央已有决定"。这与文章的标题相吻合，实际上是指责中央已经"钦定"了下届特首。然而众所周知，第二任特首由八百人组成的具有广泛代表性的选举委员会选出，报中央人民政府任命。这本身就决定了"钦定"特首是不可能的。

如果不抱偏见，就不能否认这样一个事实：江主席等国家领导人是在本港记者一再追问支不支持董先生连任之下回答"支持"的，这一回答说明中央对董先生三年来的施政是满意的，而中央政府支持特首依法施政是一贯的立场，因而上述回答是应有之义。但这一回答和特首须按法定程序选举产生并不矛盾。在特定的答问下表态支持就意味着"劝告其他人不用参选特首"是毫无依据的，而将之与"钦定"画上等号则更是荒谬无比。

其二，所谓"领导人的做法分化了香港社会，制造了'挺董'和'倒董'两个阵营"。这是一种别有用心的歪曲和攻击！应当承认，确实有人在不断做着分化香港社会的不义之举，但那绝非中央领导人。事实表明，是极少数惟恐香港不乱的人掀起"倒董"逆流，事事猜疑，谩骂攻击，挑战法治，竭力分化香港社会。至于李柱铭先生在这股逆流中担当什么角色，他自己清楚，市民也有数。

平心而论，中央政府贯彻"一国两制"既定方针坚定不移，中央领导人非常关心和爱护香港，恳切希望香港保持稳定，六百多万市民团结一心建设新香港，从来没有也绝对不会做任何分化香港社会的事。有人颠倒黑白，将脏水泼向中央，挑拨港人与中央关系的图谋是不可能得逞的！

（原载香港《文汇报》2000年10月31日）

弃权是假　弃民意是真

立法会未能通过就行政长官第四份施政报告的致谢动议，令许多市民为之哗然。原来，由于"民主派"议员齐齐投下弃权票，使得地区直选及选举委员会组别赞成票未过半数，最终导致了该动议被否决。

"民主派"议员在该次动议投票时上演了一出"弃权"闹剧已是不争的事实。弃权，一般意义上说是既不赞成也不反对，但在特首第四份施政报告致谢动议上，"民主派"议员显然是明里弃权，暗里反对。那么，他们为什么不敢光明正大地投反对票呢？是由于第四份施政报告受到各界的广泛支持，大多数市民对该份施政报告表示肯定和满意，明目张胆投反对票岂不意味着要受市民指责，于是便想通过"弃权"来欺骗选民。

但是，广大市民绝非"阿斗"，"民主派"议员过低估计了选民的智慧。请问，谁看不破他们玩的是弃权为名、反对为实的把戏呢？说穿了，以民主党议员为龙头的所谓民主派，在此次施政报告致谢动议表决中，"弃权"是假，弃民意方是真！

曾几何时，"民主派"议员在竞选时向选民信誓旦旦，什么入选后议事论政定以民意为依归。然而选举的口号声未消，种种承诺言犹在耳，他们就将真正的民意抛诸脑后，唯一党一派的私利为大了。

其实，"民主派"议员向以民意代表自诩，可他们究竟在多大意义上真正代表过民意呢？回归前姑且不说，翻翻他们近几年在立法会的"政绩册"吧，在"逢特必反"、"凡董必反"的大旗下，诸如反对政府入市、攻击提请释法、发动"不信任动议"此类闹剧丑剧难道上演得还少吗？而这一桩桩、一件件，哪有不与民意背道而驰的呢？此次"弃权"闹剧，只是他们背弃民意的最新版本而已！

（原载香港《文汇报》2000年11月3日）

某候选人并不"独立"

还有十天,立法会港岛区补选花落谁家便见分晓。

舆论纷纷评估,该次补选将是民建联的钟树根与独立候选人某大状之争,而眼下两者各有拥趸,支持率不相伯仲,选举预测,当然见仁见智,唯舆论对候选人某大状冠以"独立"二字,实在有议论一番之必要。

从候选人所属党派背景而言,某大状没有加入任何政党,称她"独立候选人"并无不可。但是,这只是表面现象。就候选人的政治取向来说,也确有"独立"者,即保持政治中立,不偏不倚任何一方,有的却明显站在某一方或依附某种政治势力,表面"独立",实则不然。某大状当属后者。

何以见得?相信任何稍为关注本港事务者都不难想到,在过往,该名大状与"民主派"在一些重大问题上的取态相当一致。举一个人人皆知的例子,在去年围绕"释法"一事上,该大状的立场就与"民主派"阵营完全相同,都是"旗帜鲜明"地反对人大"释法",一些言论可谓如出一辙,没有丁点"独立"可言。在其他一些重大事件上,该"大状"也都与"民主派"紧紧站在一起。

再者,许多人都觉得奇怪,民主党的头头们为何甘冒党内抨击的风险,不派自己的弟兄而大力推举党外人士参选?其实民主党人是最懂得成本效应的,他们看重的正是某大状的名气和地位,现在落重本助选,一旦成功,岂怕对方不与自己同心同德?而某大状一旦战斗力得以发挥,又岂不壮民主党乃至"民主派"阵营的声威?这就难怪民主党要那么卖力地在某大状参选问题上尽心尽力了。

事实表明,某大状乃不是民主党的民主党成员,并不"独立",选该大状就等同于选民主党。期盼立法会多一把理性的、具建设性声音的港岛区选民,不能不作出慎重的选择!

(原载香港《文汇报》2000 年 11 月 30 日)

《苹果日报》弄巧成拙

《苹果日报》日前题为《立会补选余若薇最值得支持》的社评，为人们提供了"弄巧成拙"最形象的新版本！

社评毫不避讳，指名道姓地支持余若薇，当然是该报的自由，不过仅该篇社评，该报作为"民主派"阵营（当然主要是民主党）的"旗舰"定位愈加彰显。大概为了增强说服力，社评搜肠刮肚地找寻余某的"往绩"。殊料，不说倒罢，一说却弄巧成拙。

社评将反对临立会和特区审议法律条例两件事当作余某"最值得支持"的依据，然而事与愿违，恰恰在上述两件事上，表露了余某罔顾法治、与港人根本利益背道而驰的取态。

香港人都记忆犹新，中方当初决定设立临立会，是在"直通车"安排被英方破坏而不复存在的特殊条件下，为应新生特区立法需要的最佳选择。道理简单不过，如果没有临立会，香港特区一成立便要出现一个立法真空期，这对于一个法治社会而言，是不可想像的。也正因此，临立会具有广泛的民意基础。事实也证明，临立会为保证特区的正常运作及社会稳定作出了不可磨灭的贡献。身为法律界要员，余某却不遗余力地反对临立会，她对香港到底有何承担呢？

临立会审议了政府提交的五十项主体法案及三百五十八项附属法例，其中有些是将港英单方面的非法条例予以拨乱反正。比如公安和社团条例的修订，既充分保障了市民游行、结社等权利，又在个人自由与社会秩序之间达致平衡，等等。余某将有关修订视为"还原恶法"，既与事实不符，也是以一己偏见误导公众。如果这也算政绩，岂不叫人怀疑究竟是立法会补选还是选民主党主席？

呜呼！《苹果日报》帮忙心切，居然好坏不分，黑白不辨，其结果"忙"没有帮成，反弄巧成拙，让选民加深了对余某的负面认识，这大概是该报始料不及的吧？

（原载香港《文汇报》2000年12月7日）

何"逼"之有？

对于中联办主任姜恩柱委托律师通过法律途径促刘慧卿还清拖欠的诉讼费一事，昨日有报章指是"逼刘慧卿破产"，这不能不说是一种误导。

众所周知，刘慧卿当年无中生有，咬定中联办（其前身新华社香港分社）"违反私隐条例"，一纸诉状将姜恩柱告上法庭。当时社会舆论纷纷指这是刘慧卿上演的政治闹剧，尽管告状是她的自由，旁人无权干涉。既然刘慧卿诉诸法律，此事的所有过程理所当然应循法律途径解决。然而自去年六月香港高等法院判决刘慧卿败诉，刘须承担对方的部分诉讼费及利息共计一百六十万港元之后，刘慧卿并没有提出上诉，可就是一直拒不偿付上述费用。此后，虽经多次宽限，刘仍拖欠大部分诉讼费未还。

事情就是如此清楚，提出起诉的是刘慧卿，输了官司不还钱也是刘慧卿，天底下哪有这样的道理？姜恩柱方面一次又一次地予以宽限，可谓做到了仁至义尽，刘慧卿就是拖着不予还清，对方唯有透过法律途径促其还款，这怎么能叫"逼"呢？如果要说逼，只能说是刘慧卿逼人上庭、逼人应诉、逼人依法追讨欠款。倘不是刘慧卿"恶人告状"，又何有此事？倘败诉后刘慧卿即痛痛快快还清堂费，整件事也早已打上句号。

值得一提的是，刘慧卿并非没有偿还能力，她的月薪不低，据传媒报道，她还在瑞士开有公司，以买卖基金及投资等，就是刘慧卿本人也直言不讳并非还不起，也无须宣布破产。她在一年多时间里围绕还款所进行的种种表演，是她整出"政治骚"的组成部分。恶意告人未能如愿，又出来假扮可怜，甚至欲把个人的恶言恶行强加在市民头上，以博取同情。

好在香港是法治社会，市民的眼睛是雪亮的，刘慧卿恶人做事恶人当，别人依法行事，何"逼"之有？！

（原载香港《文汇报》2000年12月14日）

蓄意编造"恐惧症"

《特区的中央恐惧症》，这是某报日前赫然登载的一篇文章，作者为循教育功能组别晋身立法会的某议员。笔者读了此文，觉得作者是在蓄意编造"恐惧症"误导市民。

该文称，尽管有基本法和"一国两制"，但天威难测，足以使特区官员诚惶诚恐，怕触及中央的神经和地雷而万劫不复，在此心态下，特区官员患上中央恐惧症，避之则吉，云云。这里，作者为港人描绘了一幅多么可怕的"恐惧"图，但不能不说，这是毫无依据的捏造。

明眼人一看便知，作者表面写的是特区官员，矛头显然是针对中央政府的，这从作者"官员的恐惧是有理由的"一语及以下的叙述即可得到证明。作者似乎是要告诉市民，中央时不时在向特区发号施令，特区官员稍有不慎便会得罪中央，就会大难临头。然而让特区官员评评，让市民朋友议议，有这样的情况吗？答案肯定是否定的，因为这完全背离事实。

香港回归三年多的事实是，"一国两制"得到了切实贯彻落实，中央政府严格按基本法办事，高度信任董特首领导下的特区政府，从没有干预特区自治范围内的事务。这是举世公认的，就连百般挑剔的英美等国，也不能不给予非常正面的评价。某议员所列举的"恐惧症"种种，或歪曲事实，或主观揣测，无一站得住脚。

最为荒谬的，竟然将人大"释法"这本属实施基本法的应有之义列为"恐惧症"之首要来由。殊不知人大"释法"本身是应特区政府的请求，而对香港长期稳定繁荣有深远意义之举，政府官员咸表拥护，广大市民大力支持，要说"恐惧"，恐怕只是作者自己的阴暗心理而已。

至于作者蓄意编造"中央恐惧症"图谋何在，相信市民自会辨析，无须笔者画公仔画出肠了。

（原载香港《文汇报》2001年1月21日）

岂能为"法轮功"张目

因对政府官员进行人身辱骂而广受批评的某大学讲师，近日又有出位言论。他在某报发表文章，高调攻击内地取缔"法轮功"邪教组织，并为其百般辩解和张目。

该文站在"法轮功"邪教立场上，攻击"中央把它定性为邪教而不予不容"已是"不聪明"，对其进行"歇斯底里镇压"，更会引起激烈反抗，云云。这是从根本上混淆了是非，大量事实早已表明，"法轮功"绝非一般意义上的信仰自由问题，它不仅是一个非法组织，更具备危害人类社会的邪教的所有特征，它是不折不扣的邪教！比如，在教主崇拜的驱使之下，信徒们动辄围攻传媒机构、党政机关；它散布所谓人类末日即将来临谎言，扰乱人们的日常生活，它鼓吹所谓有病无需服药，致使一千七百多人无辜丧命……即以有关信徒自焚而言，也完全是受"法轮功"头目李洪志所谓"升天圆满"之类邪说蛊惑毒害而酿成的。

某讲师置"法轮功"反科学、反社会、反人类等触目惊心的事实于不顾，却颠倒是非，将脏水泼向中央政府。至于他将"法轮功"遭取缔归咎于"它庞大的组织触动了中国共产党的神经"，则更是不折不扣的政治偏见！事情已经非常清楚，"法轮功"邪教不除，将国无宁日，内地改革开放的丰硕成果可能毁于一旦。取缔和打击"法轮功"邪教是亿万人民的意愿，所有认同中国需要安定祥和社会局面的香港人，是拥护依法取缔和打击"法轮功"邪教的。

值得一提的是，"法轮功"邪教已经并正在与所谓"民运"组织、"台独"、"藏独"及"疆独"等反华势力互相勾结，沆瀣一气。而本港的"法轮功"组织也已背弃早先的承诺，撕下伪装，频频搞事，将矛头直指中央政府和国家领导人。对此，香港市民不能不保持应有的警惕！

（原载香港《文汇报》2001年2月1日）

本港"法轮功"愈走愈远

一位市民坦率地说，先前认为本港"法轮功"组织不过是诸多宗教中的一个，其信徒也不过是信仰不同而已，但近期"法轮功"的所言所行使他改变了看法。

这位市民说到两件事。一是香港"法轮功"组织在所谓"包围中南海事件二周年"时高调举行一系列活动，又是"集体练功"，又是到中联办递信"抗议"，如果本港"法轮功"是单纯的健身团体，不涉政治，怎么会在所谓两周年时举办这样的"纪念"活动呢？二是本港"法轮功"头目近日几次公开扬言，将在国家领导人来港出席《财富》论坛大会期间举行一系列所谓抗议活动，且不排除世界各地的"法轮功"学员来港参与其事云云。这说明该组织反政府的政治标签并非别人强加，而是自己贴上去的。

该市民的一番话发人深省。确实，本港"法轮功"组织在愈走愈远。众所周知，该组织长年累月在中联办门外"集体练功"，如果单纯是健身练功，大可在空气清新、环境幽静的公园去练，何苦在车水马龙的路边（中联办对面）驻扎呢？而且，不少市民原以为中联办的搬迁是他们下台阶的机会，殊料中联办前脚走，他们后脚到，真可谓如影随形。对中央驻港机构如此"眷恋"，该组织蓄意将矛头指向谁不就一清二楚了吗？

至于有国家领导人来港出席全球《财富》论坛会议，这对于大会的成功有重要意义，且成功举办该论坛对于香港今后的发展，对于国际形象的提升大有好处，广大市民以此为荣，"法轮功"组织欲乘此机会滋事，搞所谓抗议活动，败坏本港乃至国家声誉，这就更将该组织的高度政治化和盘托出。

正是有鉴于此，行政长官近日发表严正声明，指出该组织旨在刻意挑拨香港和中央的关系，并表示政府将加强注视。该声明道出了广大市民的心声。"法轮功"若在政治化、国际化的危险路上继续走下去，必将为全港市民所唾弃！

（原载香港《文汇报》2001年4月30日）

谴责与警告

行政长官董建华先生在昨日的立法会答问大会上明确指出"'法轮功'是邪教",并表示这是经过详细考虑的。笔者完全支持董特首的说法!

众所周知,内地早已将"法轮功"定性为邪教。这种定性,并非政府信手拈来之举,也不是任何人士的主观意志,而是基于大量触目惊心的事实。在教主崇拜、精神控制、编造邪说、危害社会等方面,"法轮功"都具备当今世界形形色色邪教组织所共有的这些特征。在内地,"法轮功"已导致近一千七百多人因走火入魔、延误治疗或自杀自焚自残而死亡,完全显露出其极端破坏性的邪教本质。

有人将中国政府打击"法轮功"邪教与所谓侵犯人权挂钩,那是一种误导。如果中国政府对"法轮功"不闻不问,任凭其为所欲为,不知还将有多少无辜者断送富贵生命,将会给多少本是幸福的家庭造成悲剧,那才是对广大民众人权的漠视。

"法轮功"既然是邪教,它是没有地域之分的。香港"法轮功"信的是同一个教主,与内地"法轮功"教义相同,我们又怎能设想内地的"法轮功"是邪教而香港的"法轮功"不是邪教呢?当然,作为同一个邪教,其不同地区信徒所作所为不一定完全一样,但这并不妨碍对其邪教性质的认定。而事实上,香港的"法轮功"没有也不可能"独善其身"。一段时间来,香港"法轮功"一系列活动愈来愈趋向政治化、国际化,早已改变了当初注册的性质,背弃了"不参与政治、不反对政府、不投靠任何政治势力"的承诺,在试图以"一国两制"为掩护,将香港作为世界"法轮功"信徒聚集、进行反华活动基地方面,确实充当和扮演了很不光彩的角色。

在本港,越来越多的市民开始对"法轮功"的种种滋扰感到厌恶,并担忧"法轮功"的活动会影响社会的稳定。特首关于"'法轮功'是邪教"的表态,是对香港"法轮功"的谴责和警告,有助于廓清疑云,遏制"法轮功"活动的升级。

(原载香港《文汇报》2001年6月15日)

七、港台关系

　　港台，大家都习惯于这样简称香港和台湾。而实际上，这两地确有不少相似之处，比如两地都是中国固有领土，都实行和大陆不同的社会制度。有意思的还在于，"一国两制"方针原来打算用以解决台湾问题，却先在香港得以实践。也因此，台湾各界分外关注香港回归后的社会变化，而香港某些人却中意台湾对"一国两制"的非议，借以宽慰自己阴暗的心理。在香港回归前后，台湾地区领导人崇洋媚日，大搞"两国论"，推行隐性"台独"，曾受到香港社会爱国舆论的猛烈抨击。

"重返联合国"?

美国政府不顾中国政府的强烈反对，公然同意李登辉以私人身份访美，违背了中美建交的原则。而当李登辉访问期间，美国国会参议院外交委员会，又通过美国支持"台湾加入联合国"的修正案。该修正案虽不具约束力，但反映美国国会内搞"两个中国"的势力有日趋活跃之势。

一个时期以来，台湾岛内极少数人鼓吹"台湾独立"，想把台湾从中国的版图上分割出去。令人遗憾的是，台湾当局不但对岛内的"台独"活动采取姑息纵容的态度，甚至还提出"重返联合国"的口号与之相呼应。前两年，台湾当局唆使少数几个曾诱之以利的国家提出"台湾加入联合国"的议案，妄图将之正式列入大会议程，最后都被联合国大会总务委员会一一断然否决。现在，美国国会中的某些人却公然叫嚷让台湾"加入联合国"，这同样是徒劳的。

全世界都知道，台湾是中国领土的一部分，台湾问题是中国的内政，所有的中国人无不殷切盼望早日结束两岸分裂的局面。而为了实现祖国的统一，中国政府早就郑重提出用"和平统一、一国两制"的方针来解决台湾问题，并主动采取了一系列措施，推动了两岸关系的发展。

但是，台湾当局近年来违背海峡两岸中国人的意愿，挖空心思，变着花样，图谋通过大搞所谓的"务实外交"、"度假外交"、"银弹外交"、"过境外交"、"体育外交"、"校友外交"等等，树立"国际法人"形象，以达到"重返联合国"的目的。

其实，台湾是绝不可能"重返联合国"的。

国际社会都知道，中国是联合国的发起国和最早的会员国。从二十六届联大以后，中国在联合国的合法席位问题已经得到了公正的解决，中华人民共和国政府是代表中国的唯一合法政府这一客观事实，已经被国际社会所普遍接受和承认。

根据联合国宪章，只有主权国家才有资格加入联合国，一个主权国家只能在联合国拥有一个席位。台湾不是一个主权国，而是中国的一部分，当然不能加入联合国。中华人民共和国成立至今，已经同世界上一百六十个国家建立了正式外交关系，在联合国内，至今仍同台湾有"外交关系"的国家与同中华人民共和国正式建交的国家是怎样一个比率，众所周知。

中国还是联合国常任理事国之一,拥有否决权。而随着经济的不断增长,中国的国际地位将会愈益变得举足轻重。世界上任何国家在看待和处理有关台湾问题时,是不可能不正视上述现实的。

总之,不论台湾当局如何鼓噪,美国如何明里暗里支持,台湾都不可能"重返联合国"。

(原载香港《文汇报》1995年6月17日)

谈什么"民族感情"?

中国解放军日前在东海进行军事演习,李登辉竟然宣称"希望中共以民族感情为重,不要一再做出非理性的举动"云云。

如果李登辉也懂"民族感情",我们倒要向他请教——

台湾自古以来就是中国不可分割的领土,李登辉却多次称"台湾是台湾人的",变相鼓吹台湾是一个"独立的国家",这是什么"民族感情"?

从二十六届联大以后,中国在联合国的合法席位问题已经得到了公正的解决,中华人民共和国政府是代表中国的唯一合法政府这一客观事实,已经被国际社会所普遍接受和承认。李登辉不但置联合国第二七五八号决议于不顾,一再鼓噪"重返联合国","用十亿美元换取联合国席位",而且公然付诸行动,又是什么"民族感情"?

李登辉屡屡挟洋人以自重,大搞分裂祖国的活动。今年六月访美时大肆攻击中国政府,鼓噪"两个中国"和"一中一台",这算什么"民族感情"?

去年的千岛湖事件纯属偶发的刑事案件,李登辉却借机刻毒咒骂大陆人民政府是"土匪政府","连法西斯也不如",这也算"民族感情"?

今年四月,台湾岛内某些"台独分子"在丧权辱国的《马关条约》签订一百周年之际发动所谓"告别中国大游行"时,海内外中国人齐声谴责,李登辉却听之任之,有意包庇纵容,这又算什么"民族感情"?

去年四月,李登辉在同日本作家司马辽太郎的对谈中,大谈自己"二十二岁前是日本人",说什么"台湾必须是台湾人的",并称"'中国'这个词是含混不清的","'主权'二字是危险的单词",这是哪类"民族感情"?

今年是中国人民抗战胜利暨台湾光复五十周年,海内外中国人纷纷举行各种形式的纪念活动,但作为台湾国民党的头面人物,在这历史性日子里却长时间保持缄默。这是什么样的"民族感情"呢?

如此等等,不一而足。与此相反,中国政府提出用"一国两制"解决台湾问题和两岸举行对等谈判的建议,以及坚决反对一切"台独"言行,坚决反对和谴责李登辉大搞"两个中国"的行径,解放军做好保卫国家主权和领土完整的准备等等,才是真正的民族感情——中华民族的神圣感情!

话又说回来,说李登辉不懂民族感情实在是冤枉了他。不过,他具有的绝非中华民族的感情，而是大和或者是其他什么民族的感情倒是真的。上述事例难道不是已经十分形象地说明了这一点吗?!

(原载香港《文汇报》1995年9月5日)

台湾势力正插手本港选举

本港早有舆论指出，英国人撤退在即，为制造麻烦，默许、纵容外来势力纷纷染指香港内部事务，连台湾当局也趁机而入。别的暂且不说，近日有传媒披露有关台湾势力正插手本港末届立法局选举一事，再次证实此言不虚。

据报道，台湾民进党籍"国大"代表已组成香港选举观察团，定于本月十一日至十六日来港"考察"立法局选举。代表团将与本港民主党候选人刘千石会面，"交流"港台两地的选举经验。另据悉，台民进党的这个考察团已于本月六日先行听取了台湾陆委会港澳处简报香港选情及各党派实力。

应当指出，台湾势力插手本港选举非自今次始，而是早在本港一九九一年立法局选举时就已竭力介入。据当年台湾及本港传媒透露，台湾当局透过本港某机构支持十八位候选人竞选，每人五万港元，其中有十三人胜出。有台湾报章更称资助竞选"物有所值"，"十三人当选充分显示台湾在港的实力"云云。

台湾势力在同港英默契配合下，尝到了甜头，四年后的今天再次插手本港选举，而且大有由地下转向公开之势，因而引起舆论的关注。

台湾势力插手香港选举，必然要在本港寻找合作者，而本港的民主党则是他们最忠实的伙伴。民主党与台湾势力相勾连的态势已日见彰显。众所周知，民主党的一些候选人几年来就曾几次专程前往台湾，"参观"并"考察"台湾的有关选举。其中规模最大的当属去年年底，由司徒华带队，民主党一行二十余人浩浩荡荡开赴台湾，"考察"所谓省市直选。司徒华返港后表示要在竞选中"借鉴"台湾经验。在今次选举中，民主党也有一些候选人借助台湾势力竞选。民主党及"工盟"近一个时期就频频派人去台湾。据消息人士披露，刘千石和李卓人最近分别去过台湾，张炳良也即将赴台。更有人指他们赴台一是为"筹措"竞选经费，二是"商讨"及"借鉴"选举策略。

在这次立法局选举的候选人中，还有几位是某"联盟"的代表。有舆论早已指出，该联盟是由台湾出钱，受命而成立的。他们在竞选活动中如何借鉴和采用台湾模式，也值得人们关注。

台湾势力高调插手本港选举绝非偶然。近几年来，在港英的纵容下，台湾势力加速异动，频频高调介入香港事务。李登辉公然说什么要以更积极态度关注和推进港澳事务，去年台驻港机构更是破天荒地租用官方场地，使庆祝"双十"

活动具有官方色彩。有消息称台官方新近委派新官驻港，此人已制订详尽计划，准备来港大力拓展新局面，而首务则是成立专门班子，介入此次立法局选举，等等。

　　毋庸讳言，台湾势力插手本港选举，使得本次立法局选举更呈复杂局面。若果港英对此听之任之，有使选举变质的可能，甚至将对本港的平稳过渡及繁荣稳定构成威胁。广大选民对此不能不保持警惕！

（原载香港《文汇报》1995年9月11日）

并不光彩

据报道，西非国家塞内加尔日前宣布与台湾"复交"。从电视画面所见，台湾"外长"在与塞国外长签署"复交"公报时，笑容盈盈，一派自得的神情。

其实，台湾的这一"外交成就"来之颇不光彩！日前美联社的一则电讯说："大多数与台'建交'或'复交'的国家都是穷国，受到台湾投资承诺的引诱……"美联社此则电讯，道破了与台湾"建交"及"复交"国家的状况及台湾"外交成就"的底蕴，可圈可点。

然而，由于众所周知的原因，美联社的电讯还算说得相当客气和大有保留的了，实际上，台湾为了同某些国家"建交"或"复交"，岂止是"投资承诺"而已！台湾当局早几年就提出要用十亿美元换联合国门票。为了达到同某些国家"建交"或"复交"之目的，搞所谓"银弹外交"，将大把大把美元白白送上门去早已是公开的秘密。君不见，台湾当局此举在岛内一度引起言论纷纷，"立法院"辩论此事还引发一场拳头皮鞋战。

全世界都知道，地球上只有一个中国，中华人民共和国政府是唯一合法的代表，台湾是中国领土的一部分。大凡有良知的中国人无不殷切盼望早日结束两岸分裂的局面。但是，台湾当局近年来却违背海峡两岸中国人的意愿，挖空心思，变着花样，大搞所谓的"务实外交"、"度假外交"、"过境外交"、"体育外交"、"校友外交"等等。所有这些活动，都是明显的搞"两个中国"的分裂行为。李登辉更置二十六届联大通过的第二七五八号决议于不顾，一再鼓噪"重返联合国"，几年来唆使少数几个曾诱之以利的国家提出"台湾加入联合国"的议案，但最后都一一被联合国大会总务委员会断然否决。

如今，台湾当局以为又用重金买到一票，殊不知，在中国人民面前暴露了李登辉在分裂祖国的路上又走远了一步。逆潮流而动是不能得逞的。李登辉即使使出浑身解数，"重返联合国"之梦也永远不会变为现实。

(原载香港《文汇报》1996年1月7日)

可耻的"感谢"

台湾"总统"选举日益临近。这幕"直选"闹剧最后鹿死谁手姑且不论，日前有报道称台湾当局正力图借助美国军事力量来"保卫"这场选举，这不能不引人关注。

据台湾多家报章日前报道，台军方权威人士披露，隶属于美国第七舰队的核动力航空母舰"尼米兹号"曾于去年十二月十九日以特遣编队形式，由四艘战舰护航下航经台湾海峡，这是台美"断交"后的第一次。对此，台湾"外交部"有关官员公然对美表示"感谢"云云。笔者以为，这是一种何等可耻的"感谢"。

从"外交部"的"感谢"声中，人们不难想像台湾当局和美国之间的幕后交易，美核动力航空母舰航经台湾海峡绝不会是"自作多情"。台"外交部"一位官员前不久就公开"希望美国能以坚定的语气警告大陆不要以武力解决两岸问题，明确表达美方维护台海安全的意愿"。完全可以说，美航空母舰航经台海，正是台湾当局"希望"的结果。种种迹象表明，一个时期来美正对中国大陆采取"围堵"战略，以图维持其称霸全球的地位，因此台湾当局的"希望"正中美方下怀，二者一拍即合。

但是，中国政府多次向世界表明的有关台湾问题是中国的内政，不容任何外国势力染指的立场，早已被国际社会广泛认同和接受。美不管以何种借口插手台湾问题，都是对中国内政的干涉，都是对中国人民感情的伤害。同为中国人，台湾当局非但对大陆合情合理的统一建议不作善意回应，反而采取一系列加剧两岸紧张关系的举措，在与统一背道而驰的路上愈走愈远。目前居然又"感谢"外国势力干预中国内部事务，公然乞求美舰队游弋台海，这种借助外国势力以图阻止两岸统一的行径必将受到海内外所有中华儿女的唾弃。

历史的车轮即将滚入二十一世纪，世界形势已发生根本性的变化，作为中国的主体，大陆已经不是昔日的大陆，台湾当局却还想如过往般在外国卵翼下作分裂祖国的迷梦，实在是可耻复可悲！

挟洋自重必失败，整部中华民族发展史早已证明了这一点。台湾当局应当清醒，第七舰队并不能阻止中国统一的进程。李登辉如果不想做中华民族的千古罪人，唯一的道路就是放弃在外国势力庇护下做"儿皇帝"的想法，顺应两岸中国人期望早日统一的历史潮流。

(原载香港《文汇报》1996年2月1日)

荒谬的提名

报载，世界诺贝尔和平奖委员会日前已确认并宣布，台湾"总统"李登辉正式被提名角逐一九九六年诺贝尔和平奖。

读了此则报道，笔者不禁觉得好笑。李登辉也配正式提名角逐世界诺贝尔和平奖？真是有冇搞错！李登辉这些年来对世界和平究竟有什么功德？没有，根本没有！他非但没有这方面的丝毫业绩，反而干了许多不利于和平的不光彩行径——

李登辉对中国大陆领导人有关两岸领导人直接会谈，以和平方法解决台湾问题，促进祖国统一的主张不但不作善意回应，反而采取一系列加剧两岸紧张关系的举措；

李登辉口头上讲"统一"，实际上却推行一条"隐性台独"路线，与一小撮"台独"分子暗通款曲，相互勾联；

李登辉在国际上大肆进行分裂中国的活动，大搞"两个中国"和"一中一台"，比如赴美搞什么"校友外交"；派"副总统"频频"过境"美国等；

李登辉派人四处购买各种进攻型新式武器装备，在台湾不时举行针对大陆的军事演习，蓄意造成两岸关系紧张化；

李登辉公然蔑视二十六届联大通过的第二七五八号决议，采取种种卑劣手段，妄图"重返联合国"……

在一切有国家和民族观念的中国人来看，李登辉已沦为分裂国家和民族的政治代表。如果将诺贝尔和平奖授予分裂祖国的人，诺贝尔先生若泉下有知，一定要怒斥今日这类不肖子孙。

上述提名固然荒谬，台湾有人却显得按捺不住的兴奋。据报道，台湾当局大有弹冠相庆的意味，一些肉麻的吹捧及无限提升该项提名的所谓意义之辞简直不堪入耳。

提名李登辉角逐诺贝尔和平奖相信只是一出闹剧而已，奉劝李登辉及台湾当局中人切不可飘飘然，将外国势力插手中国内部事务，当作一剂"强心针"，在与中国统一大业背道而驰的路上愈走愈远。

（原载香港《文汇报》1996年3月3日）

究竟谁无诚意？

诚意者，真心也。有无诚意，不仅在说，更要靠实际行动来体现。人与人如此，团体、政党、地区乃至国家之间亦然。

日前，台湾当局提出了恢复两岸民间"两会"会谈的要求，大陆有关方面认为目前两地恢复协商条件并不具备。对此，台湾当局声称大陆缺乏改善两岸关系的诚意，言外之意是台湾当局对缓和与发展两岸关系是有诚意的。事实并非如此。

人们注意到，台湾"总统"选举甫降下帷幕，李登辉便表示，他会实践竞选承诺，优先处理结束两岸紧张关系，但同时又重弹老调，说什么两岸统一前，他将仍要继续不懈努力推动进入联合国一事。类似的表态，台湾当局在此前重复过不止一次。这难道是有诚意的表现吗？而就在上周二中国外交部发言人批评台湾当局继续推动"加入联合国"一举，明确表态只要台湾当局放弃分裂祖国的活动，回到一个中国的立场上来，两岸即可恢复商谈之后，台湾"外交部"还立即回应，称为了两千一百万台湾人的国际生存权益，当局仍将继续努力推动"参与联合国"，坚持不懈，不会停止云云。一面表示愿意缓和两岸紧张关系，一面又矢言绝不放弃推动"参与联合国"，请问，这算得上什么诚意呢？

几年来，台湾当局非但对大陆合情合理的统一建议不作善意回应，反而采取一系列加剧两岸紧张关系的举措，在国际上大肆进行分裂中国的活动，在与统一背道而驰的路上愈走愈远。本来，所谓"总统"选举结束，是当局改善和发展两岸关系的一个契机，但看来台湾当局并未痛下决心，改弦易辙，汲取教训。表面看，当局将处理两岸关系摆在第一位，但是这似乎只是虚晃一枪，并无什么实在的内容，而对所谓参与联合国一事却念念不忘，又是"继续"，又是"不懈"，又是"努力"，如此执迷不悟，说明骨子里还是要制造"两个中国"和"一中一台"。

台湾当局口口声声为两千一百万民众争取权益，但据台湾不久前民意调查显示，六成以上的民众赞成选举后两岸展开谈判。这说明台湾岛内绝大多数民众是反对将台湾从中国的版图分离出去的。而事实也说明，台湾当局参与联合国之路是条死胡同，是永远走不通的。对此，联合国秘书长日前也明确表示过。

对于台湾当局来说，现在正处在十字路口：是改弦更张，回到一个中国的立场上来，为中华民族的统一做些实事；还是变换花样，在明里暗里分裂祖国的路上继续走下去。海峡两岸十多亿民众乃至海外众多中华儿女都在拭目以待，台湾当局若选择前者，就必须真正拿出诚意来。

(原载香港《文汇报》1996年5月18日)

正义的杯葛

笔者和几个朋友日前正在某酒店餐叙，旁边的电视中忽然传来联合国杯葛巴拿马运河会议的消息，众人悉心聆听，稍后便不约而同地干起杯来。

朋友们如此兴奋不是没有理由的。巴拿马作为联合国会员国，公然邀请台湾当局参加巴拿马运河会议，联合国坚持原则，正式宣布不参加这次会议，捍卫了联合国有关决议的尊严，无疑是一次正义的杯葛。不独笔者的一众朋友，整个国际社会及正义舆论都为之感到高兴。

笔者事后翻查有关资料得知，应巴拿马、法国和美国的要求，去年十月举行的第五十一届联合国大会曾审议了关于举行巴拿马运河会议问题，会议并通过决议，支持巴拿马政府举行此次会议，以讨论一九九九年年底美国向巴拿马移交运河管辖权之后，巴拿马运河如何发挥作用的问题。然而遗憾的是，在筹备会议的过程中，巴拿马政府向台湾当局发出了邀请。在得知此消息后，联合国官员曾于今年早些时候明确表示，鉴于邀请台湾，联合国秘书长安南将不会参加会议。巴拿马当局置若罔闻，甚至公开表示，即使大陆船务公司以后不用巴拿马运河，也要邀请台湾。在此情况下，联合国秘书长发言人日前庄严宣布，整个联合国系统都将不参加巴拿马运河会议。

如果联合国参加此次会议，显然就违背了自己早在一九七一年所作出的第二七五八号决议，诚如安南的发言人所言，联合国参加会议"将是不明智的"。因此，联合国所有机构全面杯葛巴拿马会议，体现了联合国捍卫自己决议的决心和诚意，不能不说这是理性的胜利、正义的胜利！

值得注意的是，巴拿马无视联大决议固然是导致联合国杯葛会议的缘由，但台湾当局为参加此会的种种"努力"也应受到谴责。台湾当局图谋通过参加巴拿马会议，在国际社会制造"两个中国"或"一中一台"的局面。而今，联合国的正义杯葛，不仅对始作俑者巴拿马，也对台湾当局发出了响亮信号——联合国不会接纳台湾，国际社会不会承认"一中一台"或"两个中国"。台湾当局应当清醒了！

（原载香港《文汇报》1997年8月28日）

喜剧乎？悲剧乎？

报载，台湾"总统"李登辉日前在得意洋洋参加了巴拿马国际运河会议之后，即启程访问与台湾尚有"邦交"的国家洪都拉斯，想不到李"总统"甫一抵埠便发生了一场颇令双方尴尬的"插曲"——洪国政府在《先驱报》上刊登的欢迎广告中，与洪国国旗并列的，不是"青天白日满地红旗"，而是五星红旗。虽然该报立即发表道歉启事，并补登一幅，但影响既已造成，李氏整个访问行程由此蒙上阴影便不言而喻。

粗粗看来，这不过是报章出错而已，而大凡世界上大大小小的报纸刊物，从未出现过差错的可能性几乎等于零。但这毕竟不是一般的差错，须知洪国是将李某作为一国"元首"来欢迎的，如今竟然将被欢迎一方的"国旗"都用错，这岂不是天大的笑话！有论者认为这是洪国有意为之，是在向台湾打招呼，即我洪国一夜间便可转而承认北京，以此要挟台湾，以便得到更多的实惠。而这种说法也并非天方夜谭，事实上过往某些国家与台湾的关系就是如此戏剧般演变的。

不过笔者在此还有另一种思考。也许《先驱报》乃至洪国政府并非真心犯错，如同该国外长道歉时所云是一次确确实实的"误登"，那么这种"误登"同样足堪寻味。众所周知，台湾一向将自己视为"中华民国"，可国际社会并不知道什么是"中华民国"。在世人眼中，中国就是中华人民共和国，国旗便是五星红旗。"青天白日满地红旗"对世人实在太陌生了，而鲜艳的五星红旗则在世界各地飘扬着，世人对之十分熟悉。是故洪国也不例外，《先驱报》的广告制作人员于无意识间便将五星红旗绘制上去了，乃至政府有关部门审查时无意识间也觉得并无出错。实在不能怪罪广告制作者和审查者，他们的无意之举实际上带出了一个基本事实：世界上只有一个中国，那就是五星红旗所代表的中华人民共和国。

台湾当局一个时期来搞所谓"务实外交"不遗余力，到头来不但"邦交国"日益凋零，硕果仅存的国家之一居然以五星红旗来欢迎李"总统"的到访，喜剧乎？悲剧乎？恐怕台湾当局及"总统"本人是百般滋味在心头。哎呀呀！

（原载香港《文汇报》1997年9月15日）

第一百六十个

新年前夕，在南非的约翰内斯堡，出现了这样戏剧性的一幕——

台湾驻南非"大使"陆以正黯然离开南非之际，摊开双手，不无神伤地说，我已尽了最大的努力。与此同时，已经抵达南非、将于新年第一天正式履任的中国驻南非首任特命全权大使王学贤满面春风地告诉记者，中非两国关系的黄金岁月即将开启……

上述一幕的出现绝非偶然，而是台湾"外交"处处碰壁、中华人民共和国外交取得节节胜利的缩影。南非与中国建立正式外交关系，包括本港市民在内的全中国民众当然都为这不寻常的第"一百六十"而感到由衷的高兴！

新中国诞生后，中华人民共和国是代表中国的唯一合法政府，这一活生生的事实为越来越多的国家所承认。世界各地一百六十个国家同新中国正式建立邦交，其基础正是承认上述事实。对于世界上绝大多数国家而言，在外交取态上若置十二亿人口的堂堂大国于不顾，那是何等不可思议的事情。现在尚与台湾有"邦交"关系的少数国家，早晚也无法无视上述事实。

台湾自古以来就是中国不可分割的一部分，这是任何人也无法改变的。台湾当局一个时期来大搞所谓"务实外交"，非但收效甚微，还到处碰壁。而南非成为中国第"一百六十"个，便无可辩驳地昭示出：台湾当局竭力推行"弹性务实外交"，或以各种名义制造"两个中国"、"一中一台"的分裂活动没有出路，是注定要失败的。面对这"一百六十"，台湾当局实在应当清醒了！

可以预言，随着中国综合国力日趋增强，随着中国国际威望不断提升，在第一百六十之后，肯定会迎来第一百六十一、一百六十二……

（原载香港《文汇报》1997年12月29日）

"唱衰"香港？

台湾李登辉平日好信口雌黄，这早已为岛内外民众所熟知。如果纯属岛内事务，倒姑且可以不予理睬，殊料他竟对香港的前景大放厥词，那就另当别论。

李氏日前出席一个研讨会时，"预言"香港明年的经济会乱，至于根据何在，他却只字未提。笔者以为，这是通过卖"关子"的手法，有意"唱衰"香港。

在此次震撼全球的亚洲金融风暴中，不少国家损失惨重，香港虽然也受到波及，但影响不大，更未"伤筋动骨"。国际金融界分析其中"奥秘"，以为除了香港本身经济稳健之外，回归因素发挥了巨大作用，当国际炒家看到香港连同内地外汇储备高达两千多亿美元这一事实，也就不能不望而生畏。而国际经济学界大多数专家学者都认同，在未来岁月中，香港的经济不会发生大问题，"危机"二字并不适用于香港。应当说，这并非对香港的廉价溢美，而是符合实际的理性判断。

相信李某人对国际社会关于香港经济现况及其前景的评价不会不知道，而显然是"反潮流"式的故弄玄虚，耸人听闻。一个时期以来，李某人醉心于"总统"和"元首"，对中国大陆提出用"一国两制"实现祖国统一的多项合情合理的主张置若罔闻，硬说"一国两制"不适用台湾，更胡言中共不会让香港"高度自治"。当香港半年来的实践证明"一国两制"成功时，李某便慌了手脚。于是寄"希望"于明年，企图通过"唱衰"香港，搞乱香港人心，最终达致诋毁"一国两制"在台湾的影响力。

然而，一切形式的"唱衰"香港都是不得人心的。李氏的"唱衰"言论除了证明他为了阻挠祖国统一已机关算尽之外，也促使本港各界同心协力迎接新挑战、创造新辉煌。这倒真要感谢李某人了！

（原载香港《文汇报》1997年12月30日）

不光彩的表演

国务院副总理兼外长钱其琛在昨日的记者会上谈到,台湾当局在亚洲金融风暴关键时刻令台币贬值,并多次散布人民币将贬值的流言,一些政要还到处活动,想利用时机取得一些实惠,以达到某种政治目的。话音刚落,台有关方面就发表声明,谓钱其琛的讲话不符合实际云云。

其实,台政要在此次亚洲金融风暴中的不光彩表演,事实俱在,整个国际社会都看在眼里,不管怎样辩解也无济于事。众所周知,台拥有近九百亿美元的外汇储备,在亚洲金融风暴袭来时本无贬值之需要,但却于去年十月宣布贬值,且贬至近十年来的最低点。这一举措引致本港股市暴跌,也导致其他国家的货币进一步贬值,从而对金融风暴起到了推波助澜的作用。不仅如此,台湾当局还倒打一把,将脏水泼向北京,污蔑北京一九九四年的金融政策改革才是此次金融危机的根源。好在世人的眼睛是雪亮的,一些著名国际金融学家将台币贬值及台一再宣称人民币将大幅贬值之说称之为"政治阴谋",意在借此向北京及香港特区施加压力,真可谓一针见血。

至于台湾当局乘人之危,企图浑水摸鱼、在政治上"捞一把"的做法就更为不光彩了。台湾当局自金融风暴伊始,便大力推行所谓"南向政策",先是提出建立"亚洲货币基金",继而高层官员先后明里暗里"访问"新加坡、菲律宾、泰国、韩国等金融风暴重灾国,诱以重资援助,索要"政治回报"——或要求对方给予元首会见之礼遇,或提出双方商谈建立"邦交"事宜。实际上台迄今分文未掏,足见援助是假,企图借"美元外交"分裂祖国、达致"台独"的目的是真。

够了,够了!与台湾当局那些不光彩表演相比,钱其琛先生的谈话够温和了,台湾当局的辩解只会愈辩愈丑。

(原载香港《文汇报》1998 年 3 月 13 日)

"一国两制"与"一国良制"

国务院副总理钱其琛日前表示，台湾的制度对大陆而言，不见得就是"良制"，两岸之间谁也不要吃掉谁。这番话说得合情合理，是对李登辉提出所谓"一国良制"的最好回应。

不难看出，李登辉的"一国良制"论明显是用以抗拒和取代"一国两制"的。其实，李登辉反对"一国两制"一以贯之，只是不同阶段有不同表现而已。从邓小平正式提出"一国两制"，并明确表示先将之用以解决香港这一历史遗留问题以来，李登辉都一直是讥讽、诋毁，将"一国两制"说得一无是处，断言它根本行不通；香港回归后，"一国两制"得以成功实践，广大香港市民都衷心拥护"一国两制"，国际社会也愈来愈予以高度评价，李登辉就改口说"一国两制"不适用台湾，直到前不久在"国统会"上仍坚持此说，重弹老调；现在在汪辜会晤前夕，他又提出什么"一国良制"的口号来蛊惑两岸民众，特别是误导台湾主张两岸尽早和解统一的各界人士。

所谓"一国良制"，就是台湾一制优于大陆一制，两岸要统一，便只能用台湾的制度来统一。"一国两制"与"一国良制"虽只一字之差，意义相差又何止千里。"一国两制"从历史和现实出发，主张"一国"之下"两制"并存，互不干预，谁也不吃掉谁，真正体现了民主性、包容性；"一国良制"却自诩为良，企图以一己模式与制度强加于对方，惟我为大、一副霸道嘴脸。李某不是常常辱骂大陆"独裁"吗？从"一国良制"的主张看来，将"独裁"二字回赠李某才更合适。

"一国良制"论令两岸民众眼界大开——李某反对"一国两制"，已经到了"黔驴技穷"的境地！他之所以百般否定和诋毁"一国两制"，说到底，就是"一国两制"阻碍了他的"两个中国"或"一中一台"构想的实现！

（原载香港《文汇报》1998年9月25日）

"黑金政治"何时了？

台湾"三合一"选举已经降下帷幕。本港市民都希望和期待台湾的有识之士在新的起点上为促进祖国统一作出努力而不是与此相反。

回顾该次选举前后，李登辉在连串活动中简直将台湾的"民主选举经验"吹上了天，并一再鼓吹其所谓"民主统一中国"的论调，本港也有人认为台湾的民主选举已经"趋向成熟"云云。笔者对此不敢苟同。

事实胜于雄辩。不能说台湾的选举毫无进步，但单以该次选举所暴露出来的贿选、买票及攻讦抹黑无所不用其极的情况来看，与真正的民主选举相距甚远。就是台湾选民中，不少有识之士也都毫不讳言选举带有浓厚的"黑金政治"印记。

本港某赴台观摩选举的人士说，台湾选举是选票与钞票并重，此话并非虚言。据悉选举中候选人请选民吃饭的情形相当普遍，千人宴会比比皆是。而选举上限形同虚设，市长候选人动辄斥资数亿元新台币，变相剥夺了升斗市民参与政治的权利，这难道就是民主的真谛？

更有甚者，据台湾媒体报道，选举中各地抄选民手册的情况十分盛行，不少候选人提前下手，将部分作为投票报酬的"走路工"钱送到"桩脚"手上。在某地，还传出所谓"包票公司"和"查票部队"，即候选人拿出一定数目的钱给承包商，将一定区域的选票悉数包下，以及投票日派人查找哪些人尚未投票，迅即派人前往买票……总之是贿选、买票手法五花八门，令人目不暇接。

至于选举中候选人之间互相抹黑、恣意攻讦的情况就更"惨不忍睹"了。有赴台观选者道出观感：台选举文化已发展到"从头到尾斗抹黑"的地步，由此而引发的双方拳脚相向甚至暴力械斗事件也彼伏此起，在此无须赘述。

由是观之，说台湾选举如何完美，道台湾民主如何成熟，实在言过其实。而对于种种不切实际的廉价溢美与吹捧，人们只需问一声——"黑金政治"何时了？！

（原载香港《文汇报》1998年12月9日）

难在缺乏诚意

今天是国家主席江泽民《为促进祖国统一大业的完成而继续奋斗》讲话（即江八点）发表四周年。而屈指一算，全国人大常委会《告台湾同胞书》发表至今更已过去二十载。关心祖国统一的中国人在看到四年乃至二十年来海峡两岸关系有了不少改善和发展的同时，也不能不为两岸至今无法直接"三通"，以及两岸政治会谈之门至今不能开启而焦虑、而纳闷：到底难在何处？

难题的症结已经毋庸讳言：难就难在台湾当局缺乏统一的诚意。就拿"三通"来说吧，两岸直接通邮、通航、通商是两岸经济发展和各方面交往的客观需要，这不仅是大陆官方的设想，更是两岸广大民众的意愿。可这么多年过去了，台湾当局仍采用"戒急用忍"的政策予以阻挠。两地之间人员的往来仍需绕道港、澳等地，而同一货物从台湾运到上海居然比从美国旧金山到上海成本还高，不仅大量浪费宝贵的金钱、时间，也有损于两岸骨肉同胞的情谊和福祉。台湾可以和其他国家或地区"三通"，独独拒绝与祖国大陆直接来往，这难道不是缺乏诚意吗？

再说政治谈判。大陆方面鉴于仅限于事务性协商已不能推进两岸关系而提出尽早举行政治会谈，台湾当局却一直无动于衷，还说什么待大陆民主化有重大突破方能考虑。且不说怎样看待民主的问题，两岸政治会谈与所谓民主发展有何干系？政治会谈绝不意味台湾要接受大陆的制度，只要你认为台现在的民主好，你大可以坚持下去。大陆提出以"一国两制"模式解决两岸统一，是最合情合理的。台湾当局表面上表示赞成中国统一，却以种种借口拖延政治会谈，这种"以拖待变"的手法不是缺乏统一的诚意又是什么？

两岸统一问题总不能无限期拖延下去。对于台湾当局来说，早谈判、早统一比迟谈判、迟统一主动。还望台湾当局三思再三思！

（原载香港《文汇报》1999年1月30日）

媚日续篇

这边厢，本港市民对去年八月李登辉在接受日本《文艺春秋》杂志记者伊藤洁访问时抹煞日本侵略军对中国人民所犯下的滔天罪行一举仍记忆犹新，那边厢，他又抛出媚日续篇，再次公然亵渎中国人的民族情感。

李登辉上月十四日接受日本作家深田访问时，谈起国家主席江泽民前不久访日一事，再次重弹侵华"往事"没有必要一提再提的谬论，甚至胡诌什么与其怪罪日本，不如说江泽民没有正确认识历史云云。

对于中华民族而言，昔日遭受日本军国主义侵略和蹂躏的惨痛历史，确实世世代代无法忘记。这是因为日本军国主义给中国人民造成的战争创伤实在太深重了——两千万骨肉同胞长眠地下，各种损失高达两万亿。假如换了日本，它能忘记吗？日本遭受美国原子弹的袭击，其损失远远低于中国（且不计日给亚洲其他国家带来的巨大灾难），日本忘记了吗？没有！非但念念不忘，更是一提再提。李登辉何不劝劝日本将五十年前的这桩"往事"也忘掉呢？

李登辉以日本现在奉行和平宪法为由指责江泽民缺乏对日本历史的认识，这极为荒谬。作为第一位访问日本的中国国家元首，江泽民重提日本侵华一事，正如他向日方反复申明，是希望日本能够真正"以史为鉴"，不让昔日悲剧重演。难道李不知道一直以来日本国内的极右势力企图改写和平宪法，他们要派兵海外，要争当军事、政治强国并为此不断跃跃欲试吗？难道李不知道历届日本政府对当年军国主义所犯下的灭绝人性的战争罪行非但没有作彻底反省，更有政府官员企图一笔抹煞侵略历史吗？

如果说李登辉不懂日本历史那是冤枉了他，他接二连三对日本人献媚，是长期以来同情以及欲为那场侵略战争翻案心态的自然流露。他对中国人民不忘遭侵略之痛、牢记民族耻辱横竖看不惯，是他崇日媚日情意结的必然反应！

（原载香港《文汇报》1999年2月3日）

耐人寻味的对比

日本国会众议院通过新《日美防卫合作指针》相关法案，引起有关国家及国际社会的广泛关注。有意思的是，日本民众和台湾当局对上述事件的态度形成鲜明的对比。

在日本，众议院是在民众的一片抗议声中通过有关法案的。据报道，日本民众反对法案颇具声势，国会大楼外当天就有超过三千人聚集示威，他们拉起横幅，呼喊口号，强烈抗议众议院通过有关法案；一些知名时事评论家纷纷撰文反对通过法案；就是众议员中，也不乏坚决反对者，认为法案是对中国内政和主权的重大干涉和侵犯，对此决不能允许。

可是在台湾，当局对日本通过有关法案却难掩喜悦之情。"外交部"官员公开表示，法案有助于维持地区和平，对台湾的安全有益，因而值得欢迎。"中央社"的特稿并指出，环顾日本周边地区，除朝鲜半岛外，台湾是最大的潜在危险，日方为自身安全涉足台海，对台湾也有利。

一项在本国广受批评的法案却在台湾得到好评、获得共鸣，如此鲜明的反差实在耐人寻味。日本众议院通过的法案将美日安保条约的防卫性一下子改变为实质上的攻击性，使日本介入"周边地区"战事合法化，这就从根本上改变了日本的和平宪法，因而受到爱好和平的广大民众的反对是理所当然的。

日本政府口头上承认台湾是中国的一部分，但却不肯表态将台湾排除在"周边地区"之外，可见有关法案在相当程度上是针对中国的。台湾当局在祖国统一问题上一直背离两岸人民的意愿，却将自身的安全寄望于别国。如今高调欢迎日本有关法案，再次反映了当局甘愿认贼做父、在别国卵翼下做"岛国"梦的苟安心态。殊不知，堂堂中国人却须外国人呵护是何等羞耻！其实，对台湾来说，最安全的办法还是与大陆实现统一，实行"一国两制"。

（原载香港《文汇报》1999年4月30日）

某主任胡诌些什么？

全世界的中国人，对以美国为首的北约悍然用导弹袭击我驻南使馆的血腥暴行，都表示极大愤慨，只有极少数人例外，他们非但表现出幸灾乐祸，还散布种种无耻谰言。台湾"陆委会"主委苏起便是其中一位。

苏起胡诌，大陆人民所以会反应激烈，导因于中共并未充分透过媒体让民众了解科索沃问题，凸现中共利用舆论误导人民。这是彻头彻尾的政治偏见！以美国为首的北约用导弹袭击我驻南使馆，是对中国主权的严重侵犯，也是对全体中国人民的公然挑衅，这才是中国人民"反应激烈"的根本原因。对此，大凡血管中还流着中国人热血的中华儿女，只要不抱政治偏见，都一致公认。苏起罔顾事实，对大陆民众抗议示威行动的"导因"胡说八道、颠倒是非，是对包括海外华人在内的广大中国人的民族正义感、爱国心的公然亵渎和莫大侮辱。

苏起还胡诌，北约轰炸中共驻南使馆，台湾是"局外人"。北约对我大使馆的袭击是肆意践踏联合国宪章和国际关系基本准则的侵略行径，更是对中国主权的漠视，是对所有中国人的公然蔑视。不说其他，台湾岛内的民众都是炎黄传人、华夏儿女，都是中国人，大概苏起不能不承认吧？既然如此，当以美国为首的北约向中国人公然进行挑衅的时候，台湾又怎么可能成"局外人"呢？一声"局外人"，苏起便将自己的民族情感一笔勾销，他自绝于中华民族的苟安心态和盘托出。

苏起将台湾说成"局外人"，其实是对民意的强奸。有报道说，台湾大多数民众认为北约袭击中国驻南使馆是对中国人的犯罪，是不能接受的，而台湾民众多种形式的自发抗议活动，也是对"局外人"说的有力否定。

对待北约袭击我驻南使馆暴行的态度，是检验每一个中国人民族正义感的试金石，在这一块试金石面前，苏起的庐山真面目清清楚楚！

（原载香港《文汇报》1999年5月18日）

肢解者的梦呓

"中国应放弃大中华主义"、"整个中国应分解成东北、蒙古、新疆、西藏、大陆、台湾等七块"……乍一听，以为是哪个霸权主义者在叫嚣，却原来出自台湾李登辉之口，实令人震惊！

不过，环顾李登辉的人生轨迹，他从最初出卖灵魂、背叛共产党，到混入台湾最高层，顽固地坚持分裂立场，直到最近提出肢解中国的"七块论"，完全是顺乎逻辑的发展。只不过如今他已撕下一切伪装，赤裸裸地表达背叛中国人民的理念——将一个统一的中国分解。

"七块论"的源头也许不在李登辉。早在九十年代初，日本某"学者"兴许受前苏联解体的灵感，曾提出中国应分为"十国"的主张，日本人妄想重温昔日蹂躏我中华的旧梦，提出此荒谬主张不难理解；台湾的某"教授"也大言不惭地要将中国分解成"七个小国"，谓之"和平七雄论"，也受到台湾学界的鄙视。如今李登辉尽管拾他人牙慧，但将"七块论"堂而皇之地塞进自己的"巨著"《台湾的主张》，以他特有的身份，就不能不引起两岸人民高度的警觉。

李登辉的"七块论"，自然而然让中国人民联想起近代帝国主义列强肆无忌惮瓜分我领土、祖国大好河山四分五裂、广大民众流离失所那悲惨的一页。直到新中国的诞生，中华民族终于获得了新生。如今，一个充满生机的中国已经傲然屹立在世界的东方。而一旦两岸实现统一，一个完全统一的强大的中国更将昂首挺立于世界强盛民族之林！显然，李登辉不愿意见到这样的一个中国，非但不愿意，还想充当一个肢解者，把一个统一的中国肢解得七零八落。如此一来，台湾的"独立"便不再显眼，李登辉就可以在别人的"安保体系"下继续"总统"美梦了……

然而，这只能是肢解者的超级梦呓！李登辉肢解祖国的图谋必将遭到两岸人民乃至全世界华夏儿女的强烈反对。肢解之梦将永远钉在历史的耻辱柱上！

(原载香港《文汇报》1999年5月24日)

误解了李某人？

近日，本港的一些报章刚刚对李登辉《台湾的主张》一书中的某些观点提出了批评，台驻港机构的负责人就立即站出来，在报纸上发表《请不要误解李登辉"总统"》一文，替他的老板百般辩解，急切之情溢于言表。

该文最急于辩解的，是论者们对"七块论"的批评。文章说，将李的有关看法引申为主张分裂中国，是明显的曲解，并说李的主张是希望中国各个地区有充分的自主权去互相竞争，追求进步，云云。一句话，李是着眼于一国内从经济竞争层面提出"七块论"的。说得何等轻巧！

那么，李某人的原意究竟是什么呢？其实用不着多费笔墨。我们只要问一句：李提出中国分七个区域，如西藏、新疆、内蒙古等等不早就是举世皆知的中国民族自治区域吗？这些民族自治区域不早就在享有其他地区不曾有的自治权了吗？在中央政府的支持和全国其他省区的帮助下，这些区域不是一直在同其他地区互相竞争而不断追求进步吗？又何劳李登辉再来为他们划分区域呢？可见，李"七块论"的原意绝非该文所云。

该文还以李登辉将台湾也列入其中之一来否认"七块论"是分裂国家，结果适得其反。众所周知，李登辉一直以来就鼓吹台湾用不着"宣布独立"，因为台湾本身就是一个"主权独立的国家"。就是在《台湾的主张》中，他还喋喋不休地称"在台湾的中华民国具有国家的主体性，也保持了主权的独立"（P.240），就"台湾的国家定位问题"，将"提出更完整的解释"（同上），这说明他一直是将台湾看作一个"主权独立的国家"的。如今他将台湾列于七块之一，与大陆的新疆、西藏、内蒙古等并列，不正是分裂国家图谋的最好见证吗？

作为台湾驻港机构，该负责人替"波士"解画不难理解。然而由于"擦鞋"心切，却落得个"此地无银三百两"的效果，这大概是该负责人始料不及的吧？！

（原载香港《文汇报》1999年5月27日）

"实质化"的背后

有人以李登辉《台湾的主张》一书反对"宣布台湾独立"为由，指责批评李登辉的"分裂"论缺乏理据。笔者以为，恰恰是这种指责缺乏理据。

不错，在《台湾的主张》中，李登辉多次提到台湾不必要"宣布独立"。但是，在书中他也反复强调了这样的观点：应将"台湾的中华民国"实质化。剖析这个"实质化"，我们就可以从另一层面同样看清李登辉的"庐山真面目"。

众所周知，在过往，李登辉一直反对将北京称为中央政府，而将台湾视作地方政府，多次鼓噪"中华民国在台湾"，但都是讲讲大话，为自己壮壮胆而已。时至今日，李某人在行将下野前夕，为免有人理解不了他的良苦用心，就正式提出将"中华民国"实质化的口号，并称这是台湾的"当务之急"，急切之情溢于言表。

什么才叫"中华民国"实质化呢？为了不至于曲解，还是引用李书中的原话："在台湾的中华民国具有国家的主体性"，"保持主权的独立"，"台湾必须取得国际的认同与地位"……请问，如此"实质化"，台湾作为"独立国家"已经呼之欲出，同宣布"台湾独立"还有几多区别呢？

整部中国的近现代史清清楚楚摆在那里：中国人民经过长期艰苦卓绝的斗争，终于在一九四九年推翻了倒行逆施的蒋家王朝。自那时起，中华人民共和国取代了中华民国就是一个不以任何人意志为转移的客观事实。李登辉硬要将本已不存在的"中华民国""实质化"，正是要搞"两个中国"、"一中一台"，这与"台湾独立"并无本质之别。

李某之所以反对"台湾独立"，并非他赞同统一，而在于他明白一旦那样宣布，全中国人民都不会答应。为了蒙骗世人，使台湾成为实际上的"国家"，他才提出"中华民国"实质化的主张。"实质化"的背后，隐藏着分裂祖国的狼子野心！

（原载香港《文汇报》1999年6月2日）

台湾从来不是国家

李登辉在分裂祖国的道路上又走出了危险的一步——

他在接受外国记者采访时，公然将海峡两岸关系定位为"国与国关系"。消息传开，世界各地热切期盼两岸早日实现和平统一的炎黄传人纷纷予以严厉谴责！

李登辉以一九九一年台湾"修宪"作为"台湾是国家"的依据，是十分荒唐可笑的！因为只有主权国家才谈得上有宪法。台湾是中国的一部分，无论立宪、修宪本身就是不合法的。是故不论台湾的"宪法"或"修宪"的内容如何，有关"台湾是国家"的提法都是无效的。

李登辉辩称：一九四九年中共建国后从未统治过"中华民国"所辖的台、澎、金、马。这种诡辩也是徒劳的！首先，中华民国在一九四九年已被推翻，代之以中华人民共和国；其次，中华人民共和国成立后没有管治过台、澎、金、马，是由于同属中国人的国民党势力盘踞在那里，而这正好说明上述地区是内战的产物，纯属中国的内政。

再从国际层面看，联合国早已将所谓的"中华民国"驱逐出去。世界上绝大多数国家都不得不承认这个事实并同中华人民共和国建立外交关系。台湾当局大洒金钱，挖空心思拓展所谓"外交空间"，也成效不彰。世人总不能用倒退的眼光看历史。

其实，李登辉早在为"台湾是国家"造舆论了。包括《台湾的主张》，他曾多次表示，台湾没有必要"宣布独立"，因为台湾早已是一个"独立的国家"。此次公然将两岸关系定位为"国与国关系"，再次暴露了他一贯蓄意分裂中国的领土和主权，妄图将台湾从中国分割出去的政治野心。

台湾过去和现在从来不是，将来也永远不会变成一个国家。无论是谁，妄图改变这一事实，非但不可能成功，还会落个遗臭万年的可耻下场！

（原载香港《文汇报》1999年7月13日）

只争朝夕

据传媒披露，台湾国民党投资管理委员会主委刘某近日表示，以明代《烧饼歌》的推算，公元二〇四九年后两岸将统一，届时两岸领导人都姓李云云，说得玄而又玄。

若果人们仅仅将刘某这番话视为讲笑，那就错了。刘某何许人也？李登辉的同门师兄弟是也。在台湾，他与李登辉之间那种"比亲兄弟还亲"的关系早已是公开的秘密。由于刘某在国民党内有"一人之下，万人之上"的地位，一直被传媒视为李登辉的代言人。鉴于此，台湾有识之士认为给两岸统一设下五十年的期限，虽出自刘某之口，却完全是李登辉的旨意，看来并非主观臆测。

问题还在于，在李登辉心目中，五十年也不是确数，他是要将两岸统一无限期拖下去。何以为证？最近李登辉有关两岸关系是"国与国关系"的定位，就说明了一切。既然海峡两岸是"国与国关系"，还何来统一可言呢？

即使将五十年看作确数，也是毫无依据的，是同全世界中华儿女期盼两岸早日统一的强烈愿望背道而驰的。海峡两岸广大民众对于台湾当局对政治会谈迟迟不作积极回应相当不满姑且不说，日前在本港举行的和平统一研讨会上，来自世界各地的华人代表也都一致表达了渴望祖国尽早统一的愿望，有代表直斥台湾当局阻挠、拖延统一是愧对列祖列宗，巴西华人书法协会主席刘树德的巨幅书法作品《炎黄子孙盼统一》，更道尽全球华人切盼统一，只争朝夕之心声！

李登辉百般阻挠和拖延两岸统一进程已到了黔驴技穷的境地，现在又从故纸堆中找出什么《烧饼歌》，让明代人来"推算"海峡两岸统一的时间表，实在滑天下之大稽。如借用《红楼梦》的曲子稍加翻新，真可谓：机关算尽太聪明，反露了"台独"野心！

（原载香港《文汇报》1999 年 7 月 14 日）

岂能混为一谈

一如所料，台湾李登辉将海峡两岸关系定位为"国与国关系"之后，身为台驻港机构某旅行社的总经理旋即发表谈话，为"两国论"保驾护航。

该总经理认为，现在确实存在"两个中国"，理由是自一九四九年以来，海峡两岸就存在着两个政府。这真是荒谬之至！须知，海峡两岸有两个政府只是问题的表象，其实质则是中华人民共和国政府是代表中国的唯一合法政府，台湾当局只是中国领土和主权下的地方政府。这两个政府的性质是截然不同的，岂能相提并论！正所谓"皮之不存，毛将焉附"，中华民国政府早在一九四九年就已经被人民大众推翻，由国民党残部人员跑到台湾组成的所谓政府又怎么能再代表"中华民国"？

某经理谈话另一核心内容，是将海峡两岸比作过去的东、西两个德国，认为"中华民国"与中华人民共和国可以同时并存于国际社会，同时加入联合国，在将来走向统一。真不知该经理是IQ不足、知识贫乏，还是有意"博懵"，台湾问题与东西德乃至南北朝鲜问题有着本质区别，二者岂能混为一谈！

众所周知，德国先是根据二战期间及之后有关国际协议分裂成两个独立国家，它们又被联合国接纳，而后也是通过国际谈判和协议，以西德兼并东德的方式实现统一。总之德国的分裂与统一都是按照一系列国际协议完成的。而台湾则是由二战期间的国际协议规定归还中国，而且当时的中国政府也恢复行使了对台湾的主权。此后的台湾问题则是中国内战遗留问题，纯属中国内部争端，是百分之百的内政问题。虽然两岸尚未统一，但领土和主权从未分割过。既然台湾问题与东西德问题迥然不同，用东西德模式来否定一个中国原则，显然是十分荒谬的。

（原载香港《文汇报》1999年7月15日）

心虚之下的"博懵"

李登辉竭尽撞骗、误导之能事，为臭名昭著的"两国论"百般辩解。近日他竟然大肆指责大陆方面不懂国际法，说什么台湾和大陆之间的关系世界上并无先例，因此这种复杂的关系就叫作"特殊的国与国关系"，云云。

在此且不说李登辉的逻辑极端混乱——凭什么认定世界上无先例的关系就是"特殊的国与国关系"？单以所谓大陆方面不懂国际法而言，也是完全站不住脚的！事实是，台湾作为中国神圣领土不可分割的一部分，这正为国际法所认同。举例说，二战期间，重要的国际协定都肯定台湾是中国的一部分。一九四三年十二月一日美、英、中三国签署的《开罗宣言》明确规定："三国之宗旨在使日本窃取于中国之领土，例如满洲、台湾、澎湖列岛等，归还中国。"而一九四五年七月二十六日中、英、美、苏共同签署的《波茨坦公告》则再次重申了这一点。

再有，在二战结束，中国恢复了对台湾的主权之后，凡二战期间的同盟国政府，在后来历次发表的声明中，均无一例外地确认台湾属于中国这一既定事实。台湾一度窃取了中国在联合国的合法席位，但在一九七一年十月二十五日，第二十六届联大以压倒多数通过了第二七五八号决议，明确承认中华人民共和国政府的代表是中国在联合国的唯一合法代表，台湾从此被驱除出联合国。以上所举，足以证明国际法对台湾属于中国的认定。李登辉狂妄地指责大陆不懂国际法，但又举不出任何国际法认同台湾与大陆是"特殊的国与国关系"的例证，这是何等的可悲！

看来，不懂国际法这顶大帽子，李登辉来戴最合适。当然，李"总统"是假扮不懂，是心虚之下的"博懵"而已！

（原载香港《文汇报》1999 年 8 月 26 日）

"最大创伤"

一如所料，台湾在国际社会推动所谓"重返联合国"的活动再次受到挫败——第五十四届联大总务委员会已断然拒绝将尼加拉瓜等极少数国家提出的有关提案列入本届联大议程。

这是台湾当局的第七次失败。但是，这一次并非前六次的简单重复——作为常任理事国，中、俄、美、英、法五国首次公开联手反对台湾"重返"，美国代表更一改旧风，破纪录在总务委员会发言，强调支持一个中国的政策。这就难怪台传媒在报道事件的同时，纷纷感叹这是台七年来受到的"最大创伤"……

最大的创伤，看似来得偶然，实乃折射出必然的趋势。台湾当局开拓"国际空间"之举正在并将继续遭受越来越大的困难和挫败，"两个中国"、"一中一台"也好，"独台"、"台独"也罢，做梦自慰可以，想变成现实则绝无可能！

世人都知道，不管是否公开承认，台湾当局一直以来都是拿美国为自己壮胆的，什么"美台关系法"，什么美国防技术、尖端武器，均构筑成台湾当局苟延残喘的心理屏障。在台湾当局看来，美国哪怕就是中立，也是对台的大力支持。怎料到美出于自身利益，竟公开站出来反对台湾当局的"重返"之举，心理屏障又怎能不坍塌呢？

台湾当局一直以来将大把大把的钞票撒出去，以"巩固"与极少数经济上较为落后的弱小国家的"邦交"。当局甚至忘乎所以地公开扬言，不惜用十亿美元换取联合国门票。然而尽管几个受惠小国轮番做东，循例作出提案，无奈应者寥寥。联合国秘书处更严词相告：联大第二七五八号决议已承认中华人民共和国是唯一代表中国的政府！这说明欲用金钱敲联合国大门也是枉费心机。

中国的统一、中华民族的大团圆是所有华夏儿女的共同心愿，顺之者深得民心，逆之者遗臭万年。台湾当局再执迷不悟，"最大的创伤"势将接踵而来……

（原载香港《文汇报》1999年9月18日）

"无耻"二字怎写？

据报道，台湾李登辉近日在接受日本专栏作家樱井良子专访时，除再次兜售"两国论"外，更胡诌什么台湾相当于父亲，大陆相当于儿子，而大陆是分离出来的新国家云云，真是一派胡言！

在分裂祖国的危险道路上，李登辉的"父子说"比"两国论"又滑进了一步，因为在他看来，海峡两岸不仅是"国与国"的关系，而且台湾方是正宗"国家"，是"大国"、"老国"，大陆则是"小国"，是分离出来的"新国"。笔者以为，李登辉的"父子说"，正是对他贩卖的"特殊的国与国关系"中"特殊"之所在的一个新诠释。

李登辉口口声声说台湾就是"中华民国"，是一个"国家"，但铁的事实是无情的：中华民国政权早在一九四九年就已经被中国人民所唾弃，所推翻，取而代之的是中华人民共和国中央人民政府。这个政府是代表中国的唯一合法政府，台湾是中国领土的一部分，台湾当局只是中国的一个地方政府，这是国际社会公认的事实。这从全世界有一百六十多个国家和中华人民共和国有正式外交关系这一点，就可清楚看到。

李登辉的"两国论"实属荒谬，他的"父子说"也完全是胡说八道。按照李登辉的卖国逻辑，两岸真是"国与国"关系的话，就应当平等，怎么又变成了父与子的关系？可见他是自己打自己的嘴巴！李登辉应当明白，海峡两岸民众同属华夏子孙，同处一个中国的大家庭之中，互相血脉相通，骨肉相连。"两国论"也好，"父子说"也好，都是李登辉分裂祖国，分裂中华民族的无耻谰言。

从"两国论"到"父子说"，李登辉分裂祖国一意孤行的嘴脸更清楚地展现在两岸民众的面前。为了达到"台独"的罪恶图谋，他已经撕下脸皮，什么险恶的勾当都干得出手，什么肮脏的话都说得出口。李登辉甘愿与中华民族为敌，甘愿被全世界华夏儿女唾弃，那是他自己的事，我们只要问一声李登辉：知不知道"无耻"二字怎么写？！

（原载香港《文汇报》1999年12月25日）

正告和忠告

朱镕基总理在十五日记者会上有关台湾问题的庄严陈词，已在海内外尤其是华人社会引起强烈反响。

朱总理指出，不管谁上台，绝对不能搞"台独"，任何形式的"台独"都不能允许，谁要是搞"台独"，谁就没有好下场！这是对"台独"势力的严正警告。他同时寄语台湾民众，面临紧急的历史时刻，切莫一时冲动，以免后悔莫及。这是对台湾同胞的衷心劝告。笔者以为，这正告和忠告，也正是朱总理台湾问题陈词的核心内容。

朱总理的正告和忠告之所以引起强烈反响，就在于它们是在台湾选举情势正处于波谲云诡、急转直下的紧急关头发表的。正告和忠告准确适时地道出了十二亿中国人民及全世界炎黄传人的心声，其影响和意义自然非同一般。

众所周知，前不久中国政府发表的台湾问题白皮书，在重申"和平统一、一国两制"原则的同时，首次公开将台湾当局无限期拒绝和谈作为动武的前提之一，确实具有很强的针对性。现在朱镕基针对最新形势，以堂堂一国总理身份再次发出正告——在一个中国原则下两岸和谈以实现统一符合中华民族的利益，拒绝和谈而玩"台独"之火者没有好下场！这绝非戏言，相信定会对"台独"势力产生震慑效应。

国家领导人一再申明，两岸统一问题寄希望于台湾人民。这是十分明智的决断。事实也确实如此，绝大多数台湾民众是有一颗中国心的。问题在于，像陈水扁这样老谋深算的"台独"分子，在白皮书效应下明显感到"台独"口号已是"票房毒药"，为了骗取选票，便摇身一变，将"台独"的"尾巴"藏了起来。昨天，他又露出真面目，公开宣称台湾是"主权独立的国家"。在关键时刻，朱总理向台湾民众发出警惕的忠告，对于选民认清和识破"台独"者的庐山真面目，慎重作出抉择，真可谓是一帖清醒剂！

（原载香港《文汇报》2000年3月17日）

一个中国是现实

据报道，在陈水扁提出"一个中国"是议题而不是原则、前提之后，他的一位核心智囊对此作出解释，谓"一个中国"的定义里，究竟是否包括台湾在内，不能由大陆单方面说了算，而必须由两岸当局磋商，云云。

此话差矣！世界上只有一个中国，台湾是中国的组成部分，这是谁都无法改变的事实，不但大陆方面一直尊重这一事实，就是台湾历届领导人也都这样看（李登辉在公开抛出"两国论"前表面上也不得不如此）。因此完全可以这样说，一个中国是实实在在的现实，而不是谁说了算的问题。

从国际层面看，作为最大国际组织的联合国，其安理会五大常任理事国之一的中国只有一个，那就是中华人民共和国，此外绝无第二个中国。全世界有一百六十多个主权国家都承认现实国际社会只有一个中国，认定台湾包括在中国之内。值得一提的是，由于历史的原因，在一九七一年之前，台湾曾一度占据联合国的合法席位，即使如此，该"代表"也一直表示代表的是中国。联合国第二七五八号决议的诞生，使得真正代表中国的中华人民共和国登上了国际舞台，而台湾作为中国一部分的现实进一步为国际社会所确认。

如果从历史层面观照，台湾包括在中国之内更是毋庸置疑。在历史上，台湾也曾先后被西班牙、荷兰、日本占领过，那是非法侵占和统治中国领土台湾，在台湾土地上并未产生过什么"国家"。现在摆在我们面前的台湾问题，是中国内战的产物，纯属一个中国的内政。所谓"中华民国在台湾"也是可笑的，因为中华民国早在半世纪前就被中国人民推翻，代之以中华人民共和国。

概而言之，一个中国是现实，对于两岸会谈来说，当然就是原则。如果将原则当议题，拿自古以来的事实作议题来"磋商"，那就不仅是对现实的亵渎，对国际社会的蔑视，也是对自身的嘲讽！

（原载香港《文汇报》2000年3月22日）

"夜间主席"

李登辉是中国国民党的现任党主席，这是谁都知道的。可也许并非人人都知道，李某在日理万机之余，还不辞辛劳，做着一份"夜间主席"的兼职呢！

话说台湾选举揭晓之后，坊间传出李登辉充当民进党"夜间主席"一说，许多人报之一笑，并不认真。殊料前日民进党政策委员会执行长郭正亮在一个座谈会上表示，陈水扁当选因素错综复杂，但李登辉确实具有"关键影响"，而李登辉是民进党"夜间主席"所言不虚……

妙哉！正当岛内外对李登辉与民进党之间的暧昧关系议论纷纷之际，作为当事一方的民进党，其重量级人马非但不避嫌，还公开予以证实，笔者对郭某的如此坦率表示赞赏！唯其如此，人们对李登辉与民进党之间的关系已经亲密到何等程度也就看得愈加清晰了。

其实，海内外中国人尤其是岛内民众，对李登辉的所作所为早就纳闷：身为国民党的主席，怎么和主张"台独"的民进党的理念那么相似？因为且不说具体涵义，国民党一向是坚持只有一个中国的，可到了李登辉上台，"一个中国"的观念被他一步步削弱、蚕食，而代之以"两个中国"、"一中一台"的不光彩分裂活动，直至公然抛出"两国论"。而这一切，和民进党"台独"党纲何其吻合！

透过此次选举，人们终于恍然大悟：李登辉早就是身在曹营心在汉，白天是国民党党魁，夜间则是民进党"主席"；公开场合为国民党说话，暗地里却替民进党谋划。此真所谓"分身有术"也！事实也确实如此，李登辉一早就有把民进党扶上台的心愿，而此次所谓"总统"大选则是最后机会，岂容有失！他为此作了周密的部署。在选战紧急关头，他实施"弃保效应"，口头上喊支持连战，却没有丝毫实质性举措，暗中却让身边重量级人马站出来"挺扁"，这正是"关键影响"所在。

李登辉"夜间主席"身份的曝光，自然使人们产生了一系列联想……

（原载香港《文汇报》2000年3月23日）

谁在转移视线

近日某报发表题为《民主的胜利　北京的恐惧》的社评，提出了这样的观点：大陆在此次台湾选举中反映出"对民主胜利的恐惧"，并"力图以两岸关系转移国内人民对台湾民主发展的视线"。

不能不指出，上述误导性甚浓的"北京恐惧"论是十分荒谬的，而如果说到"转移视线"，那绝不是北京！

事实是最权威的评判家。对待此次台湾选举，祖国大陆方面自始至终表现得光明磊落。北京方面除了申明台湾选举是地方选举之外，并没有对选举制度本身表示意见，那是台湾民众自己的事。大陆所密切关注的，是选举出来的新领导人对"一个中国"原则的取态。这是很自然的事，因为不同的人当选，事关两岸关系的走向，事关统一的步伐乃至何种方式统一的大问题。对此不仅北京，全世界华人都深切关注。

众所周知，是大陆方面提出用"和平统一、一国两制"方针解决台湾问题的，而"一国两制"的本身就说明大陆在"一国"前提下完全可以包容资本主义一制，包括一人一票的普选方式。只要台湾人民认为这样选举好，将来统一后继续运用就是了，北京何惧之有呢？同时也应看到，大陆对自己所实行的人民代表大会制度完全有信心，因为该制度并非领导阶层"长官意志"的产物，而是历史的必然，人民的选择。作为中国主体的大陆，人民大众衷心拥护现行的社会制度，实践也表明，这种社会制度符合实际，具有生命力。

总之，台湾民众如何看这次选举都可以，大陆要强调的，只是绝不允许任何人搞"台独"，包括任何形式的"台独"。说到"转移视线"，确实有人这样做，但不是大陆，而是岛内极少数人，他们以"民主胜利"说来转移和掩盖民众对"台独"者的警惕；而社评的作者，也试图将海内外中国人的视线从期盼祖国统一转移到政制民主与否之争上来……

（原载香港《文汇报》2000年3月29日）

"怨妇"扬何名？

人称"怨妇"的吕秀莲口出狂言：中共动员全国力量丑化她，使她一夕之间世界扬名，因而觉得无上光荣。电视画面所见，一副洋洋得意的神态。

端的是无耻之尤！

扬名者，可以扬多种多样的名声也！有的人积德行善，为社会贡献卓著，扬的是美名，小之一乡一地，大则五洲四海，生前受人敬仰，身后流芳百世；也有人多行不义，与大众意愿背道而驰，好事不干，坏事做绝，因而扬的是臭名恶名，生时遭人唾弃，死后遗臭万年。如此等等。

吕秀莲说自己一夕之间世界扬名，也许不假，但是这位"待"字"深宫怨妇"却有意回避了一个事实，即她扬的是何种名声。而这，只要看看她因何为而扬名就一清二楚了——

全世界都认同只有一个中国，她却猖狂地挑衅"一个中国"的原则，鼓吹台湾是"主权独立的国家"；包括台湾民众在内的全体中国人都以《马关条约》为耻，她却公然叫嚣"幸亏《马关条约》将台湾割让给日本"，赤裸裸地为卖国贼、侵略者张目；明明台湾自古就是中国的领土，她却篡改历史，将两岸说成是"远亲和近邻"的关系……实在用不着多举例，彻头彻尾"台独"者的丑恶嘴脸已自我曝光。难怪有论者将她斥为"比秦桧更秦桧"、"比汪精卫更汪精卫"了。由此可见，她扬的绝不是什么好名美名，而是恶名坏名，正应了臭名远扬的成语。

事实无情。不是中共动员全国力量对付她，而是吕秀莲疯狂的"台独"言论引起广大中国人民的强烈愤慨和愤怒谴责。因背叛中华民族根本利益、逆统一潮流而动致使臭名远扬于海内外、钉牢在耻辱柱，"怨妇"却不以为耻，反以为荣，在那里沾沾自喜，真不知懂不懂世界上尚有"无耻"二字?！

（原载香港《文汇报》2000年4月15日）

台湾无权独立！

昨天，某报论坛版以头条位置赫然登出一篇题为《台湾有权"独立"》的"奇文"，"奇"就奇在正值社会各界严正批评岛内"台独"言论，力劝新当选的领导人回到"一个中国"立场上来之际，该文却赤裸裸鼓吹台湾"独立"。

奇文罗列出"台湾有权独立"的一系列"理由"，然而实在可惜，稍加思考，便可见这些"理由"无一条可以成立。笔者在此不妨列举数条，略作剖析——

所谓摆脱不公义统治是民众寻求领土脱离的有力理由。将北京政权说成是"独裁"的，是"不公义"的，这是地地道道的政治偏见！十二亿中国人民选择了自己的社会制度，他们衷心拥护和支持国家政权是不争事实，这是对上述政治偏见的最好嘲讽。奇文搜肠刮肚，列出好几个主张民众可以为摆脱独裁而寻求领土独立的国际学者的有关言论，作为立论依据，笔者孤陋寡闻，但却知道学者的观点不能与国际法画等号。如若不然，笔者可以列举出更多的国际学者与此完全相反的观点，那又作何解呢？

所谓"不可分割"没有科学根据。真是好笑！台湾是中国领土不可分割的一部分，这本身就是事实所在，还要什么"科学根据"呢？正如同奇文作者的存在是一个事实，难道还需要去论证你存在的"科学根据"吗？

所谓世界发展不能如大陆宣传的同一个民族只能有一个国家那样。这是蓄意歪曲！北京从来没有这样讲过。但是，作为都是中华民族的成员，大陆与台湾同属一个国家——中国，则是谁也无法否认的历史和现实。以一个民族可能有一个或多个国家来否认大陆与台湾既是同祖同宗又同属一个国家的事实，或者与之相反，都是荒谬的。

所谓全球国家的发展趋势是分裂不止。奇文以全球国家数从两三百年前的二十多个增加至目前的二百来个，来"印证"分裂有理。这是误导！其实，数百年间国家增多有多种因素，诸如新大陆的发现、摆脱殖民地、世界大战等等，所有这些，都与"台独"毫无共同之处。显然，国家的增多并不意味着世界发展呈现分裂不止的趋势，与此恰恰相反，维护国家统一方是世界性潮流。

纵观奇文，通篇充斥着攻击和谩骂。以一己阴暗的政治心理观照台湾问题，当然只能是谬误百出了。台湾无权独立，也不可能独立，奇文只能落得个被一切有良知的中国人唾弃的结果！

（原载香港《文汇报》2000年5月5日）

"朦胧美"?

台湾"陆委会"某"主委"前日在"立法院"表示，对于"一个中国"的问题，新当局应维持过去模糊的做法，"两岸间愈朦胧愈美，愈模糊空间愈大"。

真想不到"陆委会"如此富有创意，竟将美学概念"活用"到海峡两岸关系上来了。稍有常识者都知道，朦胧美属于美学范畴，是一种艺术形式，追求的是模糊意境，作为五彩缤纷的艺术美的一个门类，她的美的确别具一格，比如朦胧诗、朦胧画等等。

但是，直面海峡两岸，在事关国家主权和统一问题上，是没有"朦胧美"可言的，也来不得半点"模糊"。"朦胧美"之说暴露了岛内某些人在"一个中国"问题上正千方百计玩弄花招，以图招摇撞骗，迷惑两岸民众的双眼。事实也正是如此，正当大陆方面一而再、再而三申明台湾新领导人必须在"一个中国"问题上作出肯定表态，台海形势方能缓和，而两岸主张祖国早日统一的所有民间力量也都纷纷敦促台湾新领导人明确承认"一个中国"之际，某"主委"公然在"立法院"教路，要新领导人以朦胧、模糊的方式，敷衍"一个中国"的表态。

应当说，一篇"演辞"将所有问题通通解决是不可能的。但这并不等于说，即将上任者可以刻意回避"一个中国"的表态，抑或可以闪烁其词，甚至在更精巧的政治包装下，继续过往领导人的错误立场和主张。台湾当局必须顺应民意，明确承认"一个中国"，否则，"维护台海永久和平"就只能是一句空话。

事实上，在两岸关系定位上搞所谓"朦胧美"，有人已经在这样做了。君不见，近一段不是时不时就有试探性"气球"抛出来吗？但是，"一个中国"不容"朦胧"，两岸关系无法"模糊"，台湾新领导人若长久醉心于追求"朦胧"、"模糊"，非但无美可言，反而会面临灾难！

（原载香港《文汇报》2000年5月11日）

"海洋立国"——荒诞！

人们将吕秀莲称为"死硬'台独'分子"，这一点也不冤枉她。不说过往，单说近日疯狂宣扬"台独"的连串言论，便足以印证她的"台独"病症确实已经无可救药。

吕秀莲日前大声疾呼，世界上有很多海洋国家，新当局应以"海洋立国"为追求目标，理由是原有国民党政府有"陆权心态"，而新当局应以"海洋立国"，不以土地自限。在这里，吕秀莲似乎将矛头由攻击谩骂大陆转化到嘲讽国民党政权，但其骨子里的"台独"理念非但丝毫没有改变，还得到了更露骨的表达。

所谓海洋国家，是相对于以陆地为主的国家而言的，绝不可能整个国家都是海水，总要有陆地或岛屿作为支撑。按照吕秀莲的逻辑，台湾如果是一个"海洋国家"的话，台湾岛本身即是这个"国家"的支撑点。然而，台湾岛自古以来就一直是中国不可分割的一部分，你有什么权力、有什么资格去进行所谓的"海洋立国"工程呢？吕秀莲必须明白：台湾岛并非国际法所称的"无主土地"（TERRA NULLIUS），她的主人是中国，因此谁也别想以该岛为基地建立所谓"海洋国家"；台湾也不是殖民地，她根本无权独立，想建立"海洋国家"纯系痴心妄想。

在吕秀莲看来，似乎只要改变原有国民党政府以"三民主义"统一中国的理念，从"陆权心态"解脱出来，建立一个"海洋台湾国"，便可获得岛内民众的支持，以及获得国际社会的同情，殊不知除了暴露自己的野心、无知和浅薄之外，所谓"海洋立国"只能是黄粱一梦！

吕秀莲以为自己上台前提出了什么宏伟的"构想"，而其实，"海洋立国"不过是"台湾独立"的翻版而已！其要害就在于"立国"。荒诞的"海洋立国"说目前虽是吕秀莲的"个人意见"，但由于她即将粉墨登场，故误导、欺骗及其危害作用不可低估。

（原载香港《文汇报》2000年5月16日）

也说"一家人"

"两岸人民都是自己人、一家人,就如兄弟姐妹般密切,应该相互扶持,家和万事兴;如动辄兵戎相向,武力要挟,'自己人'也会变成'陌路人'……"这番话出自陈水扁之口,由于时值就职前夜,故值得留意。笔者揣测,话中之意也许能折射出"就职演辞"的某些内容。

对于这番话,不同的人可以作出不同的解读。前半句说两岸民众是"一家人",这是事实,并非陈水扁的发明,大陆方面无论国家领导人还是普罗民众一直这么认为。岛内民众、港澳同胞、海外华人,大凡有良知的中国人,也作如是观。但是,如果一方面说两岸是"自家人"、"一家人",另一方面却不肯或不愿意承认共同的这个"家"——一个中国,岂不自相矛盾乎?说了"自己人"、"一家人"、"兄弟姐妹",就是不说"一国人",这才是要害之所在。

话的后半句就不能不令人质疑了。什么叫"兵戎相向"?什么叫"武力要挟"?你难道不知道大陆方面解决台湾问题的基本方针是"和平统一,一国两制"吗?大陆方面之所以不能承诺放弃武力,绝不是针对台湾民众的,而是针对"白皮书"载明的三个"如果"者。硬要说"武力要挟",那"要挟"的正是外国一切胆敢入侵者,是岛内敢冒天下之大不韪要把台湾从中国版图分裂出去的卖国贼!陈水扁如果放弃"台独"理念,又何必"对号入座"呢?

事实已经必将继续证明,要把"自家人"变成"陌路人"的不是大陆,而是岛内以李登辉、吕秀莲为代表的"台独"势力。大陆方面"和平统一"的诚意毋庸置疑,一再申明只要台方承认"一个中国",什么问题都可以谈,也可以让步,因为让步给"自己人"。至于陈水扁所言"一家人"是否真诚,只要看他明天是否承认一个中国就一清二楚了。

(原载香港《文汇报》2000 年 5 月 19 日)

"未来"的背后

台湾当局新领导人在其"就职"演辞中表示，相信两岸领导人会以善意营造合作的条件，"共同来处理未来'一个中国'的问题"。明白人一听便可知他是在最关键的"一个中国"问题上玩文字游戏，这也正应了前几天"陆委会"负责人所谓"在'一个中国'问题上越朦胧、越模糊越美丽"的表白。

按照该领导人的说法，"一个中国"只限于"未来"，这当然是无视历史和现实，也正如世人所料，他要回避"一个中国"的表态。但是，"一个中国"是回避不了的，也是"朦胧"、"模糊"不得的。因为，一个中国是实实在在的存在，过去是这样，现在是这样，未来当然也一定如此。

从历史层面观照，台湾包括在"一个中国"之内毋庸置疑，在此已无须赘言。台湾也曾先后被西班牙、荷兰、日本占领过，那是非法侵占和统治中国领土台湾，在台湾土地上从未产生过什么"国家"。

从现状看，台湾是"一个中国"的组成部分是谁都无法改变的事实，不但大陆方面一直尊重这一事实，就是台湾历届领导人也都这样看（李登辉在公开抛出"两国论"前表面上也不得不如此）。在国际上，联合国安理会五大常任理事国之一的中国只有一个。全世界有一百六十多个主权国家都承认现实国际社会只有一个中国，认定台湾包括在"一个中国"之内。

由是观之，如果把"一个中国"朦胧化、模糊化，将之说成待"未来"探讨、验证、处理的"目标"，那就不仅是对历史和现实的亵渎，对国际社会的蔑视，也是对自己演辞中所说"海峡两岸人民源自相同血缘、文化和历史背景"的嘲讽！

"未来'一个中国'"，说此话者也许自鸣得意。然而，在"未来"的背后，人们生动形象地看到了他缺乏诚意的心态！

（原载香港《文汇报》2000年5月21日）

荒谬的吹捧

李登辉媚日世人皆知，接任者看来也不遑多让。

话说台湾新领导人在会见前来参加其就职礼的"外宾"时，特别对来自日本的石原慎太郎赞许有加，既"感谢"他对台湾的支持，又"敬佩"他敢于向北京说"不"，还吹捧他是"具有正义感的杰出政治家"，云云，媚相毕现。

石原何其人？台新领导人缘何如此崇拜他？原来，这位日本东京都知事极右政客的面目早已定格。他一向从骨子里敌视中国人民，早年当国会议员时，就公然胡诌"南京大屠杀"是中国"捏造的谎言"，鼓噪"大东亚战争"的实质是日本"从白人手中解放殖民地"等。他至今称中国人为"支那人"（猪狗不如）。当上市长后，就更肆无忌惮地一次次向中国人民发起挑衅。

也正是这位冥顽不化的反华小丑，每每与岛内的"台独"势力遥相呼应。去年，石原窜到台湾，口口声声将台湾称为"国家"，呼应李登辉新鲜出炉的"两国论"；前不久吕秀莲大肆鼓吹"台独"言论，石原便迫不及待出来公然叫嚣中国应当分裂成几个小国；前几天，他到台湾参加"就职"礼期间更大放厥词，谩骂中国领导人"若将台湾合并"就是"中国的希特勒"，叫嚣"热切盼望共产主义政权崩溃"，而中国"不久就一定会成为分裂的国家"。

就此，石原反华的嚣张气焰已可见一斑。而对于一切有良知的中国人来说，石原疯狂的反华言论及赤裸裸鼓吹中国分裂的行径，是可忍，孰不可忍？！

有道物以类聚，人以群分。李登辉与石原狼狈为奸无人不晓；如今新领导人又将刻意吹捧这位为全世界炎黄传人所唾弃的反华政客，这意味着什么难道还须多说吗？

（原载香港《文汇报》2000年5月24日）

并非误解

台湾"陆委会"换了位新主委,名叫蔡英文。早就听闻她是李登辉"两国论"的谋划者之一,从她上任后对"两国论"的那份执着,也可略作印证。

蔡小姐日前会见三十多家外国传媒记者时表示,"特殊国与国关系"的主张,当初是为了开创两岸新的关系架构,是一个好提议,但却遭到对岸的误解,因此她感到很遗憾,云云。

站在蔡的角度,如果她参与制定的身份属实,那么"两国论"受到大陆方面,乃至海内外所有拥护国家统一的华夏儿女的批评和谴责,确实是一件令她"遗憾"的事。但是,你个人遗憾是一回事,说"两国论"受到大陆方面误解则大错特错了。事实上,"两国论"就是"两国论",尽管冠之以"特殊"二字,其破坏祖国统一、割裂国家主权的图谋毋庸置疑。提出"两国论"的要害就是鼓吹和宣扬"台独",这是最明白不过的,哪有"误解"可言呢?

蔡小姐振振有词:"特殊国与国"只是描述事实。是这样吗?错!将两岸关系说成是"两国"关系,是公然对事实的歪曲和篡改!铁一般的事实是,海峡两岸自古至今从来同属一个国家,一个中国具有不可动摇的事实基础和法理依据。而且,海峡两岸均坚持一个中国也是历史的事实,在"两国论"出笼之前,台湾当局也长期坚持一个中国的原则。这见之于台湾当局"宪制性法律"和有关政策中,见之于台湾当局处理有关涉及祖国大陆的各项事务中,也见之于台湾当局各任领导人的言论中……

"今后即使不提'两国论',但事实仍然存在",蔡小姐此言倒是明明白白提醒世人,台新当局不提"两国论"只是权宜之计,暗地里"两国"的定位没有变。拥护祖国统一的人们,对此切不可"误解"!

(原载香港《文汇报》2000年5月26日)

▶ 近观香港 ◀

"一中"不容挑衅

台湾新当局"法务部"部长陈定南在记者会上胡诌"香港是中华人民共和国的一个特别行政区,当然它是另外一个国家",公然将台湾与大陆定位为"两个国家"。此说与李登辉的"两国论"如出一辙,而如果说"两国论"还以"特殊"作遮羞布,陈定南更是赤裸裸地鼓吹与兜售了。

陈定南所言当然极其荒谬,香港固然是中华人民共和国的特别行政区,台湾又何尝不是中国领土的一部分呢?大陆、港澳、台湾,都是一个中国的组成部分,无论历史还是现状都是如此,这是任何人也无法改变的事实。台湾在历史上虽然遭受过外敌的入侵与占领,那都是违反国际法的非法行为,台湾岛的主权属于中国这一特质从未因此而有过丝毫改变。

陈定南身为以"台独"为党纲的民进党人,将台湾与大陆视为两个"国家"本身并不奇怪。怪则怪在陈定南已摇身变为"法务部"部长,而新领导人口口声声说台湾两千多万民众福祉高于所有政党的利益,其就职演说中也承诺"五不",然而话音刚落,同党出身的"法务部"部长便按捺不住,公开鼓吹两个"国家","保证"云云岂不是一句空话?

不能不说的是,陈定南绝非一时失言。就在同一记者会上,当他被记者问及有关上任前"闯关"香港事件时,回答也竟是"基于国际礼仪,与非邦交国家接触,不便多说什么",将香港视作另一"国家"的一部分,且是"非邦交"性质的,可见他把台湾与大陆定位为"国与国关系"的理念根深蒂固。

"法务部"部长是台湾当局中重量级人物,陈定南粉墨登场伊始便迫不及待地鼓吹两个"国家",加之"陆委会"主委蔡某日前也将台称为"主权独立的国家",都是对"一中"的公然挑衅。这就向世人昭示:台新当局无论怎样包装,其"台独"尾巴终究会露出来……

(原载香港《文汇报》2000年5月27日)

谁说台所属未定？

"台独"分子吕秀莲近日又猖狂挑衅"一个中国"，叫嚣什么日本战败后无条件放弃台湾，台湾所属自此一直未明确。她还胡诌如台湾甘愿接受"一个中国"的紧箍咒，就永远逃脱不了束缚。

吕秀莲这番赤裸裸鼓吹"台独"的言论令人震惊，这倒不是为她的死硬"台独"立场，因为在这方面，人们早已料定她已是病入膏肓，不可救药，而是身为台湾新领导人之一，吕秀莲居然可以如此公然歪曲和抹煞历史事实而信口雌黄。日本投降后台湾的地位所属一直不明确吗？否！事实是，二战期间及战后，一些重要的国际协定都肯定了台湾是中国领土不可分割的一部分。最著名的有——

一九四三年十二月一日，中、英、美三国签署的《开罗宣言》就规定，日本应将所窃取于中国的包括东北、台湾、澎湖列岛等在内的土地，归还中国；一九四五年七月二十六日，中、美、英三国共同签署的、后又有苏联参加的《波茨坦公告》再次重申：开罗宣言之条件必将实施。同年八月，日本无条件宣布投降，并在《日本投降条款》中明确承诺："忠诚履行《波茨坦公告》各项规定之义务。"十月二十五日，中国政府收复台湾、澎湖列岛，恢复对台湾行使主权。

以上无可辩驳的历史事实充分说明，所谓日本投降后台湾所属一直不明确的说法是不折不扣的大谎言。战败国日本早已不得不把台湾归还给中国，中国一直对台湾行使着主权，吕秀莲却至今视而不见，甚至恣意抹煞这一事实，将台湾视为"无主领地"。对此，包括台湾民众在内，一切有良知的中国人，无不感到无比愤慨！

至于吕秀莲将"一个中国"比作政治紧箍咒，除了更充分暴露她挑拨离间两岸民众同胞亲情的险恶用心，以及自绝于中国人、自绝于中华民族的嘴脸之外，还能说明什么呢？

（原载香港《文汇报》2000年5月30日）

十大好处

本港有几家报章近日转载了内地《人民日报》发表的题为《和平统一的十大好处》的署名文章，一些社会人士解读之后也说颇有心得，可见该文有一定影响力。

中国的统一必然会实现，而统一无非有两种形式，即和平统一抑或诉诸武力后的统一。该文从宏观的角度，在政治、经济、法律、军事、文教、国际等层面，细说和平统一的好处，读来令人信服，发人深省。

在中国近现代史上，内战频仍，其带给民众的灾难已无须赘述。现在海峡两岸如果能实现和平统一，当然好处说也说不完。诸如两岸尤其是台湾民众免却生灵涂炭，节省不少军费开支用于民生，经济上互补互利，共同分享主权国家的国际尊严，等等。

毫无疑问，大陆方面诚心诚意希望和平统一，这种诚意自七十年代末"叶九条"直至前些年"江八点"的提出，一以贯之。即使当前，大陆方面依然希望以"和平统一，一国两制"解决台湾问题。如果不抱偏见，就不能不承认和平统一的主要障碍在台湾当局。

实在想不到，"和平统一，一国两制"对台湾有何不好？你说台湾经济比大陆发达，那么统一后不是更有利于台湾经济发展吗？又不用你缴税；你说"台湾制度好"，明摆着统一后社会制度不变，直选领导人照搞不误。更有，你还可拥有自己的军队。有人说统一后就叫不成"总统"了，那么请问，是做一个为国际社会承认的中国特别行政区的行政长官有尊严，还是当一个只有寥寥数国捧场的"总统"孤芳自赏有"脸面"呢？

台新领导人是顺应历史潮流、走和平统一光明大道，还是明里暗里搞分裂，直至成为承担内战责任的千古罪人，系于一念之间，建议台新领导人不妨看看《和平统一的十大好处》一文。

（原载香港《文汇报》2000年6月1日）

要怎样的"创意"?

陈水扁在上任一月的记者会上说,朝韩对峙超过半个世纪,但由于双方有创意、有意志,就可以创造历史性时刻,深信两岸领导人同样有智慧和创意,"南北韩能,为何两岸不能?"

短短几句话几次使用"创意",可见陈水扁是何等重视创意。解决台湾问题,实现祖国统一,当然需要创意,关键在于要怎样的创意?不能不说,大陆方面提出用"一国两制"方式实现祖国统一,就是最具智慧的创意。在"一国"架构下,不同地区实行不同的社会制度,我不吃掉你,你不吃掉我,试问世界上哪个国家哪个民族的统一提出过如此富有创意的构想呢?"一国两制"原本是大陆为解决台湾问题而提出来的,而首先在香港得以实施。如果摒弃偏见的话,就不能不承认经过三年的成功实践,证明"一国两制"具有强大的生命力,完全可以以此模式解决台湾问题,最终实现国家统一。

陈水扁口口声声讲"创意",当然是讲给大陆方面听的,弦外之音是大陆缺乏统一的"创意"。在陈水扁看来,"一国两制"不在"创意"之列,一句"'一国两制'不适合台湾"就轻率地予以否定。他的潜台词是,两岸会谈不设前提、"一个中国"不是原则而是议题等等,才有"创意"。说白了,陈水扁的所谓"创意",不过是寻求使两岸永久分裂的依据的代意语而已,高喊"创意"的背后,是要否定"一个中国",为"暗独"张目!

"南北韩能,为何两岸不能?"问得好!不过,应当问陈水扁:朝韩双方领导人都承认是同一民族,长期追求统一,这就是其"能"的基础,你陈某那么多的讲话、演说,就是不提一句"中华民族",提朝韩模式不过是表演作秀而已,醉翁之意是制造"两个中国"。连自己是中国人都不承认,两岸又怎么"能"呢?!

(原载香港《文汇报》2000年6月22日)

拙劣的骗术

相信读者朋友对当今世界各类骗子行骗的故事都略有所闻，但对台湾"立委"秦慧珠编造所谓"中共金援陈水扁"之举，仍不免感到惊讶！

秦慧珠早于去年年中就开始公开散布所谓陈水扁与江泽民通"密函"，陈并接受江五百万美元政治捐款之类的谣言，大陆有关方面前后几次予以严词驳斥，以正视听。想不到秦某非但执迷不悟，还变本加厉，竟将一系列谣言扩充为故事辑成书（《不可能的接触》），出版并举行"新书发布会"，大肆兜售，号称该书的真确性"绝对可靠"云云。

什么"绝对可靠"，这实在是"此地无银三百两"！笔者不禁想起某位哲人的一句话：在市场上叫卖声最响的人，往往是想把最坏的货物推销出去的人。这简直可为秦慧珠画像！《不可能的接触》是一本不折不扣的谣言集，是作者肮脏灵魂的自我剖白，国务院台办发言人斥责她丧失了起码的为人道德，实在是击到了其痛处。

其实，《不可能的接触》中以所谓"中共金援陈水扁"为核心内容的一系列谣言是不经一驳的。其他且不说，就以全中国人民坚决反对任何形式的"台独"来说，作为人民意志代表者的中共，又怎么可能去"金援"一个连自己是中国人也不愿承认的人呢？"金援"、"密函"云云，实在是拙劣到极点的骗术！

然而，拙劣骗术的背后，却有险恶的图谋——"博出位"、"炒作牟利"固然是，要害则在于将脏水泼向中共，将两岸人民反"台独"的严肃斗争庸俗化。作者企图告诉岛内民众，中共表面上大反"台独"，实际上却与"台独"势力暗通款曲：陈水扁虽不承认"一个中国"，照样可与大陆"亲密往来"。如此，秦慧珠不正是打着反陈水扁的旗号，干着为陈水扁开脱的勾当吗？

（原载香港《文汇报》2001 年 1 月 20 日）

八、外部势力的觊觎与干预

> 作为国际大都会，香港不仅是国际金融、经贸、航运中心，也是情报信息中转站。西方反华势力念念不忘插足香港，把它当作渗透中国内陆的桥头堡。香港回归后，外部势力觊觎香港之心不仅没有收敛，反而变本加厉干预香港内部事务。他们或者每年在国会发表所谓香港问题报告；或者插手干预香港各类选举，培植自己心仪人选；或者为香港培训"广场革命"的搞手……外部势力觊觎香港，干预香港内部事务，唯恐香港不乱，唯恐"一国两制"实施顺畅并取得巨大成功。爱国爱港力量怎能不保持高度警惕！

在"居美权"背后

据报道,美国众议员波特准备再度提出法案,要求美国政府从明年起五年内对一千五百名香港记者及其配偶、子女提供"居美权"。

据知,波特早在一九九三年就提出过此法案,而另一位参议员麦克也提出过类似法案,但国会认为时机不成熟,押后讨论有关法案。如今香港回归在即,波特以为时机已到,便准备再次一搏。

人们不禁要问,一个远在大洋彼岸的美国议员,为何独对香港记者如斯关心有加,对"居美权"法案那么耿耿于怀?据波特的发言人说,给香港记者以"居美权",可以使他们有信心及安心报道中国内地、香港新闻,而不必有所顾忌,不必实施自我约束和内部新闻检查。照此说法,似乎现时香港的新闻自由正面临威胁,记者的采访工作遇到了困难和障碍,而九七之后香港记者采访中国内地新闻更会出现人身安全问题。

然而客观事实是无情的。在本港,传媒运作一如过往,并不存在那种影响新闻自由的所谓"自我约束"现象和内部新闻检查。但是,如果将传媒祈盼社会稳定、续享繁荣自由的客观公正言论视为"自我约束",那就是另一回事了。至于香港记者采访内地新闻,据报道,单是去年就达两千余人次,不但人数大增,采访领域及地域也不断扩展,记者们来去自由。其中个别记者因在内地从事与其身份不符的活动而受到审查或处罚,那与新闻自由风马牛不相及,而就是在波特的祖家,也是绝不容许的。

说到九七后的新闻自由,以及新闻从业员的合法权利,特区基本法有明确的规定。有法律的保护,有富有才华和敬业精神的众多新闻从业员的努力,未来香港特区的新闻事业,其光明前景并非波特们可随意描黑。

说穿了,波特提出"居美权"法案,就是要以此为诱饵,误导和唆使本港记者在临近九七之际不受任何约束,对内地作不负责任甚至是造谣、污蔑、攻击的报道,为特区甚至中国政府制造麻烦,从而为把香港变成一个各种政治势力角力的场所创造舆论条件。也许这正是波特们要反复提出"居美权"法案的玄机!

(原载香港《文汇报》1996年11月24日)

借口何其多

关于美国给予中国贸易最惠国待遇问题是一个老掉牙的问题。这些年来，中国政府一再提出，美国应无条件给予中国永久性最惠国待遇，一揽子解决问题。但美国方面总是以种种"理由"予以拖延。

据外电报道，美国今年可能仍不会作出给予中国永久性最惠国待遇的决定，原因竟是美国希望就香港回归中国后，对中国在香港行使主权的情况观察一年。消息是否准确，尚不得而知。

如确有此事，则非常荒谬。美国给予中国最惠国待遇同中国恢复对香港行使主权，二者之间并无直接联系。明眼人一看便知，以"观察"中国对香港行使主权为名，不给予中国永久性最惠国待遇，只是玩弄拖延术的一个借口而已。真所谓若欲故意拖延，何患没有"理由"。

国际社会都知道，贸易最惠国待遇属于经济范畴，纯属双边贸易互惠问题，它并非是一国对另一国的恩赐。中国恢复对香港行使主权，这是一个政治范畴。香港问题是历史遗留下来的，在香港回归中国之前，该问题是中英两国之间的事，而从今年七月一日起，香港问题则纯属中国内政。香港回归中国之后，中国政府对香港行使主权的情况，别说美国，就是英国，也无权置喙和干预。因此，将贸易最惠国这一经济问题同中国对香港行使主权这一主权问题挂钩，正如同将贸易与人权挂钩，是没有道理的。由此也可见，美国并未摆脱将贸易与政治问题混为一谈的旧思维和前人窠臼。

中国政府恢复对香港行使主权，堂堂正正，并不怕任何人"观察"，但这同美欲借"观察"为名拖延给予中国永久性最惠国待遇，完全是两回事。事实早已表明，中国政府实施"一国两制"、"港人治港"、高度自治等一系列对港方针政策并非权宜之计，而是真心诚意的。整个过渡期的进程，尤其是回归前的最后阶段发展，香港市民感受真切，因而对香港前景充满信心。完全可以相信，香港回归之后将会变得更美好。

看来，外电报道并非空穴来风，美国国会中的某些议员确有这样的想法与动作。事实也一再表明，美国国会每年对给予中国最惠国待遇一事，总是诸多阻挠。中国政府和包括本港市民在内的广大民众，当然希望美国政府领导人能以大局为重，放眼未来，作出有利于两国利益的明智决定。

（原载香港《文汇报》1997 年 1 月 20 日）

荷里活的闹剧

一提荷里活（内地译为好莱坞），人们便会想到这一群星璀璨、举世闻名的电影城。荷里活曾制作了许多脍炙人口、老少皆宜的好电影，然而最近却正在自编自演一出荒诞的闹剧。

据报道，荷里活的五十九名艺员最近联名写信给美国总统克林顿，"促请"他积极推动联合国人权委员会通过抨击中国人权纪录的决议案。该联名信并呼吁，美国应该继续挺身而出，维护中国的言论、新闻和各方面的自由。

人们不禁纳闷：一向醉心于电影艺术，甚少涉足政治的荷里活明星们，怎么突然"关心"起中国的人权状况，并高调地要求美国总统和民众为之"挺身而出"呢？原来，此事与中国有关方面早前决定禁止美国一部有关达赖喇嘛生平的电影在中国发行有关。也就是说，由于北京此举触动了荷里活某些明星的神经，才导致致信总统呼吁美民众抨击中国"人权纪录"的行动。

事实真相如何笔者尚不清楚，如确有其事，笔者倒认为北京并未做错。达赖是一个什么样的人物，恐怕再清楚不过的是包括西藏民众在内的中国人。本文无意一一列举达赖的所作所为，但可一言以蔽之，即达赖主要的身份并非什么宗教人物，而是一个披着宗教外衣，与西方反华势力相勾结，长期从事分裂中国的政治人物。美国有人愿意为他拍摄电影树碑立传，那是他们的自由。但是，将这样的影片拿来中国放映，那就是对中国人民民族感情的极大伤害。中国政府是人民的政府，不容许伤害人民的事在自己的国土上发生理所当然。如果这就是某些明星所谓中国没有"自由"和"人权"的话，那就实在太可笑了。试问，将此事反过来，拿一部替某位长期从事分裂美国的人歌功颂德的影片去美放映，又如何呢？

至于中国的人权，虽非尽善尽美（美国不是也接二连三发生公然践踏人权的悲剧吗），但一个基本的事实，是随着经济的不断发展和法制的完善，广大中国人民正享受着愈来愈广泛的人权，这是全世界有目共睹的。正因为如此，某些国家欲借人权干涉中国内政的图谋连年在联合国人权委员会上遭到挫败。相信今年也复如斯。

看来，荷里活某些明星的上述闹剧是受挑唆所致。笔者奉劝这些明星保持头脑清醒，以免陷得太深，届时难堪之外，还有损明星光彩。

（原载香港《文汇报》1997年1月27日）

美国要填补真空

上月底，美国参议院外交事务委员会主席贺姆斯声称，正考虑向国会提交一项议案，责成美国政府禁止香港临立会议员出入境签证。贺氏将临立会与香港黑社会组织相提并论，此论一出引起哗然。贺氏做"政治秀"是成功的，至少提高了知名度。但其无知也引来了讪笑。

一些美国人说，撇开政治不谈，贺氏的建议即使在技术上也是行不通的。问题在于，很少美国人对香港乃至中国具备准确认识，政客戴着"有色眼镜"看东方，传媒又极尽歪曲能事，于是往往作出错估，既侮辱了人，又侮辱了自己。回归日近，英国势力逐步淡出香港，而美国却十分有兴趣地插进来。美国国会部分议员去年成立了"国会香港委员会"，公开表示委员会能为香港前途扮演重要角色。

美国政府智囊团之一的"传统基金会"在一份研究报告中坦白表示："华盛顿必须清楚认识到，鉴于其在香港的显著经济文化地位，美国势必取代英国，成为在香港最首要的西方国家。"

美国垂涎香港已久，口水早就流满地，现在盟友"松人"，还不"擒擒青"抢住上。香港美国总领事馆是全球最大的领事馆，香港美国商会是美国在海外最大的商会，香港是美国进入中国内地的重镇，美国不少部门在香港都有分支。中美关系正在改善，但正如董特首所说："美国有一股非主流力量希望孤立中国，我很挂心。"未来的麻烦会来自美国。

（原载香港《东方日报》1997年2月11日）

偏见加狂妄

美国在人权问题上对发展中国家特别是中国存有偏见，早已是举世皆知的事实。美国每年都要炮制一份"国别人权报告"，对一百九十多个国家说三道四，更对中国的人权状况蓄意进行歪曲和攻击。新华社日前播发了题为《请看美国的人权状况》的长篇文章，以无可辩驳的大量事实向世人昭示，以"人权大国"自诩的美利坚合众国，恰恰是当今世界上人权纪录很差的国度。

也许是新华社的文章触到了美国痛处，其国务院发言人除重弹"美国是全球人权纪录最佳国家"的老调之外，还恼羞成怒地以"美国无须极权国家来教训"之类的话攻击中国，其偏见加狂妄的霸道嘴脸展露无遗。如果当场有人反问，你美国这样人权纪录的国家有什么资格教训别人，不知这位发言人将如何回答！

美国近年来在香港问题上也愈来愈显现其固有的偏见和狂妄。别的不说，美国国会众议院日前竟然通过所谓"香港回归法案"，无端质疑中国日后是否会遵守联合声明，煽动对中国执行对港政策决心和诚意的怀疑，并赤裸裸威胁说，届时香港高度自治受损时美国采取措施云云。

真是岂有此理！香港自古就是中国的地方，是中国自己提出用"一国两制"的构想同英国达成解决这一历史遗留问题的圆满协议。"港人治港"、高度自治等一系列对港方针政策是中国政府自己提出来的，其正确性及贯彻执行的诚意与决心更为整个过渡期尤其在近年特区组建进程中得到验证，国际社会有目共睹，香港市民更对未来充满信心。我们倒要问一问，美国国会议员有多少读过中英联合声明？有多少认真看过香港特别行政区基本法？有多少人了解香港过渡期的各种情况，包括关于成立临立会是怎么一回事，香港有关人权法案条例争论的来龙去脉？对这些问题一无所知，或知之甚少，却要在太平洋彼岸干预别国的事，岂非咄咄怪事！如此狂妄的表现，对中国尤其是对香港又有什么作用呢？

（原载香港《文汇报》1997 年 3 月 15 日）

如此"新闻自由"

某些西方传媒向以高擎"新闻自由"大旗而自居,这当然并无不妥。然而,当他们将"新闻自由"当作一根大棒,动辄去打世界各地甚至自己阵营中同行的时候,人们就不能不怀疑此种"新闻自由"的纯洁性了。

最近,英美等国的一些传媒,围绕本港某报聘用某顾问一事而大动肝火,大有共讨共诛之势。事缘本港英文《南华早报》近期聘请了一位顾问,殊料此举触动了某些西方传媒的神经,连日来在电台、电视、报章中,以声音、文字甚至卡通指责该份在港最具代表性的英文报章已开始"自我审查","向中国屈膝",并将此举与九七之后香港的新闻自由联系起来,揣测届时香港"可能只有一种声音",新闻自由将成为"一句空话"等等。

多么荒唐!《南华早报》聘用顾问显然是因应报纸发展需要,完全是自身运作的正常之举。至于聘用什么人,也是自己的选择。无端指责该报"转軚"、向中方屈膝、做"中方喉舌",实属主观臆测。如果该报连聘用一个顾问的自由都没有,那还谈得上有什么新闻自由呢?事实上那些指责别人的西方传媒,自己不也是经常进行着各种各样的人事调整吗?看来西方的政治偏见已导致某些传媒中人患上了多么严重的神经衰弱症。

难怪上述无端指责会引起该报的强烈反感,其老总乔纳森·芬比(Jonathan Fenby)气愤地在祖家《观察家报》发表长文,批评英美传媒是毫无根据地"屈南早",并一再强调他仍然是老总,而顾问就是顾问,提醒某些人不要想像力过于丰富,动不动就指责别人"转軚"、"屈膝"。

芬比的话不无道理。仅仅依照新闻自由的一般原则聘用了一位顾问,就遭到西方传媒"群情汹涌"(某报文章语)的指责,这难道不是对所谓"新闻自由"的绝妙讽刺吗?!

(原载香港《文汇报》1997年4月28日)

"人权奖"的题外话

报载，本港前立法局某议员获得东欧某国一项"人权奖"，而该获奖者则谓这个奖项很特别及有意义，故愿意打破他先前所作不再离港的"誓言"，亲赴领奖。

外国有人愿意颁奖给本港某人，而本港某人又乐于前往领奖，那都是颁发者与领受者的事。笔者暂且无意对这件事的本身说长道短。然而，颁奖者与领奖人各自的一番话却实在叫人不敢恭维，不能不发几句题外之话。

颁奖者、某国一个基金会在一封信件中表示，当民主世界大都被动地接受七月一日香港移交时，中国对香港人表达自由及其他人权施加限制。"被动"云云，似乎是说世界各地对香港回归中国颇为不悦甚至有所抵触，但这并非事实所在。香港自古就是中国的领土，香港离开中国怀抱是昔日殖民主义侵略掠夺直接造成的。现在，在世纪交替之际，在和平民主已成为世界潮流的今天，中国政府以和平方式解决香港问题，宣告殖民统治的结束，是对人类进步事业的一大贡献，世界绝大多数国家都表示赞赏。这从各国纷纷驰电中国政府表示热烈祝贺即可看出，怎么能说民主世界"被动"接受香港回归的事实呢？至于说中国对港人表达自由及其他人权加以限制云云，就更是无稽之谈了。

结束殖民统治，港人自由人权更有保障，那位得奖者把"一切暂时未见有大转变"（他自己所云）的原因归结为"国际传媒仍在监察着这个地方"明显是本末倒置。众所周知，用"一国两制"伟大构想解决香港问题，使香港现行社会经济制度和生活方式五十年不变是中国政府的自觉行动，而非权宜应变的临时性举措。特区成立半月来港人自由人权并未受到限制，今后也将长期如此，那是中国坚定不移的基本国策所决定，而绝不是"国际传媒监察"的结果。市民记忆犹新，得奖者于回归前去大洋彼岸筹款时，曾一鼻子眼泪地表示那是他最后一次来外国，因为担心九七后离港将回不了香港，言犹在耳，如今撤销"誓言"，这不就说明一切问题了吗？

（原载香港《文汇报》1997年7月16日）

重温旧梦？

按照中英联合声明载定的时限，英国已将香港交还给中国。中国政府已经恢复对香港行使主权。对于这一历史事件，正如邓小平先生生前所说，对英国也是有利的，因为这意味着英国彻底结束殖民统治时代，在世界公论面前会得到好评。

然而有迹象表明，英国国内有人对殖民统治时代的结束非但没有解脱感，反而耿耿于怀，甚至有重温旧梦之嫌。比如近期英国国防部有关军备发展的检讨引发了一场国内对于"炮舰外交"的辩论，在辩论中竟不乏有人支持英建立"二十一世纪炮舰外交"。该种支持论调指出，全球百分之七十的人口生活在距海岸线一百英里的范围内，强大的炮舰特别适合从事"阻吓和压制"这些人口的工作，因为强大的炮舰只要摆在近海一段时间，就能起到"示威"的效果，以配合"外交"，而且在必要的时候，海军还可以在沿海的任何地点投入军队，以"防止"可能出现的冲突，等等，真可谓振振有词。

支持英国建立强大海军者，其出发点显然并非出于防卫，真正用意在于扩张。听了"炮舰外交"支持者的论调，一幅昔日"大英帝国"凭借坚船利炮四处侵略扩张、烧杀抢掠的图画便重现在人们面前。别的且不说，香港不就是这样被强占的吗？在十八、十九两个世纪中，英国正是在炮舰之下，长驱直入，使亚非数十个国家或地区沦为其殖民地，而亚非殖民地的总面积一度是本土的四倍，成为全球最大的殖民主义国家。

更令人震惊的是，英国《独立报》日前刊登一篇署名文章，竟声称"去年春天美国海军在南中国海扮演的拦截中国对台湾的恐吓角色，就是现代炮舰外交的一个成功例子"云云，这就不是单单学美国样的问题，而关乎对中国内政的干涉了。在该文作者眼中，将香港交还中国大概是英国的耻辱，而应当重振"炮舰外交"以便如上世纪四十年代般对付中国。然而，时代不同了，炮舰论者如今只能回味昔日"风采"，而旧梦是永远不可能变为现实了！

（原载香港《文汇报》1997 年 9 月 12 日）

近观香港

自己坐歪了

报载，美国颇有影响的智囊组织全国民主中心（National Democratic Institute）于最近完成的一份调查报告指出，香港明年五月举行的首届立法会选举，不是一个合乎国际标准的民主选举。

帽子好大，一句话就将本港首届立法会选举安排予以否定。然而列举的论据能否撑得起这顶大帽子呢？不妨看个究竟——

首届立法会选举制度缺乏透明度，"报告"如是说。这是睁眼说瞎话！特区筹委会九次全会在作出首届立法会产生办法的同时，为特区政府实施留下空间。而早在特区成立前，特首办就于五月底在全港公开征询首届立法会选举的意见。特区成立后，政府在收到的各界一千余咨询意见书的基础上经反复研究，提出法案，再交由临立会进入立法程序，通过后正式刊登宪报。如此高的透明度非但英治时期前所未有，即使与美国类比，也毫不逊色。

报告说，功能组别选民大减实为民主倒退。此语看出智囊团中人连本港功能组别选举的原意也没有弄清楚。

"报告"所谓选民减少是以彭方案为基准的，恰恰彭方案背离了功能组别的原意，且同是合格选民，有的可投两票，有的只能投一票，这本身就不公平。多数功能组别恢复为一会一票制表面看选民减少了，但却符合该选举的原意。全港所有选民在分区直选中都有投票权，"民主倒退"又从何谈起呢？

至于"报告"说分区直选采用比例代表制有针对某政党之嫌，就更荒谬了。比例代表制的选举办法在当今世界上被许多国家采用着，为什么独独香港特区采用就是针对某政党呢？特区采用比例代表制唯一的考虑是对任何政党社团一视同仁，并无任何偏帮或排斥之意。

笔者以为，美智囊团自己的屁股坐在某党一边，以某党为参照系，方才有此说。此真所谓自己坐歪了，看别人也不可能正。

（原载香港《文汇报》1997年11月11日）

英总领馆之举引人注意

在特区首届立法会选举日益临近之际，英国驻港总领事馆于近日公开邀请部分候选人讨论选情一事，已引起部分邀约对象及一些社会人士的质疑。

早在香港回归前，中国政府就一再申明，香港问题一九九七年前是中英两国之间的事，一九九七年后则纯属中国内政，任何国家都不能干预。现在香港已经是中国的一个特别行政区，其内部事务包括英国在内的所有外国都无权置喙。立法会选举属于香港特区高度自治范围内的事务，连中国中央政府都公开表态不会干预，英国驻港总领馆却高调约晤部分候选人，显然超越其外交职能，是不能接受的。

英总领馆发言人表示，早于一九九五年选举时已有同样的安排，现在也只是例行工作。该发言人也许有点"健忘"，现今是一九九八年，而非一九九五年，"米"字旗在去年六月三十日午夜就在香港降下，在对香港实行殖民统治时期能做的事，香港回归中国后根本不能做：一九九五年是港英立法局选举，今次是中华人民共和国香港特区立法会选举，二者岂能同日而语！所谓"例行工作"云云，实为时光倒流之梦。

该发言人还说，他们十分关心选举，故希望与候选人保持联系。英国驻港总领馆自有其政府交给的工作职责，香港特区的立法会选举，是港人自己的事，要你那么关心干什么？何况，频频约晤候选人，岂止是"关心"而已。中国的中央政府及其授权的驻港机构再三表示不干预香港立法会选举，特区政府从行政长官到一众高官为避嫌也尽量不与候选人接触。英国人如此高调介入，这如何解释呢？英总领馆下一步还有何动作，是颇值得人们注意的。

（原载香港《文汇报》1998年5月8日）

外国组织无权监察选举

选举管理委员会主席胡国兴日前表示，外国组织或团体来港观察和研究立法会选举是可以的，但绝不容许他们监察选举，因为根据有关条例，选举管理委员会是组织及监察选举的唯一合法机构。

本港首届立法会选举有关准备工作启动伊始，就有一些国家组织或民间团体表示关注。随着立法会选举日近，美国国家民主学会代表团及欧洲议会代表团等陆续抵港，观察选举。政府有关部门对此未予干涉，那是建基于这些外国组织和团体是声称来"观察"之上的，如若超越了"观察"范围，那就会因违犯法例而不受欢迎。

立法会选举是中华人民共和国香港特别行政区高度自治范围内的事务，是由特区按照基本法及全国人大有关决定自己立法组织实施的，中央政府一早便已表态不会派员监察是次选举，同时也一再申明香港立法会选举纯属中国内政，任何外国组织或个人都不得插手干预。特区政府也一再表示，中央政府都高度信任特区，不干预不监察选举，外国就更无理由监察选举。

"观察"与"监察"，虽只一字之差，其内涵却相距甚远：观察者，看也；监察则是监督执行之意。耐人寻味的是，美国一家民主学会在其观察团启程前发表报告，引述调查资料，称本港有多少被访者说不出今次直选的投票制度，多少人相信中央政府会干预选举云云，还重申所谓应容许各国观察团体于投票日进入票站等。作为外国组织，该学会对本港立法会选举说三道四显然不适宜，且引述的资料并不准确，以"国际惯例"为由要求届时能进入票站，更对本港施加压力之嫌。既然是来"观察"，就要入境问禁，客随主便，否则就不能不叫人质疑他们究竟是来"观察"还是"监察"了。

（原载香港《文汇报》1998年5月22日）

彭著劣评如潮有感

本港某报驻伦敦记者发回专电,谓前港督彭定康所著《东方与西方》出版才一两个星期,便在祖家引来劣评如潮,普遍认为该书雷声大雨点小,了无新意,论者纷纷质疑著者借机抬高自己多于探讨东西方关系。

其实,祖家的评论还算客气的了。真所谓世人的眼睛是雪亮的,彭定康新书甫出笼就劣评如潮是意料中事。曾几何时,这位末代港督于风雨飘摇的午夜离开香江之后,便一头扎进法国南部的小乡村,开始舞文弄墨。失意政客抒写失意心怀,正是他的真实写照。他既无实事求是之意,而怀哗众取宠之心,写出来的东西非但不能让读者引发共鸣,还受到强烈排斥也就在情理之中了。

就书名看,应当是畅论东西两方之关系,而那即使是学贯东西、笔力恣肆之方家也尚要穷毕生精力而为之,依彭定康一介空头政客,既缺乏远见卓识,又满脑子偏见,在政坛玩玩权术也许还可混日,若真要就此著书立说,以求传世,且在短短几个月内完成,那便不能不说是天大的笑话了。以宏大且热门的话题做包装,却并无与之相称的内容作呼应,读者看了又怎能不徒呼上当受骗呢?彭定康以"货物出门概不退换"作卷首语,原想借此"幽"上一默,卖个关子,以造成"轰动效应",岂料应者寥寥,彭氏幽默不经意间竟成为推销劣货的绝妙写照,悲哉!

有论者批评彭著评论东西方关系竟对日本只字不提显然不足。其实提了又如何?他在书中提到中国不算少,还辟有专章,可荒谬之处比比皆是。尤其是他居然将毛泽东与希特勒相提并论,这不仅是对中国毫不了解,反映他是以西方政客可怕的政治偏见观照中国,更是对中国人民感情的肆意践踏。这样的人,读者又怎能指望他对东西方关系作出客观透彻的分析呢?

彭定康以香港作为东西方比较的支点,可他对香港的人或事的评价,却以一己好恶来画线,大凡支持他搞"政改"的,便备予赞赏,推崇有加;而对反对者,却竭力抨击,大泼脏水。这就难怪祖家论者说他探讨东西方关系是假,借机为自己树碑立传是真了。

(原载香港《文汇报》1998年9月23日)

何来"人权倒退"？

内地近期对几名危害国家安全的犯罪分子判处了有期徒刑，本港有人便认为这是"人权倒退"，报章上更不时有大块文章，谓北京又迎来政治严冬，中国人权大倒退影响国际声誉，云云。

上述看法从根本上混淆了一个国家正常的司法活动与人权问题的区别，显然失之偏颇。须知，惩处犯罪和保障人权是同一个问题的两个方面，道理简单不过，不依法惩处犯罪，哪里还谈得上有效保护人民大众的人权呢？某些人之所以将审判有关犯罪分子与"人权倒退"画上等号，如果不是为自身的政治偏见所累，就是对内地的法律缺乏了解。

不错，中国的宪法和法律明文载定，公民有言论、集会、结社、信仰等自由权利，公民行使这些权利和自由依法受到保护。被判有期徒刑的那几个人则不同，他们绝非什么"言论犯罪"，而是与境外敌对组织相勾结，并得到其资助，从事种种颠覆国家政权、危害国家安全的活动，他们的行为触犯了《中华人民共和国刑法》的有关规定，因而受到相应的惩处是理所当然的。况且，有关审判完全是严格按照法律程序进行的，一切以事实为依据，以法律为准绳，并非任何人主观意志所能左右。

也有人认为有关审判违反了中国刚刚签署的联合国《公民权利及政治权利国际公约》，这起码也是一种误解。联合国上述国际公约从第十八条到第二十二条在规定信仰、言论、集会、结社等自由权利的同时，也明确规定行使这些自由权利时依法要受到必要的限制，如不得损害国家的安全、公共安全、公共秩序，以及他人的自由权利等。这就清楚说明，自由和权利并非是无限度的。由于那几个人的行为危害了国家安全，依法对他们进行惩处，也完全符合上述国际公约的有关规定。

（原载香港《文汇报》1999年1月5日）

美议员管得太宽

据报道，美国国会众议员罗拉巴克向国会提出决议案，要求美国政府对中国当局施加压力，以促使中国"和平转型"为多党制，并切实保障组党人士安全云云。

该决议案能否在国会获得通过尚不知，但作为国会众议员的罗拉巴克手伸得太长，管得太宽，以至于借国会决议案形式公然干涉中国内政却是不争的事实。任何一个国家，无论其大小，都有选择自己政治制度的权利，这是当今世界公认的国际准则。罗拉巴克对中国现行的政治体制横竖看不惯不难理解，毕竟是他个人的事，他有这种看不惯的自由。但他企图通过提出决议案，要自己的国家向主权国中国施加压力，以"促使"中国改而推行美国式的政治体制，就不啻为霸道和荒谬了。

不能不指出，中国现行的中共领导的多党合作及人民代表大会制度不是哪一个人的发明，也不是主观意志的产物，而是历史的必然，人民的选择。经过近半个世纪的不断完善，特别是在经历了二十年的改革开放之后，这一政治制度终于显现出她的优越性和勃勃生机。完全可以这样说，中国现行政治制度受到最广大人民群众衷心拥护，有着最深厚的民众基础。

罗拉巴克的所谓决议案，显然是针对中国近期对几名危害国家安全的犯罪分子判处有期徒刑的。他将审判有关犯罪分子与所谓保障组党人士安全混为一谈，是为自身的政治偏见所累，又或是故意混淆是非。须知那几个所谓组党人士被判刑是由于他们与境外敌对组织相勾结，并在其资助下从事种种颠覆国家政权、危害国家安全的犯罪活动。此种情况即便在美国，联邦调查局也绝不会坐视不理。

类似罗某这样的美议员并非绝无仅有。他那粗暴干涉中国内政的决议案再次让善良的中国人民领教到某些西方势力对中国总是不怀好意的。

（原载香港《文汇报》1999年1月8日）

何须"包大人"指点

　　题目所冠"包大人"者，乃特指美国驻港总领事包润石也。此公在日前的一个午餐会上，突然对香港事务指指点点。他列举特区政府入市干预股市、恢复区议会委任议席、改变选举制度、某些人免被起诉、某些重要刑事案件"交予"中国审判等事件为例，得出过往香港奉行的良好制度已受到冲击的结论，间接对特区政府进行批评和指责，并表示上述事件都已引起他们关注云云。

　　香港是一个言论自由的社会，如"包大人"只是表达个人意见那是他的自由，但他是在一个庄重的公开场合正式发表讲话，且几次说到"我们"如何，那显然是以美驻港总领事的身份说话，代表着美官方的意见。那么，"包大人"的一番话明显是对中国香港内部事务的干预。正如中国外交部驻港特派员公署的声明所言，作为外国驻港总领事，对香港特区等内部事务妄加评论，是不适合的。

　　"包大人"对特区政府的批评，对特区与中央政府关系的指责明显含有偏见。其一，他所妄加指责的特区一系列决策都是特区高度自治范围内的事务，并非中央政府指示、干预的结果，故绝不存在中央冲击特区制度的问题；其二，入市干预股市、选举制度的制定等一系列决策均受到最广大市民的支持与拥护，事实也证明上述决策符合香港的根本利益。六百万香港人在特区政府带领下，有智慧有能力管理好香港，又何须"包大人"指点！

　　"包大人"此举，难免不引起人们一些不愉快的回忆。早在回归前，美国便迫不及待地又是制定《香港政策法案》，又是成立"国会香港委员会"，紧锣密鼓为日后取代英国做准备。对此，白宫智囊团"传统基金会"早已直认不讳："华盛顿必须清楚认识到，鉴于其在香港的显著经济文化地位，美国势必取代英国成为在香港最首要的西方国家。"其勃勃野心昭然若揭。香港回归后，"一国两制"的成功实施令国际社会有口皆碑，就连英国人也非常满意。美国毫无根据的说三道四，只能让人再一次看清他们的霸气和用心。

（原载香港《文汇报》1999年1月29日）

趁火打劫

继英国驻港总领事馆就终审法院判决发表不适当的讲话之后，其盟友美国紧紧跟随，先是美驻港总领馆及香港美国总商会表态"高度关注"，稍后白宫开腔更表示"强烈支持"有关裁决，并"警告"北京不要破坏香港的司法独立云云。笔者以为，美、英在有关事件中的表演，正好用得着中国的一个成语，谓之趁火打劫。

先说英国，九七之后香港问题纯属中国内政不会不知道，别说驻港总领馆，即使中英联合联络小组的英方代表，也无权干预香港内部事务。英国外交部先后两次给国会的报告均对中国政府贯彻实施"一国两制"以及香港落实高度自治予以正面评价，其客观态度值得赞赏。可是驻港总领馆却不够安分，有公然干预香港首届立法会选举在前，今天又不适当评论终审法院的判决这一中国内部事务，实在很不明智。

相对英国，美国之于香港，在主权政权等方面本毫无干系，可出于战略野心，美在九七前就想在香港问题上插一手而苦于没有机会。在香港回归后便时时窥测动向，以图取代盟友。君不见，就在不久前，美驻港总领事包润石还在一个公开场合对香港事务指指点点，间接对特区政府进行批评和指责，一度引起舆论和社会各界广泛批评吗？余波未了，现在又对终审法院有关判决妄加评论，而美政府的高调表态更将干预香港事务的图谋表露无遗。

毫无疑问，有关香港终审法院裁决所引发的争论，完完全全是中国的内部事务，与英国无关，更与美国风马牛不相及。"一国两制"是前无古人的新生事物，并无现成的体系或经验可资借鉴，在实施过程中出现一点风波并不足奇。中国人既然有胆识有魄力提出上述构想，也就一定有智慧有能力解决好有关难题。美英特别是美国如果以为"机遇"来了，可以从中捞点便宜，那就不能不说打错了算盘。"趁火打劫"的结果，很可能是搬石头打自己的脚！

（原载香港《文汇报》1999年2月13日）

香港又将"死亡"?

真所谓无独有偶——

香港回归前夕,美国《财富》杂志的一篇《香港之死》,瞬间在西方社会刮起一股香港即将"死亡"的怪风;在香港回归两周年之际,美国《纽约时报》又发表专文,指香港愈来愈像中国大陆,倘独特性不再,香港将会死亡……

且慢!请问何谓"愈来愈像中国大陆"?如果说香港特区高官们对国家、对中央高度负责,香港普罗市民对自己祖国的认同,其民族感情、国家观念,或者说,"一国"的观念在增强,那确实与回归前不可同日而语,这是应有之义。本是同根同祖的中国人,不存在像不像的问题。

《纽约时报》所说香港的独特性,无非是指资本主义制度下的种种表现形态。这些形态变了吗?事实是最好的裁判官,无须笔者赘言。香港回归两周年了,无论是国际社会,还是本港舆论,都认为香港没有变,她继续保持了资本主义的社会经济制度和生活方式,还是"不像"实行社会主义制度的内地。就连《香港之死》的作者路易斯·卡拉尔最近也不得不承认:"使香港成其为香港的要素在'一国两制'原则下得到了保持。"倘若认为近期的释法事使得香港独特不再,那就不能不说,人大常委会释法合宪合法,恰恰是对香港保持独立司法权和终审权这一"独特性"的维护,香港往后的岁月必将验证这一点。

香港毕竟是香港。当年《财富》"唱衰"她,结果"死"的预言被事实击得粉碎;如今《纽约时报》想让她再"死"一次,同样徒劳。香港笑傲一切"死亡"的唱衰,必以伟岸的身躯、迷人的风姿,益加生机勃勃地屹立在中国的南疆!香港人担心的,倒是"唱衰"者到时如何向国际社会交待……

(原载香港《文汇报》1999年7月3日)

《中国的阴影》质疑

《中国的阴影》是美国《新闻周刊》（亚洲版）最新一期的一篇文章。该文危言耸听，指称种种迹象显示在中国的阴影下，香港的自治地位正在不断缩小中……

坦率地说，上述文章带有明显的误导性，不能不引起一切尊重事实者质疑！首先，题目就立不住脚。什么叫"中国的阴影"？香港从来就是中国领土的一部分，回归后更成为中国的特别行政区，"中国的阴影"从何谈起？难道能够说纽约在"美国的阴影"下吗？

从文章内容上看，政治上的偏见与逻辑上的谬误更是俯拾皆是。该文从台湾驻港代表近期在港台的言论受到批评谈起，得出的结论是香港新闻界将不再完全自由。且不说世界上并不存在什么不受任何监管的所谓完全的新闻自由，台驻港代表公然在公营电台宣传"两国论"并为之保驾护航，已牵涉到国家主权和领土完整这一大是大非的原则问题。这种情况别说香港特区不允许，就是过去港英治下，也没有出现过，这是众所周知的事实。想必在美国，也绝不容许有人公然在电子媒体中大谈特谈纽约和美国其他领土分属"两国"吧？

为了罗织"论据"，文章竟然将律政司司长不起诉胡仙、中国人大"释法"，乃至不准美舰泊港、拒绝教宗来访等事通通抖了出来。作者自鸣得意，殊料弄巧成拙：前者早已为大多数港人所认同，后者则暴露了作者对香港问题缺乏基本常识——高度自治并非完全自治，香港特区的外交和防务属于中央政府管辖。原来，所谓"自治地位缩小"所指，很大程度上正是中央政府管辖的事务。

看来，即使不计政治偏见，文章的作者也须先行认真将中英联合声明尤其是香港基本法 ABC 弄清楚。不然，再炮制出《中国的阴影》之类的"惊世之作"来，只会愈加自暴其丑、自贬其格！

（原载香港《文汇报》1999 年 9 月 1 日）

毫无理据的指责

真叫人难以想像，联合国人权委员会此次对香港人权状况的聆讯，"人大释法"竟然成为攻讦的焦点，什么"人大释法已令'一国两制'沦为'一国一制'"，什么"释法对司法独立构成极端危险的威胁"，委员们诸如此类的指责不能不说是毫无理据的指责。

绝大多数香港人都清醒地认识到，人大释法一举本身正是维护"一国两制"的体现。香港终审法院的一纸裁决，令可以获得居港权的人数激增至一百六十余万，将使香港面临就业、住房、教育、社会福利等多方面的困境。而人大依法启动释法机制，就将一场重大危机化解于无形，从而使得六百多万香港市民及一百多万内地人的人权都真正得到维护，"一国两制"得以顺利实施。如果"一国两制"真已沦为"一国一制"，那香港与内地毫无区别，一百多万内地人便可自动来港，香港势必陷入重重危机之中，香港人的人权还有何保障？

指责释法对香港司法独立构成威胁，同样荒谬。请问，香港特区独立的司法权和终审权难道是天上掉下来的吗？不是，是基本法赋予的，而基本法是人大制定。中国宪法及基本法赋予人大常委会以基本法的最终解释权。在香港终审法院判决不符合基本法立法原意的特定情况下，人大常委会应特区政府请求对基本法的有关条款作出立法解释，不仅不会威胁司法独立，相反，更有利于香港司法独立的运行及终审权的行使沿着健康的方向发展。

联合国人权委员会作为国际人权的最高组织，理应秉持实事求是、客观公正的准则。然而遗憾的是，早就听闻该委员会的某些委员偏见不浅，对某些国家明显违反人权的举动不置一词，同时却挥舞"人权"的大棒，对另一些国家和地区的内政横加干涉。该委员会此次对香港提请人大释法妄加指责，让世人更清楚地看到了这一点。

（原载香港《文汇报》1999年11月3日）

此言差矣！

奥卿，美国国务卿奥尔布赖特是也。这位在国际社会有"美国铁娘子"之称的国务卿，最近对有关"法轮功"问题的表态实在有失身份，令人遗憾。

话说日前，有记者问她如何看待西雅图市设立"法轮大法周"，她当即开口，谓西雅图此举表达了美国对中国人权问题的关注云云。此言差矣！我们姑且不说西雅图设立"法轮大法周"是一出未遂闹剧，是该市市长受人欺骗签署了"公告"，而一旦知道"法轮功"是被中国政府依法取缔的邪教之后，立即撤销有关安排，并向中国政府致歉；也不说奥卿言犹在耳，所谓"'法轮功'周"已经夭折，她闻知后会如何尴尬，单就她所讲话的本身，也是完全站不住脚的。

所谓举办"'法轮功'周"表示美国关注中国人权，也就是说中国政府在处理"法轮功"问题上不符合人权，或者违反了人权。不能不说，这是从根本上颠倒了是非，混淆了黑白。奥卿是否明白，所谓"法轮功"不但是一个非法组织，更具备当今世界邪教的所有特性，它是地地道道的邪教；奥卿是否知道，"法轮功"组织动辄发动大规模集会，包围质疑它的传媒机构，乃至政府机关，扰乱社会秩序，影响民众正常生活；奥卿是否清楚，"法轮功"宣扬世界末日即将到来，搞乱了善良信徒的思想，它鼓吹有病不用看医生不用服药，因而导致了一千四百多名信众无辜命丧黄泉……中国政府依法取缔邪教"法轮功"，正是维护了包括善良"练功"者在内的广大民众的人权。如若对邪教不管不问，任其泛滥，那才是与维护人权背道而驰。

我们真不知道奥卿说此话是出于政治偏见，还是对"法轮功"的本质及其为祸之深缺乏甚至根本不了解。试问，如果按照奥卿的说法，是否意味着美国政府对所谓人民圣殿教和大卫教派等邪教的处理也是违反人权呢？如果有国家也举办什么"人民圣殿教日"、"大卫教派周"之类的活动，奥卿又作何感想呢？！

（原载香港《文汇报》1999 年 12 月 6 日）

近观香港

总统先生"担忧"什么？

美国总统克林顿终于按捺不住，而对"法轮功"问题开了腔——据报道，他在一次讲话中，声称对中国政府处理"法轮功"问题表示"担忧"。

克林顿到底"担忧"的是什么，并没有宣之于口，但画公仔已经画出肠。况且，他的"担忧"已经由国务卿（奥尔布赖特）作过铺垫：日前西雅图市由于市长受骗，所谓"法轮大法周"举办在即（后取消）时，奥卿就公开说什么举办该活动表明美国对中国人权的关注。因此，说白了，克林顿无非是说中国处理"法轮功"违反人权，他"担忧"中国的人权状况恶化。

我们实在感到遗憾，堂堂大国之总统，克林顿竟然对一个主权国家的内部事务作如此不负责任的表态。真不知道他是出于政治偏见，抑或是受到误导和欺骗，对"法轮功"的邪教本质缺乏应有的了解，或者是二者兼而有之。事实是，中国政府在处理"法轮功"问题上是相当慎重的：先是根据社团登记法，由国家民政部宣布其为非法组织，予以取缔；再在大量揭露出来的罪行的基础上，认定其具有邪教的所有特征，遂将其定性为邪教组织。对该邪教极少数首恶分子，触犯刑律的按照有关法律予以追究刑责。总之一切严格依法行事。

说到人权，真正违反人权的正是"法轮功"自身。请问，李洪志鼓吹修炼"法轮功"者不能看病吃药，因而导致一千四百多名信众死亡。无辜信众宝贵的生命被剥夺，这难道不是赤裸裸反人权的行径吗？中国政府对这样肆意践踏人权的邪教组织予以打击，不正是对民众人权的最好维护吗？尚且不计"法轮功"邪教其他特质对普罗大众人权的伤害。

克林顿的"担忧"，在暴露"民主大国"对待邪教问题上的双重标准方面，可谓淋漓尽致。就是克林顿任上，美国警方对待作恶多端的邪教"大卫教派"时，不是用现代化武器强行围攻，最后更有一把火将之一网烧尽之嫌吗？倘若有人对此也来表示"担忧"一番，克林顿总统又怎么说呢？！

（原载香港《文汇报》1999年12月9日）

三问神父

在中区域多利羁留中心外部分争取居港权人士的绝食队伍中，有一位头绑白色布带、操一口粤语的外籍人士，不时向记者诉说着政府的不是及绝食者的要求，他就是某神父。

就是这位神父，自去年年初本港发生居港权事件以来，活跃异常，俨然以争取居港权人士代言人的面目出现。从协助逾期居留人士打官司，到一次次跻身集会和示威行列中，直至加入绝食队伍，对该神父介入居港权事件如此之深，许多市民百思不得其解。有读者更给笔者发来传真，对该神父插手居港权事件提出种种质疑。笔者原以为随着终院一锤定音，居港权问题画上句号，该神父会自动抽身事外，殊料他居然参加绝食，在该事件上愈陷愈深。鉴于此，笔者也就不能不向这位神父问几个问题。

一问神父：政府何错之有？神父在传媒面前的多次讲话，以及他倾力支持争取居港权人士的全部行动，都表明他认为特区政府请求人大释法一举是错的，是违背人权的。但是，如果政府按终院原先背离基本法原意的裁决照单全收，一百六十多万内地人蜂拥来港将给香港带来灾难，届时新老居民两败俱伤，还有何人权可言。政府在居港权问题上依法行事，正是最大程度上维护港人人权，何错之有？

二问神父：法治意识何在？根据终审法院的裁定，入境处在规劝逾期居留者自动返回内地不获响应的情况下，羁留了二十九名逾期居留人士，完全是依法行事，是法治社会的应有之义，神父公然要求释放这些人士，并以绝食相要挟，这还有一点法治意识吗？

三问神父：良知爱心安在？如果说某些逾期居留人士一时冲动之下采取绝食行动尚可理解的话，身为神父，明知绝食这样的极端行动戕害身体，非但不加以劝阻，反而加入其中，以身鼓励，此种火上加油的做法与神父应具有的良知爱心背道而驰，请问意欲何为？！

（原载香港《文汇报》2000年1月6日）

"震惊""关注"的背后

也许是"心有灵犀",美、英两国几乎是同一时间就王凤超的讲话作出表态:美国务院发言人说王的讲话"令美国政府感到震惊",英国外交部则发表声明,称对王氏言论表示"极之关注"云云。又是"震惊",又是"关注",一副居高临下的姿态!

美英两国急急高调表态,显然是想将事件闹大。真所谓司马昭之心路人皆知,"震惊"、"关注"的背后另有文章。君不见,美国不是正在四处活动,图谋让所谓谴责中国人权提案获得通过,而其盟友英国则紧紧追随吗?那么,王的讲话岂不是中方"剥夺"港人新闻自由这一重要人权的最新例证?然而且慢!

王凤超在有关讲座上的讲话并不涉新闻自由。他讲话的中心或所要表达的宗旨,是从正面善意提醒传媒,香港作为中国的特别行政区,传媒有责任、有义务维护国家统一和领土完整,在编辑方针保持独立的同时,在新闻报道上应作出符合国家利益的选择和处理。可见他是在完全肯定和尊重本港新闻自由的前提下对事关民族大义的特殊问题作出提醒。

而且,作为中央政府驻港联络办,根据中央授权处理涉台事务正是主要职责之一。王的讲话事关反对"台独",维护国家统一的大局,符合"一国两制"和基本法,根本不存在所谓干预特区内部事务的问题。

美英应该清楚,香港已经回归中国。此次本港有些人士对王凤超的讲话有疑虑、有误解并不奇怪,而即使有人进行歪曲和误导,也是中国人之间的事,是中国的内部事务,用不着也不容许任何国家说三道四。值得注意的是,美英这几年来表示"震惊"和"关注"已不是一次两次了。在这种"震惊"、"关注"的背后,他们是想在国际层面造成某种定势,似乎在香港问题上发言是他们的本分。而这,显然是徒劳的!

(原载香港《文汇报》2000年4月17日)

闹剧重演？

有报道指出，本港有"法轮功"信徒正紧锣密鼓地筹备一次所谓的"国际弘法大会"。某策划者更公开宣称，该次大会是"师父"给所有海外学员的一个考题，而考试日就是五月七日，考场就在香港，云云。

很明显，有关策划者是想举办一次类似于去年岁尾那样的"法轮功"集体练功会，让闹剧重演，为声名狼藉、四面楚歌的"法轮功"招魂、造势。

事实无情。"法轮功"具备当今世界形形色色邪教组织所共有的特征。而邪教具有渗透性，本国打击不力，泛滥成灾，势必贻害国际社会。从这个意义上说，中国政府依法取缔和打击"法轮功"邪教，不仅是对本国人权的积极维护，也是对人类文明社会的有益贡献！

在内地，依法打击邪教"法轮功"已经取得决定性的胜利，"法轮功"组织已经土崩瓦解。于是，有人便选择了香港，图谋以其独特的地理位置，将香港作为世界"法轮功"组织的网上指挥联络中心，以及作为其信徒聚集、活动，并随时向中国内地渗透的基地。

在"一国两制"架构下，中央政府处理"法轮功"并不涉及香港，应当说相当宽松，受到国际舆论好评。只要符合本港法律，"法轮功"信众在香港范围内的活动并没有受到限制。但少数"法轮功"信众对舆论的谴责与批评置若罔闻，每天依然到中央政府驻港联络办大门口搞事，高调与内地对抗。如今有人欲让去岁末所谓世界性"集体练功"的闹剧在港重演，则再次向世人证实，"法轮功"欲将香港沦为基地之心不死。

不能不说，有人搞"弘法"是名，向中国政府"示威"是真。而香港的主流民意也非常清楚，那就是反对香港成为"法轮功"的基地。因此可以肯定地说，"法轮功"邪教的有关图谋不会得逞！

（原载香港《文汇报》2000年5月4日）

近观香港

英报耸人听闻

本港媒体报道，英国《金融时报》日前表示，过去几个月来香港已经成为中共对台湾施压的第二个阵线，因而使得所谓的"一国两制"模式更令人感到怀疑。

从上述言论中，尤其是"所谓"、"更令人"这些词语，可以清晰透现出该报对"一国两制"的轻蔑态度。事实也确实如此，伦敦出版的这份大报在香港回归前夕就曾散布过一些不负责任的言论，对香港市民及国际舆论产生过某种误导。想不到该报如今又从台湾问题入手，质疑和抨击"一国两制"，不能不说是耸人听闻。

该报重新将早些时联络办副主任王凤超对传媒的讲话搬出来，以此认定中共"企图钳制香港媒体有关台湾的新闻报道"。事实是，王先生的讲话的要旨是反对"台独"，与所谓钳制新闻报道不相干，王凤超的善意劝告是应尽之职、应有之义，因为香港作为中国的组成部分，传媒难道没有责任、没有义务维护国家统一和领土完整吗？试问，《金融时报》是否可以对鼓吹英国分裂的言论毫无限制地报道如仪呢？

该报还对特区行政长官要台驻港代表接受"一国两制"加以指责，殊不知特首是要台驻港代表接受香港实施"一国两制"的现实。因为台湾当局有人公开将香港称为另一个国家，香港特区政府不提上述要求行吗？至于说什么在此"无形压力下"，香港已日渐不敢邀请台湾艺术团体前往进行文化交流云云，就近乎是一种天方夜谭了。

值得指出的是，香港回归近三年来，"一国两制"得以成功实施，这是有目共睹的事实，就连英国政府也不能不作如是观。《金融时报》对国际社会公认的事实视而不见，却热衷于向"一国两制"泼脏水，究竟意欲何为呢？

（原载香港《文汇报》2000年6月9日）

无理的指责

国际特赦组织最近发表一九九九年度年报,对特区政府进行一系列严厉指责。其中列于首位的,是所谓特区透过全国人大释法"侵犯人权"。

上述指责是毫无道理的!众所周知,当初终院的一纸裁决使得一百六十多万内地人拥有居港权。而一旦百万大军下香江,将给本港社会带来无法承受的冲击:原有居民在诸如教育、就业、房屋、卫生、医疗及其他多种福利方面均会不同程度地被摊薄;来港大军则可能沦为"二等公民",心灵冲击、伦常悲剧,在所难免。由此,社会平衡和谐将会被打破,若遇有导火线,矛盾势必激化。其影响所致,将为几代人留下后遗症。果真如此,香港人的人权保障又从何谈起?

特区政府别无选择,惟有请求中央政府提请全国人大解释基本法有关条文。而人大常委会依法释法的结果,解决了居港权难题,真正保障了港人的人权。这就是事实,谁能否认得了呢?国际特赦组织将维护人权之举反诬为"侵犯人权",岂不是颠倒是非?!

更为可笑的是,特赦组织的年度报告居然将两港人因毁坏国旗及区旗被判有罪一案,也列为特区政府"侵犯人权"的例证。

国际特赦组织实际上是犯了一个常识性错误。法律保障的是居民合法行为的自由,而并不保护那些非法行为的自由。本港立法会通过的国旗及区旗条例完全符合基本法和国际人权公约的规定,判决两名涂污国旗及区旗人士罪成维护了法律的尊严,实在是法治社会的应有之义!

在国际特赦组织的年报中,类似荒唐的指责还有不少。而上述两例所反映出来该组织的政治偏见难道还不够典型吗?!

(原载香港《文汇报》2000年6月17日)

再问甘神父

"由于政府一直以对抗方式对待争取居港权人士，才挑起了他们的对抗性行动，因而政府需要为入境处纵火案负上最大责任"——此话出自甘浩望神父之口。

早在去年岁末，当这位神父高姿态参与部分争取居港权人士绝食行动之际，笔者曾在本栏撰文，问其用心何在；如今，听了该神父上述一番话，不能不再次责问：天底下还有没有是非曲直?!

所谓特区政府一直以对抗方式对待争取居留权人士，此种指责是毫无根据的！大凡尊重事实者，就会承认特区政府在处理居港权问题上一切依法行事，何错之有？更有，政府相关部门在执法过程中，还作出某些富有人情味的技术性安排。如果硬将特区政府一再劝告有关人士回内地循合法途径来港，而不得不采取某些遣返行动视为对抗性行动的话，这种"对抗性"行动实乃法治社会的应有之义。

在法治社会，任何人对政府不满都可以表达，惟此种表达必须是理性的，是法律允许的。像纵火一类暴力行为相信为任何一个法治社会所不容，必须受到谴责。要特区政府对纵火案负责，岂不等同任何人只要对对方不满即可喊打喊杀，责任则要被打被杀者来承担吗？

说到入境处纵火案的责任，犯事者固然要追究，而某些反对释法、高调支持争取居留权人士对抗性行动的一些"民主派"人士，实在也难辞其咎。坦率而言，甘神父也"责无旁贷"。正是这位神父，自去年初本港发生居港权事件以来，俨然以争取居港权人士代言人的面目出现，活跃异常。从协助打官司，到跻身游行示威行列，直至加入绝食队伍，一次次推波助澜，火上加油。纵火惨案发生后，甘神父不但不反省自己的不光彩角色，反而颠倒是非，误导民众。

由此，人们不能不对神父的操守深表失望！

（原载香港《文汇报》2000年8月11日）

蓄意误导

香港电台于日前邀请甘浩望神父发表《香港家书》一举，已引起舆论的批评和争论。笔者没有听到广播，但在看了昨天某报刊载的"家书"之后，不能不说该神父在蓄意误导善良的市民。

"家书"开篇在向"上主"问了一系列为什么，诸如"为什么这两位兄弟要这样离开世界？""是谁令到这件事发生？"之后，得出了这样一个结论：如果"一·二九"判决仍然存在，这两位兄弟就不会离开这个世界！

在此，无须任何诠释，甘神父的观点已经清清楚楚：终审法院纠正了"一·二九"判决，或者说得更白一点，是全国人大释法导致了入境处纵火案的发生，使得"两位兄弟"的生命被剥夺。

必须严肃指出，甘神父的上述观点十分荒谬，是完全站不住脚的！围绕去年终院"一·二九"判决，本港社会前前后后发生的一切，相信香港人都记忆犹新，历历在目。如果依此判决照单全收，将有一百六十多万内地人蜂拥来港，对弹丸之地香港在诸如就业、住房、教育、福利等构成巨大压力。果真如此的话，香港必然产生灾难性的后果，大量的伦常悲剧将无可避免。完全可以这样说，正是人大释法及本港法院依宪制原则而跟从，才避免了"百万大军"下香江的混乱局面，从而避免了大量悲剧的发生。

入境处纵火案的发生根本不在于"一·二九"判决的"不在"，而是少数人罔顾法治酿成惨剧，另一重要原因则是某些人高调反对释法，对所谓争取居港权运动推波助澜。正是在这一点上，甘神父难辞其咎。令人遗憾的是，甘神父在"上主"面前不但不作反省，反而欺骗"上主"，转嫁责任，蓄意误导公众。请问，甘神父良知何在？！

（原载香港《文汇报》2000年8月19日）

> 近观香港

"人权监察"耸人听闻

报载,"人权监察"亚洲支部日前致函特首董建华,指近期连串事件令人关注本港新闻自由受损,传媒自我审查情况恶化,因而要求特首挺身抵抗来自北京的压力,云云。

笔者好生奇怪,香港回归后在维护新闻自由方面一向得到国际社会赞誉有加,怎么最近情况有变呢?细读之下,方知"人权监察"据以立论的,是所谓《南华早报》某编辑辞职、中联办副主任王凤超有关讲话,以及江泽民主席批评有关港记这样"三大事件"。原来如此!

但是,《南华早报》作为一间独立的传媒机构,调换版面编辑,某某编辑提出辞职,实在正常不过,许多传媒也都在重复着这样的内部运作。硬要将人家的内部人手调配与新闻报道的"自我审查"挂钩,只能说是一己偏见作祟。如果一家传媒连自身内部运作自由都没有,还侈谈什么新闻自由呢?

国家主席江泽民对香港记者的批评音犹在耳。事情的缘起是有人罔顾事实,想制造"中央干预特区"新闻的轰动效应。江泽民的有关劝导也许不那么动听,但却情真意切、语重心长,如果传媒能闻过则喜,作些反思,非但无损新闻自由,还可促进这种自由朝健康方向发展,可谓善莫大焉!

至于王凤超讲话事件,社会各界包括传媒,也早已形成主流意见,即王凤超是在肯定和尊重新闻自由的前提下对事关民族大义的特殊问题作出善意提醒。而在编辑方针保持独立的同时,新闻报道应作出符合国家利益的选择和处理,各国各地概莫能外。

如此看来,"人权监察"亚洲支部蓄意歪曲"三大事件"的本来面目,它所作的结论不能不说是耸人听闻!

(原载香港《文汇报》2000年11月17日)

自相矛盾的指责

正当社会各界纷纷表示支持现行《公安条例》，以法治维护本港社会安定之际，国际司法组织香港分会却对《公安条例》作出严厉指责。

本来，对《公安条例》提出不同意见完全可以，问题在于，上述司法组织的批评却不尊重事实，某些指责更是互相矛盾，无法自圆其说。

该组织表示，接受公安条例中维持公众秩序、保障他人权利的理据，但同时又指责现行制度是以行政措施限制市民行使应有的权利云云。这就奇怪了，对集会游行作出某些行政措施的规限是为了市民能够更好地行使应有的权利，同时又不至于对公众秩序、他人权利构成滋扰和影响。一句话，是在公民权利和社会秩序之间求取平衡，怎么能将二者割裂开来、对立起来呢？既表示接受维持公共秩序、保障他人权利，又竭力反对为此采取必要的行政保障措施，这难道不是自相矛盾吗？

同时，该组织说有关行政措施限制了市民行使应有的权利，也是缺乏依据，不尊重事实的。事实是，香港回归至今，据统计已有超过六千五百余宗游行和公众集会先后举行，其中绝大部分都是依照《公安条例》规定举行的，只有两三次因妨碍公共秩序被拒批。即使这样，警方也申明只要主办者适当调整集会游行安排，减少对公共秩序的影响，照样可获批准。因此，只要不抱偏见，就不能也不应认为有关行政措施限制了市民行使自由权利。

全世界绝大多数国家尽管表述方法和具体做法不尽一致，却都立法对集会游行有所规管。相比之下，本港的《公安条例》并不严苛。上述司法组织的观点说白了，就是认为自由是绝对的，公民表达自由不应有任何限制。那么请问，该组织所表示接受的公众秩序如何维护，他人的权利又如何保障呢？

（原载香港《文汇报》2000年11月25日）

殖民主义幽灵尚在

惊诧，在读了有关英国国会攻击中国政府和香港特区政府所谓报告的报道之后，实在令人感到惊诧！而惊诧之余，不能不叫人意识到：殖民主义幽灵尚在。

该份由英国会下议院跨党派外交事务特别委员会提交的香港问题报告，抨击中国政府未有诚心落实中英联合声明，指责香港特区政府未全力捍卫高度自治，措辞之强烈，语调之恶劣，为英国撤出香港以来之最。该报告虽然并不代表政府立场，但其误导性却不容低估。

首先，英国自一九九七年七月一日将香港交还给中国之后，其对香港一个半世纪殖民统治已告终结，香港问题纯属中国内政。英国会的报告以如此居高临下的姿态对香港事务指手画脚、说三道四，实在是一种对中国内政的粗暴干涉。

其次，该报告对中国政府的攻击毫无理据。中国政府一向守信重诺，中英联合声明得到全面落实，"一国两制"得以成功实施，这是举世公认的事实。报告所列举的所谓中国政府干预香港高度自治的"罪证"，完全是生拉硬扯，一派胡言。最可笑的是竟将钱其琛副总理希望香港公务员更好地支持行政长官之言，也视为干预香港内部事务，真所谓欲加之罪，何患无辞。

报告指责香港特区政府"没有捍卫高度自治"，也纯属信口雌黄。如果将"高度自治"视同"独立实体"，那香港的现实当然令报告作者大失所望。至于报告颐指气使地"促请港府修改基本法，令二〇〇二年普选特首"，倒真令人怀疑某些议员是否生活在香港"主人"的虚幻梦境之中。

时代的车轮即将驶入二十一世纪，英国会内炮制上述报告的衮衮诸公，其思想心态却似乎仍旧停留在一个多世纪前的殖民主义时代，这是何等可悲复可怜！

（原载香港《文汇报》2000年12月1日）

后　　记

如果不算和他人合著，或担任主编的著作，这是我奉献给读者的有关香港的第三本书。《近观香港》从构想到最后出版，历时刚好两年。原打算以此书纪念香港回归祖国20周年，由于种种原因，没有赶上这一时间节点。这似乎是件憾事，然而正所谓"祸兮福所倚"，在北京工作的一位老同事对我说，拿这本书向新中国70华诞献礼正当其时，我觉得颇有道理。其一，从时间点看，此书面世正值新中国成立70周年前夕；其二，从内容上看，清朝以后的中国历届政府都不承认三个不平等条约，也都试图收回香港，然而都没能实现。只有亿万人民挺起腰杆站起来的新中国，才把收回香港、涮雪国耻的夙愿变为现实。而拙著是以时政短评的形式从一个侧面记录了香港回归的历程及回归前后香港社会面貌，因而将之献给共和国70华诞应该说得通，也是合适的。

本书收录的，是我在香港某报一个专栏里发表的文章。那是一个集体专栏，我是主要撰稿者。众所周知，在回归之前的香港，爱国爱港舆论相对比较弱小，而临近回归，爱国爱港力量必须强化自己的声音，引导舆论、平衡舆论的任务艰巨但势在必行。某报该专栏于是应运而生。该专栏置于某报显著版位，文章紧扣社会脉搏，一事一议，快速出击，在香港社会引起一定反响。客观地说，这些时政短评在香港回归过程中较好地发挥了舆论引导作用。

在香港工作和生活了15个年头，于我人生而言，绝对不是短暂的岁月。告别香港，回到内地，有时会情不自禁地打开电脑，面对一篇篇时评，脑海中会清晰地显现出一幕幕惊心动魄的历史场景。也许是敝帚自珍吧，心想如果将这些短评结集出版，兴许会对后人研究香港，尤其是了解香港回归的历程，提供一个侧面，一个小小的视角。

在本书出版之际，我要特别感谢周南先生。周老是蜚声中外的资深外交家，他曾奉命参加首届中国代表团出席联大会议，并留在我常驻联合国代表团工作达十年之久。在任副外长期间，他以中国政府代表团团长的身份参加了中英关于解决香港问题的谈判，其后代表中国政府草签了中英两国政府关于香港问题的联合声明。1990年年初，在香港回归历程的关键时刻，他奉命出任新华社香港分社社长。周社长是香港回归祖国当之无愧的功臣！周社长潇洒儒雅，平易近人。在香港新华社大厦内，我有幸多次当面聆听他的谆谆教诲。在他回京后，我们一直有联系，作为忘年交，周老是我的老领导、老首长，是我一生的贵人。他那外交家的风范，高尚的人品，勤勉严谨、一丝不苟的工作作风，渊博的学识，儒雅亲切的风采，给我留下极为深刻的印象。他以九十二岁高龄为拙著撰写序言，既是对一个部下、一个晚辈的信任和激励，也是对广大读者的厚爱。老人家对拙著及我个人的种种鼓励，我羞愧难当，唯有终身学习周老，做一个对人民有益的人。

和广东人民出版社已是二度合作了。记得前几年，在一个社交场合，和柏峰副总编说起出这么一本书的想法，柏总听后说"我非常感兴趣"，于是拉开拙著出版的序幕。该社总编辑钟永宁先生对拙著的出版非常重视，并建议将原书名《永远的回归》改为《近观香港》。我认真考虑之下，觉得新书名更贴近内容，时间容纳度也更大，便愉快地认同了。广东省新闻出版局、广东省出版集团的有关领导对本书的出版给予大力支持，有关科室的审读意见对拙著给予非常热情的评价。国家新闻出版署、国务院港澳事务办公室的有关部门也对拙著的出版给予正面评价，一路开放绿灯。广东人民出版社的责任编辑周惊涛先生，工作极为热情负责，为本书的出版做了大量工作。在此一并向上述部门和个人表示衷心的感谢！

最后，我还要感谢所有关注拙著出版的有关人士及读者朋友。由于书中的篇章时间跨度大，时代在发展，岁月在演进，以今天的眼光，拙著中片面、不妥之处在所难免。但发生了的事就是历史，文章也一样。本着尊重历史的原则，所有文章均无任何改动，保持"原汁原味"，相信读者会以读历史的态度来读这些"岁月留言"。衷心期待读者朋友、各方人士不吝赐教，提出宝贵意见。

作　者

2019年5月末于广州